U0531050

"语言·传播·文化"
研究丛书

主编 姚君喜

# 他者的镜像

## 外籍留学生媒介使用与中国文化

姚君喜 著

商务印书馆
The Commercial Press

商务印书馆（上海）有限公司  
The Commercial Press (Shanghai) Co. Ltd.　出品

# 作者简介

**姚君喜**，男，1968年生，甘肃通渭人，复旦大学美学博士、传播学博士后，上海交通大学媒体与传播学院长聘教授、博士生导师，上海市"育才奖"获得者。上海交通大学"中国视觉形象传播研究中心"主任、上海交通大学通识教育课程建设专家、上海交通大学"孔子学院"顾问专家。国家哲学社会科学基金重大项目"汉语异域传播与中国文化影响模式研究"首席专家、国家级一流本科课程"媒介批评理论与方法"课程主持人。主持和参与国家社科基金、教育部、文旅部等的科研项目10余项，出版《西方传播思想史》《中国文化的全球传播》《社会转型传播学》《媒介批评理论与方法》《审美与艺术研究》等专著10余部，发表学术论文100余篇。主要研究方向为中外传播思想史与传播理论、文化传播与新媒体批评、视觉文化与实验美学等。

本书为国家哲学社会科学基金重大项目
"汉语异域传播与中国文化影响模式研究"阶段性成果
(项目编号:17ZDA273)

# 总　序

德国思想家伽达默尔（Hans-Geory Gadamer）提出，"能够理解的存在就是语言"。在《真理与方法》中，伽达默尔写道："语言并非只是一种生活在世界上的人类所拥有的装备，相反，以语言为基础，并在语言中得以表现的乃是：人拥有世界。对于人类来说，世界就是存在于那里的世界……但世界的这种存在却是通过语言被把握的。这就是洪堡特（Wilhelm von Humboldt）从另外角度表述的命题的真正核心，即语言就是世界观。"伽达默尔承继洪堡特的"语言观就是世界观"的观点，通过对语言作为人与世界的关系中介的阐释，把语言、世界和人的关系联系起来，从而建立了诠释学哲学理论。

伽达默尔所说的能够理解的存在就是语言，并非强调语言就是存在本身，或是语言等同于世界，他试图要阐明的是，语言是进入存在的媒介物，人要认识世界，到达存在之域，只能通过语言来实现，通过语言理解存在。反之，世界也只有通过语言，才能呈现为人的世界。因此，语言成为理解存在的实现方式。因为事物本身必须通过语言表述来呈现，由此对事物的理解必然通过语言而形成，语言，无疑成为理解能够实现的媒介。

语言、世界和人的关系不仅是形而上学的哲学问题，同时也如影随形存在于人们的现实生活之中。语言以及语言的传播是人们之间实现交往、建立关系、形成社会乃至建构文化的重要媒介。通过语言，不仅可以建构社会价值体系，同时还建立起了社会群体的认同，甚至还可能会成为影响社会的隐形权力。无论历史演变还是现实发展，都不断在证明，文明的兴衰往往和语言的流行与否息息相关。当代语言和文化的变迁，也显示出强者越强的发展态势。语言得道，文化升天，借助语言传播文化，通过文化加强语言的传播，从而提升国家的影响力，也是当代社会发展的重要议题。

随着中国社会、经济、文化的发展，汉语成为全球使用人数最多、全球最有影响力的语言之一。不仅因为其历经几千年发展而长盛不衰，还由于当代中国社会快速进步的推动，汉语和汉语所负载的中国文化，已然成为全球具有重要影响的语言和文化形态。为了更好地探究汉语传播与中国文化的影响诸问题，以上海交通大学媒体与传播学院"媒介与中国文化传播"研究团队为主，由我牵头申报并获批国家哲学社会科学基金重大项目"汉语异域传播与中国文化影响模式研究"课题，并由我作为首席专家，全面负责本课题的研究工作。自2017年底课题立项以来，包括立项之前的研究准备阶段，研究团队全面展开了汉语传播、媒介使用与中国文化影响的相关研究工作，陆陆续续积累了颇为丰富的系列研究成果。

为了让研究团队的这些研究成果早日面世，同时也为了提升研究的社会影响力，进而对中国文化传播研究领域有所裨益，同时也为了方便与相关领域的研究同仁交流切磋，从而加强汉语传播与中国文化影响力的研究，在商务印书馆的大力支持下，以国家哲社重大项目成果为基础，由我牵头作为总主编，编纂"语言·传播·文化"研究丛书，把汉语传播与中国文化影响力研究的相关的成果陆续整理出版，形成系列研究成果，以方便学界同仁参考、交流和补正，以期共同推进中国文化传播事业的发展。

姚君喜

2022年6月7日 于上海

# 目录

前言 ...................................................................... 1

**第一章 谁是他者** ................................................... 13
  一、文明交流与冲突 / 15
  二、他者理论 / 19
  三、文化身份认同 / 21

**第二章 中国文化的传播** ........................................ 31
  一、文化不是"软实力" / 33
  二、全球化与全球传播 / 40
  三、世界之中国 / 52
  四、中国文化的传播模式与路径 / 57
  五、外籍留学生与中国文化传播 / 70

**第三章 何为中国** ................................................... 75
  一、中国形象 / 77

二、文化印象 / 83
　　三、多维的中国和中国文化 / 87
　　四、本章总结与讨论 / 94

**第 四 章　中国人的形象** ...... 101
　　一、中国人形象的建构 / 103
　　二、中国人形象的测量及调查 / 107
　　三、中国人形象的总体特征与评价 / 111
　　四、本章总结与讨论 / 117

**第 五 章　中国文化的底色** ...... 121
　　一、世界的中国文化 / 123
　　二、中国文化的测量与调查 / 128
　　三、中国文化的认知、态度和评价 / 131
　　四、本章总结与讨论 / 138

**第 六 章　中国文化符号** ...... 143
　　一、作为表征的文化符号 / 145
　　二、中国文化符号的测量与调查 / 152
　　三、媒介使用与中国文化符号的态度评价 / 156
　　四、本章总结与讨论 / 168

**第 七 章　世界的孔夫子** ...... 177
　　一、西方历史中的孔子形象 / 179
　　二、孔子形象的测量及调查 / 188
　　三、多元的孔子形象及其文化 / 191
　　四、本章总结与讨论 / 200

## 第八章　中国艺术的风格 ........................................ 203
　　一、中国艺术的传播 / 206
　　二、中国艺术文化研究的界定和调查 / 211
　　三、中国艺术文化传播的特征 / 213
　　四、本章总结与讨论 / 229

## 第九章　中国书法的特征 ........................................ 233
　　一、中国书法艺术文化的传播 / 235
　　二、中国书法艺术文化的研究变量和调查 / 247
　　三、中国书法艺术文化跨文化传播的描述 / 262
　　四、中国书法艺术文化的跨文化传播模型与检验 / 279

## 第十章　中国制造的品质 ........................................ 293
　　一、媒介与中国制造 / 296
　　二、中国制造研究的变量及调查 / 303
　　三、媒介使用与中国制造的特征 / 306
　　四、本章总结与讨论 / 312

## 第十一章　互联网使用与中国文化接受 .............................. 317
　　一、媒介使用与文化认同 / 319
　　二、互联网与中国文化认同研究方法与设计 / 326
　　三、互联网与中国文化认同的特征 / 330
　　四、本章总结与讨论 / 335

## 第十二章　汉语学习的动机与效果 .................................. 339
　　一、汉语文化传播与语言学习动机理论 / 342
　　二、外籍留学生汉语学习动机与效果的研究实施 / 347
　　三、外籍留学生汉语学习动机、渠道与效果 / 348

四、本章总结与讨论 / 361

**第十三章　汉语学习与中国文化认同** ...... 365
　　一、汉语学习、媒介使用与中国文化认同 / 368
　　二、外籍留学生汉语学习动机与中国文化认同的研究方法 / 374
　　三、外籍留学生汉语学习动机、媒介使用与中国文化认同的特征 / 377
　　四、本章总结与讨论 / 381

**结　　语　守望文化，传播中国** ...... 387

**参考文献** ...... 395

**后　　记** ...... 417

有两样东西，人们越是经常持久地对之凝神思索，它们就越是使内心充满常新而日增的惊奇和敬畏：我头上的星空和我心中的道德律。

——康德:《实践理性批判》
Immanuel Kant, *Kritik der Praktischen Vernunft*


我只是想和您讨论一种可能：也许爱的萌芽在宇宙的其他地方也存在，我们应该到处鼓励她的萌发和成长。

——刘慈欣:《三体Ⅱ：黑暗森林》

# 前言

我们是谁？他们又是谁？我们如何观察他们？他们又如何看待我们？他们眼中的我们是什么样的？他们又如何建构了我们？无疑，"我们"和"他们"之间的相互观察、呈现和建构，是文化传播和文化认同需要研究的核心问题和理论起点。无疑，世界上不同民族国家的自我想象和自我认同，总是在与特定的他者建构的"镜像"关系中形成的。[①]进而言之，跨文化传播、文化间传播中的文化认同是主动接受，还是被动输入？媒介如何形塑出不同类型的文化？人际交往、语言沟通、媒介使用等各种传播途径和行为，如何架起文化沟

---

① 拉康（Jacques Lacan）的镜像理论认为，主体是借助他者的幻象在一系列异化认同的意象关系中构筑自我的，犹如婴儿在出生后的6—18个月间进入镜像阶段，第一次在镜子里的自己虚幻的映像面前发现了自我。主体从虚幻的自我镜像，一个"他者"的角度完成自我的身份认同，首先是他者作为自我的形象，然后是自我作为他者的形象，主体构建的过程是在特定的自我—他者之间的想象域完成的。自我构建的过程也是自我异化的过程，自我认同与其说是确认，不如说是误认。自我身份的确认来自镜中的影像，自我成为一种超现实的幻象，这样，人寻求自我，却不知不觉地异化为他者，个人主体在认同自我的同时也在异化自我。拉康的镜像理论，同样也可以帮助我们理解国家、民族自我认同的结构。在现代世界体系中，不同国家、民族的自我想象与自我认同总是在与特定他者的镜像关系中完成的。引自周宁编：《世界之中国：域外中国形象研究》，南京大学出版社，2007年，第1页。

通的桥梁？通过各类不同的媒介，我们是否能看到真实的他们，他们是否能呈现真实的我们？我们眼中的他们，他们眼中的我们，是否都是"镜像化"的表征，而并非真实的对象？要言之，作为文化认同主体，我们如何建构他者的文化？在这种建构的背后，隐含着哪些影响因素？其构成机制又是什么？诸如此类的问题，在当代全球化、多元化、网络化、智能化发展的社会，无时不刻地出现在我们的面前，并迫使我们不得不面对这样的问题。我们不得不承认，文化间的差异和冲突、融合和认同，显然是全球化发展中的突出问题。特别是文化价值的冲突、对立和融合，更是当代人类发展中无法回避的问题。

人类发展的历史，是不断从相互隔绝、对立到不断融合、认同到合作的过程，全球化是人类文化融合、认同的显著表征。在全球化发展的进程中，没有哪个国家或个体能够置身事外、独善其身，每个国家、每位个体都不同程度地卷入到全球化发展的浪潮中，处于世界中的任何独立的个体，其实都是全球化实践中的参与者甚至推动者。伴随全球化浪潮的荡涤，每个人无论生在何方、身处何地，无疑都离不开作为全球公民身份的存在。就文化意义而言，全球化时代，我们每个人都被深深地打上全球公民的印记。

尤瓦尔·赫拉利（Yuval Noah Harari）在他风靡全球的《人类简史：从动物到上帝》中认为，人类演化的早期，就已经形成了"我们"和"他们"的区分。生物演化使得智人也像其他有社交关系的哺乳动物一样，都是排外的生物。由此，智人在本能上就已经能够区分出"我们"和"他们"。赫拉利认为："从实际观点看，全球融合最关键的阶段就是过去这几个世纪。各大帝国成长，全球贸易强化，亚洲、非洲、美洲和大洋洲的人类形成紧密连接，于是印度菜里出现了墨西哥的辣椒，阿根廷的草原上漫步着来自西班牙的牛。但从意识形态观点看，公元前的一千年间慢慢发展出'世界一家'的观念，这点的重要性也绝对不在其下。在这先前的数千年间，历史确实是朝向全球融合统一的方向迈进，但对大部分人来说，还是难以想象世界一家、全球为一的概念。"[①] 赫拉利并进而认为，认知革命是推动人类有别于其他物种的根本动

---

① ［以色列］尤瓦尔·赫拉利：《人类简史：从动物到上帝》，林俊宏译，中信出版社，2015年，第166页。

因。人类历史上发生的认知革命,使得智人完全超越于其他动物,智人的长处是能够和完全陌生的人合作,而且还可能觉得这些人就像是"兄弟"或是"朋友",虽然这种合作也是有限度的。但是赫拉利断言,人类社会发展中所形成的政治、经济、宗教等社会秩序,使得人类实现全球一体成为可能。早在公元前的一千年间,出现了政治上的帝国秩序、经济上的货币秩序,以及宗教上的全球性宗教,对于商人而言,全球就是大市场,对于征服者来说,全球就是一个大帝国,对于各类宗教先知而言,全球只有一个真理。大家都相信这些秩序,就有可能相信全球的人类都"在一起",都由同一套规则管辖,让所有人类都成了"我们"(至少有这个可能),"他们"也就不复存在。[1]显然,在赫拉利看来,就人类演化的本质特征看,全球化是人类发展演化中的指向性目标。

20世纪中后期以来,特别是2001年中国加入世界贸易组织,成为世界贸易组织成员方后,中国开始深度融入世界,由于中国的深度参与,从而引发了更新一轮的全球化浪潮。中国作为全面发展的国家,成为全球化最重要的参与者和推动者。中国实行的改革开放国策,不仅使中国得以走向世界中心,也给全球化发展注入了新的活力。毋庸置疑,没有中国的全面参与,20世纪以来的全球化根本无从谈起。全球化推动世界重新认识中国,中国也不断地认识世界,并深度融入世界。就文化而言,正因为全球化发展,中国和中国文化也全面地融入到全球文化之中。同时,也正因为全球化,中国文化也面临着前所未有的发展机遇和新的变局。伴随着中国改革开放,社会经济快速发展,在经济全球化过程中,"文化中国"的形象也出现在世界舞台。因此,世界如何看待中国文化,中国如何定位自身的文化传统和文化特质,中国能提供给世界什么样的文化价值和文化产品,中国又如何和世界其他文化携手共进,美美与共,建立和维护人类共同命运,建设人类共有的文化家园,无疑,这些也都是当代全球文化发展中的基础性问题。

就历史发展看,人类社会的进程就是各种文明间冲突、交流、碰撞、融

---

[1] [以色列]尤瓦尔·赫拉利:《人类简史:从动物到上帝》,第166—167页。

合的演变过程。现代社会科学技术的发展，扩展了人们之间交流的范围，极大地推进了人类文明交流的步伐，无疑也推动了全球化的发展。基于媒介技术的全球背景下的文化传播，在现代社会变得更为深广，影响无远弗届。特别是随着互联网技术应用的全球普及，人类已然进入现实/虚拟相互叠加所构成的二维世界，互联网消弭时空、解除隔阂、拉近远方，使得世界各地的人们互相关注，相守相望。正如美国电影《黑客帝国》所隐喻的"程序世界"，人类借助于数据，建构了现实空间之外的虚拟世界，并成为我们生活世界的组成部分。但是，问题也随之而至，拥有人类智能的机器世界试图控制人类，人类陷入和机器世界的对抗之中。虽然这是科幻电影的想象，但是，伴随着数据、信息技术的发展，"虚拟空间"已经由概念走向现实。正因为有了虚拟化的传播形态，文化传播也因此变得更为复杂。显见的是，人类群体之间文化传播的内容，已不再是农耕时代的种子、食物，以及种植经验等的交流和学习，也不仅仅是现代社会的可口可乐、世界杯足球、电竞游戏的传播。更为重要的是，数字媒体等新技术所造就的虚拟空间，同时所建构起来的意义系统，将全球各种类型的话语体系，诸如政治的、宗教的、社会的等等，都得以更加自由和广泛地传播。随着人工智能的发展，人类社会群体之间的语言等壁垒也日渐消除，思想和图像在虚拟空间里即时存在并广为传播。对于这些内容人们通过信息终端唾手可得，虚拟世界已深刻地嵌入人们的现实世界中，成为我们生活世界的一体两面。可见，数字媒体技术革命主导下的文化传播，迥异于传统的时空形态的传播方式，具备了全新的特征，最为鲜明的是，它能够最大限度地实现全球话语的共享。

　　媒介技术的发展推进全球文化的传播和共享，是否就意味着文化隔阂的消除？全球文化日益趋同化，还是愈加差异化？全球性和本土性如何和平共存？处于前现代的文明发展水平的社会如何应对全球化的步步逼近？面对全球化的高歌猛进，乐观者认为"地球是平的"，人类已然共同生活于"地球村"，互联网使得全球文化实现高度融合，人类社会已经成为万方和谐的家园。悲观者则认为，人类并非走向世界多元文化并存的全球化，相反，全球化的悖谬之处在于，全球化导致文化的同质化，在全球范围内呈现出不断同质化的大众文化,诸如好莱坞、迪士尼、麦当劳等为代表的西方文化产业,已经扫荡全球。由此,在此背景下的全球化,是以欧美价值观和消费观念传播为核心的全球文化的同质化,全球化的背后恰恰是"世界的美国化"。伴随着全球化,担忧者断言强大的"文化帝国主义"业已席卷全球。弗朗西斯·福山(Francis Fukuyama)的观点,就从正面肯定欧美价值观和生活方式在全球的传播,并认为世界的美国化就是民主政治和自由市场的全球拓展,进而认为全球化使"全球历史终结"。此外,全球化的乐观者还立足于世界主义立场,认为互联网就是全球文化同质化过程中"技术文化"的先驱,同时自由市场主义者也认为全球化是全球消费资本主义价值观的实现。但是,不可忽视的现实问题是,所谓全球文化同质化的背后,确乎隐含着以全球文化替代本土文化的问题,其结果有可能是全球文化多元化的消失。因此,全球化和本土化二者之间的矛盾和张力依然是全球进程中不能忽视的问题。

对于此问题,社会学家罗兰·罗伯森(Roland Robertson)认为,全球文化的流动会给地方文化注入新的活力,反过来会更加强化本土文化的发展。循此逻辑,他提出了"全球地方化"的概念。在他看来,文化全球化总是发生在地方语境里,认为文化"杂交性"的最终表现不能简化为泾渭分明的"同一性"或"差异性",全球文化是具有文化借鉴特点的全球与地方的复杂互动。[①]由此以来,地方差异和地方特色并未完全被西方同质性的消费主义文化所淹没,它们在创造新型的独特的文化方面仍具有重要作用,这种文化杂交化过程,特别是在时尚、音乐、舞蹈、电影、食品和语言等方面表现得最为显著。

显而易见,全球化无疑为实现全球文化共享提供了可能。作为中国文化符号的国宝熊猫,成为美国梦工厂动画电影《功夫熊猫》的主角,系列中国文化元素符号以及中国传统的儒释道等文化价值观念,成为该影片的核心主题。迪士尼不仅把中国民间传说中的《木兰辞》翻拍为动画片,随后又拍摄为真人版,全球化使得中国文化元素成为好莱坞电影中不可或缺的题材来源。从《黑客帝国》《杀死比尔》《木乃伊3:龙帝之墓》到《花木兰》《功夫熊猫》等影

---

① [美]罗兰·罗伯森:《全球化:社会理论和全球文化》,梁光严译,上海人民出版社,2000年,第249页。

片，象征中国文化的中国功夫、中国人形象、中国风俗民情等中国文化，不断成为美国影视文化的主题。这些题材在保存中国原有的价值观和审美风格的基础上，又嫁接了美国文化价值观，比如功夫熊猫动画片的熊猫阿宝的形象，除了憨态可掬、懒惰贪吃等原有的中国文化内涵外，又加入了美国式的个人英雄主义内涵，这些都成为全球文化的基本标志，体现了罗伯森所说的"全球的地方化"的文化杂交特征。通过各类不同媒介的传播，特别是经济因素和数字媒介技术的结合，中国文化元素迅速成为全球文化的重要组成部分，中国文化成为全球文化构成中不可或缺的部分，这种趋势已然形成，且方兴未艾。与此同时，西方世界关于中国和中国人的形象，也从早期的负面逐渐转向中性和正面。比如早期有代表性的华人李小龙通过香港武侠电影塑造的中国人形象，就大幅度改变了近代西方世界对于中国人的刻板印象和偏见。进而通过好莱坞影片中李小龙"中国功夫"的表演，成功塑造了正义、健康、勇敢、刚强、友好的中国人形象，对西方世界重新认识中国和中国人具有重要的影响。可见，全球化通过经济活动、文化传播、人际交往等传播手段，使得"我们"和"他们"之间建立起相互认同的文化关联，在此过程中，全球文化亦在不断地认同中生成新的形态和特征。

不可否认，在跨文化传播过程中，因文化中心主义（Ethnocentrism）而产生的刻板印象（Stereotypes）、认知偏见（Cognitive Biases）、社会身份认同（Social Identity）等依然如影随形地存在于全球文化传播实践中。文化中心主义以本族群为中心，认为自身所属群体关于事物的观点是所有事物的核心，其他族群都是与之相关联的存在。因此，在跨文化传播中，文化中心主义对于他者文化，以及文化的多元性与整体性的认知存在明显的偏差。特别是跨文化传播中的文化刻板印象，以及由此形成的认知偏见，更是文化全球化传播中面临的首要问题。文化刻板印象形成于人类固有的认知机制，即人们在面对异域文化时，会自觉不自觉地把自己认识中固有的知识框架与该文化进行对比，并将自己的认识框架作为理解该文化的基础。人们的认识中原有的知识框架越强大，对异域文化的理解可能就越加偏颇。此外，文化刻板印象还会强化文化传播中的认知偏见，当某个群体人们的刻板印象被自觉或不自觉地激活时，它就会导致信息处理的认知偏见,并且这种偏见比已经形成的刻板印象表现得更加强烈。文化中心主义忽视其他文化的价值和意义,立足于刻板印象、认知偏见构建自身对世界的认识,就使得全球文化传播中依然存在不确定的冲突因素。

爱德华·萨义德(Edward Waefie Said)有关东方主义(Orientalism)理论的论述中,认为所谓东方就是西方文化中心主义对作为他者的"东方"的话语建构。在他看来,所谓东方主义,是基于西方文化中心主义建构起来的话语体系,亦即立足于西方文明的立场进而将知识和想象结合起来,建构了"西方"意义上的"东方"。显然,西方的东方不是真正意义上的真实的东方,萨义德所认为的"东方主义"指的是西方关于东方的学术、思想和政治活动三者建构起来的联合体。基于学术、思想和政治的三者建构,萨义德就批判了作为权力的东方主义,认为西方关于东方的学术和认知,反映的正是西方历史取代东方历史并使后者成为"无历史"的历史过程,是西方作为主体企图征服东方这个客体的产物,它以知识的形式适应和支持西方殖民扩张的需要,制造出来的西方全面优于东方的神话。[1]无疑,萨义德立足于后殖民主义话语,看到了所谓西方现代文化作为"他者"对东方文化的建构,以及其中隐含的话语权力关系。需要明确的是,这里他所指的东方主要是指以中东伊斯兰文化为主的地区,不是东西方话语体系背景下的东方,但他所讨论的后殖民主义理论,却对其他文化形式也有解释意义。萨义德深刻地认识到,不仅是西方在建构东方,受西方中心主义话语的影响,东方也在帮助西方建构东方,在不平等的话语权力构成中,作为弱势的"他者"文化,避免不了被建构的命运。因此,所谓"认识东方"本身就是西方自身建构的一部分,以东方作为想象,从而建构了文化的"他者"。基于西方和东方的二元对立,即理性/非理性、心灵/身体、秩序/混乱等对立和分割的认知,从而建构起来的是西方是"文明""进步""现代"的想象,而反之东方则是这种进步的对立面,从而在知识话语层面强化了西方中心主义的意识形态。不可否认,在当代全球化发展中,社会、经济、文化发展的不平衡,从而导致的话语权力建构的不平等状态,依然是文化冲突和对抗的内隐性问题。

---

[1] Said, Edward W. *Orientalism: Western Conceptions of the Orient*. Penguin Classics, 2007, p. 9.

通过"他者"理解"我们",有可能会陷入萨义德所说的"自我他者化"的窠臼。周宁通过考察"西方的中国形象"的历史演变提出,西方有关中国的"他者"想象中,包含着知识与想象、真实与虚构的内容,有对现实的中国的某种认识,也有对中西关系的焦虑与期望,当然,更多的是对西方文化自我认同的隐喻。研究西方的中国形象,存在两种知识立场:一是现代的、经验的知识立场;二是后现代的、批判的知识立场。这两种立场的差别不仅表现在研究对象、方法上,还表现在理论前提上。首先,现代的、经验的知识立场,假设西方的中国形象是中国现实的反映,有理解与曲解,有真理或错误。反之,后现代的、批判的知识立场,则假设西方的中国形象是西方文化的表述,自身构成或创造着意义,无所谓客观的知识,也无所谓真实或虚构。在后现代的、批判的理论前提下研究西方的中国形象,就不必困扰于西方的中国想象是否"真实"或"失实",而是去追索西方的中国想象,作为一种知识与想象体系,在西方文化语境中的生成、传播、延续的过程与方式。[①]那么,这种所谓的后现代的批判性立场,其实质在于探求这种文化形象建构背后的逻辑。但是,现实情况是,西方关于中国形象的构成,所谓"经验的"和"批判的"两者知识立场也许都存在,甚至难分彼此,由此,有必要在区分二者的同时,将二者结合起来加以探究。

进入21世纪以来,中国文化的全球传播处于"千年未有之变局"的境况,中国文化如何在全球文化发展中具有话语权,并成为全球文化的有效组成部分,从而为人类贡献自己的文化智慧,这显然是当代中国文化面临的首要问题。因此,面对中国文化全球化发展的议题,无论是采取闭关锁国、固步自封、盲目自大的自我中心主义态度,还是全盘西化、抛弃自身文化传统的西方中心主义立场,都是值得商榷而不足取的消极立场。其核心的问题是,如何在全球化发展中寻找自身的文化基点,一方面保持中国传统文化发展所形成的优势,将自身文化的优秀基因传播给世界;另一方面主动汲取世界各民族优秀文化的营养,为我所用,从而壮大自己的文化,这是应该采取的积极态度。此

---

[①] 周宁:《天朝遥远:西方的中国形象研究》(上卷),北京大学出版社,2006年,第4页。

外，全球无处不在的互联网，引领人类突破了时空困囿，从而使得人与人之间的联系更加紧密和频繁。借助于互联网，通过各类社交媒体平台，远方的人近在咫尺、天涯比邻，人类社会已然成为"地球村"。通过互联网、社交媒体等传播途径，在虚拟空间建立的人际传播的关系网络，使得跨时空的人际传播变为现实，从而极大地强化和延展了人际交往。由此，立足于传播学视角，探究中国文化全球传播的理论与实践，在今天则显得尤为重要，特别是立足传播模式、传播途径、传播媒介、传播效果等视角展开历史和现实的考察和总结，是促进中国文化全球化发展之必需。

来华外籍留学生作为中国文化全球传播的主要桥梁和纽带，通过自身的亲身经历、所见所闻，以及语言学习、人际交往，成为中国文化全球传播的主力军。作为人际传播的主要形式，外籍留学生成为中国文化的全球传播的文化使者。正如科尔曼（James S. Coleman）的"网络扩散理论"所认为的，一个新观念或新产品最初的传播往往依赖于周围的人际网络，这种人际网络泛指社会人际网络结构，也可以指互联网的虚拟社交网络。如人际网络在新药的最初传播过程中能起重要作用，原因是人们对新药的价值并无确定信息，所以更加依赖于他人的判断。这时每个人的行动会取决于其人际网络中他人的行动。[1]显而易见，这种现身说法的人际传播由于其具有高的可信度、确定性，极易取得更好的传播效果。伴随着20世纪末中国社会的改革开放，特别是21世纪中国加入WTO以来，中国经济飞速发展，中国社会充满活力，从而使得中国文化也吸引了世界各地的人们，来华外籍留学生人数逐年不断增长，根据国家教育部统计数据，2018年共有来自196个国家和地区的49万余名各类外国留学人员在全国31个省（自治区、直辖市）的1004所高等院校学习。来自全球各地的几十万留学生，他们通过学习汉语，认识中国，了解中国文化，从而建立中国文化认同，他们利用各种媒介形式，特别是借助互联网各类平台，通过描述自身

---

[1] Coleman, James; Katz, Elihu; Menzel, Herbert. "The Diffusion of an Innovation Among Physicians". Albany, N. Y., Etc, *Sociometry*, American Sociological Association, 1957, Vol. 20(4), pp. 253−270.

的学习、生活、见闻和经历等，进而间接传播中国文化。当他们返回到自己的国家时，不仅在日常生活中，而且通过参与本国的政治、经济、教育、文化等社会活动，能够积极主动地传播中国文化。语言不仅是人们传播交流的手段，更是文化价值的载体。外籍留学生通过汉语学习，进而全面了解中国文化，并能够借助熟练的语言沟通，传播中国文化。由此，通过来华外籍留学生的语言学习和文化交流，是汉语异域传播和中国文化产生影响的主要模式。语言得道，文化升天，语言和文化相辅相成，本书通过探究各类语言传播的形式和途径，进而发现中国文化传播的特征和规律，是中国文化在全球化背景中产生影响的主要方式。

汉语传播是中国文化走向世界的重要途径和模式，在全球化背景中，借助汉语传播，中国文化与世界之间建立起密切关联的传播纽带，给世界贡献自身优秀的文化因子，从而与世界建立"各美其美，美美与共"的全球文化共享模式。全球文化共享模式的核心内涵是基于普遍主义立场的文化认同，对此，哈贝马斯（Jürgen Habermas）明确说道："普遍主义究竟意味着什么？它意味着在认同别的生活方式乃合法要求的同时，人们将自己的生活方式相对化；意味着对陌生者及其他所有人的容让，包括他们的脾性和无法理解的行动，并将此视作与自己相同的权利，意味着人们并不孤意固执地将自己的特性普遍化；意味着并不简单地将异己者排斥在外；意味着包容的范围必然比今天更为广泛。道德普遍主义意味着这一切。"[①]哈贝马斯的观点，也正和中国文化中的"己所不欲，勿施于人"的道德律令相呼应。无疑，这也是本研究试图探究的问题。

本书是本人所主持的国家哲学社会科学基金重大项目"汉语异域传播与中国文化影响模式研究"的系列成果，也是本人主编的"语言·传播·文化"研究丛书的内容之一。本书收入作者本人（部分与他人合作，已获得授权出版）关于来华外籍留学生与中国文化影响关系研究的系列论文10余篇，所收论

---

[①] ［德］哈贝马斯：《现代性的地平线——哈贝马斯访谈录》，李安东、段怀清译，上海人民出版社，1997年，第137页。

文，除了部分未发表外，多已在相关期刊公开发表。需要说明的是，收入本书时，为了体现本研究的系统性和完整性，不仅对原文的标题进行了修订，同时对正文内容也做了大量的补充和完善。本书的系列研究，通过历史文献分析、问卷调查等研究手段，在获得相关的历史资料和问卷调查经验数据的基础上，针对来华外籍留学生的媒介使用、汉语学习、人际交往等行为，以及对他们对中国文化的理解、感受和认同等内容进行描述、分析和阐释，从而在理论上探究语言、传播和文化之间的内在关系，进而试图归纳和总结中国文化全球传播的基本理论模式，同时在实践中提出有效的现实传播路径、传播方法和传播策略。

# 第一章

## 谁是他者

面对全球文化的多元化发展，交流与冲突并存的现实挑战，中国如何明确自身的文化定位？如何确立自身的文化价值？如何和平发展？中国文化如何走向世界，成为全球文化的重要部分？这些基于现实层面的提问，依然是当代中国文化理论研究需要回答的主要问题。就此意义看，没有中国参与的全球化，没有中国文化的全球化给出最后答案，历史当然不会终结，历史本来也不会终结。但是，中国如何参与到全球化之中，如何在全球文化中找到与人类命运发展的共通之处，依然是当前中国文化发展的主要问题。在全球文化发展过程中，基于文化差异的文明交流和冲突并存，因此，文化意义上的"我们"和"他者"的差异和认同、承认和接受，依然是文化传播研究的起点和核心问题。如何认识"他者"，恰恰是认识"我们"的密钥，本章内容则对"他者"理论进行讨论。

20世纪以来，伴随着人类技术文明的飞跃，社会批判理论认为人类的精神文化陷入危机。技术理性不断扩张，机器世界的快速演进，加之互联网等数字技术的普遍应用，数字虚拟世界俨然成为人类的"第二自然"。针对技术与人的关系问题，批判学者们无不悲观地慨叹，人类已进入精神世界异化的时代。毋庸讳言，没有哪个时代，人类的文化价值显得如此不重要。也没有哪个时代，文化价值又显得如此重要。就当代社会而言，人类社会与机器世界的冲突和对立，不仅是好莱坞电影的主题，而且真实地存在于现实场景。技术推动了人类的发展，但是在技术理性的裹挟之下，人们追求技术上的更高更快更远，乃至无暇顾及自身的精神世界和存在状态，就此而言，人类确乎陷入了文化价值危机的时代。但是，人类社会所面临的新的挑战，不仅来自自然，而且还来自人类自身，特别是由于人类技术开发所引发的新的价值面向的问题，更是愈加突显出来。人们意识到不可忽视的现实是，技术发展推动了全球化，全球化又在不断放大全球与本土的文明差异。更为严重的是，全球极端主义思潮的复现、全球发展中的保守主义趋势，相伴而生的全球地缘政治的重新兴起，使得全球不同文明主体之间基于价值取向的文化差异、对立和冲突凸显且不断加深，因而又成为21世纪全球社会共同面对的问题。

# 一、文明交流与冲突

进入21世纪，人类文明演化的步伐并未停歇，人类历史并未终结，文明依然负重前行，人类社会历史的发展，并未出现有学者所预言的"历史的终结"。反之，现实状况却是人类的文明交流、冲突和融合依然故我。特别是21世纪初英国宣布脱欧、全球贸易冲突、新冠肺炎疫情、俄乌战争等重大事件的发生，直接影响到了新世纪全球社会的未来走向。

文明之间的交流和冲突，是人类文明多元化发展进而形成差异化的必然结果。在相互文化交流贫乏的远古社会，文明发展彼此隔绝，人们处于小国寡民的状态，民至老死不相往来，人们生活在各自封闭的"桃花源"中，不知秦汉，无论魏晋，因此，人类社群之间的文化差异亦无从显现。在这样的封闭社会中，人类群体之间自然很难建构起来诸如"我们"和"他者"的意识观念。即便是对于人和自然关系的认识，也没有绝对的对立和冲突。正如《易经·贲卦》云："刚柔交错，天文也；文明以止，人文也。观乎天文，以察时变；观乎人文，以化成天下。"人类认识到自己生于自然，须直面自然，依赖自然，并因自然的不可控而敬畏自然，人和自然相辅相成，天文与人文遥相辉映。人适应于自然世界，乃至自身所创造的文化意义世界，亦即是出于适应自然的目的，所谓人和自然和谐无间，互为确证的文化。

随着人类文明步伐的加速，人类经由认知革命、农业革命，乃至步入工业文明时代，人的力量无限增长，但是人和自然的关系变得疏离、对立，直至对抗，同时，人类社会群体之间也充满了对抗和冲突。面对20世纪以来西方工业文明的勃兴，德国存在主义哲学家海德格尔（Martin Heidegger）也感叹，技术世界接管了人类，人类已进入精神世界的"贫困时代"。海德格尔所谓的"贫困时代"，是他通过对西方形而上学的反思，从而建立的关于技术理性时代的思想隐喻。这种"贫困时代"指的是植根于西方形而上学的虚无主义的时代，在形而上学影响下的技术文明使得现代人陷入了"无家可归"的精神贫困。对于这种生存状态，海德格尔又将其描述为"世界黑夜的时代""无家可归的状态""虚无主义""上帝之缺席"等等。[1]当然，海德格尔期待人类走出精神贫困的黑夜，那么，他认为只有在贫困时代还在诗意追问的诗人，才是人类走向黎明白昼的希望，才是唯一的人类救赎之道。因为，他认为只有这样的

---

[1] 参见孙周兴:《说不可说之神秘》，上海三联书店，1994年，第207页。

诗人,才能到达"存在之澄明"的状态,到达精神之"无蔽""敞开"的境界。为此,海德格尔说:"在贫困时代里作为诗人意味着:吟唱着去摸索远逝诸神之踪迹。因此诗人能在世界黑夜的时代里道说神圣。""真正的诗人的本质还在于,诗人总体和诗人之天职出于时代的贫困而首先成为诗人的诗意追问。"[①]无疑,不管是中国古人对人和自然的关系的体认,还是海德格尔对"贫困时代"的追问,乃至对"诗意的追问"的肯定,其中包含的核心问题,依然是对那些伴随人类而生,伴随人类繁衍而演化的文化价值的肯定,特别是对那些基于人类成长中的最为根本的文化印记的肯定,因为它们是人类生存和发展的血脉和根基。要言之,对于"无神的世界"的人类精神的贫困,海德格尔所坚持的人类的救赎之道,依然在于人类的文化心灵之中,也就是那些植根于人类世界澄明状态中的人之本性。海德格尔所思考的哲学意义上人的存在、人类之文化,依然是立足于近代人文主义关于人主体性的探求,但是,所不同的是,海德格尔认为近代人文主义的主体形而上学将人淹没于形而上学之中,并未发现真正的人,因此,他试图通过对存在问题的思考,通过存在揭示人的本质,从而回到真正的人本身。当然,如何回到人本身,依然是人类面对深渊的追问。

但是,人类需要什么样的文化?人类的文化究竟如何救赎自身?我们看到,现代技术主义、消费主义理念等驱动下的"全球化"浪潮汹涌澎湃,以西方形而上学传统为主导的工具理性价值,推动全球技术主义文化高歌猛进,不断迭代的技术创新,正在全面塑造人类社会。技术驱动的人类发展目标,已不再满足于在地球上开山架桥,而是面向火星探险式的星辰大海。随之而来的,是当代媒介技术的发展,互联网技术的普及,使得人类不断建构起超越现实世界的"虚拟世界"。不可否认,近代启蒙主义思想影响下的科学革命,全面推动了现代技术文明的进步,这无疑使人类走上了与以往截然二致的全新的发展道路,技术文明给人类带来了极大的福祉。但人类在坐享技术文明带来的各种福利的同时,必然也得承受技术主义带来的各种弊端和风险。就文化视角

---

① [德]海德格尔:《诗人何为?》,收入《海德格尔选集》(下卷),孙周兴译,上海三联书店,1996年,第410、411页。

而言，技术主义、市场主义推动下的全球化，使得全球主义/本土主义、保守主义/多元主义、世界主义/民族主义等文化形态的对立与冲突不断加剧，人类文化之间的鸿沟并未随之消弭，反而日益加深，人类未来历史的走向充满了不确定性。对此，围绕现代社会的发展进程和演化逻辑，对于技术视野下的西方价值以及现代文明，研究者展开了激烈的讨论。20世纪末，弗朗西斯·福山提出"历史终结论"的观点，认为起源于西方文明传统的政治经济制度以及文化形态，最终会成为人类社会发展的终极方向。[1]与福山的观点不同，对于全球文明的演进问题，亨廷顿（Samuel P. Huntington）提出的"文明冲突论"则认为，全球文明的演进中，不同文化的差异是全球文明冲突的根本所在。[2]可以看出，不管是"历史终结论"还是"文明冲突论"，其背后的逻辑却是一致的，其理论的出发点依然建立在"西方中心主义"的立场之上，都以启蒙运动以来西方技术文明的发展作为坐标，进而分析全球文化和文明演化的逻辑。但是，面对全球化发展，人类命运相互连接，全球融合的现代文明如何实现多元共存，人类文化的走向究竟为何？至今还是需要讨论的问题。

在文明冲突的逻辑中，亦包含着文化认同的问题，人类不同群体通过认识和想象他者，从而建构自我的文化认同，在此过程中，"我们"与"他者"之间划定了鸿沟，形成了文化意义的对立，进而演变为现实冲突。但是，正因为有了"他者"，才给"我们"确立了文化意义上的参照系，通过"他者"，我们才能认识到自己。正如《庄子·秋水》所云："今尔出于崖涘，观于大海，乃知尔丑，尔将可与语大理矣。"河伯看见大海，才知道自己的渺小，知道自己的渺小，才是认识自己的开始。文化差异和冲突的意义，也正在于此。因此，如何认同他者，了解他者如何建构我们，则成为全球化语境下跨文化传播的重要议题。

---

[1] 参见［美］弗朗西斯·福山：《历史的终结与最后的人》，陈高华译，广西师范大学出版社，2014年。

[2] 参见［美］塞缪尔·亨廷顿：《文明的冲突与世界秩序的重建》，周琪译，新华出版社，2010年。

## 二、他者理论

尤瓦尔·赫拉利认为，智人在演化中学到了区分"我们"和"他们"，自己身边的这群人就是"我们"，而其他所有人就是"他们"。但是，认知革命发生以后，智人又演化出了社会合作机制，与完全陌生的人进行合作，把他们当成"兄弟"或是"朋友"，但是这种合作也局限在有限的范围里面，更遥远的地方的人还是"他者"。[①]可见，能够区分"我们"和"他们"，是人类演化过程中形成的自然属性。但是，这种自然属性随后又融入到文化价值体系之中，以文化的各种形态作为表征，比如语言、宗教、道德、民族、国家，乃至观念等，通过这些形态的建构，进而形成不同的文化，而以这些作为表征的不同文化的差异，就区分出"我们"和"他们"。由此，"他者"（The Other）理论作为区分不同文化意义层面的"我们"和"他们"，则成为文化批判研究中的重要概念。

在不同语境的使用中，他者概念有不同的内涵，结合该概念形成的和使用的过程，可总结和发现其特征。有研究者通过对他者概念的历史考察和梳理，认为"他者"是一个关系性概念，他者存在于两组关系之中：一组为同一（One）/同者（Same）与他者（Other）；一组为自我（Self）/主体（Subject）与他者（Other）。与此同时，他者概念体现出三种不同的属性：一为差异性，这是他者在印欧语系中的基本意义，这种差异性体现为一种相对性。一为建构性，主要表现为他者对主体的建构乃至掌控。一为从属性，在某一对等级关系中，相对于高一级事物而言，低一级事物往往被认为是他者。[②]可见，从对他者概念使用演变的研究看，"他者"所包含的基本内涵，除了形而上学意义上的诸如基督教所指的"上帝"、黑格尔的"绝对精神"、后现代哲学家拉康的"他者"等含义之外，主要指的是自我/主体与他者的关系概念，也就是在"我"之外的，并与"我"相关的其他人、其他群体或其他文化形态的存在，在社会文化意义上的他者，主要表现为一种文化的差异性。在文化研究理论

---

① ［以色列］尤瓦尔·赫拉利：《人类简史：从动物到上帝》，第166—167页。
② 胡亚敏、肖祥：《"他者"的多副面孔》，《文艺理论研究》，2013年第4期。

中，他者则主要指的是人们文化意义上的社会身份的建构和主体性的问题。

对于他者理论，最初是从哲学研究开始的。古希腊柏拉图（Plato）的《巴门尼德篇》就重点讨论了"一"与"他者"、"存在"与"非存在"的关系。黑格尔（G. W. F. Hegel）对他者做了明确界定，使用奴隶和主人的比喻来说明"差异"和"他者"相互建构的关系。黑格尔认为某物自身与他者紧密相连，双方只有通过对方才能反映自己。黑格尔提出"自我意识"概念，认为只有将它的对方或差异者设定为"非存在"即"他者"，并得到他者的承认，才能确立自己的地位。在现象学和存在主义传统中，他者则是主体构建自我的要素。他者是赋予主体以意义的个人或团体，其目的在于帮助或强迫主体选择一种特殊的世界观和自身的社会身份。而且"他者"的概念超越了对个体的有限的认识，存在主义思想家萨特（Jean-Paul Sartre）就提到："我承认我就是他人所看到的那个样子。"[①]进而他认为，"他人"成为一种与"我"争夺自由的力量，"我"与"他人"总是处于互为对象化的纠缠和矛盾之中，因此"他人即地狱"成为存在主义思潮的圭臬。在他看来，"我们"一方面是独立的自我存在，另一方面又是"他人"的客体存在。同时"他者"也从根本上剥夺了"我们"关于自主权和控制权的真实存在。可见，萨特的"他者"理论依然是黑格尔主体意识和他人关系建构的阐释。

以拉康、福柯（Michel Foucault）和德里达（Jacques Derrida）为代表的后结构主义思想家将他者理论由哲学思辨领域扩展到社会文化领域，从而展开对西方社会历史文化的批判。拉康提出的镜像理论，强调他者对自我的异化，认为主体意识的开始也就是异化的开始，社会通过语言象征符号或由这些符号系统构成的网络，从而使得主体被他者彻底建构。福柯论述了"权力/话语/知识"对主体的建构意义，认为所谓他者就是由权力/话语/知识塑造和规训，福柯的权力话语理论对后殖民批评和女性主义产生了重要影响，尤其对萨义德的"东方主义"理论产生了深刻影响。德里达通过解构主义分析，认为西方思想的二元对立，建构了处于权力从属地位的他者。

---

① ［法］萨特:《存在与虚无》，陈宣良等译，生活·读书·新知三联书店，1987年，第298页。

后殖民主义和女性主义文化理论集中在文化政治批评实践层面，对他者理论展开了全面讨论，拓展了他者理论的实践范畴，使得他者理论从哲学思辨走向对现实实践的分析，从而具有重要的现实意义。后殖民主义理论通过他者的相关理论，进而强调文化间的平等、差异和多元，反对种族或性别歧视。在众多的后殖民主义理论中，萨义德对西方的东方主义建构他者的理论，产生了极为重要的影响。萨义德强调了作为西方的他者的东方的被建构性，认为由此导致东西方处于不平等的地位，东方被边缘化为"西方的东方"。其后，后殖民主义理论家斯皮瓦克（Gayatri C. Spivak）、霍米·巴巴（Homi K. Bhabha）等进一步阐释了西方主流学术话语与帝国主义意识形态之间的合谋关系，进而建构了东方与西方的复杂的他者关系。后现代思想家克里斯蒂娃（Julia Kristeva）也认为，他者是所有社会身份中的一个基本的要素，要充分理解"他异性"（Alterity）就必须把"差异"（Difference）作为内在的条件而不是外在的因素，他者就在我们自己之中。可见，后现代思想家们对于他者理论的各个方面进行了全面论述。

总之，作为本研究理论背景的构成，"他者"（The Other）理论具体内涵主要指的是，基于不同文化之间的差异性，"我们"在建构自身文化身份时，以其他文化作为参照和对比的背景，建构了"他们的我们"。同时，"我们"在建构其他文化表征时，以自身文化作为框架和逻辑，建构了"我们的他们"。这其中，文化差异性是逻辑起点，建构/被建构的关系是其基本结构。在具体的建构表征中，知识和想象构成了基本的维度。

## 三、文化身份认同

建构"他者"的文化意义的本质，其实在于建构"我们"的文化意义，文化身份都是"镜像"的存在。人类群体之间通过观照对方，从而发现和区分彼此之间的差异和不同，建构并形成了身份认同（Identity）。无疑，身份认同是客观存在的，但又是主观建构的，文化身份认同在动态的交往沟通与冲突中被建构起来。

随着传播学理论的发展,"身份认同"成为跨文化传播和文化间传播的重要概念,大量研究从不同途径展开了对身份认同问题的讨论和阐释。就理论层面看,研究者将身份认同分为两种类型:一是基于生理体质特征的种族身份认同(Racial Identity);[1]一是以自身文化作为标识的文化身份认同(Culture Identity)。[2]在实践层面上,二者其实也很难完全区分开来,往往混合建构起既包含种族身份又包含文化身份的认同。研究者认为,族群身份认同(Ethnic Identity)是"一套关于对自己的族群成员身份的看法,包括自我身份认同和关于族群文化的知识(传统、习俗、价值和行为),以及对归属于特定族群的感受"[3]。显见的是,对于身份认同的探究的现实基础,则是人类生物特质差异的文化差异性。所谓认同,其核心体现的是文化差异,以及由此衍生的文化冲突与对立。因此,"认同"(Identity)概念包含两个维度,即个体的差异与群体的统一。[4]可见,文化认同即为差异的个体归属于共同的群体,并由此确立了不同的群体之间的差异。

就文化身份认同的研究看,不同学科对其考察的重点有所不同,研究者提出了多种身份认同的视角。英国文化研究学者斯图亚特·霍尔(Stuart Hall)认为,社会学中的身份认同是人、机制和实践之间交互作用的建构和建构的结果。霍尔把"身份认同"界定为三种不同的概念,即启蒙主体、社会学主体和后现代主体。[5]他这里所指的三类身份认同,具体而言,启蒙主体是以核心的、统一的个体观念为基础,具有判断、自觉和行为的能力。他/她的"中心"

---

[1] Martin, J. N. "Understanding Whiteness in the United States". In L. A. Samovar & R. E. Porter, Eds. *Intercultural Communication: A Reader*. Wadsworth, 1997, pp. 54–63.

[2] Ting-Toomey, Stella; Yee-Jung, Kimberlie K.; Shapiro, Robin B.; Garcia, Wintilo; Wright, Trina J.; Oetzel, John G. "Ethnic/cultural Identity Salience and Conflict Styles in Four US Ethnic Groups". *International Journal of Intercultural Relations*, 2000, Vol. 24(1), pp. 47–82.

[3] Martin, Judith; Nakayama, Thomas K. *Intercultural Communication in Contexts*. McGraw-Hill US Higher Ed USE. 2017, p. 74.

[4] 王晓路等:《文化批评关键词研究》,北京大学出版社,2007年,第278页。

[5] Hall, Stuart. "The Question of Cultural Identity". In Stuart Hall, David Held and Tony McGrew, Eds. *Modernity and Its Futures*. Polity Press, 1992, pp. 275–276.

由内部的核心构成，这一核心首次出现于主体出生时，并在个体整个的生存期间都保持基本的同一。社会学主体在自我与他人的"交互作用"中形成。主体仍然具有内部的核心或者本质，即"真正的我（Me）"，但是他/她是在连续地与"外部"文化世界的对话中被塑造和被调节的。后现代主体指的是不仅没有固定的、本质的或者永恒的核心，而且还存在着矛盾的、暂时的身份/认同，把人们拉向不同的方向。不难看出，霍尔是从主体的角度对身份/认同进行界定，并把身份/认同视为"话语实践为我们建构的主体立场点"[1]。查尔斯·泰勒（Charles Margrave Taylor）立足于道德哲学理论视角，通过对现代社会认同的形成和演化过程的考察，指出文化认同就是人们形成的具有普遍性的道德承诺。如前所述，文化人类学中的身份认同包括两个方面，即差异性和统一性。它首先表现出的是作为独特个体的独特性和个体性特征，如自我认同，这是个体有别于他人的自我特征的体现。另一方面又指的是同一性，指的是个体的人与其他人的关联性，如族群认同。社会心理学家强调身份认同是被创造出来的，部分缘于自我，部分缘于那些"坚持与他人共享某种重要特征"的成员和熟人们。社会身份认同理论（Social Identity Theory，SIT）则认为，个体的自我意识是由社会身份认同和个体身份认同共同组成的。个体身份认同是指个体独特的、与其文化和社会群体不相关的特质。而社会身份认同则被界定为某人关于作为特定社会群体成员的身份的知识以及与此群体相关联的社会意义。社会身份认同理论的核心观点，是个体（通常他们的数量是很大的）所认同的群体决定了他们的社会认同。年龄、性别、职业、国籍、地域、信仰等等，均可作为不同种类的社会认同基础，并且有各自群体的价值观、习惯和历史等文化构成的因子。因此，总体而言，以往的研究将"身份认同"理论化为一个多维度的概念。如有学者区分为个体典型性（Self-typicality）和群体认定（Group Identification），个体典型性指的是个体认为自己作为群体内成员的典型性，群

---

[1] Hall, Stuart. "Introduction: Who Needs 'Identity'?" In Stuart Hall and Paul du Gay, Eds. *Questions of Cultural Identity.* Sage Publications, 1996, p. 5. 参见王晓路等：《文化批评关键词研究》，第279页。

体认定指的是对于作为组织内群成员的情感评价和反应。有研究也认为，对于族群的身份认同的区分是非常重要的领域，族群身份认同的行动维度，涉及个体对族群相关活动的参与程度以及他们在族群相关活动中的胜任程度。这些活动包括吃族群的食品、使用族群的行为方式、说和写族群语言以及使用共同的传播风格。所有这些关于"认同"概念的方面，都可以通过与传播相关的不同方式显示出来。[①]

通过种族特征、文化形态等的差异建构民族国家的身份认同，不仅是早期民族国家形成的基本要素，也是当代全球化背景下呈现文化差异和多元化的特征。正如本尼迪克特·安德森（Benedict Anderson）所指出的那样，所谓"民族"是想象的共同体，通过语言"建造事实上的特殊的连带"[②]。这种所谓的"想象"，是人类群体形成的共同的观念系统，这些观念系统通过各类的文化表征如宗教、政治、艺术、行为等体现出来，从而在民族共同体的形成中把不同个体联系起来，成为处于不同时空维度中的人类群体之间相互联系的纽带。由此可见，想象性文化建构是民族国家或是族群共同体在形成过程中，能够将不同的个体或群体聚合在一起的主要方式。但是，就文化身份认同本质而言，一方面，国家或民族文化作为一种再现和象征体系，能够引导人们建构共享的归属感和同盟感。通过民族起源的神话、历史人物和民族英雄塑造，代表性景观的设计等再现策略以及文学文本、大众传媒等宣传手段，民族文化以生产意义的方式影响人们的意识和观念，规范人们的行为和生活。另一方面，如阿尔都塞（Louis Althusser）所认为的，文化是意识形态的物质存在形态，通过渗入认知结构召唤个体进入场所（Place），给予他/她定位和"身份"。这就是阿尔都塞所说的"意识形态对作为主体的个人的窜改"[③]。意识形态或观念系

---

① 参见［美］威廉·B.古狄昆斯特、［美］贝拉·莫迪主编:《国际传播与文化间传播研究手册》（第二版），陈纳等译，复旦大学出版社，2016年，第211—212页。

② ［美］本尼迪克特·安德森:《想象的共同体：民族主义的起源与散布》，吴叡人译，上海人民出版社，2003年，第152页。

③ See Althusser, Louis. "Ideology and Ideological State Apparatuses". In *Lenin and Philosophy and Other Essays*. New Left Books, 1971.

统将"主体性"加以重新界定,从而使得人们只是在意识形态中才能作为主体存在,并在此以双重方式被建构成主体:通过屈从而为主动负责以及受想象的身份限制。虽然阿尔都塞在这里低估了主体的能动性反抗,但无疑作为文化身份建构的意识形态的渗透作用却不容忽视。而且,进而言之,意识形态往往与暴力和霸权并驾齐驱,并生产出屈服的主体,统一异质的文化,来征服其他族裔。基于此,民族身份一方面深深地扎根于民族文化中,汲取着维系民族同一化的养分,另一方面又难以摆脱权力的作用,在权力和认同的矛盾冲突的张力中存在。[①]就此意义而言,作为意识形态的工具,文化身份认同的形成,建立起了人们之间群体连结的基础。但是,文化身份认同的建构和形塑,又制造了文化霸权,如阿尔都塞所言,主体受制于文化霸权,并成为与他者对立和冲突的基础。因此,文化身份认同作为文化层面的存在,它在建构同一性时,又产生了对抗性和排他性,这种矛盾性是身份认同研究中需要考察的根本问题。

文化身份认同的同一性、共通性并非持久永恒的,它依然存在动态变化的过程。在此过程中,作为文化认同的基础层面的"道统"一般难以被彻底颠覆和改变,即便经过剧烈的社会革命,有些"道统"依然会顽固地保留着。但是,作为"小传统"的某些观念分支,随时处于冲突、分离、融合、再生的过程。对于这些作为认同的基础的"道统",葛兆光在阐释中国思想史脉络的来源与确立的传统时,提出"道统、系谱与历史"的维度,并认为"'道统'中的所谓'统',其实只是一种虚构的历史系谱,怀有某种可能很崇高的意图的思想家们,把在'过去'曾经出现过的,又经过他们精心挑选的一些经典、人物或思想凸显出来,按时间线索连缀起来,写成一种有某种暗示性意味的'历史',并给这种'历史'以神圣的意义,来表达某种思想的合理性与永久性,于是,就构成所谓的'统'。比如'正统',就是说政治史中那些享有不言而喻的权力的君主构成的连续性系谱,进入这一系谱就意味着拥有政治权力的合法性,而'道统',则是指思想史中承担着真理传续的圣贤的连续性系谱,被列入这一系谱就意味着思想的合理性,凸显了这一系谱,也就暗示了由这一系

---

[①] 参见王晓路等:《文化批评关键词研究》,第286页。

谱叙述的道理，一定优先于其他的道理，应当尊崇的普遍真理"[1]。从这里的分析可以看出，所谓"道统"叙事的内容背后，隐含着意识形态的合法性、共通性和连续性等认同层面的问题。这种"道统"沉淀在人们的观念之中，是人们自觉的无意识行为，并成为人们"日用之而不知"的观念存在。

美国观念史研究学者洛夫乔伊（Arthur O. Lovejoy）在其著作《存在巨链》里对"观念史"概念进行了讨论，他认为所谓"观念史"就是历史上最基本的、持续不变的或重复出现的观念单元。这些观念，包括那些含蓄的或不全清楚的设定，或者在个体或一代人的思想中起作用的或多或少未意识到的思想习惯。这些东西是"心照不宣"的，而且是"不言自明"的，常常是一般的、笼统的，所以反而可能在所有方面都能够影响人们的思想。对于这些观念的研究，洛夫乔伊认为包括三个方面：第一，要在历史发展的脉络中去研究，因为一个观念及其表达在不同时代延续和传播。第二，要联系多个历史发展的领域，因为研究观念的生成、流传、变化，必然涉及很多历史、社会、技术的问题。第三，要超越不同民族和国家，因为一个观念并非一个民族和国家独享的。由于观念的传播和延续不限于某个特定的历史时代、历史领域和民族国家，[2]对此，葛兆光认为观念史讨论的议题常常超越时代、国界和语言文化，拥有更大的时间与空间，它不能从国籍和语言上切割对象，把自己拘束在狭小的政治共同体和民族共同体中，它必须考虑超出族群和国家的东西。[3]洛夫乔伊所指的这些所谓的超越时代、地域和语言的观念单元，是人们对世界的基本认识。显见的是，他的讨论依然立足于本质主义的立场，试图探求世界的核心意义。尽管如此，我们不得不承认，所谓超越时代、地域和语言的观念体系，也正是人类形成文化认同的核心基石。

---

[1] 葛兆光：《道统、系谱与历史——关于中国思想史脉络的来源与确立》，《文史哲》，2006年第3期。

[2] ［美］阿瑟·O.洛夫乔伊：《存在巨链——对一个观念的历史的研究》，张传有、高秉江译，商务印书馆，2015年，第19—29页。

[3] 葛兆光：《道统、系谱与历史——关于中国思想史脉络的来源与确立》，《文史哲》，2006年第3期。

20世纪末以来，以经济层面的全球发展为驱动，新技术的全球应用，特别是互联网技术的全面发展，使得跨越时空的全球媒介网络得以建立，这极大地推动了超越地域和文化差异的全球文化认同。媒介的全球化发展，不仅影响到文化产品生产和消费的全球化，同时，媒介文化作为符号形态和意义表征体系，超越了时空的限制，马尔科姆·沃特斯（Malcolm Waters）就提出这种"符号交换解放了以空间为基准的关系"，其结果就是人类传播交流活动中符号交流所占的比重越大，社会关系的全球化就越加显著。"人类社会全球化对文化的要求高于对经济和政治的……文化领域的全球化程度也高于其他两个领域。"[①] 显见的是，由自由市场和商品生产驱动的全球化，最后转化为由符号经济来驱动，技术发展的推动，特别互联网技术的发展对媒体和传播产生革命性影响，使得全球化成为可能。"正是由于媒体和传播技术使世界，或者说大部分世界，自觉成为一个有着持续不断相互作用和交流的地方。"[②] 由此，以符号生产和意义建构为基础的全球文化传播，则成为全球化发展的引擎。我们不得不承认，文化不仅仅是软实力，还是全球化发展的根本动力。

全球文化的发展，使得传统的建立在民族主义基础之上的文化身份认同受到冲击。在全球文化和本土认同之间冲突的背景下，全球文化的传播和扩展，使得已建立的民族文化认同不得不转向全球文化认同。随着全球化的不断展开，超越传统的民族、国家、文化边界的全球文化符号和意义形态，在全球范围内不断生产出来并产生重要影响。那么，就此而言，全球化使得文化认同发生重大变迁，各个传统意义上的文化形态都要受到全球文化的冲击和影响。因此，在全球化发展的背景下，具有自己独特传统的中国文化如何与世界接轨，中国文化如何走向世界等问题，其重要性不言而喻，同时这也成为中国文化走向现代必然要面对的问题。但是，对于中国文化的现代认同的转变，还需深入到文化的内核中去追问，中国文化究竟应该在何基础上完成现代认同？对此，我们还得回到洛夫乔伊对于观念史中的"观念-单元"的探究，进而考察全球化背景下中国文化的超越历史、地域和语言的观念单元体系。

---

① Waters, Malcolm. *Globalization*. Routledge, 2013, pp. 9–10.
② Ulf, Hannerz. *Transnational Connections: Culture, People, Places*. Routledge, 1996, p. 19.

对此,葛兆光通过中国文化的"道统""系谱"和"历史"三个层面的描述,来考察中国思想文化中的观念单元。在他看来,中国思想文化的脉络是在"道统""系谱"和"历史"三者之上的文本建构,而并未触及思想文化研究的基本观念单元。所谓中国文化的"道统",葛兆光认为,远在西方哲学史或思想史的叙述还未进入中国之前,古代中国儒家早已有了一个关于正统思想脉络的意识,这个经由韩愈明确表述出来的,从孔子、子思、孟子、扬雄等贯穿下来的正统思想脉络,以及与这一"正统"相对立的"异端",即杨、墨、老、庄以及后来的佛教与道教等等,本来就已经锁定了古代中国关于"思想"的历史记忆。[1]但是,这些经过历代文人学者建构起来的概念系统,是否就是中国思想文化的原貌呢?在他看来,古代儒家学者对于古代思想世界的历史叙述,其目的是确立所谓"道统"的书写系统建构。这种对正统思想的话语的合法化,其中不乏政治权力合法化的表征。由此,他认为,对于中国思想史的观念单元的探究,依然要进入"制度化""常识化""世俗化"以及"历史环境"等这些都需要具体而微的历史研究中。[2]也就是真正回到历史场景中,在知识史、思想史、社会史和政治史之间,探寻思想的观念单元。显见的是,这些认识和研究,对于中国文化全球化的探讨,具有重要的理论意义。

那么,遭遇全球化的文化境遇的当下,在迈向现代化的进程中,中国必然要走向世界舞台,必然要和世界共同构筑人类共享共有的文化价值。但是,具有深厚传统或曰"道统"的中国文化,如何走出自身"道统"形成的文化身份认同的拘囿,是首先要面对的问题。因此,必须首先要对传统文化认同中的"道统"进行反思和分析,以及对以此为基础确立的文化身份认同进行考察,探究其之所以形成的"观念单元",以期考察全球化背景下中国文化现代身份认同的基础。对此问题,有学者认为,必须要对以儒家为主体的传统身份伦理

---

[1] 葛兆光:《道统、系谱与历史——关于中国思想史脉络的来源与确立》,《文史哲》,2006年第3期。

[2] 葛兆光:《"唐宋"抑或"宋明"?——文化史和思想史研究中"视域"变化的意义》,《历史研究》,2004年第1期。

认同——同时作为传统的中国文化身份认同，进行深刻的考察和反思，以期能够实现文化身份的现代转型，这具体涉及文化建制的重要层面。因为传统身份伦理向现代认同转型的重点，主要在于现代社会的基于权利和价值的认同，文化身份认同在价值层面上又体现为个体的人格结构，这种人格结构的现代转型，"实际是身份结构的不同向度的拆解过程：第一，从传统人格的身份标识中分离出去，以适应现代性。第二，从专制人格的身份秩序中分离出去，以透视民主性。第三，从依附人格的身份关系中分离出去，以返回主体性。第四，从群体人格的身份结构中分离出去，以确立自主性"[①]。这里研究者所提到的现代身份认同的核心，就是对人的基本权利的认同。正如赫拉利在《未来简史》中所论述的，人文主义的最为核心的问题，就是给人类认同确立意义，为无意义的世界创造了意义，也就是人存在的意义价值。赫拉利认为："正是人文主义，让人类摆脱了人生无意义、存在没依据的困境。人文主义这个革命性的新信念，在过去几个世纪征服了世界。人文主义宗教崇拜人性，期望由'人文'来扮演上帝在基督教或真主在伊斯兰教扮演的角色，或自然法则在佛教和道教扮演的角色。……根据人文主义的观点，人类必须从自己的内在体验找出意义，而且不仅是自己的意义，更是整个宇宙的意义。这是人文主义的主要训诫：为无意义的世界创造意义。"[②] 由此，赫拉利乐观地认为，人类进入现代社会时推动的主要宗教革命，并不是对神失去了信仰，反之是对人类有了信心。

故此，只有建立在人的权利和价值基础之上的认同，方能构成洛夫乔伊所说的文化的观念单元。但是，由于社会各类权力的本质特征，人类的文化认同难免会遭遇各种社会权力的影响和塑造。"由于不同的人格结构隶属于不同的社会角色或身份集团，一些人要保持自己的权利或地位并不需要付出什么代价，而另一些人则必须要为争取合理合法的权利付出高额的代价。现代的身份认同是以尊重人的自主、尊严和权利为基本内容，作为政治社群的成员，每

---

① 郭洪纪：《儒家的身份伦理与中国社会的准身份化》，《学术月刊》，1997年第7期。
② [以色列]尤瓦尔·赫拉利：《未来简史：从智人到神人》，林俊宏译，中信出版社，2017年，第202页。

一个人应该有相同的权利和义务。作为文化社群的成员,每一个人也应得到一种选择的允诺,即在所处的身份环境中有形成或改变自己的思想和志趣的自由。"① 因此,如何通过各种传播形式,从而确立中国文化身份认同,进而使得中国文化走向世界,被世界所接受和认同,其根本依然在于中国社会是否建立在充分尊重每位个体的权利和价值选择之上。就此意义而言,无论是他者眼中的我们,还是我们眼中的他者,"我们"和"他们"相互认同的共同基础,依然是人类共有的人文主义的价值选择和基本的理性认知。

---

① 郭洪纪:《儒家的身份伦理与中国社会的准身份化》,《学术月刊》,1997年第7期。

# 第二章

# 中国文化的传播

文化间传播和交流如何展开？不同文化通过什么方式来传播？文化传播的效果是如何发生的？文化传播有明确的目标，还是自发性的？总而言之，异质性文化之间传播的研究如何进行？这些问题，不仅是文化传播理论的基础问题，也是全球化背景下中国文化传播所面对的问题。不同的文化之间由于价值观念、信仰系统、思维方式、行动逻辑等的差异，在传播交流的同时，依然存在对抗和冲突，人类不同群体之间能否和谐交流、美美与共，不同文化之间的传播能否形成共同的目标，进而实现多元价值的认同，这些都是当代全球化背景下文化传播的现实问题。本章内容立足于文化概念，对全球化、全球传播、中国文化传播等问题展开讨论。

全球化背景下中国文化传播的展开，首先要认识到各个文化之间的不同，基于文化差异、冲突的前提，同时，也要坚持各种不同文化之间交流、认同的可能性的立场，才能有效展开文化传播。

# 一、文化不是"软实力"

文化，是无用又有用的存在。作为人类认知和观念层面的构成，显然，文化不会直接满足人们现实的功利性需求，有时甚至看起来百无一用。如一个时代的哲学、思想、历史，以及社会价值规范等等，它们作为文化的构成因素，虽然不会给我们带来直接的效用，但无疑，这些看似无用的知识，或曰文化，却如空气一般萦绕在我们周围，影响和左右着人们的行动。文化就是我们日用之而不知的存在，人们无时无刻不生活在文化之中，经受文化的浸染与熏陶。简而言之，文化就是指某个特定人群或社会习惯形成的思维与行为方式。具体包括许多事物，诸如语言文化、宗教信仰、行为方式、艺术形态，等等。文化是无形的存在，但未必就是软实力。因为，文化就其本质而言，它应该是人类共享共有的文明形式。

随着启蒙时代人文主义观念的推行，人的本性究竟为何，也成为此时的思想家们讨论的主要问题。立足于文化的角度回答人的问题，也成为此时的主要问题。启蒙时代的思想巨人康德就立足于人类社会历史的演化过程，从人的社会化视角出发论述了人类文化。在他看来，文化是人类社会化的结果，文化标志着人类社会由自然状态向社会状态的转变，由自然向自由的过渡，是人类摆脱自然走向自由的过程，其中人的自由、尊严和完善是他的文化思想的核心内容。康德从人的目的论，以及世界公民观点的普遍主义历史观立场论证了人类文化的意义。由此，康德把人类的文化活动看作一种目的性的活动，人的精神能力的创造和发挥。在这种过程中，人格的培养、人的意志自由、人对至善的追求，就构成了人类文化活动的核心要素。作为文化意义上的人的目的的实现，都是在成熟的世界公民社会中完成的。作为启蒙运动时期的人文主义学者，康德对人类道德和文化满怀信心和希望，因此，他认为，人类的文化就是促进和完善人，进而实现公民的教育和道德的基本原则。简言之，康德对文化的本源性的解释，其实就是对人类社会发展中由自然王国走向自由王国的肯定。

康德在1784年完成的《世界公民观点之下的普遍历史观念》中对"文化"概念做了论述，认为正是人在自然发展中所形成的社会中的对抗性，才是人类文化生成的根本动力。他指出，大自然使人类的全部禀赋得以发展所采用的手段，就是人类在社会中的对抗性，正是这种对抗性"才唤起人类的全部能力，推动着他去克服自己的懒惰倾向，并且由于虚荣心、权力欲或贪婪心的驱使而要在他的同胞们——他既不能很好地容忍他们，可又不能脱离他们——中间为自己争得一席地位。于是就出现了由野蛮进入文化的真正的第一步，而文化本来就是人类的社会价值之所在；于是人类全部的才智就逐步地发展起来了，趣味就形成了，并且由于继续不断的启蒙就开始奠定了一种思想方式，这种思想方式可以把粗糙的辨别道德的自然禀赋随着时间的推移而转化为确切的实践原则，从而把那种病态的被迫组成了社会的一致性终于转化为一个道德的整体"[①]。康德这里所谓的"对抗性"的观点，指的是人用自身的文明去对抗其自然形成的野蛮天性，因此，他认为人的文化就能够消除人类自身在自然演化中所形成的野蛮性，从而走向自由的人的境遇。对此，有研究者认为，康德的人对自身的野蛮性的对抗的观点，是黑格尔的"恶是推动历史进步的杠杆"的观点的前奏。康德在《人种的性质》中明确提到，人的天然使命是什么？是高度的文化。是什么状况使这一点成为可能的？是公民社会。其动力是什么？是完

---

① ［德］康德：《历史理性批判文集》，何兆武译，商务印书馆，1997年，第7页。

善自身和竞争、劳动。①这里康德所说的竞争、劳动，就是人类对抗野蛮的过程，通过劳动改造人，从而形成人的文化的观点，在马克思这里发展成为劳动创造人的论断。康德由此提出了文化是人类社会发展的基础，人们通过对自身的完善和劳动、实践等推动社会进步，提升人类文化。

康德目的论的核心指向就是人的价值世界，他始终坚持近代人文主义对人性的肯定，明确认为人就是目的，而不是工具或手段。正如他在《实用人类学》中指出的："在人借以形成自己的学术的文化中，一切进步都以把这些获得的知识和技巧用于世界为目标；但在世界上，人能够把那些知识和技巧用于其上的最重要的对象就是人，因为人是他自己的最终目的。"②他进而区分了生物意义上的人和文化意义上的人，认为文化的根本旨归是人如何成就自我，人如何能够成为真正意义上的自我，对此，康德认为："一种系统地安排的关于人的知识的学说（人类学），可以要么是生理学方面的，要么是实用方面的。——生理学的人类知识关涉大自然使人成为什么的研究，实用的人类知识则关涉人作为自由行动的存在者使自己成为或者能够并且应当使自己成为什么的研究。"③可见，所谓立足于目的论的实用人类学的研究，就是对人自身的行动状态以及目的状态的考察，也就是立足于人类自由的对人的文化价值世界的探究。

康德在《判断力批判》的"目的论判断力批判"中，则全面探讨了人类文化的问题，并从目的论角度，界定了"文化"的概念。就"文化"概念而言，康德认为："一个有理性的存在者一般地（因而以其自由）对随便什么目的的这种适应性的产生过程，就是文化。所以只有文化才可以是我们有理由考虑到人类而归之于自然的最后目的（而不是他所特有的地上的幸福，也根本不只是在外在于他的无理性的自然中建立秩序与一致性的最重要的工具）。"④显

---

① 范进：《康德文化哲学》，社会科学文献出版社，1996年，第46页。
② ［德］康德：《实用人类学》，李秋零译，中国人民大学出版社，2013年，第1页。
③ 同上。
④ ［德］康德：《判断力批判》，邓晓芒译，人民出版社，2002年，第301页。

然，在这里康德把人的这种源自人的内在精神力量的创造，认为就是文化，这就是马克思所说的"自然的人化"过程。有学者认为，作为人的文化，就是人的这样一种"创造过程"，也就是人类在精神、心灵和肉体上的"自然能力"（Aptitude），这种自然能力使得人从受自然统治的"原始状态"向人统治自然的自由状态逐步发展。所以，在康德的这一界定中包含的意义是，文化是一种延续发展的过程，或是作为这样一种过程的结果状态，人类通过这种过程并在这种状态中学会不受自然欲望的阻碍，而依赖自己的思维利用自然赋予的可能条件追求自己的目的。文化作为这样一种过程或状态还关涉到人的独立和自由，关涉到人的道德的完善和精神的全面发展，甚至关涉到人类在自然界中生存的天职或终极目标。[①]因此，康德通过目的（自由）和手段（自然）的结合，通过构筑合目的性的自由游戏的审美情感状态，并使其联系于人的道德境界，从而把人的尊严、价值等构筑为文化的基础。就此意义看，康德的目的论文化观，实际上指向的是人类的根本价值和意义。进而言之，文化乃人类社会化的根本特征。

近代人文主义所推崇的理性主义，把文化视为人类理性精神的实现，因此，文化体现的是人类的价值和尊严。就此而言，文化的重要意义自然不言而喻。在此意义上，文化就被建构成为国家和民族精神的主要内容，文化成为国家和民族的表征。因此，有意识地建构共有的文化价值，成为现代国家和民族形成的重要标识。循此逻辑，在当代国际政治和国际传播研究层面，为了探究现代国家的影响力，研究者亦将无形的文化作为国家影响力的重要组成部分。这些研究认为，除了现实层面的以经济、军事等力量为代表的硬实力之外，文化也是国家影响力的主要构成，认为文化是国家产生影响力的软实力（Soft Power）的象征。

美国哈佛大学约瑟夫·奈（Joseph S. Nye）立足于大国之间的政治博弈，从国际关系和政治学的视角提出"软实力"概念，认为文化是软实力的基础。奈认为软实力指的是"以无形的力量资源如文化、意识形态和机制确定偏好的

---

① 范进：《康德文化哲学》，第47页。

能力"①。在国际政治经济等活动中,为了达到自己的现实利益的目标,"一国通过吸引和说服别国服从本国的目标,从而使本国得到自己想要的东西的能力"②。在奈看来,国家软实力是一种同化性力量,说到底,就是通过建构能够被他人认同的文化价值,从而影响其他国家,其目的很明确,就是获得现实利益。因此,软实力"是一个国家造就一种情势,使其他国家仿效该国倾向并界定其利益的能力"③。这里所强调的就是"与人们合作而不是强迫人们服从你的意志"④。无疑,软实力就是通过文化、意识形态等手段,达到现实的利益。因此,他这里的软实力,显然是隐含的手段,而不是真正的实力。在他看来,软实力产生影响的最主要的方式,是使对方主动接受影响而不是通过强力施加给对方。约瑟夫·奈最初把软实力分为文化、意识形态和国际机制三个方面,其构成要素包括文化(Universalistic Culture)吸引力、意识形态(Ideology)吸引力,以及国际规范(International Norms)和国际制度(International Institutions)的塑造和主导能力。⑤这三个要素被认为是构成软实力的"三大资源"。随后他又把软实力的"三大资源"进行详细界定,并分别指出了软实力能够实现的条件:第一,文化,在能对他国产生吸引力的地方起作用;第二,政治价值观,当它在海内外都能真正实践这些价值时;第三,外交政策,当政策被视为具有合法性及道德权威时。⑥显然,就这"三大资源"来看,文化是基础,由此决定了政治价值取向和外交关系及政策。此外,美国伊利诺伊

---

① Nye, Joseph S., Jr. *Bound to Lead: The Changing Nature of American Power*. Basic Books, 1990, p. 32.
② Nye, Joseph S., Jr. "The Changing Nature of American Power". *Political Science Quarterly*, 1990, Vol. 105(2), pp. 177-192.
③ Nye, Joseph S., Jr. "Soft Power. Foreign Policy". *Political Science Quarterly*, 2004, Vol. 119(2), pp. 255-270.
④ [美]约瑟夫·奈:《美国霸权的困惑——为什么美国不能独断专行?》,郑志国等译,世界知识出版社,2002年,第9页。
⑤ Nye, Joseph S., Jr. *Bound to Lead: The Changing Nature of American Power*. p. 32.
⑥ [美]约瑟夫·奈:《软力量:世界政坛成功之道》,吴晓辉、钱程译,东方出版社,2004年,第11页。

大学政治学教授道雷斯·格瑞伯（Dorris Graber）也认为，软实力由受人景仰的价值体系、受人尊重的对内对外政策和有吸引力的文化三个要素构成。[1]美国雪城大学公共外交教授南希·斯诺（Nancy Snow）在《公共外交手册》中也提出，软实力是由三个维度来衡量的：第一，该国文化和观念是否符合全球流行标准；第二，该国是否有能力运用全球传播渠道影响新闻的报道框架；第三，该国是否通过其国内和国际行为赢得公信力。[2]

但事实上，约瑟夫·奈对于文化和软实力关系的讨论，显然并非从人类文化发展的立场出发，也非站在近代启蒙思想的人本主义立场上。作为国际政治关系学者，显然他更强调的是理论在现实层面的解释性和应用性，他试图通过相关理论的建构，从而影响美国的外交政策。因此，他将"软实力"概念主要运用于国际政治关系领域，他的研究重点是基于美国的全球价值，特别是美国作为全球大国如何产生影响力的现实价值实现上。由此，他突出强调的是，在国际竞争和大国博弈中，软实力主要指的是国家如何通过文化和意识形态发挥重要作用的能力。对此，他明确指出"软实力是通过吸引和劝服，而非强迫或者收买，来达到自己目的的能力。它源于一个国家的文化、政治理念和政策的吸引力"[3]。显见的是，约瑟夫·奈所谓的"软实力"文化的背后，隐含着美国意欲实现全球文化霸权的目的。但是，即便如此，从逻辑上进一步展开追问，文化的意义究竟是作为现实中实现权力扩张的手段，还是立足于人类意义去寻求其核心价值？能够被全球所认同和吸引的文化和意识形态究竟为何？这就涉及非常复杂的历史、文化和社会的深层次问题，显然，就此意义而言，全球文化就不仅仅只是美国文化。那么，就文化和国家、民族的关系而言，究竟是文

---

[1] Graber, Doris A. *The Effectiveness of Image Management in Public Diplomacy: A Political Psychology Perspective*. The International Conference on Political Communication and China's Global Communication, Shanghai, 2008.

[2] Snow, Nancy E.; Taylor, Philip M. *Routledge Handbook of Public Diplomacy*. Taylor and Francis, 2008. 参见李希光：《全球传播时代的议程设置与文化软实力》，《中国社会科学报》，2009年7月1日。

[3] Nye, Joseph S., Jr. "Soft Power. Foreign Policy". *Political Science Quarterly*, 2004, Vol. 119(2).

化认同形成了国家和民族,还是国家和民族造就了自己的文化?是否存在人类普遍意义上的文化形态?如前所述,近代人文主义的文化理想,显然是建立在人类文化普遍主义立场之上的,康德对于文化的论述,也明确地站在人类命运的视角去思考文化意义的。所以,约瑟夫·奈的软实力理论所期待的那些包含人类普遍的核心价值、具有特定的吸引力,同时也能被世界所普遍认同的文化形式,究竟为何,恐怕尚无定论。进而言之,文化是否真的就是软实力,文化是否就是单一的属于国家现实力量的构成因素,可以直接变现为国家政治力量的工具,对于此问题,恐怕还需进一步讨论。因此,在理论研究中,也还需谨慎使用文化即软实力的概念,需要从更为广阔的理论视野去考察。①

约瑟夫·奈虽然没有明确界定作为软实力资源重要组成部分的"文化"的概念内涵,但从另一角度看,他似乎比较认同美国著名人类学家克利福德·格尔茨(Clifford Geertz)对于"文化"的定义。格尔茨认为文化是"一种历史传承的意义模式,并以符号具体呈现;是一个代代传承的概念体系;以符号形式表现,透过人际沟通的方式保存下来,并发展出对于生命的知识与态度"②。格尔茨对于文化的界定,包含着人类文化创造过程中的知识、价值以及符号化形式建构等内涵。那么,约瑟夫·奈在界定文化软实力时,依然指的是以文化价值作为基础,进而通过政治价值、国际政治关系等建立起来的国家影响力。可见,通过文化价值而形成的文化软实力,是国家产生影响力的主要因素。但是,问题亦在于此,所谓文化价值究竟为何,约瑟夫·奈以美国为中心的软实力话语表述,是否就是超越国家、民族的全人类价值,其实尚有疑问,这就是文化和软实力之间的现实悖论。

---

① 有学者对约瑟夫·奈的"软实力"理论进行了不同的质疑,如郑永年、张弛:《国际政治中的软力量以及对中国软力量的观察》,《世界经济与政治》,2007年第7期;周琪、李楠:《约瑟夫·奈的软权力理论及其启示》,《世界经济与政治》,2010年第4期;苏国勋等:《全球化:文化冲突与共生》,社会科学文献出版社,2006年。还有学者直接质疑,认为约瑟夫·奈"并没有给出一个清晰的软权力概念,也不曾解释软权力在国际关系中的功能"。参见[美]布兰德利·沃麦克:《"软权力"评析》,宋鸥译,《吉林大学社会科学学报》,2006年第5期。

② 参见黄三生:《约瑟夫·奈中国软实力研究评析》,《国外社会科学》,2016年第2期。

但是，现实意义上看，文化间的相互影响是明显的，但是，文化产生影响更为重要的问题是，文化价值如何通过软实力而产生影响？显然，作为话语建构意义上的文化软实力，其产生影响的途径，除了国际政治关系层面的国家行为，并通过国家之间的交流建立国家公信力之外，正如前述南希·斯诺所提出的，文化软实力包括是否有能力运用全球传播渠道影响新闻的报道框架，这是软实力能够实现的基本途径。由此，文化软实力在现实层面上的建立，必须通过有效可行的全球传播才能实现。

## 二、全球化与全球传播

全球化和全球传播是相互影响的互动过程，全球化是使世界统一化、整体化的社会过程。在古代社会，全球化的推动力主要是原始的战争征伐，攻城略地。现代社会经济活动成为全球人们交往的主要手段，因此，全球化最初也是由经济因素激发，进而扩展到社会文化生活的各个层面，包含各个国家、地区、民族等在政治、文化、科技、军事、安全、意识形态、生活方式、价值观念等多层次、多领域的相互联系、影响、制约的多元形态。信息传播使得全球化成为可能，全球化又推动信息全球流动。随着全球化发展，信息不仅在全球范围内流动，并在全球范围内产生重要影响。因此，全球传播是指信息跨越国家或地区地理边界的全球性流动，进而在多语言、多文化的全球化背景下，人们的传播活动不仅仅是单向的信息流动，而且是多维度、多方向且跨边界的"全球传播"。全球文化是全球化和全球传播的产物，在全球化的过程中，借助于各类传播手段、传播途径，全球各种不同的文化之间不断接触、碰撞、交融，并形成全新的全球文化。

### （一）全球化的内涵、理论及发展

1998年，由美国迪士尼公司改编制作的动画电影《木兰》（*Mulan*）成功上映，故事来自在中国家喻户晓的南北朝民间乐府诗《木兰辞》。电影播出后，在美国和中国都受到普遍欢迎，票房收入近30亿美元，位居当年美国电影票房排行前十二位。迪士尼通过对《木兰辞》的改编，用电影塑造了活泼善良、积极向上的"木兰"形象，成功地把中国文化元素转化到电影制作中。但是，这种改编是在全球化背景下的"文化移转"的主要形式。中国古代乐府诗《木兰辞》，主要讲述的是年轻女性木兰女扮男装、替父从军的故事，作品主题重点宣扬的是中国传统文化中的孝道观念。而改编后的迪士尼动画片《木兰》，则讲述了替父从军抗击匈奴的女将木兰所经历的战争及爱情故事。迪士尼公司成功实现了"木兰"这一并不是来自西方文化人物形象及故事的文化转化，从而使该片既有迪士尼故事的叙事特色，又保留了部分中国风格。

迪士尼首先对故事主题进行了改造，淡化了中国传统主题中"替父从军"的孝道内容，强化木兰自我奋斗的经历，突出西方文化中个人英雄主义的价值观特征。在形式上，除了经典的迪士尼风格外，影片充分展示了中国武术、中国水墨画，以及东方乐器、中国音乐旋律等具有鲜明的中国美学特征的元素。从迪士尼对《木兰辞》故事的改编中可以看出，在全球化背景下，文化交融和文化再生成为一种新的文化生产方式，对此，陈韬文的研究将其称为"文化移转"（Trans-Culture），认为文化移转是一个既遵从组织常规而又允许创新的演化过程，外国文化首先会被去情境化和本质化，然后被本土化和再情景化，其中也涉及普遍化。文化移转是两种文化的杂交融合，文化一旦移转，就会成为移转方的文化的构成部分，[①]可见，这种文化移转，不仅是文化全球化的表现形式，也是全球化以及全球传播的结果。

圣经《旧约》中所讲述的人类试图建造"巴别塔"的故事，其实背后亦有着全球化的隐喻。这个故事隐含着人类文化多元性的开始，亦即人类的差异首先是从各自拥有的语言、文化差异开始的，这也是人类文化之间需要沟通传播的隐喻。《旧约·创世记》第11章中记载，当时人类试图联合起来兴建一座能通往天堂的高塔，上帝为了阻止人类的计划，让人类开始使用不同的语言，

---

① 陈韬文：《文化移转：中国花木兰传说的美国化和全球化》，《新闻学研究》，2001年第66期。

使人类相互之间无法有效沟通，计划因此失败，人类自此便各奔东西。这个故事不仅为世界上有不同语言和种族的文化差异提供了宗教学的解释，同时也隐含着文化认同与传播的重要性。但是，我们看到，其实这个故事并非仅仅解释人类的差异性，同时还隐含着人类统一性的理想。这个故事的宗教意义，在于告诫人类永远无法与上帝对话。人类想要建造宏伟的通天塔的计划，使上帝产生了恐惧。最后这一计划虽然因为上帝使人类具有不同的语言和种族而告终，告诫人类即使具有理性能力，在上帝面前依然不堪一击，但从其预设的情景看，人类的差异却起源于同一，人类最初本来就没有语言的差异和隔阂，彼此之间沟通无阻，这种畅通无阻的沟通使得人类可直达上帝。人类彼此和合所形成的强大力量，对作为至高无上的上帝的合法性构成了挑战。因此，上帝便通过语言的差异，制造了人类的纷争和分歧，从而打破了人类无差别的连结。由此，人类必须要为突破自身的局限而努力，去追求那根本无法实现的共识。但即便如此，现实世界中人类试图走到一起的希望和梦想却始终没有破灭，与其说这是人类本性之间具有无法弥合的差异性的隐喻，我们更把它认为是人类统一性的象征。

"巴别塔"故事的宗教内容之外，我们还可以看到其隐含的文化意义，这就是世界大同似乎是人类社会的终极梦想。伴随着技术的发展，世界政治一体化、经济全球化的进程不断加剧，甚至席卷蔓延到全世界的各个角落，人们在世界范围内的流动性越来越强。随着互联网革命，时间和空间重组与压缩，人们之间的互相依赖性也越来越强。同时，由于联系和交往的频繁和密切，文化差异性也凸显出来，不同的宗教、政治、文化、意识形态之间的冲突也越加突出，此时，超越民族国家的全球化的价值与文化、管理与协商则显得尤为必要。但是这一切确乎都在告诉我们，世界各个文化主体间的关系不断增强，个人空间变成了世界空间，资本与人员大规模在世界范围内流动，洛杉矶与上海、东京、孟买等的企业管理者在同一所商学院接受同样的教育，他们变得更像克隆人。从传统观念来看，一个法国人很难理解一个中国人，但是在全球化语境中，这些问题已逐渐消解，任何人都已经不再属于自己单一的文化语境，人们有时似乎不再记得自己究竟来自哪里，从属于哪个文化。这其实正是全球化的图景，个体文化不再由单一的文化成分构成，而是多元文化的混杂体。

事实上，全球化的发生也未必是一朝一夕产生的事情，伴随着世界各文化之间的传播，文化主体间的冲突、融合、冲击、混杂早已存在。诸如古代社会的政治、战争、商贸、宗教、人员往来等，都已经在各文化主体之间频繁发生，比如影响世界的十字军东征、蒙古人西进，古代中国由中原向周边的拓展，近代伴随着大航海开始的资本主义在世界范围的殖民等等，全球化的步伐本来就未停歇。就中国文化的跨文化传播而论，全球化也不是今天所遭遇的问题，自"张骞凿空"开始的丝绸之路，玄奘西行，郑和七下西洋，明代中晚期耶稣会传教士开始的中西文化相遇，直至近代的西学东渐，当代实施的改革开放战略等等，也无不在全球化的语境中调整自己的文化走向。所谓文化传播其实就是各个文化主体之间的接触、交流、冲突与融合，因此，立足于全球化背景，探究文化的全球传播与跨文化传播，是中国文化全球传播研究的理论基础。

就现实发展层面看，人们通常所说的全球化，是指20世纪80年代以来，在西方发生的以新自由主义为导向，以信息革命为动力，以跨国公司的全球生产、流通和消费为主体的全球经济一体化。特别是20世纪90年代以来，苏联和东欧解体，冷战结束，标志着真正全球化时代的到来。1992年，美国总统克林顿（W. J. Clinton）和联合国秘书长安南（K. A. Annan）就曾宣布"真正的全球化时代已经到来"。从具体的物质形态看，全球化是指货物与资本的越境流动，经历了跨国化、局部的国际化以及全球化这几个发展阶段。货物与资本的越境流动是全球化的最初形态。在此过程中，出现了相应的地区性、国际性的经济管理组织与经济实体，以及文化、生活方式、价值观念、意识形态等精神力量的跨国交流、碰撞、冲突与融合。因此，"全球化"是以经济活动为中心，包含各国、各民族、各地区在政治、文化、科技、军事、安全、意识形态、生活方式、价值观念等多层次、多领域的相互联系、影响、制约的多元状态。具体而言，"全球化"可涵盖科技、经济、政治、法治、管理、组织、文化、思想观念、人际交往、国际关系等方面的内容。

但是，究竟什么是"全球化"？从学术方面看，尚需对其概念进行厘清。就"全球化"本身的定义而言，目前尚无比较一致的界定。不同学者虽然看法不一，但大致有一个基本思想，概而言之，全球化就是一个使世界统一化、整体化的社会过程。汉语中的"全球化"是外来词，与之对应的英语的"Globalization"使用时间也不长。作为"全球"概念的"Global"一词虽然已有四百余年的历史，但是直至20世纪60年代，相关联的"Globalization""Globalize""Globalizing"才进入词典。1961年出版的《韦氏词典》则第一次出现了"Globalism"（全球主义）和"Globalization"（全球化）两个概念。[1]到1985年，美国匹兹堡大学社会学系的罗兰·罗伯森发表了第一篇标题里包含"全球化"的学术论文《社会的相对化：现代宗教与全球化》("The Relativization of Societies: Modern Religion and Globalization")，并于1992年出版著作《全球化：社会理论和全球文化》(*Globalition: Social Theory and Global Culture*)，至此，关于全球化的理论研究便快速展开。[2]

就其概念内涵而言，来自不同学科研究领域的学者对"全球化"提出各自的定义和看法。社会学家吉登斯（Anthony Giddens）认为："全球化指的是世界范围内社会关系的强化，它联系了遥远的地方，使得本地发生的事情受到遥远地方出现的事情的影响，反之亦然。"[3]汤普森（John B. Thomson）指出："全球化指的是世界各个部分之间正在增加的相互联系性（Interconnectedness），这个过程产生了互动和相互依赖的复杂形式。"[4]罗伯森则坚信："作为一个概念，全球化既指世界的压缩，又指将世界视为一个整体这种意识的强化。"[5]马尔科姆·沃特斯则描述为"全球化是一个社会过程，其中地理对于经济、政治、社会和文化因素的限制消失，而且人们越来越意识

---

[1] Waters, Malcolm. *Globalization*. Routledge, 2013, p. 2.
[2] 参见陈阳：《全球传播》，北京大学出版社，2009年，第2页。
[3] Giddens, Anthony. *The Consequence of Modernity*. Polity, 1990, p. 64.
[4] Thompson, John B. *The Media and Modernity: A Social Theory of Media*. Blackwells, 1995, p. 149.
[5] ［美］罗兰·罗伯森：《全球化：社会理论和全球文化》，第11页。

到了它们正在消失并据此展开行动"[1]。从这些对"全球化"的本质内涵的界定中，我们可以总结"全球化"的基本特征。首先，表现为世界范围内的社会关系的强化，也就是说，人们观察和思考问题以及采取行动的视角和立场，已不仅仅是本国范围，而是认为本国所有的问题都与世界有关联。其次，是世界的整体化和统一化，特别是传统的地理因素的限制消失，人们认识到任何行动都是在统一的世界整体区域中展开的。再次，世界范围内相互依赖关系的增强，特别是一种世界整体化意识的形成。但是，不可忽视的是，对于全球化的这些讨论，在强调统一性与整体化的同时，似乎充满了乐观主义，但是，全球化带来的风险是否也必须考虑？特别是全球化导致的文化和文明的更大差距，全球化过程在制造各种新的统一性的同时，是否也再生产了更多的不平等和差异性？

　　面对全球化发展的现实，研究者敏锐地关注到了这一问题，并对"全球化"的理论不断进行探讨。但关于全球化的思想，也并非新近出现，在人类早期社会发展中，人们已然认识到人类社会文明交流和融合的问题。中国古代社会的"天下观"理念下对"大同社会"的想象；18世纪的康德在《永久和平论》等著作中，基于启蒙时期的"世界公民"概念，论述了"世界公民状态"下的全球国家共同体；显然，这是立足于人类文明视野的政治全球化的设想。19世纪黑格尔关于"世界精神"的论述，认为"世界精神"是人类世界历史的主导，是决定人类一切社会现象和人类历史的过程的力量，这里黑格尔也是站在人类的立场上讨论问题。

　　马克思、恩格斯关于"世界市场""世界历史"等的论述，已然是在全球视野中探讨人类的问题。在1845年的《德意志意识形态》中，马克思、恩格斯分析"世界历史"时，就提到了对经济全球化的理解，提出了世界历史意义上的"普遍的个人"观点，马克思、恩格斯指出："由于普遍的交往，……狭隘地域性的个人为世界历史性的、真正普遍的个人所代替。"[2]马克思、恩格斯把

---

[1] Waters, Malcolm. *Globalization*. p. 5.
[2] 《马克思恩格斯全集》（第3卷），人民出版社，1995年，第39页。

经济全球化放置在"世界历史"的发展之中，认为随着生产力的发展世界各国人民的交往日益加强，这也就是世界历史发展的主要内容。在1848年的《共产党宣言》中，马克思、恩格斯直接指出："资产阶级既然榨取全世界的市场，这就使得一切国家的生产和消费都成为世界性的了……过去那种地方的和民族的闭关自守和自给自足的状态已经消失，现在代之而起的已经是各个民族各方面互相往来和各方面互相依赖了。"[1]这段话是马恩对全球化最为完整的论述之一，在马克思、恩格斯看来，资本主义是全球化发展的直接推动力。"资产阶级的真实任务是建立世界市场（至少是一个轮廓）和以这种市场为基础的生产。"[2]在《资本论》里，马克思又详细论证了经济全球化的影响。马克思对资本主义发展过程中的世界市场的论述，就包含了丰富的全球化的内容。世界市场的建立、生产的全球化最终导致民族工业的消亡、世界跨国公司的形成。马克思敏锐地认识到，资本主义的发展将导致全球化这一必然结果，一方面，他指出全球化作为具有进步意义的历史过程，对人类全面解放具有重大意义；另一方面，他也看到了全球化进程中的矛盾冲突和不平等。在现实层面，由马克思理论指导和推动的全球无产阶级反抗资产阶级的运动，号召全世界无产阶级的联合，其本质上依然是全球化理论的政治和现实实践层面的理论表述。可见，马克思对资本主义发展的内在逻辑的剖析，对共产主义社会的论述，都是立足于全球化的理论视野，对全球化问题所做出的深入阐释。

20世纪50年代以来出现的现代化理论、依附理论（Dependency Theory）和世界体系理论（World System Theory）则是与全球化密切相关的社会发展理论。在20世纪50年代，现代化理论开始流行。现代化理论的核心问题就是所谓的社会"现代化"的发展模式，即西方发达国家从农业社会向工业社会、从农业文明向工业文明转变的过程。现代化理论的终极目标是社会的现代化，主张一元化的线性社会发展模式，认为发达国家和发展中国家处于同一条历史发展线条上，发展中国家必须学习西方的发展模式，才能实现由传统社会向现代社

---

[1] 《马克思恩格斯全集》（第3卷），第471页。
[2] 《马克思恩格斯全集》（第29卷），人民出版社，1972年，第348页。

会的转变。随后60年代提出的依附理论，则指出了世界发展的不平衡的根源在于不平等的世界权力关系。依附理论把世界的发展分为"中心"和"边缘"，西方发达国家属于中心地区，而其他非西方不发达国家则为边缘区域，中心与边缘是一种剥削与被剥削、控制与被控制、被依附与依附的关系。居于中心地位的西方发达国家通过制定不平等的贸易条件，对边缘国家造成剥削，从而导致发展中国家的贫困。现代化理论和依附理论都看到了全球化发展中的问题，但这种西方中心主义的观点则普遍受到怀疑。

兴起于20世纪70年代美国的世界体系理论，可谓全球化理论发展的新阶段。1974—1989年，美国学者伊曼纽尔·沃勒斯坦（Immanuel Wallerstein）出版了《现代世界体系》三卷本，标志着世界体系理论的正式提出。沃勒斯坦分别分析现代化理论和依附理论的不足，并采取了新的观察和分析视角。他认为，民族国家并不是近代以来社会变迁的基本单位，而是具有结构性经济联系和各种内在制度规定性的、一体化的现代世界体系，现代世界体系才是考察16世纪以来社会变迁的唯一实体。现代世界体系是一个由经济、政治、文化三个基本维度构成的复合体。经济体是整个世界体系的基本层面，是政治体和文化体存在、发展的决定性因素。由此，"一体化"与"不平等"是资本主义世界经济体的两个最主要特征。具体而言，首先，世界性劳动分工体系与世界性商品交换关系仿佛一经一纬两条主线，将各个国家、地区牢牢地黏结在庞大的世界经济系统中，须臾不可脱离。一体化的经济体使人类历史具有了真正的全球性。其次，一体化不等于均等化，相反，中心—半边缘—边缘的层级结构表明了世界经济体的极端不平等性。英美等发达国家居于体系的"中心"，一些中等发达程度的国家属于体系的"半边缘"，某些东欧国家、大批落后的亚非拉发展中国家处于体系的"边缘"。"中心"拥有生产和交换的双重优势，对"半边缘"和"边缘"进行经济剥削，维持自己的优越地位；"半边缘"既受"中心"的剥削，又反过来剥削更落后的"边缘"，而"边缘"则受到前两者的双重剥削。但是，这种中心—边缘的关系也会发生变化。世界体系理论内容宏大，具有强烈的历史感，标志着社会发展理论的新阶段。

根据戴维·赫尔德（David Held）等的研究，当代全球化理论大致可分为极端论、怀疑论和变革论。[①]究其实，其中任何有关全球化的理论，都基于自身的理论视野试图理解并解释社会现象。其一，极端论者的代表人物有弗朗西斯·福山和大前研义（Kenichui Ohmae）等人，以福山的《历史的终结与最后之人》（1990）与大前研义的《民族国家的终结》（1995）等著述为代表，他们立足于经济逻辑探究全球化，认为经济全球化建构了新的社会组织，并分别探讨了全球化过程中的民主化与世界公民等问题，认为经济主导的社会组织正在替代传统的民族国家。其二，怀疑论者的主要代表有汤普森、赫斯特（Paul Hirst）及韦斯（Linda Weiss）等人，他们批判了极端论，认为他们所建构的全球化神话是错误的。在他们看来，全球经济的相互依存并非当代才出现的，目前出现的并非全球化，而仅仅是高水平的国际化。其三，以罗伯森、吉登斯、贝克（Ulrich Beck）、罗西瑙（Rosenau）、卡斯特尔（Manuel Castells）等为代表的变革论者认为，全球化是推动社会政治和经济快速变革的中心力量，全球化是一个多维度的社会变革过程，从而造成了政治、经济、社会、文化等层面的大规模的变化，全球化使得世界的联系更加紧密，它是一个长期的历史过程，因此要持一种开放动态的态度去理解。

总体来看，自从人类文明产生和形成后，人类各种不同文化之间的交流、冲突始终存在，从未中断。可以说，人类社会的发展史也是人类不断交流、文化传播不断加强的历史。全球化在今天更加凸显，表现为在更加广阔的世界范围内的社会文化交流过程。在这个过程中，传播技术的发展无疑起到了重要的推动作用。全球化发展建立在传播媒介的广泛应用的基础之上。因此，进一步探究与全球化相伴而生的全球传播问题则显得十分必要。

### （二）全球传播

从人类传播实践看，人类文明初期对除自身之外的外部异域的探究与想象，如中国的《山海经》的海外想象，这些其实就已包含着全球传播观

---

[①] 参见［英］戴维·赫尔德等：《全球大变革：全球化时代的政治、经济与文化》，杨雪冬等译，社会科学文献出版社，2001年，第2—14页。

念的萌芽。就理论而言，最早对"全球传播"问题的探究，应该是麦克卢汉（Marshall McLuhan）提出的"地球村"（Global Village）的概念。早在1960年，加拿大学者麦克卢汉在《传播的探索》（*Exploration in Communication*）中就首次提出"地球村"的概念。麦克卢汉指出，由于世界范围内交通和电报、广播、电视等电子传播网络的迅速发展，空间距离已不再是人们传播的障碍，信息在全球范围内自由流动，居住在遥远地方的人们可以在一起，聚集成一个地球村。他进而认为，广播和电视的现场直播使得全球居民能够实时共享相同的媒介产品，从而带来相同的经验和体验。由此，人们在感知上突破时空观念，与外界乃至整个世界的联系更为紧密，人类之间变得更加容易相互理解。麦克卢汉的"地球村"概念的理论本质，主要在于揭示了媒介技术的发展对于社会结构和人们的社会生活的改变。显然，传统社会的人们受制于时间和空间的限制，无法进行跨时空的自由交流和传播，人们之间的传播仅限于局域性的小范围之内，更大范围的人类传播，特别是全人类之间的跨时空传播，几乎是不可能实现的。但是，现代媒介技术的发展，使得这一切成为可能，时空压缩，地球成为村落，全球传播时代来临。麦克卢汉的"地球村"概念也正包含着全球化背景下的全球传播的问题，当代互联网技术的发展，信息革命的快速推进，使得麦克卢汉的"地球村"更加接近现实。

全球传播和全球化相伴而生，从理论和实践来看，全球传播显然是全球化发生的条件。无疑，全球化首先是在全球传播的基础上发展起来并加以推进的。如果考察人类传播活动的历史，就会发现，在前信息化时代，人类传播的方式主要是人和人之间的接触和交流，这种传播形式受制于空间和时间的限制。因此，人类传播的发生和发展主要是在地理空间的拓展上，伴随着地理空间的拓展，传播也就相应展开。随着现代科技的发展，信息技术为全球传播提供了可能，诸如卫星通讯技术、跨国广播电视、全球互联网等的发展和普及，构建了全球性信息传播网络，人类传播突破了传统的线性传播而进入网络传播的时代。全球信息传播系统实现，信息传播超越了时间和空间的限制，使得信息能够瞬间传播到全球的各个角落。因此，对全球传播的理论探讨也随即展开。

美国传播学者霍华德·弗里德里克（Howard H. Frederic）较早对"全球传播"的概念进行探究，认为"全球传播是研究个人、群体、组织、民众、政府以及信息技术机构跨越国家所传递的价值观、态度、意见、信息和数据的各种学问的交叉点，包括文化、国家发展、对外政策与外交政策、控制与政策、人权与民权、战争与和平、宣传及其影响等众多的争论领域"[①]。他这里强调了"全球传播"的基本含义，即"全球传播"指的是信息的跨越国界的传播，同时也突出强调了全球信息流动过程对全球政治的影响意义。有研究者也认为，所谓"全球传播""是指跨越民族国家地理边界的信息传播，例如丝绸之路上宗教、音乐、舞蹈、绘画、艺术、杂技等的传播。全球传播意味着传播中的每一环节都有全球受众、全球消费者、全球用户，如汉代，丝绸之路上传播的伊斯兰教、佛教、基督教；今天，美国生产的很多娱乐和新闻产品"[②]。这里所强调的是文化意义上的全球传播，并特别指出全球传播中受众的全球化特征。还有论者认为，全球传播是国际传播的扩大和发展，包括传统的国际传播的各个领域，又产生新的领域。此外，有人还认为全球传播主要是一种以美国为首的西方发达国家主控的单向信息传播，使西方发达国家的文化特别是美国的消费主义和娱乐主义文化，逐渐充斥全球的每一个角落。

全球传播的本质在学术上是跨学科的，在地域上是跨边界的。而对于同属"跨界"的传播领域如国际传播、跨文化传播、文化间传播与全球传播的相异之处，美国文化传播学者弗雷德·简特（Fred E. Jandt）做了区分。他认为国际传播（International Communication）是国与国之间以媒体为主的传播。"全球传播"（Global Communication）是群体、组织与政府跨越边界的信息、资料、意见、价值观的传播。"跨文化传播"（Cross-Cultural Communication）通常指不同文化下的现象的比较。而"文化间传播"（Intercultural Communication）通常

---

[①] Frederic, Howard H. *Global Communication and International Relations*. Wadsworth Publishing, 1993. 参见刘继南主编：《国际传播与国家形象》，北京广播学院出版社，2002年，第111页。

[②] 李希光：《全球传播》，参见［美］叶海亚·R. 伽摩利珀编著：《全球传播》，清华大学出版社，2003年，第3—4页，中文版序。

指不同文化的人面对面的互动。[①]虽然这些区分使得这几个概念变得清晰明了，但是无形中又削弱了它们之间的联系。

研究者一般认为，全球传播仅仅是国际传播的扩大和发展，它既包括传统的国际传播的各个领域，又拥有自己的全新课题。但事实上，全球传播还有完全不同于国际传播的方面。"全球传播"是指"跨越民族国家地理边界的信息流动"[②]，因而，全球传播是双向且跨边界的信息传播。众所周知，古代的全球传播依靠的是"人的流动"，通过商人、僧人、使者、征服者等，以贸易、战争、宗教等方式来传播诸如造纸术、指南针、印刷术等技术，或是丝绸、茶叶、香料、食物等各类物品，或是佛教等宗教。而现代意义上的全球传播主要依靠的是"信息的流动"，即通过各类大众媒介传播信息而展开，信息流是其核心，随后才有人的流动、物流等。传统的广播、电视等大众媒介和互联网新媒体成为现代全球传播最主要的渠道，运用互联网、卫星广播、卫星电视等技术，弹指一挥间将信息传到世界各个角落。

综上，所谓"全球传播"，是指在全球化和信息传播技术发展的背景下，人类的信息传播活动跨越民族国家边界，在全球范围内即时性的交互流动。它包含如下特征：第一，全球传播的出现与传播技术的发展和信息全球化密切相关。第二，全球传播的传播主体呈现多元化趋势。特别是社交媒体的普及，传播者、内容生产者、受众共同构成了传播主体。第三，全球传播的媒介除了广播、电视、报刊等大众传媒外，互联网成为主体，具有跨国传播功能的社交媒体成为主要渠道。第四，全球传播使得世界、全人类的问题受到普遍关注。2020年以来的全球新冠肺炎疫情就是典型的全球性事件。第五，全球传播使得各个国家更加注重在国际上的话语权和影响力，采取各种手段以加强政治、文化的影响力。

---

[①] Jandt, Fred E. *An Introduction to Intercultural Communication: Identities in a Global Community*. Sage Publication, 2004, p. 38. 参见陈青文:《语言、媒介与文化认同：汉语的全球传播研究》，上海交通大学出版社，2013年，第2页。

[②] ［美］叶海亚·R. 伽摩利珀编著:《全球传播》，第10页，中文版前言。

可见，由于全球化和全球传播的推动，任何国家和民族无一例外地都被推向了世界舞台，全球所有的文化形态将会在全球范围内交融汇合，上演一出新世纪的大戏。由此，立足于全球传播视野，探究文化传播的途径、模式、效果等问题，则成为非常重要的研究领域。

## 三、世界之中国

全球化和全球传播使得中国和中国文化全方位走向世界，无疑中国与世界已紧密地联系在一起，中国已经成为世界的中国，中国文化也成为世界之文化。中国文化已经深深地打上了全球化的烙印，全球文化也正因为中国文化的加入而改变。

李子柒（本名李佳佳）是一位中国内地美食短视频的创作者，2016年开始，她的短视频通过社交媒体发布后，持续产生影响，特别是她的短视频账号在YouTube上拥有数以千万计的粉丝，且产生很大的影响，并创下了订阅量最高的吉尼斯世界纪录。据吉尼斯世界纪录介绍，2020年7月16日，李子柒因1140万的YouTube订阅量被列入《吉尼斯世界纪录大全2021》，成为"最多订阅量的YouTube中文频道"的纪录保持者。六个月后，李子柒的YouTube订阅量已达1410万，刷新了她此前创下的吉尼斯世界纪录。[①]我们不禁要问，为什么是李子柒创造了中文短视频的吉尼斯世界纪录？李子柒在YouTube上演绎、表征和传播了什么样的中国文化？国外社交媒体用户为什么能够接受李子柒传播的有关中国文化的内容？在她的一系列的短视频中，李子柒有希望、有梦想、有爱心，为了美好生活，积极向上、勤劳坚韧，并且不断学习，乐观对待生活。这样的生活态度和人生价值，不管是在东西方，都会被人们所认可和肯定。此外，视频中表现出来的中国古风、美食、田园生活，以及善良、勤劳、心灵手巧的中国女性，无论是价值观，还是生活态度，乃至生活场景，都让人们看到了世

---

[①] 《李子柒刷新"最多订阅量的YouTube中文频道"吉尼斯世界纪录》，新浪网，2021年2月2日，https://finance.sina.com.cn/tech/2021-02-02/doc-ikftpnny3371095.shtml。

间美好的一面,这不仅是中国传统农耕文明的特质,也是当代工业文明社会人们所期盼的生活状态。李子柒给人们营造了一个"桃花源",这个"桃花源"没有东方西洋,不分彼此。可见,中国文化传播中只要坚持把那些真善美的内容和形式传播给受众,都会获得受众的首肯,李子柒就充分证明了这一切。

因此,中国文化如何出现在世界面前,我们应该向世界传播什么文化,这就是中国文化传播首先要考虑的问题。就中国历史演变而言,中国文化走出世界,也经历了漫长的过程。就中国文化在世界中的地位看,百年前的思想先驱梁启超就敏锐地认识到,欲促进社会历史文化的发展,各民族必须要消除闭关自守的状况,扩大相互间的交往,这样自身的历史才不断演变为全球的历史。可见,梁启超作为晚清"睁眼看世界"的思想文化先行者,他从全球视野来看待中国文化与世界文化的关系。依据中国的对外发展状况及内部政治制度,梁启超将中国历史文化的发展分为"中国之中国""亚洲之中国"以及"世界之中国"三个阶段。

梁启超在《中国史叙论》里认为,就中国与世界的关系看,分别经历了由中国到亚洲到世界的过程,他把中国历史总结为由内向外不断走向世界的过程。具体包括:第一阶段,即"中国的中国",是为上世史,自黄帝时代直至秦统一。这是"中国民族自发达自竞争自团结之时代"。政治上先是由酋长制变为封建制,然后又进到大一统。第二阶段,即"亚洲之中国",是为中世史,时间是从秦统一至清代乾隆末年。这是中国民族与亚洲民族交涉频繁、竞争最烈之时代。政治上中央集权和君主专制制度盛行。中世之时代,长达二千年,因未受亚洲以外民族之刺激,所以内部没有太大的变动。第三阶段,即"世界之中国",是为近世史。自乾隆末年至今,是中国民族合同亚洲民族与西方民族交涉竞争之时代。政治上君主专制政体渐渐湮灭,而前所未有的国民立宪政体兴起。这一时代虽时间甚短,却十分重要,其变化为二千年来所未有,中国从此真正成为世界的一部分。[1]梁启超关于中国与世界的历史三段

---

[1] [清]梁启超:《中国史叙论》,《梁启超全集》(第二集),汤志均、汤仁泽编,中国人民大学出版社,2018年,第319—320页。

论，建构了中国文化逐步世界化的解释逻辑，明确提出了中国文化发展自晚清开始已进入"世界之中国"的认识，亦即今天所说的全球化阶段。梁启超在百年前，面对来自西方的外在压力，以"求存图强"为逻辑起点，开始站在世界的立场思考中国问题，无疑是非常明晰的认识。梁启超的观点突破了传统中国"夷夏之辨"的固化思维，以平等开放的心态看世界，从而反观世界之中国，这是近代中国观的重要改变。即便在中国社会取得高速发展的今天，这种观点也更为明确，如何认识"世界之中国"，愈加显得重要。从梁启超关于"世界之中国"的认识逻辑出发，如何立足于世界视野来研究中国，成为当代"中国文化""中国形象"等研究的核心问题。其中关于中国国家形象的研究，更成为显学。

中国文化全球传播的目的还在于塑造良好的国家形象。就国家形象研究中的"形象"（Image）概念而言，葛岩等的研究认为，概括起来有四个基本属性。第一，它与给定的外部认知对象有关，并非纯粹的主观臆想。第二，它是认知主体在意识中对认知对象的表征或呈现，而不是外部对象的客观反映。第三，这种表征的内容彼此联系，是整体化或结构化的，因此可喻为想法（一组概念/命题的集合）或图像（一组包含视觉感的对象特征连续体，或称作"视觉形象"[Visual Imagery]）。[1]第四，这种结构可以由外部刺激（如阅读或聆听）激活。[2]显然，就西方的中国形象而言，它们来源于经验或认知的知识，但是，它们又是经过认知主体概念化的表征，这种概念化的表征具有完整性，随时可能被激活。那么，据此逻辑，西方的中国形象就是西方文化对中国的某种掺杂着想象与知识的"表征"（Representation）系统，在这个前提性概念基础

---

[1] Lee, Sue-Hyun; Kravitz, Dwight J.; Baker, Chris I. "Disentangling Visual Imagery and Perception of Real-World Objects". *Neuro Image* (Orlando, Fla.), Vol. 59(4), 2012, pp. 4064-4073. Pearson, Joel; Naselaris, Thomas; Holmes, Emily A.; Kosslyn, Stephen M. "Mental Imagery: Functional Mechanisms and Clinical Applications". Trends in *Cognitive Sciences*, Vol. 19(10), 2015, pp. 590-602.

[2] 葛岩、秦裕林、徐剑:《作为图式的地域形象：结构、功能和测量》,《新闻与传播研究》, 2019年第2期。

上，所谓跨文化形象学的知识立场是后现代的，中国形象是西方现代性文化精神的隐喻，是西方文化为在世界观念秩序中认同自身而构筑的文化"他者"。①

跨文化形象学从形象学角度提出问题，又进一步在西方现代文化或现代性精神的深度上分析问题。在后殖民主义理论视野内展开的跨文化形象学，核心问题是知识与权力的问题。就知识层面的意义而言，我们关注西方的中国形象的生成与延续方式。在理论上，我们分析西方文化中中国形象作为一种有关"文化他者"的话语是如何建构、生产与分配的；在历史中，我们有必要确立一个中国形象的起点，让西方文化中中国形象的话语建构过程，在制度与意义上都可以追溯到那个原点，从这个原点出发，在历史中考察西方关于中国形象叙事的思维方式、意象传统、话语体制的内在一致性与延续性，揭示西方的中国形象在历史中所表现出来的某种稳定的、共同的特征，趋向于类型或原型，并形成一种文化程式的过程。就权力层面的意义而言，跨文化形象学关注中国形象在西方现代性世界体系中的实践功能，分析西方的中国形象如何作为一种权力话语，在西方文化中被规训化、体制化，构成殖民主义、帝国主义、全球主义意识形态的必要成分，参与构筑西方现代性及其文化霸权。②

周宁等的研究通过对西方的中国形象的历史考察，认为所谓的"西方的中国形象"，真正的问题就是知识与权力的关系，也就是说，中国作为西方世界的"文化他者"，西方世界关于中国的"镜像"，关于中国的观念、知识和想象，最终都会决定中国的文化自觉和文化意识。因此，其研究在"西方现代性自我构建的乌托邦化他者"意义上理解中国形象，指出中国形象是西方现代文化的他者镜像。它可以是理想化的，表现欲望与向往，表现自我否定与自我超越的冲动；也可能是丑恶化的，表现恐惧与排斥，表现自我确认与自我巩固的需求。这两种他者镜像与曼海姆（Karl Mannheim）区分的乌托邦和意识形态的意义相同。乌托邦是超越的、颠覆性的社会想象，而意识形态则是整合的、巩固性的社会想象；在具体的历史过程中，乌托邦可能转化为意识形态，

---

① 周宁：《天朝遥远：西方的中国形象研究》（上卷），第3—4页。
② 同上，第17页。

而意识形态也可能取代乌托邦。①因此，为了避免陷入"自我西方化"的中国形象研究中，跨文化的中国形象研究，不仅关注西方的中国形象问题，也关注其他国家的中国形象问题。否则，批判西方中心主义的研究本身，就是在西方中心主义的前提下进行的。为什么只研究西方的中国形象呢？因此，"世界之中国"的域外中国形象研究，应探讨现代中国自我认同的多重维面与多重意义。现代中国的自我认同，是在与多向他者的意象性关联中完成的，在此过程中，中国可能获得不同的身份。如果说西方的中国形象是一面镜子，那么，世界不同地区、国家、文化圈的中国形象，则是个多棱镜。在多棱镜中认同现代中国的自我身份，既是一种建构过程，也是一种解构过程。建构是发现现代中国自我的意义的丰富性，解构的功能则从意义的差异矛盾与比较批判中觉醒到镜像认同的虚幻性与异化过程。②无疑，在讨论"世界之中国"这个问题时，如何探究他者的建构，自我的建构，看到"世界之中国"的内在结构和要素，从而寻找到客观的立场，并在实践中传播真实的中国，这依然是一个尚未解决但很有意义的研究。

在全球化背景下，世界与中国、中国与世界已成为相互依赖的整体，因此，必须立足"世界之中国"的视域，进而探究中国文化，传播中国文化。但是，通过他者观照自我时，或者通过自我观照他者时，需要突破两层关系。其一，他者和自我的偏见。人类歧视他群，似乎是进化中形成的根深蒂固的人性。由此，无论在任何视角，突破偏见才能看到真问题。其二，他者和自我的被建构。因为被他者建构，从而认同他者的自我，或是被自我所建构，因而认同自我的他者，也正是萨义德所谓的"自我东方主义"认同，这是文化认同中需要突破的问题。在文化传播和文化认同中，分析探究他者的建构，从而理性地对待偏见，是全球化背景下中国和世界各个国家或族群都应采取的基本立场。

---

① 参见［德］卡尔·曼海姆：《意识形态与乌托邦》，黎鸣、李书崇译，商务印书馆，2000年，第10页。
② 周宁编：《世界之中国：域外中国形象研究》，第3页。

# 四、中国文化的传播模式与路径

人类学家的研究认为，我们人类所有族群拥有共同的祖先，虽然今天人类演化形成不同的族群，但从人类文明的进化看，始终是彼此之间自我独立又相互交流发展的过程。起源于黄河、长江流域的古老的华夏文明，在不断融合周边民族和文化的基础上，演化形成了自身独特的文化特征。有学者指出，近代以前规模最大的全球化，其载体正是中国和西部世界之间的陆上丝绸之路和海上丝绸之路。中国文化的传播，不仅仅是中国与中亚、南亚、西亚、北非和欧洲的关系的总和，而且是中国文化与异域文明认识、交往和对话的历史，是中国历史与他者对话的历史。[①]

从中国历史发展看，自中国有文明记录以来，就已开始与异域文明进行对话和交流，文明早期的玉石之路，秦汉以降的张骞通西域、郑和下西洋等中国文化传播的重大事件，都显示中国文化和异域文明之间的交流传播。在中国文化的发展中，中国广泛吸收异域文明的成果，同时也对周边文化产生巨大的影响。汉字、儒学、中国佛教、中国礼法、农业及手工业技艺等，作为中国文化的基本内容，都对周边文化产生重要影响。秦汉至明清王朝，无论是与亚洲、非洲、欧洲的交流，特别是与东邻及南洋诸国的交往，中国文化传播都占据主导地位。同时，周边文化如佛教文化等也进入中国，对中国文化同样产生巨大影响。如果说，以往的中国文化传播还属于你来我往式的单向度传播的话，那么，自16世纪西方航海大发现以来，特别是19世纪末开始，西方现代文明大规模进入中国，影响中国，从而使中国文化完全处于全球传播的语境之中。

## （一）中国文化的传播模式

"模式"（Model），或"模型"，作为人们认识复杂事物的抽象化方式，简言之，就是对复杂世界的现象的简化，"是对某一事项或实体的内在机制与

---

[①] 参见张国刚：《中西文化关系通史》（上卷），北京大学出版社，2019年，第3—4页。

外部联系进行的一种直观的简洁的描述"[1]。就自然科学研究而言，科学模型是以对象原型的各项认知特征为样本、标准或基准进行模拟之后的"凝固了的"概念或理论，可简要分为实物和观念两种基本形态。它是我们理解和解释科学研究对象的基本手段。[2]既如此，模型是"由于人们很难真正或真实触及原型，必须借助模型获得对原型的间接接触"[3]。显见的是，不论是自然科学中的模型，还是社会科学中的模式，它们都是对自然现象或是社会现象做出的表征化形式，它们不是现象本身，而是对现象世界的简化和抽象。虽然模式或模型是对世界的简化，不是事实本身，但是模式或模型采用类比的方式，对无序的复杂的现象进行表征性呈现，因此，模式或模型本身就是为探索思想和总结观点而构建的虚拟世界。"在理论研究中，用模型来解释数据。在现实世界中，用模型来预测、设计和采取行动，也可以使用模型来探索新思想和新的可能性，还可以利用模型来交流思想、增进理解。"[4]模式或模型虽然不是真实世界本身，但又超越真实世界，是真实世界的高度概括和凝练，是对影响真实世界的关键要素以及它们之间的构成关系及功能的总结和概括。

模型思维的研究学者斯科特·佩奇（Scott Page）认为，所有模型都有三个共同特征。第一，简化。剥离不必要的细节，抽象掉若干现实世界中的因素，或者需要从头重新创造。第二，形式化。要给出精确的定义。模型通常要使用数学公式，而不是文字。模型可以将信念表示为世界状态的概率分布，可以将偏好表示为各备选项之间的排序。通过简化和精确化，模型可以创造易于处理的空间，我们可以在这些空间上进行逻辑推理、提出假说、设计解决方案和拟合数据。模型创建了我们能够以符合逻辑的方式进行思考的结构。逻辑有助于解释、预测、沟通和设计。但是，逻辑也不是没有代价的，这就导致模型的第三个共同特征：所有模型都是错误的。正如统计学者乔治·博克斯

---

[1] 邵培仁：《传播模式论》，《杭州大学学报》，1996年第2期。

[2] 文祥、曹志平、易显飞：《科学模型的演进及其认识论特征》，《湖南工业大学学报》（社会科学版），2011年第4期。

[3] 阎莉：《整体论视域中的科学模型观》，科学出版社，2008年，第51页。

[4] ［美］斯科特·佩奇：《模型思维》，贾拥民译，浙江人民出版社，2019年，第22页。

(George Box）所指出的那样，所有模型概莫能外，即使是牛顿提出的那些定律和法则，也只是在特定的条件下成立。所有模型都是错误的，还因为它们都是简化的，它们省略掉了细节。但是，通过同时考虑多个模型，我们可以实现多个可能情况的交叉，从而克服单个模型因严格而导致的狭隘性。[①]可见，模型思维是人们为了更准确地认识事物而采取的方式，模型是认识事物的方便之途，但又简化了事物，因而，为了认识事物的全貌，避免"盲人摸象"式的谬误，必须要用多维视角认识世界。

就文化研究而言，也使用"文化模式"来描述和概括世界上成千上万不同类型的文化。有学者认为，文化模式体现的是作为整体的文化的规定性及其演进机制的特征，因此，"文化模式是文化哲学的核心范畴，是特定民族或特定时代人们普遍认同的，由内在的民族精神或时代精神、价值取向、习俗、伦理规范等构成的相对稳定的行为方式，或者说基本的生存方式或样法"[②]。这里对于"文化模式"的界定，是对文化的本质属性的规定，认为文化和社会的政治、经济等其他构成要素不同，有自己特定的作用方式，进而由于特定的地域、时代、民族等的差异，都会形成不同的文化模式。早期的德国文化人类学家A. 巴斯蒂安（Adolf Bastian）就提出"文化模式"的概念，认为每一个民族都有一套自己的思想体系，因而形成了各自不同的行为模式，即"文化模式"。[③]他以民族作为维度，把"文化模式"界定为人们的思想观念体系以及行为模式。20世纪美国人类学家露丝·本尼迪克特（Ruth Benedict）在《文化模式》（*Patterns of Culture*）中认为，真正把人们联系起来的是文化，是人们共有的观念和准则，不同的文化形态会发展出不同的价值观念。因此，"一种文化就像是一个人，是思想和行为的一个或多或少贯一的模式"[④]。这些统一的思想和行为规范就是文化模式。美国文化学者爱德华·C. 斯图尔特（Edward

---

[①] ［美］斯科特·佩奇:《模型思维》，贾拥民译，第11页。
[②] 衣俊卿:《文化哲学十五讲》（第二版），北京大学出版社，2015年，第57页。
[③] 黄淑娉、龚佩华:《文化人类学理论方法研究》，广东高等教育出版社，1996年，第20页。
[④] ［美］露丝·本尼迪克特:《文化模式》，王炜等译，社会科学文献出版社，2009年，第32页。

C. Stewart)、密尔顿·J. 贝内特（Milton J. Bennett）通过对美国人思维方式的研究，认为"文化模式是一个不可分割的整体，但也可以解析为各种思维模式以及四个组成部分：活动和动力形态、与他人关系形态、对世界的认识、对自我的认识"①。他们由此认为美国人如何认识不同文化的人以及如何跟他们交往，都深受这个文化基础的影响，也就是说文化模式就是某类文化所体现的根本价值。由此可见，这些人类文化学者关于"文化模式"的概念界定，基本都指向于界定一个民族作为文化共同体所特有的思维方式、观念和行为模式。此外，还有学者更强调文化模式的行为规范的特征。②综观这些关于"文化模式"的界定，多将文化置于宏观社会结构之中，并探究其基本功能，且集中于文化模式对于社会价值的规定性问题。

就文化传播模式而言，传播学者丹尼斯·麦奎尔（Denis McQuail）和斯文·温德尔（Sven Windahl）所著的影响深远的《大众传播模式论》，就立足于"传播模式"的研究视角，对传播学研究领域中有影响的传播模式理论和形态做了总结和归纳。对于什么是"模式"的问题，该书认为，模式是"用图像形式对某一客观现象进行有意简化的描述，试图表明的是任何结构或过程的主要组成部分以及这些部分之间的相互关系"③。同时认为模式可以用文字叙述、图像描述、数学公式分析等加以表达。作者还引用多伊奇（M. Deutsch）关于社会科学研究中应用模式化方法的优点，认为模式具有组织、解释、启发和预测功能，同时模式还在结构和功能上各有不同。对此，祝建华将"Model"翻译为"模式"，以便与更狭义的数学模型（即公式）相区别，并认为任何理论都可以而且必须同时用三种语言来表述：文字定义、图形模式、数学公式。因此，大众传播模式研究用图形来表述传播理论，也成为传播学科的共识和集体

---

① ［美］爱德华·C. 斯图尔特、［美］密尔顿·J. 贝内特：《美国文化模式——跨文化视野中的分析》，卫景宜译，百花文艺出版社，2000年，第238页。

② 蔡俊生：《文化模式解——西方文化模式、俄罗斯文化模式和伊斯兰文化模式》，中国社会科学出版社，2020年，第14页。

③ ［英］丹尼斯·麦奎尔、［瑞典］斯文·温德尔：《大众传播模式论》（第二版），祝建华译，上海译文出版社，2008年，第2页。

行为。这些模式大体上可以分为三类。一是结构图（Structural Mapping）。其显示出一个理论所涉及的主要概念及其关系（如相关或因果），这正是作者上述定义所指的标准模式。二是隐喻图（Metaphoric Illustration）。其并不一定标明各概念及其关系，但形象地传达了有关理论的意图或隐含。其三是检验图（Testing Protocol）。其不仅揭示所涉及的概念及其关系，而且还进一步规定其关系方向、分析单元（Unit of Analysis）、时间维度等，所以可以直接用作假设检验。因此，检验图是用图形语言来表达理论的最高境界（其实已与数学公式互为表里了），因为模式的最终目的就是用于假设检验。而隐喻图则大体上还是处于只可意会不可言传的"前理论"状态。至于作为主流的结构图，其正规程度介于检验图和隐喻图之间，既反映了传播学与更成熟的社会科学（如以数学模型为主流的经济学）相比有明显差距的现状，也提示了提高传播学科学水平的一种途径，即传播理论模型化。[1]

因此，传播理论模型化，其实是传播学研究中非常重要的理论形式，为了认识和探究复杂的传播活动，特别是描述传播活动的结构特征，建立具有解释力的关系模式，能够把复杂的现象世界明晰地呈现。显而易见，传播模式不是传播现象本身，而是人们对传播现象做出的解释和总结。但是，不可否认的是，这种解释性的建构，却包含着传播现象的基本的特征。有学者认为，在传播研究中，人们一方面通过自己与认识对象之间的互动，而在自己头脑中建立起对客体特征的"解释模式"，亦即用这个模式来识别、说明、称衡客体提供的种种信息；另一方面通过进一步互动和模式自身含有的或携带的被反映对象的"沉积信息"，来检验、评价模式与客体的相符性和对应性。因为，"任何模式都应当具有与原物相应的属性，并提供关于原物的信息"，而且作为原物抽象的模式，自身也应"含有被它反映的对象的信息"。可见，作为既是认识工具，又是被测对象的传播模式，要具有现实的相符性，就必须在内容与形式或信息与结构两个方面保持与原物相一致。[2] 当然，进而言之，这种一致性是

---

[1] ［英］丹尼斯·麦奎尔、［瑞典］斯文·温德尔：《大众传播模式论》（第二版），第4页，译者序言（祝建华）。

[2] 参见邵培仁：《传播模式论》，《杭州大学学报》，1996年第2期。

高度概括的事物本质上的一致性。

中国文化传播活动内容丰富，形式多样，影响广泛。如果从观念史的角度考察，中国历史上发生的历次社会变革，首先隐含着文化变革。同时，就世界历史的变革而言，也离不开中国文化的影响，其中总有一些因素是撬动历史发生变化的动因。因此，从传播模式的角度出发，探究中国文化的传播，可以对中国文化的传播做出总括性的认识。就历史发展看，中国文化的全球传播主要包括主动输出、被动输出和双向沟通模式。

### 1. 单向主动输出传播模式

在欧洲15—16世纪开始的大航海以前，中国与世界的文化交流和传播过程，大致以中国文化占优势的主动输出传播为主。文化传播或曰文明影响，一般体现为发达文明或高级文明对低级文明的同化。如《孟子·滕文公上》中孟子就自豪地说："吾闻用夏变夷者，未闻变于夷者。"这种所谓的"夷夏之辨"论，成为中国文化中根深蒂固的文化中心主义论调。由于中国文化形态作为在东亚地区较早发展成熟的农耕文化，在秦汉之际形成了稳定的中央集权的社会制度，并且确立了以儒家文化为核心的文化价值，从而不断扩展到周边区域，对周边文化产生持续影响。在此基础上，中国文化也形成了"夷夏之辨"的自我中心主义观念，以及与华夏—诸夷相对的文明—野蛮的话语表征，这样就使得中国文化的传播体现为外向型的单向主动输出传播模式。诸如中国文化发展史上汉代张骞、班超的"凿空"西域，蒙古西征与元朝的扩张，明代郑和七下西洋等文化传播事件，堪为这类传播模式的典型。直到晚清，中国文化遭遇西方文化的外在冲击，晚清有识之士开始"睁眼看世界"，这种文明优越论才有所改变。

但是，对此传播模式，梁启超虽已认识到中国与世界的关系，但在晚清大变局背景下，面对西方文明的冲击，为了强化中国文化的凝聚力，彰显民族主义话语，对中国文化在世界文化发展中的作用专门进行论述，并且极力推崇中国文化对世界文明的贡献。在他所著的《张博望班定远合传》中，梁启超更是突出肯定张骞开辟亚欧交通，促进东西方文化的交流与融合的意义，认为他是"世界史开幕一大伟人也"。对于班超通西域，梁启超也认为"布我皇帝子孙之声明文物于欧土，为全世界留一更大之纪念。未可知也。呜乎，人杰矣哉!"①对于郑和下西洋而言,航海的主观动机依然是中央帝国"宣德化而柔远人"的政治策略,采取的是"厚往薄来"的朝贡模式,郑和宝船每到一处,不是"开读赏赐",就是"赏赐宣谕",无偿地给当地国王等首领给予馈赠。但客观上而言,作为世界航海史上的壮举,它无疑扩展了中国人的海外知识,使得中国更多地了解世界,当然也间接地向周边传播输出了中国文化。自1405年到1433年的几十年里,郑和先后七次下西洋,共访问了30多个国家,加强了中国人民与亚非人民的友好关系,显示了中国在造船、航海等方面的高超技术,同时也证明当时中国在世界航海事业中居于领先地位,反映了当时中国作为一个中央集权的国家在政治、经济、文化上的优势地位。

**2. 单向被动输出传播模式**

由于中国文化产生的巨大影响,中国周边国家都受到影响,形成了所谓的以中国文化为核心的"东亚文化圈""汉字文化圈""汉译佛典圈"等文化版图。东亚、东南亚等周边地区的国家,如日本、韩国、越南等,主动学习中国文化,并由此深受中国文化影响,形成"汉文化圈"。从中国文化全球传播的角度看,形成了周边国家主动学习中国文化的传播模式。立足于中国文化的视角看,则属于单向被动输出的传播模式。

就此文化传播模式的历史事件而言,规模宏大的有"遣唐使"、游历中国的马可·波罗,乃至明清以来的西方传教士等,他们主动来到中国,都在积极学习、接受和传播中国文化。在中国文化对外传播中,他们对于中国文化的学习和传播,不是由中国自发主动进行传播,而是通过周边国家和其他国家主动接受,从而使中国文化被动输出的过程。如唐朝时,受日本邀请,鉴真和尚东渡弘扬佛法,从而促进了佛教在日本的发展。同时,从公元7世纪初至9世纪末约两个半世纪里,日本为了学习中国文化,先后向唐朝派出十几个遣唐使团。其次数之多、规模之大、时间之久、内容之丰富,可谓中日文化交流史上的空前盛举。"遣唐使"中人数最多的"留学生"和"学问僧",他们到达中国后,最大限度地吸取唐朝文化,千方百计收集各种有助于日本发展的书籍、器物、技术和艺术制品,想方设法将其带回日本。"遣唐使"回国后,把在唐朝学到的东

---

① [清]梁启超:《张博望班定远合传》,《梁启超全集》(第三集),第409—417页。

西付诸实践。酷似长安的平城京和平安京，规模宏大的东大寺及其附属的正仓院，唐朝螺钿五弦琵琶实物，年代最为久远的王羲之书帖，目前日本各地保存的唐式建筑和唐代文物，使人仿佛回到了大唐盛世。可见中国文化的影响根深蒂固，至今依然保留着。"遣唐使"的历史就是当时先进的中国文化被周边国家学习的输出的历史，也反映了以唐文明为基础的"东亚文化圈"的形成。在文化传播的过程中，形成了东亚世界的文化传统，至今还在世界范围内产生影响。对此，唐朝诗人韦庄给日本僧人的诗中写道："扶桑已在渺茫中，家在扶桑东更东。此去与师谁共到？一船明月一船风。"[1]日本成为中国文化最积极的传播者。

此外，据记载，元朝时意大利人马可·波罗于1275年来到中国，1292年离开，在中国居住游历十几年，回国后完成《马可·波罗游记》（《马可·波罗行纪》），记载了元初的政事、战争、宫廷秘闻、节日、游猎等，详细记述了元大都的经济、文化、民情、风俗，以及上都、京兆（西安）、成都、昆明、大理、开封、济南、南京、镇江、扬州、苏州、杭州、福州、泉州等各大城市和商埠的繁荣景况，并提到元朝的一些重大政治事件等。《马可·波罗游记》第一次较全面地向欧洲介绍了发达的中国文化，将地大物博、文教昌明的中国形象展示在欧洲人面前。《马可·波罗游记》问世后，引起西方世界的极大震动。一方面，由于书中所记情况超出了当时欧洲人的常识，有些人不相信东方世界能有那么高度发达的文明。另一方面，此书在未来几个世纪成为欧洲人认识东方的基本依据，直到17世纪都左右着许多欧洲人对中国的想象。[2]

### 3. 双向互动沟通传播模式

1500年以后，欧洲社会经济文化的发展，航海技术的进步，推动欧洲的葡萄牙、西班牙成为航海大国，实现横渡大西洋、环球航行等壮举。世界格局随之改变，中国此时面对的不再是和周边国家建立的"朝贡体制"，而是和远方的欧洲产生联系的"贸易体系"。在此过程中，中国不断在"禁海"和"开放"之间徘徊，但是，以欧洲为代表的西方文明却依然强势进入中国并开始影响中国后续的发展。进入20世纪后，中国文化面临西方文明传播的全面冲击，

---

[1] 参见韩昇：《遣唐使和学问僧》，中华书局、上海古籍出版社，2010年，第3页。
[2] 参见张国刚：《中西文化关系通史》（上卷），第148页。

中国进入千年未有之变局，中国文化的传播不仅仅是单向的主动输出或被动输出的问题，而是中国如何应对西方的冲击，中国如何适应世界、融入世界文化的问题。以明清欧洲传教士为主导的"西学东渐"以及"东风西行"为序幕，中国文化的全球传播就此全面展开，由此，形成了中国学习、了解世界文化，世界了解中国文化的双向互动沟通传播模式。特别是近代以降开始的洋务运动、五四新文化运动，乃至中华人民共和国成立后的全面工业化、新时期的改革开放、当代的全球化等等，都是中国和世界交流和对话的重大历史事件。这种双向互动沟通传播模式，其实质是一种沟通、交流并建立共识和文化意义认同的过程，是一种真正意义上的文化全球传播的模式。其结果就是中国文化的世界化，世界文化的中国化，因此，有效的传播途径和渠道在中国文化的全球传播中显得更为重要。

## （二）中国文化传播的路径

就微观意义看，文化传播重点探究的是"文化间传播"，也就是"两个具有显著差异的文化群体之间进行的文化信息的交换"[①]。为了强调文化传播的特殊性，研究者认为文化间传播主要是通过人际交流而在不同群体之间发生的。那么，就此来看，文化传播往往发生在社会系统相互接触和融合的边界地带，如使用不同语言的族群的边缘地带，不同国家的边界、口岸地带，或是旅游目的地，这些都是现实空间的文化间传播的场所。随着全球化的发展，全球教育、传媒等也成为文化传播的重要场所和路径。中国文化在梁启超所谓的从"中国之中国"到"亚洲之中国"和"世界之中国"的发展过程，其实体现的是中国文化传播中由早期的人的传播扩展到各类传播路径，并逐步走向全世界的过程，也就是中国文化传播逐渐实现全球传播的过程。就历史和现实进行考察，会发现在中国文化全球传播的过程中，以人的交流为主体，所表现的传播路径包括战争、贸易、政治、宗教等传统的传播路径，以及进入

---

[①] ［美］威廉·B.古狄昆斯特、［美］贝拉·莫迪主编：《国际传播与文化间传播研究手册》（第二版），第255页。

现代社会后各类大众媒介的传播。

**1. 战争冲突**

伴随着领土扩张、生存竞争、种族冲突的战争，必然是文明社会所应该明确反对和避免发生的社会行动。但在历史上，因种族、国家冲突而发生的战争往往成为文化传播的重要路径。

历史上中国文化的全球传播，与伴随战争而发生的被动输出亦有关联。公元12—13世纪的亚洲历史，在世界史上被称为"蒙古时代"。成吉思汗及其子孙率领的蒙古铁骑发动一系列震撼世界的远征，横扫整个亚洲和欧洲东部，建立了一个横跨亚欧的蒙古帝国，使几乎整个欧亚大陆都处在蒙古的统治下。此时，伴随着蒙古军队的征伐，中国文化的影响力已远远超越了亚洲的范围。对中国文化传播而言，蒙古军队的战争客观上打通了道路，促进了东西方的联系。美国学者梅天穆（Timothy May）在《世界历史上的蒙古征服》（*The Mongol Conquests in World History*）中，从全球史的角度讨论蒙古（国）、元（朝）时代的东西方大交流，认为1350年蒙古（国）、元（朝）统治的世界，是一个"全球化的世界"[①]。与此同时，伴随着战争，中国的火药、指南针、印刷术传入阿拉伯和欧洲，间接地推进了世界文明的进程。元代中西文化交流信息量之大、传播范围之广、对未来历史影响之大，都是人类历史上空前的。可以说，中西方文明成就第一次出现了全方位共享的局面。当然战争本身无疑是野蛮残酷和具破坏性的，但不可否认的是，破坏性的战争却从另一方面促进了东西方文化传播的繁荣。

**2. 商业贸易**

人类的商业贸易活动，也是文化传播的重要途径。借助商业活动，不仅实现了不同地区之间人们物质交换的可能，同时在物质产品交换的过程中，伴随着商品、人员、货币等的流动，文化观念、价值等也得以传播和交流。

由于条件限制，古代社会的商品交流主要是一些能够适合长途运输的物品，比如纺织品、矿物质、香料等等。西汉时期，张骞两度出使西域，开通了举世闻名的"丝绸之路"，自此开始，中国文化从这里第一次大规模地向外传

---

[①] ［美］梅天穆：《世界历史上的蒙古征服》，马晓林、求芝蓉译，民主与建设出版社，2017年。参见张国刚：《中西文化关系通史》（上卷），第60页。

播。与丝绸相伴的是，中国的科学技术文化也开始西传。丝绸之路由此而成为中国文化输出的重要通道，并在以后几千年里始终扮演着中外文明桥梁的重要角色。沿着这条通道，中国的茶叶、纸张、书籍等陆续走向世界，外国商贾、文人、僧侣慕名而来。此外，明清以来郑和下西洋，使得海上贸易也愈加频繁，大量的中国丝绸、茶叶、瓷器、金、银、书籍等通过海路到达世界各地，学者们称之为"海上丝绸之路"。依托于这些四通八达的商业之路，中国文化的全球传播得以不断展开。总体来看，无论是陆上还是海上，丝绸之路的重要意义不言而喻，丝绸之路无疑是使节之路、宗教之路、商旅之路，当然更是文化传播之路，因为道路的畅通能够全方位促进文化的流通与交流。

**3. 政治交往**

历史经验证明，开明和开放的政治环境，虽然不是文化传播的直接动因，但却是文化全球传播的必要条件，政治上的开放和开明，多元的文化传播才能得以实现。

汉朝张骞通西域后，政府也组织远行的商队。丝路畅通之始，西汉政府与西域各国都同时表现出对利用此道开展贸易往来和政治往来的兴趣。两汉时期，因西域都护和西域长史的设置，商道在汉朝的有力控制之下，中西贸易迅速发展，但这其中有很大部分属于朝贡贸易性质的"赐赠"行为，即汉朝廷以播扬威德的政治意图为目标，屡派使节携巨额币帛赴西域各国送礼，或当西域使节来朝觐之时，以绮绣杂缯和金属赏赐。汉朝的慷慨大大刺激了西域塔里木诸绿洲王公贵族的旅行热情，于阗王、精绝王曾多次带着使者和商旅到中原从事贡赐贸易，敦煌悬泉汉简中留下很多条楼兰、于阗、精绝、若羌、且末、扜弥等国来使过关的记录，主要见于过食文书和乘传驾车簿类文书。[①]

《史记·大宛列传》记载，西汉政府"初置酒泉郡以通西北国。因益发使抵安息、奄蔡、黎轩、条枝、身毒国。而天子好天马，使者相望于道。诸使外国一辈大者数百，少者百余人。……汉率一岁中使者多者十余，少者五六辈，远者八九岁，近者数岁而反"[②]。《汉书·张骞传》也有类似记录。这些中国商

---

① 参见张国刚：《中西文化关系通史》（上卷），第47页。
② ［西汉］司马迁：《史记·大宛列传》（卷一二三），中华书局，2013年，第3848页。

团的行迹很可能已经到达西亚、中亚一些地区。公元7—9世纪的二三百年间，唐朝的都城长安成为全世界文明的制高点。长安成为当时世界上最具开放性的国际大都市，这里居住着大量外国侨民，是亚洲各国学术文化交流的中心。高句丽、百济、新罗和日本就有8000多名留学生来长安学习，并将中国的典章制度、文化与技术带回本国，进一步发扬光大。对同一时期的世界其他国家来说，唐朝具有无法企及的"软实力"。

### 4. 宗教传播

借助于宗教传播，其他文化形式也不断得以传播。由于宗教的影响，中国文化的全球传播也得以展开。早期以佛教为代表的外来宗教传入中国，明清之际，西方传教士借宗教之名，也使得中国文化在欧洲的影响力达到巅峰。

佛教产生于公元前6—前5世纪的古印度，是在印度古代婆罗门教和耆那教的基础上发展而来的，受到古代印度哲学的重大影响。在佛陀乔达摩·悉达多（Gautama Siddhartha，约前566—前486）初创之后，经过很长时间的发展过程才逐渐成熟和完善，并开始向外传播。在东汉初年正式传入中国，经过不断发展，在隋唐时期，天台宗、华严宗、净土宗、禅宗、法相宗、律宗、密宗等各个佛教宗派形成，完成了佛教的中国化。佛教传入中国的过程，是中国历史上第一次大规模吸取和融合外来文化的过程，是中国文化全球传播的一个经典案例。经东汉到隋唐五百多年的冲突融合并本土化，佛教最终成为中国文化的重要构成部分，对中国文化的诸多方面产生了重要而深远的影响。

明清之际，以利玛窦（Matteo Ricci）、艾儒略（Giulio Aleni）为代表的欧洲传教士，以传播西方宗教为目的，怀着对中国文化的景仰来到中国。他们写下大量关于中国的回忆录、游记和书信，全方位地向世界介绍中国文化。大航海使得欧洲人到达了东亚，伴随着传教士对中国文化的西传，物质文化的传播是形成对该国印象的最直接、最有效、最普遍的方式，大量中国商品输入欧洲，不仅改变了欧洲人的一些生活习惯，也成为欧洲人认识中国的窗口，形成了欧洲"中国趣味"这种流行于18世纪欧洲上流社会的充满异域情调的独特艺术品位。所谓"中国趣味"是17、18世纪欧洲的室内装饰、家具、陶瓷、纺织品、园林设计方面所表现出的对中国风格的欧洲化理解，它的形成与大量中国物品涌入欧洲直接相关，也是欧洲特定时代思想状态的一种折射。从16世纪直到18世纪，中国的瓷器、丝货和茶叶在运销欧洲的中国商品中位于前列，正是这三类物品在欧洲人生活方式和艺术风格的变化中扮演了重要角色，成为中国与欧洲文化互动的突出例证。以宗教传播之名开始，最后却实现了文化全球传播之实。

**5. 大众传播媒介**

20世纪以来，随着信息社会的来临、信息技术的发展，以报刊、广播、电视等为主体的大众传播媒介兴起，成为中国文化全球传播的最有力的途径。目前，迫切需要大力加强大众传播途径、手段和内容等的建设，以提升中国文化的全球传播的能力和效果。

**6. 新兴媒体**

20世纪90年代中期以来，随着高科技的发展，以互联网、手机、移动设备等多媒体为代表的崭新一代的媒介正在兴起，它可同时传递文字、声音、图像等各类数据信息，囊括了传统媒介的所有形态，体现为数字化、全球性、多媒体、实时性、交互式等特点。同时，新兴的智慧媒体，以大数据、互联网为基础，依托不同的智能终端，并结合云计算、云存储等技术，使得用户快速地判断、分析他们想要的内容。无疑，由这些新的媒介技术革命所产生的新媒体，必然成为新的技术发展阶段中国文化全球传播的最有力的途径和手段。与此同时，随着新媒体产生的短视频、动漫、游戏等新的文化传播形式，也可以负载更多直观丰富的文化内容，而成为中国文化传播的重要路径。比如以短视频传播中国文化的李子柒，就充分借助于新媒体手段，使得全球受众接触、感受到中国文化。还有以中国传统经典《西游记》为母题制作的动漫游戏《黑神话：悟空》，以《西游记》为背景，"悟空"为故事主线，核心内容是中国神话故事《西游记》，其本身就是中国文化的经典，"悟空"形象不仅在每个中国人心目中成为伸张正义的偶像，在全球文化背景中也成为易于接受和认同的经典。由此，借助动漫游戏方式，则是中国文化的全球传播的重要路径。

通过对中国文化传播模式和路径的梳理，可以看出政治、贸易、宗教等对文化传播都有重要的影响，当代中国文化全球传播中亦可重点关注这些因素。

总体而言，其一，政治稳定、经济繁荣，是构成文化传播的基本条件。举凡政治昌明、民间贸易繁荣的时代，也是中国文化传播最为发达的时期。其二，民间商业贸易自由程度越高，中国文化传播则越加繁荣。中国文化传播的繁荣与贸易的发展息息相关，无疑，自由开放的民间贸易是促进文化传播的核心要素。其三，借助军事、政治或经济力量，单向地强行输出文化，虽可能一时奏效，但长远地看，或不能持久，或弊大于利，或适得其反。中国文化传播的历史经验表明，单向度的文化输出，总的来说，不仅不能促进中国文化传播，反而会阻碍文化传播。其四，就中国文化传播的路径而言，历史发展中形成的路径在当代的作用各异。显而易见，传统的战争、宗主国影响等文化传播手段已然悄然隐退，宗教方式需结合政治、经济、文化等具体条件加以具体分析，商业贸易和大众传播媒介则继续发挥着重要的作用，特别是智慧媒体成为当代文化传播最为重要的手段和路径。其五，就中国文化传播的形式而言，双向互动沟通传播模式成为当代社会文化传播的基本模式。单向主动或单向被动形式，因缺乏对他者文化的基本认同，因此在当代不再具有生命力。要之，中国文化全球传播的核心，可概括为"各美其美，美人之美，美美与共，天下大同"。

## 五、外籍留学生与中国文化传播

来华外籍留学生群体是特殊的文化交流使者，他们来到中国，学习中国汉语，接受中国文化，并成为中国文化传播的主要群体。历史上，早在隋唐时期，以日本为主的"遣隋使""遣唐使"不断来到中国，学习中国的律令、典章制度以及文化的各个方面，成为传播中国文化的中坚。据统计，1978年改革开放的第一年，当时全国高等院校接收的来华留学生总数为1200多人。三十年后的2008年，全国高等院校接收的来华留学生总数达到22.3万人。四十年后的2018年，来华留学生已接近50万人。近十年，来华留学生的数量不断在增长（如表2-1所示），来华留学生快速增加，是中国改革开放四十年国家经济迅速发展、国力不断增强的结果，也是中国文化在世界不断产生影响的体现。

表 2-1 外籍留学生人数分布年度统计（2011—2019）

| 年度 | 亚洲 人数 | 亚洲 占比 | 欧洲 人数 | 欧洲 占比 | 非洲 人数 | 非洲 占比 | 美洲 人数 | 美洲 占比 | 大洋洲 人数 | 大洋洲 占比 | 人数合计 |
| --- | --- | --- | --- | --- | --- | --- | --- | --- | --- | --- | --- |
| 2011 | 187871 | 64.21% | 47271 | 16.15% | 20744 | 7.09% | 32333 | 11.05% | 4392 | 1.50% | 292611 |
| 2012 | 207555 | 63.22% | 54453 | 16.58% | 27052 | 8.24% | 34882 | 10.62% | 4388 | 1.34% | 328330 |
| 2013 | — | — | — | — | — | — | — | — | — | — | 356499 |
| 2014 | 225490 | 59.80% | 67475 | 17.90% | 41677 | 11.05% | 36140 | 9.58% | 6272 | 1.66% | 377054 |
| 2015 | 240154 | 60.40% | 66746 | 16.79% | 49792 | 12.52% | 34934 | 8.79% | 6009 | 1.51% | 397635 |
| 2016 | 264976 | 59.84% | 71319 | 16.11% | 61594 | 13.91% | 38077 | 8.60% | 6807 | 1.54% | 442773 |
| 2017 | — | — | — | — | — | — | — | — | — | — | 489200 |
| 2018 | 295043 | 59.95% | 73618 | 14.96% | 81562 | 16.57% | 35733 | 7.26% | 6229 | 1.27% | 492185 |
| 2019 | — | — | — | — | — | — | — | — | — | — | 505643 |

注：数据来源为中华人民共和国教育部（部分年度洲别数据缺失，根据教育部网站列出总数）。

外籍留学生通过在中国学习语言和文化，深度接触中国，并且通过自身的经历以及各类媒体传播中国和中国文化。特别是随着社交媒体的广泛应用，留学生群体在自己的社交媒体账号上分享中国美食、风物人情，以及学习、生活等各方面的活动。这些积极的信息从不同侧面展示了"丰富多彩、生动立体的中国形象"，有助于塑造"可信、可爱、可敬的中国形象"。[①]这些主动的发自内心的文化传播活动，对与其相关的国外受众产生积极的、正面的意义。显然，外籍留学生更重要的是通过自己的亲身体验，现身说法，这样的传播效果会更加积极，能够达到更好的效果。根据本研究2019年10—12月在北京、上海、广州三地展开的外籍留学生调查显示（如表2-2所示），外籍留学生来中国前、后，对于中国文化的态度评价，明显发生了变化，亦即外籍留学生来到中国，在中国学习和生活后，明显提升了对于中国文化的好感度和认同。

表2-2　外籍留学生来中国前、后对于"中国文化"的态度评价（$n=1150$）

| 来中国前后 | 均值（M） | 标准差（SD） | 标准误差（SE） |
| --- | --- | --- | --- |
| 来中国前 | 3.58 | .826 | .024 |
| 来中国后 | 3.96 | .816 | .024 |

*注：① 态度评价值（1=负面肯定，5=正面肯定）。

②t检验显示，受访者对中国文化的态度评价，均值差异达到统计显著水平。

就外籍留学生对中国文化的喜欢程度而言，本次调查也看出，中国节日、中国建筑园林、中国名胜古迹、中餐、中国历史、中国产品、中国工艺品、中国功夫等都位居前列（如表2-3所示）。同时，通过因子分析法，可以把外籍留学生对中国文化的喜欢程度评价分为四类：中国当代流行文化（包括中国影视明星、中国体育明星、中国电影、中国电视剧、中国戏剧、中国音乐等）、中国传统艺术文化（包括中国杂技、中国舞蹈、中国绘画、中国动漫、中国产品等）、中国思想文化（包括中国历史、中国哲学、中国宗教、中国文学、中国名胜古迹、中国建筑园林、中医等）、中国传统民俗文化（中国工艺品、中

---

① 宋海燕：《中国国家形象的"他者"传播：来华留学生的中介机制》，《新闻爱好者》，2021年第8期。

式服装、中餐、中国节日、中国功夫等)。可见，无论是中国思想文化，还是中国传统民俗文化，乃至中国当代流行文化，都获得了外籍留学生的热爱和肯定。无疑，留学生通过接触和了解并认同这些中国文化内容，从而成为主动的传播者，对于中国文化在全球范围的传播，以及中国形象的塑造，都有直接的作用。此外，通过这些分析，亦可给留学生教育中文化传播内容的设置提供借鉴，无论中国当代流行文化，还是中国思想文化、传统艺术文化、传统民俗文化，都可以通过恰当的方式，贯穿到留学生的中国文化课程的学习中去，起到重要的作用。

表2-3 外籍留学生对于"中国文化"的喜欢程度评价（$n$=1150）

| 项目 | 均值（M） | 标准差（SD） | 标准误差（SE） |
| --- | --- | --- | --- |
| 中国节日 | 4.05 | .955 | .028 |
| 中国建筑园林 | 4.00 | .966 | .028 |
| 中国名胜古迹 | 3.90 | .939 | .028 |
| 中餐 | 3.86 | 1.114 | .033 |
| 中国历史 | 3.86 | .977 | .029 |
| 中国产品 | 3.81 | .960 | .028 |
| 中国工艺品 | 3.81 | .953 | .028 |
| 中国功夫 | 3.81 | 1.026 | .030 |
| 中式服装 | 3.76 | .994 | .029 |
| 中国电影 | 3.74 | 1.029 | .030 |
| 中医 | 3.69 | 1.013 | .030 |
| 中国绘画 | 3.68 | .979 | .029 |
| 中国音乐 | 3.64 | .983 | .029 |
| 中国文学 | 3.63 | .970 | .029 |
| 中国电视剧 | 3.61 | 1.087 | .032 |
| 中国影视明星 | 3.61 | 1.053 | .031 |
| 中国哲学 | 3.57 | 1.005 | .030 |
| 中国舞蹈 | 3.53 | 1.007 | .030 |

(续表)

| 项目 | 均值（M） | 标准差（SD） | 标准误差（SE） |
| --- | --- | --- | --- |
| 中国体育明星 | 3.46 | 1.029 | .030 |
| 中国戏剧 | 3.46 | 1.021 | .030 |
| 中国杂技 | 3.44 | .991 | .029 |
| 中国动漫 | 3.29 | 1.026 | .030 |
| 中国宗教 | 3.21 | 1.035 | .031 |

*注：① 喜欢程度评价值（1=负面肯定，5=正面肯定）。
② t检验显示，受访者对中国文化的喜欢程度评价，均值差异达到统计显著水平。

中国经济的发展，也推动了中国文化的发展，同时也向世界展现了优秀的中国文化。因此，如何立足于全球视野认识中国文化，如何借助于现代大众传播媒介路径，实现中国文化的全球传播，是文化传播研究应该探究的重要问题。中国文化全球传播的根本目标，在于创造被全人类所认同的物质文化和精神文化财富，也代表着中华民族整体上的精神支柱。

中国文化的全球传播历史、理论与实践，是在交叉学科研究的基础上形成和发展起来的，其理论研究涉及文化学、历史学、传播学等相关学科，这些理论包括关于文化及文化学研究的经典理论，当前世界全球化发展背景下的全球化、全球传播理论，以及二者结合的文化全球化理论等。这些理论体系，共同构成了中国文化全球传播研究的基本理论逻辑和阐释框架。

# 第三章

# 何为中国

中国社会经济文化全面发展，全球传播深化，中国以及中国文化不断在全球产生重要影响，外籍留学生对于"中国及中国文化印象"也发生了很大的变化。本章研究采用问卷调查研究方法，通过对289名外籍留学生进行调查，重点考察外籍留学生关于"中国及中国文化印象"的认知特征和评价。研究结果发现：第一，在外籍留学生眼中，最能代表中国印象的是"地大物博"，最能代表中国文化印象的是"历史悠久"。在历史人物中，最能代表中国文化印象的是"孔子"。在历史文化中，最能代表中国文化印象的是"长城"。第二，外籍留学生来中国后对中国及中国文化印象的评价显著提高。第三，由于东西方文化背景的不同，外籍留学生对中国文化印象的评价也有明显的差异。第四，外籍留学生的人口变量、中国文化态度对中国文化评价显著相关。

随着全球政治、经济、文化的纵深化发展，全球传播的不断加深，中国政府乃至民间各个层面的全球交流愈加频繁，中国文化的全球影响不断加强。留学生是全球文化传播和交流中的重要载体，以外籍留学生为观察对象，探究其对中国以及中国文化的印象，能够在一定程度上反映出中国在世界中所表现的精神面貌和中国的文化意义。同时，就留学生群体而言，观察和了解他们对中国以及中国文化的认知和评价，更加有利于研究中国形象传播的重点和传播交流的方向，进而加强中国的对外传播，从而促进世界对中国及中国文化的了解和认同。因此，观察和探究外籍留学生眼中的中国以及中国文化印象，不仅有助于了解当前全球传播视野中的中国形象，更为重要的是，留学生群体作为跨文化交流的重要的人际传播媒介，对他们的研究则更具有理论价值和现实意义。由此，本研究以外籍留学生群体为研究对象，对他们眼中的中国及中国文化的印象进行观察和了解，探究外籍留学生的中国及中国文化印象的认知和评价，以及这些认知和评价背后所隐含的深层次的社会文化内容。

# 一、中国形象

中国，不仅是作为国家的概念，同时又是历史、文化等构成的概念，此外还是被他者建构起来的概念。就"中国"一词的含义而言，就经历了不断演变的历史过程，在此过程中，不断融入了丰富的历史文化内涵。汉语"中国"一词，最早见于《尚书·梓材》。其有云："皇天既付中国民，越厥疆土，于先王肆。"这里的范围所指,仅是周人对自己所居关中、河洛地区的界定而已。至春秋时,"中国"的含义逐渐扩展到包括各大小诸侯国在内的黄河中下游地区。而后,又随着各诸侯国疆域的拓展,而最终成为当今世界大国之名。在古代中国,"国"字的含义是"城"或"邦"。从早期的字形上可以看出,一个邦国是以都城为中心而与四域结合在一起的,它又是以都城的存在为标志的,"中国"即"中央之城"或"中央之邦"。"中国"一词出现后,仅在古代中国就衍生出多种含义,如王国都城及京畿地区、中原地区、国内或内地、诸夏族居地乃至华夏国家等。中国成为具有近代国家概念的正式名称,始于中华民国,中国是它的简称,英文为China,现在是中华人民共和国的简称。①

"中国"一词之本义,当为中原各诸侯国。中者,居中之意也;国者,诸侯之封国也。华夏诸国分别将南、北、东、西四境诸民称为蛮、狄、夷、戎,而自称为"中国"。关于"中国"一词的所指,可分为六个层次:一是指京师(首都)。如《诗经·民劳》毛亨注:"中国,京师也。"二是指天子直接统治的地区,即京畿。如诸葛亮曾对吴主孙权云:"若能以吴越之众与中国抗衡,不如早与之绝。"三是指中原。如《史记·东越列传》云:"东瓯请举国徙中国。"四是指内地,如《史记·武帝本纪》云:"天下名山八,而三在蛮夷,五在中国。"五是指诸夏之裔居住之地。如《论语集解》云:"诸夏,中国也。"六是泛指历史上华夏或汉族所建立的政权。《史记》《汉书》中此类称谓不胜枚举。自汉代始,朝野上下和文人学士习惯于将汉族所建立的中原王朝称为"中国"。因此,各少数民族入主中原后,便也多以"中国"自居。在古人心目中,中国既有地域之定位,又有文化之传承,同时兼有正统之含义。"中国"一词之出现与应用虽已有近三千年漫长的历史,但事实上它是一个世世代代根植于炎黄子孙的心灵深处,最初由地域观念衍生而来,又带有文化本位的历史符号。当今,中国不仅仅是国家的称号,而且是全世界华夏民族

---

① 参见许宏:《最早的中国:二里头文明的崛起》,生活·读书·新知三联书店,2021年,第4页。

的精神家园。①

就现实发展来看,随着中国文化全球传播的加强,世界也在不断呈现和建构对中国及中国文化的印象。在不同的时期,因不同的历史事件的影响,这些形象也在不断变化。2017年3—6月间,中国国家外文局对外传播研究中心与凯度华通明略(Kantar Millward Brown)、光速创投(Lightspeed)等机构合作开展的第五次中国国家形象全球调查(2016—2017)结果显示,中国国家整体形象显著提升,特别是海外年轻人(18—35岁)对中国的整体印象更好,对中国未来发展形势的看法也更为乐观。此外,该调查还显示,最能代表中国文化的元素是中餐、中医药和武术等。②此外,《人民日报》的报道也表明,2017年,国外媒体中诸如"中国贡献""中国模式""中国方案"等词汇频繁出现,由此也反映出全球中国形象的变化趋势。同时,美国盖洛普(Gallup)2017年调查也显示,超过50%的美国民众对中国有好感,达到三十年来美国民众对华好感度的最高点。全俄社会舆论研究中心的最新民调也显示,将中国视为俄罗斯战略和经济伙伴的俄罗斯人达到50%。美国皮尤研究中心(Pew Research Center)调查结果也显示出,美国、英国、法国、加拿大、西班牙、荷兰等国的年轻人比其他年龄段的人对中国的态度更为正面。③但是,2021年美国皮尤研究中心针对中国和美国的国际形象,对17个经济发达的国家/地区进行了调查,结论是中国的国际形象总体偏于负面,而美国国际形象在回升。但在经过抗击新冠肺炎疫情等事件后,绝大部分国家认为中国比美国做得好,同时绝大部分国家认为在经济上更应该和美国搞好关系。这些有关中国印象的变化可以看出,世界各国对中国的认识越来越趋于客观和正面,特别是中国在抗击新冠肺炎疫情期间取得的成效得到了大部分国家的肯定和认同。此外,关于中国形象的评价也在不断变化中,特别是重大的国际事件的发生,会直接影响到海外

---

① 参见邱永君:《汉语"中国"一词的由来》,《中国地名》,2006年第4期。
② 《中国国家形象全球调查报告2016—2017》,中国政府网,2018年1月6日,http://www.gov.cn/xinwen/2018-01/06/content_5253734.htm。
③ 《多国民调显示中国国际形象稳步提升》,《人民日报》,2017年3月16日,第3版。http://paper.people.com.cn/rmrb/html/2017-03/16/nw.D110000renmrb_20170316_8-03.htm。

民众对中国形象的判断。显见的是，留学生作为一个国家的年轻群体，是各自国家未来的主体人群，他们对中国的印象评价也具有越来越重要的现实意义。

过往的研究中，关于中国以及中国文化的印象的探究也日渐增多。综合起来看，国内学界对中国及中国文化的印象的研究主要从历史流变、文本分析、跨文化传播，以及媒介话语和大众传播等视角展开。

其一，从历史流变的角度梳理、论述西方主流世界所塑造的不同时期的中国形象，以及建构西方世界中"中国印象"的过程等问题。该类研究大多集中于对中外文化交流的历史事件的描述和解释。西方（欧洲）对东方（中国）的认识，也是不断变化的过程，但是不管是西方对东方的认识，还是东方对西方的认识，双方同时都体现了共同的特征，在文化心理上都存在明确的文化中心主义和文化相对主义，也就是我们对"他者"的建构。从这些研究可看出，"丝绸""瓷器"等构成了早期西方世界对于中国的印象。陈丽萍、刘招成的研究认为，至迟在公元前4世纪，"丝绸"就构成了早期西方人关于中国的最早印象，因之他们将中国称为"赛里斯"，称中国人为"赛里斯人"。大概始于16、17世纪，瓷器始称为"chinaware"，后简称为"china"，这里，通过瓷器构建了对中国的印象。[1]路旭斌论述了两汉时期欧洲人的中国印象，当时的欧洲人认为中国（赛里斯国）的地理位置是中国西南青藏地区，并将当时的西域人视为中国人（赛里斯人）。[2]翁春萌、蒋昕的研究也认为，18—20世纪，近代"中国印象"在西方从被"崇尚"翻转为被"歧视"。早期大量的西方传教士来到中国，给西方带回大量有关中国的信息。随着交流的不断深入，西方世界对中国由"趋之若鹜"而转变为"俯视"。[3]

其二，通过文本分析方法，借助于他者的视野，重点以文学文本为内容，

---

[1] 陈丽萍、刘招成:《从神话走向现实：西方早期的中国印象》，《怀化学院学报》，2007年第9期。

[2] 路旭斌:《两汉时期欧洲人的中国印象及其成因探析——基于马克思交往理论的视角》，《学理论》，2015年第23期。

[3] 李琳:《文明古国与新兴帝国的碰撞——18、19世纪西欧对中国印象的变化及其原因》，《语文学刊》，2015年第4期。

系统考察西方对于中国的印象。在此类研究中，周宁基于跨文化比较形象研究的视角，全面分析了西方文本中建构的中国形象，认为在西方不断乌托邦化的中国形象历史中，西方建构出"大汗的大陆""大中华帝国""孔夫子的中国"三种形象类型，这三种形象类型决定着1250—1450年、1450—1650年、1650—1750年三个时段西方不同类型的文本对中国的表述策略。西方现代历史中的这三个时段，也恰好是西方社会文化从中古进入现代的过渡转型期。启蒙运动高潮时期，西方现代性确立，中国形象也相应出现彻底的转型，从社会文化想象的乌托邦变成意识形态，另外三种话语类型出现了。中国成为"停滞衰败的帝国""东方专制的帝国""野蛮或半野蛮的帝国"。这三种话语类型同样意味着三种表述策略，相互关联，又相互包容，共同构成意识形态化的中国形象原型。[1] 此外朱静的研究认为，孟德斯鸠在作品中论述了中国家长式的专制统治，他认为中国人把宗教、法律、风俗及行为规范混合在一起，从而形成了孟德斯鸠的"中国"之印象。[2]《马克思的"中国印象"》中也提到，马克思认为"中国人自古以来就对从海上来到他们国家的一切外国人抱有反感"[3]。李宝俊、李存娜通过美国公众对中国的印象（1989—2001）的研究认为，美国人将中国称为"世界上下一个超级大国"，并且分析了美国公众对中国的整体印象，以及对中国政治、经济、社会和"中国威胁论"等的看法。[4] 韦路、谢点通过对世界范围内有关中国形象的SSCI论文进行内容分析和文本挖掘，厘清了"中国形象"作为一个热点领域的研究生态与发展过程。[5]

其三，跨文化传播的视角。周宁从跨文化形象学的角度，提出中国形象是西方现代性想象的产物，西方交替使用乌托邦化的美好的中国形象来表达自己超越的、颠覆性的社会想象，运用意识形态化的负面中国形象来表达西方对

---

[1] 参见周宁：《天朝遥远：西方的中国形象研究》（上卷），第9页。
[2] 朱静：《孟德斯鸠的"中国印象"之印象》，《复旦学报》（社会科学版），2002年第4期。
[3] 盖志平：《马克思的"中国印象"》，《社科纵横》，2009年第6期。
[4] 李宝俊、李存娜：《美国公众对中国的印象：1989—2001》，《太平洋学报》，2002年第4期。
[5] 韦路、谢点：《全球中国形象研究的知识版图——基于SSCI期刊论文（1998—2015）的文本挖掘》，《浙江大学学报》（人文社会科学版），2017年第1期。

其现代性的整合、巩固性的社会想象。①张霞认为,中西方不同的文化、历史背景和不同的意识形态、语言体系,在国家形象的塑造与影响力的传播中,受到文化折扣的制约,影响了传播效果。②

其四,媒介话语和大众传播的视角。徐明华等的研究认为,西方媒体逐渐认可了中国在经济等方面取得的成就,报道视角从过去的俯视和轻蔑转变为平视和理解,但在长期迥异的意识形态作用下,西方媒体报道背后折射的价值取向仍然禁锢于对华刻板印象。③许诺针对不同个案的研究结论也不同,探析纪录片《即将到来的对华战争》从西方视角展现了真实的世界格局,颠覆了西方社会中存在的传统中国观,对"中国威胁论"进行反思,呼吁西方社会和主流媒体学会"换位思考",共同应对世界局势的发展变化。④张蕊通过对《神话》与《龙帝之墓》两部电影的中国印象比较,说明中西方在文化价值观上的差异,不同的价值观会带来不同的审美差异,中国的印象才会出现多面性。⑤

此外,也有研究通过问卷调查等实证方法探究中国印象,2011年Pan和Li对谷歌搜索关键词的研究发现,"长城""北京""拥挤""文化""食物""人山人海""语言障碍""忙碌""历史遗迹"等是外国网民在搜索中国相关方面时使用最多的词语。⑥王斌、刘宏宇采用定量研究方法,对哈萨克斯坦华裔留学生的中国印象进行实证研究发现,留学生来华前后接触到的信息的不同,会改变他们对中国形象的看法。⑦藤依舒等通过对"一带一路"沿线国家青年对中

---

① 周宁编:《世界之中国:域外中国形象研究》,第14—20页。
② 张霞:《国家形象构建中的跨文化传播路径选择》,《传媒》,2017年第16期。
③ 徐明华、王中宇:《西方媒介话语中中国形象的"变"与"不变"——以〈纽约时报〉十年涉华报道为例》,《现代传播》(中国传媒大学学报),2016年第12期。
④ 许诺:《他者视角建构新中国观——纪录片〈即将到来的对华战争〉探析》,《对外传播》,2017年第2期。
⑤ 张蕊:《〈神话〉与〈龙帝之墓〉中国印象之比较》,《电影文学》,2015年第4期。
⑥ Pan, B.; Li, X. R. "The Long Tail of Destination Image and Online Marketing". *Annals of Tourism Research*, 2011, Vol. 38(1), pp. 132–152.
⑦ 王斌、刘宏宇:《哈萨克斯坦华裔留学生"中国印象"实证研究》,《新疆教育学院学报》,2016年第2期。

国文化的认知的调查，认为中国文化在世界文化的版图中，仍不可避免地受到欧洲强势文化传播过程中，为中国文化制造的刻板印象的影响。[1]近年来，对于中国及中国文化国际影响力的全面的实证研究也不断展开，其中有代表性的是关世杰主持的"中华文化国际影响力调查研究"，通过对全球8个国家的问卷调查，获得了较为全面的中国文化全球影响力的基本数据资料。[2]

由上述研究可以看出，对于中国及中国文化印象的研究，主要是从历史和文化视角来探究，多数研究立足于历史的叙事视角，通过文学文本、媒介文本的内容分析研究来展开。相较而言，通过问卷调查等实证研究方法展开的研究相对较少。由此，本章的研究以外籍留学生为研究对象，通过问卷调查方法，试图进一步了解他们对于"中国及中国文化印象"的认知和评价，同时也试图发现外籍留学生群体对于中国及中国文化印象认知和评价的内在规律，从而为中国在全球传播中塑造自身形象提供可借鉴的方法和途径。

## 二、文化印象

### （一）印象

第一印象效应是一种普遍的社会心理现象，指的是人在知觉中留下的第一个印象，能够以同样的性质影响人们再一次发生的知觉。[3]这种对不熟悉的社会知觉对象第一次接触后形成的印象称为"第一印象"。人与人之间的相互交往、人际关系的建立，往往是根据第一印象所形成的判断。一般人通常根据这种最初印象而将他人加以归类，然后再从这一类别系统中对这个人加以推论及做出判断。印象形成是社会心理学的重要研究领域，在现实生活中，人们形成对他人的印象总是源于一定的信息。心理学家通常将这些信息分为两类，包

---

[1] 藤依舒、杨越明、袁媛、李晗：《"一带一路"相关国家青年对中国文化的认知调查与中国文化传播策略研究》，《中国青年研究》，2017年第10期。
[2] 参见关世杰：《中国文化国际影响力调查研究》，北京大学出版社，2016年。
[3] 刘广灵：《"第一印象"的信息机制及其激励效应分析》，《中国软科学》，2008年第12期。

括定型（Stereotype）[1]和个体信息（Individuation Information）。定型指按照性别、种族、年龄或职业等进行社会分类，形成的关于某类人的固定印象，普遍认为它与某些特质和行为相联系。个体信息指关于个人行为、人格特质、家庭背景等方面的信息。[2]第一印象对以后的判断存在影响，同时与信息加工中的"首因效应"非常相似。所谓"首因效应"，即最初接触到的信息所形成的印象对人们以后的行为活动和评价的影响，所以第一印象效应也被称为"首因效应"。[3]首因效应会影响人们以后的认知与行为，在人际交往中，它使人们对对方认识带有明显的倾向性，往往成为日后交往的根据。[4]美国心理学家A. S. 洛钦斯（A. S. Lochins）提出，首因效应是指个体在社会认知过程中，通过"第一印象"最先输入的信息对客体以后的认知产生的显著的影响作用，它是由第一印象所引起的一种心理倾向，许多人习惯称之为"第一感"。[5]美国社会心理学家S. 阿希（S. Asch）认为，人对事物的整体印象一般是以第一印象为中心而形成的，第一印象比以后得到的信息对于事物整体印象产生的作用要强，持续时间也长。[6]

这种所谓的"第一印象"，与新闻传播学研究中惯常使用的"刻板印象"（Stereotype）概念有密切的联系。[7]刻板印象最早出现在新闻学研究中，但随后在社会心理学和社会学研究中更为常见。对此，有学者在比较"形象"和

---

[1] 这里所指的"定型"（Stereotype）概念，在新闻传播研究中是经常使用的概念，常译为"刻板印象"。

[2] 杨家忠、黄希庭：《印象形成的理论模型述评》，《心理学动态》，1998年第1期。

[3] 边玉芳：《人际互动中的"首因效应"——洛钦斯的"第一印象"效应实验》，《中小学心理健康教育》，2012年第24期。

[4] 王秉铎：《社会心理学对第一印象的一些研究》，《福建师范大学学报》（哲学社会科学版），1987年第4期。

[5] 江淼：《网络舆论中的网民心理因素探究——以"马里兰大学中国留学生毕业演讲事件"为例》，《新媒体研究》，2017年第13期。

[6] 王秉铎：《社会心理学对第一印象的一些研究》，《福建师范大学学报》（哲学社会科学版），1987年第4期。

[7] ［美］李普曼：《公众舆论》，阎克文、江红译，上海人民出版社，2006年，第63页。引用译本中将"Stereotype"译为"成见"，这里从常见译法，译为"刻板印象"。

"刻板印象"概念使用差异时认为,因为在不同语境中使用,这些不同的概念所指的构念就自然有了或多或少的意义差别。具体言之,虽然形象和刻板印象之间的替换相当常见,但是,使用刻板印象则多强调认知表征对真实的负向偏离,以及偏离带来负面社会后果。例如,在对新闻报道涉及种族问题的框架研究中,埃兰(B. Eran)和李(S. Lee)用"形象"来指描述少数族裔时使用的一般性特征词汇,用"刻板印象"来指过度类型化的负面特征词汇。[1]此外,形象所指常常更为宽泛,有时会包含刻板印象。如前所述,刻板印象是由第一印象形成的基础信息构成。

作为对中国和中国文化印象的问卷调查研究,本研究无意于探究印象本身形成的认知心理机制,但是,亦期待借此来观察印象形成过程中的信息加工所表现出来的特征,特别试图初步探究有关中国及中国文化印象形成的内在机制。基于此,本研究这里所指的对于"中国及中国文化"的"第一印象",是指中国及中国文化在受访者心目中留下的首要的认知信息、态度偏向以及刻板印象等要素。

### (二)中国及中国文化印象的测量和调查

本研究所调查的对象是具有高等教育背景的外籍留学生,本研究试图了解他们关于中国及中国文化的印象。就外籍留学生而言,他们对中国及中国文化的了解,一方面通过直观的经验感受获得,另一方面通过各种传播媒介间接获得,是信息综合的反映。同时,外籍留学生在中国学习、居住和生活,因此他们对中国和中国文化的印象更偏向于对中国的现实环境等信息的直观反映。由于印象是留在认知主体记忆中的认知客体的形象表征,是在知觉的基础上形成的,在对知觉的组合过程中,有来自各种渠道的信息,也有联想和想象参与其中,也有与本国文化比照之后形成的认识,因此最终形成的社会印象一方面是接近真实现实的,另一方面也是刻板印象。

---

[1] Ben-Porath, Eran N.; Shaker, Lee K. "News Images, Race, and Attribution in the Wake of Hurricane Katrina". *Journal of Communication*, 2010, Vol. 60(3), pp. 466–490.

针对中国和中国文化印象的认知信息，本研究设置了开放式问题进行考察，问题分别是：(1) 提到中国，您的第一印象是什么？(2) 提到中国文化，您的第一印象是什么？此外，还设置了来中国前、来中国后的印象，以及对中国、中国文化的态度等问题，进一步观察外籍留学生对于"中国及中国文化"的态度和评价。本研究将上述 (1)(2) 两个问题所得到的对于中国及中国文化印象的描述词汇，进行语义评议和整理，合并、分类意义相同的表述词，并依频率排序，考察排在前十位的词汇。

针对态度偏向，本研究采用李克特5级度量，检测受访者对"中国印象"与"中国文化印象"的评价得分，调查态度偏向。并且通过前测调查，该量表的内部一致性信度为α=.754（Cronbach's Alpha），标准化的内部一致性系数值为.758，显示量表的内部一致性很高，量表的信度理想，可以展开调查。

本研究采取问卷调查法，于2017年10月1—20日之间，由上海交通大学30名本科同学组成的"外籍留学生对中国和中国文化印象认知问卷调查"研究问卷调查组成员，分别在上海交通大学选修课教室、自习室、图书馆、留学生公寓等地点随机发放问卷共300份，回收问卷290份，其中有效问卷289份。由于客观条件所限，本研究无法对整个中国大陆外籍留学生群体进行全面抽样调查研究，因此，本研究不能保证统计结果全面反映外籍留学生群体的总体特征。

本研究的样本构成为来华外籍留学生，其中男性（171，59.2%，占总样本数的百分比，下同）、女性（118，40.8%）；分别来自东方文化背景国家/地区（178，61.6%）、西方文化背景国家/地区（111，38.4%）；留学前来过中国（160，55.4%）、留学前未来过中国（129，44.6%）；就读年级分布为大一（78，27.0%）、大二（90，31.1%）、大三（26，9.0%）、大四（29，10.0%）、硕士（24，8.3%）、博士（42，14.5%）；专业分布为理科（60，20.8%）、工科（106，36.7%）、经贸/财会/企管（52，18.0%）、艺术/外语/体育/传媒（19，6.6%）、医药/卫生（16，5.5%）、政/法/行政（14，4.8%）、文史哲/教育（9，3.1%）、其他（13，4.5%）；宗教信仰分别为佛教（37，12.8%）、道教（7，2.4%）、民间宗教信仰（10，3.5%）、伊斯兰教（71，24.6%）、基督教/天主教（36，12.5%）、无信仰（119，41.2%）、其他（9，3.1%）。

## 三、多维的中国和中国文化

### （一）外籍留学生对中国印象的总体认知

为了全面了解外籍留学生对于"中国印象"的总体认知，本研究设置了开放式问题：提到中国，您的第一印象是什么？研究通过对相同词义表述的合并，结果表明，外籍留学生对于中国的总体印象，排名在前十位的描述性认知分别是：地大物博（49，17.0%）、人口众多（44，15.2%）、历史悠久（32，11.1%）、人民友好（32，11.1%）、经济发展（28，9.7%）、人文景观（20，6.9%）、风光美丽（19，6.6%）、食物美味（16，5.5%）、社会主义（12，4.2%）、负面印象（13，4.5%）。可见，地大物博、人口众多、历史悠久、人民友好、经济发展、人文景观、风光美丽、食物美味、社会主义是外籍留学生对中国第一印象的主要方面。在对中国地理因素和人口因素的印象描述中，"中国地理范围之广大""地大物博""very vast""十几亿人口""人口多"等词汇是最为基本的印象描述。在对中国人的印象中，最能代表对中国人的态度印象是"友好""热情""善良""勤奋""shy"等词汇。在对中国经济、政治的印象中，有"社会主义""经济飞速发展""一带一路""民主富强"等认知词汇。还有直接表达情感态度的印象认知，如"好""美丽迷人"等。在对中国饮食和商品的印象描述中，有"delicious food""中国制造""淘宝"等。当然，还有"自私""好奇""假货""世界工厂""保守"等负面印象。通过对这些基本认知内容的语义归类和排序，基本可以发现外籍留学生对中国第一印象的主要认知因素，总体来看，外籍留学生对中国印象以正面认知评价为主。对于此问题，本研究进一步分析探究了2015—2019年连续五年间外籍留学生对中国的第一印象，结果表明（如表3-1所示），其中依然以地大物博、人口众多、历史悠久、经济发展、人民友好、食物美味、人文景观、风光美丽、社会主义等正面印象为主。但是，同时也发现，在不同的年度，某类印象的评价可能会出现突然降低或升高的现象，本研究推测可能与该年度发生的一些重大事件有部分关联，但尚需进一步研究证实。

表3-1　外籍留学生对于中国的印象（2015—2019）（*n*=1390）

| 项目 | 频数/百分比 | 2015 | 2016 | 2017 | 2018 | 2019 | 总计 |
| --- | --- | --- | --- | --- | --- | --- | --- |
| 地大物博 | 频数（N） | 70 | 42 | 49 | 58 | 54 | 273 |
|  | 百分比（%） | 25.6 | 15.4 | 17.9 | 21.2 | 19.8 | 19.6* |
| 人口众多 | 频数（N） | 28 | 61 | 44 | 32 | 32 | 197 |
|  | 百分比（%） | 14.2 | 31.0 | 22.3 | 16.2 | 16.2 | 14.2 |
| 历史悠久 | 频数（N） | 38 | 21 | 32 | 37 | 41 | 169 |
|  | 百分比（%） | 22.5 | 12.4 | 18.9 | 21.9 | 24.3 | 12.2 |
| 经济发展 | 频数（N） | 20 | 18 | 28 | 28 | 51 | 145 |
|  | 百分比（%） | 13.8 | 12.4 | 19.3 | 19.3 | 35.2 | 10.4 |
| 人民友好 | 频数（N） | 6 | 18 | 32 | 38 | 9 | 103 |
|  | 百分比（%） | 5.8 | 17.5 | 31.1 | 36.9 | 8.7 | 7.9 |
| 食物美味 | 频数（N） | 26 | 24 | 16 | 10 | 22 | 98 |
|  | 百分比（%） | 26.5 | 24.5 | 16.3 | 10.2 | 22.4 | 7.1 |
| 人文景观 | 频数（N） | 11 | 8 | 20 | 22 | 21 | 82 |
|  | 百分比（%） | 13.4 | 9.8 | 24.4 | 26.8 | 25.6 | 5.9 |
| 风光美丽 | 频数（N） | 5 | 4 | 19 | 11 | 15 | 54 |
|  | 百分比（%） | 9.3 | 7.4 | 35.2 | 20.4 | 27.8 | 3.9 |
| 社会主义 | 频数（N） | 13 | 2 | 12 | 6 | 10 | 43 |
|  | 百分比（%） | 30.2 | 4.7 | 27.9 | 14.0 | 23.3 | 3.1 |
| 负面印象 | 频数（N） | 15 | 11 | 13 | 5 | 13 | 57 |
|  | 百分比（%） | 26.3 | 19.3 | 22.8 | 8.8 | 22.8 | 4.1 |
| 其他 | 频数（N） | 11 | 10 | 19 | 37 | 26 | 103 |
|  | 百分比（%） | 10.7 | 9.7 | 18.4 | 35.9 | 25.2 | 7.4 |
| 缺省 | 频数（N） | 2 | 26 | 16 | 16 | 6 | 66 |
|  | 百分比（%） | 3.0 | 39.4 | 24.2 | 24.2 | 9.1 | 4.7 |
| 频数合计 |  | 245 | 245 | 300 | 300 | 300 | 1390 |

*注：本列中百分比为该项五年合计与五年总数的占比。

## （二）外籍留学生对中国文化印象的总体认知和评价

为了全面了解外籍留学生对于中国文化印象的总体认知，本研究也设置了开放式问题："提到中国文化，您的第一印象是什么？"调查结果表明，外籍留学生对于中国文化的总体印象，排名在前七位的描述性认知因素是："历史"（41，13.7%）、"博大"（40，13.3%）、"孔子"（38，12.7%）、"美食"（33，11.0%）、"汉字"（21，7.0%）、"功夫"（18，6.0%）、"儒学"（13，4.3%）等。由此可以看出，"历史""博大""孔子""美食""汉字""功夫""儒学"等中国文化符号给外籍留学生的文化印象最为深刻。在历史文化因素描述中，最能代表中国文化印象的是"中国历史传统久远"，出现频率最高。在历史人物中，最能代表中国文化印象的是儒家代表人物孔子。在历史文化景观中，最能代表中国文化印象的是长城。在物质文化层面，饮食文化也是外籍留学生对于中国文化的主要印象。在语言文字等因素中，汉语、汉字以及书法成为最主要的中国文化印象。此外，在对中国人的交往、中国人礼仪等日常文化行为描述时，外籍留学生多描述为"拘谨""热情""保守"等。总体来看，历史传统、儒家文化、汉字汉语、长城、饮食等，依然是外籍留学生对于中国文化的主体印象。对于此问题，本研究探究了2015—2019年外籍留学生在连续五年间对"中国文化"的第一印象，结果表明（如表3-2所示），其中依然是历史、儒学、美食、孔子、汉字、功夫、博大等作为外籍留学生最突出的中国文化印象。可见，地大物博、人文思想、儒学、孔夫子、食物美味、汉字、功夫等是外籍留学生对于中国文化的总体印象。

表3-2　外籍留学生对于中国文化的印象（2015—2019）（$n$=1390）

| 项目 | 频数/百分比 | 2015 | 2016 | 2017 | 2018 | 2019 | 合计 |
| --- | --- | --- | --- | --- | --- | --- | --- |
| 历史 | 频数（N） | 37 | 59 | 41 | 53 | 33 | 223 |
|  | 百分比（%） | 16.6 | 26.5 | 18.4 | 23.8 | 14.8 | 11.6* |
| 美食 | 频数（N） | 36 | 20 | 33 | 37 | 55 | 181 |
|  | 百分比（%） | 19.9 | 11.0 | 18.2 | 20.4 | 30.4 | 13.0 |

（续表）

| 项目 | 频数/百分比 | 2015 | 2016 | 2017 | 2018 | 2019 | 合计 |
|---|---|---|---|---|---|---|---|
| 博大 | 频数（N） | 31 | 25 | 40 | 41 | 23 | 160 |
|  | 百分比（%） | 19.4 | 15.6 | 25.0 | 25.6 | 14.4 | 11.5 |
| 孔子 | 频数（N） | 14 | 24 | 38 | 16 | 22 | 114 |
|  | 百分比（%） | 12.3 | 21.1 | 33.3 | 14.0 | 19.3 | 8.2 |
| 汉字 | 频数（N） | 13 | 2 | 21 | 19 | 15 | 70 |
|  | 百分比（%） | 18.6 | 2.9 | 30.0 | 27.1 | 21.4 | 3.6 |
| 儒学 | 频数（N） | 12 | 8 | 13 | 14 | 15 | 62 |
|  | 百分比（%） | 19.4 | 12.9 | 21.0 | 22.6 | 24.2 | 4.5 |
| 功夫 | 频数（N） | 11 | 4 | 18 | 3 | 17 | 53 |
|  | 百分比（%） | 20.8 | 7.5 | 34.0 | 5.7 | 32.1 | 20.8 |
| 其他 | 频数（N） | 83 | 73 | 83 | 94 | 100 | 433 |
|  | 百分比（%） | 19.2 | 16.9 | 19.2 | 21.7 | 23.1 | 22.4 |
| 缺省 | 频数（N） | 8 | 30 | 13 | 23 | 20 | 94 |
|  | 百分比（%） | 8.5 | 31.9 | 13.8 | 24.5 | 21.3 | 6.8 |
| 频数合计 |  | 245 | 245 | 300 | 300 | 300 | 1390 |

*注：本列中百分比为该项五年合计与五年总数的占比。

其次，为了进一步探究外籍留学生对中国文化影响的态度评价，本研究就外籍留学生对于中国文化的喜欢程度评价也进行了调查。调查结果显示（如表3-3所示），体现中国文化的主要形态如"中国历史""中国科技""中国工艺""中国建筑""中国地理""中国饮食"等文化形态都得到外籍留学生的首肯，特别是"中国历史"依然受到充分肯定，均值达4分以上（程度评价为5级量表），这和上述"中国印象"中的"历史传统"可以相互印证。此外，对于"中国科技"（3.94）、"中国工艺"（3.92）等文化形态的态度评价也很高。可见，外籍留学生总体对于中国文化各类形态的评价都非常正面，亦即达到非常喜欢中国文化的程度。对于这个调查结果，我们可否认为，因为调查对象是外籍留学生，这是由外籍留学生群体对于中国文化本来有所偏好而导致的呢？

表3-3 外籍留学生对于中国文化形态的喜欢程度评价（$n$=289）

| 项目 | 均值（M） | 标准差（SD） | 标准误差（SE） |
| --- | --- | --- | --- |
| 中国历史 | 4.01 | .864 | .051 |
| 中国科技 | 3.94 | .876 | .052 |
| 中国工艺 | 3.92 | .890 | .052 |
| 中国建筑 | 3.88 | .924 | .055 |
| 中国地理 | 3.87 | .846 | .050 |
| 中国饮食 | 3.79 | 1.138 | .067 |
| 中国民俗 | 3.73 | .888 | .052 |
| 中国汉字 | 3.70 | 1.104 | .065 |
| 中国文学 | 3.69 | .875 | .051 |
| 中国乐舞 | 3.54 | .953 | .056 |
| 中国思想 | 3.40 | .967 | .057 |

*注：① 态度评价评分值（1=负面肯定，5=正面肯定）。
② t检验显示，受访者对中国文化形态的喜欢程度评价，均达到统计显著水平。

## （三）外籍留学生来中国前、后对中国及中国文化印象评价的差异

本研究还对外籍留学生"来中国前"和"来中国后"的"中国印象"评价差异进行考察。本次调查发现（如表3-4所示），来中国前，外籍留学生对"中国印象"评价均值为3.34（SD=.970）。而来中国后，对"中国印象"评价均值为3.85（SD=.851），配对样本t检验显示，两者差异达到显著性水平。这也可以说明，外籍留学生来中国前对中国的印象，并没有切身的直观体验，虽然有不同程度的信息认知，但大多数处于知识层面的了解，没有具体的直观经验。但来到中国后，通过对中国的现实观察和体验，获得了更为具体的中国印象，因此对中国的印象评价有所提高，中国给外籍留学生的印象趋于好感。

表3-4 来中国前、后，外籍留学生对中国印象评价的t检验（*n*=289）

| 来中国前、后 | 均值（M） | 标准差（SD） | 标准误差（SE） | t | 显著性（Sig） |
| --- | --- | --- | --- | --- | --- |
| 来中国前 | 3.34 | .970 | .057 | 58.569 | .000*** |
| 来中国后 | 3.85 | .851 | .050 | 76.928 | |

*注：① 中国印象态度评价评分值（1=负面肯定，5=正面肯定）。
② *p＜.05，**p＜.01，***p＜.001。

## （四）来自不同文化背景国家或地区的外籍留学生对"中国及中国文化印象"的态度评价差异

本研究还对来自不同文化背景国家或地区的外籍留学生对于"中国印象"的评价和认知差异进行考察。在本次调查中，外籍留学生来自美国、加拿大、巴西、阿根廷、英国、德国、法国、西班牙、瑞典、南非、苏丹、突尼斯、叙利亚、也门、俄罗斯、哈萨克斯坦、塔吉克斯坦、蒙古、伊朗、沙特阿拉伯、以色列、阿尔及利亚、埃及、印度、巴基斯坦、韩国、日本、澳大利亚、马来西亚、缅甸、柬埔寨、老挝、孟加拉国、泰国、印度尼西亚等美洲、欧洲、大洋洲、非洲、亚洲的不同国家和地区。为了便于观察这种差异，本研究将其来源国进行合并，即按照文化背景将其分为东方和西方两大类别，然后对此两组的差异进行分析。通过对来自不同文化背景国家或地区的外籍留学生的中国印象评价进行独立样本t检验，结果表明（如表3-5所示），具有西方文化背景的外籍留学生对"中国印象"评分均值为4.12（SD=.777），具有东方文化背景的留学生对"中国印象"评分均值为3.67（SD=.852）。同时，具有西方文化背景的外籍留学生对"中国文化印象"评分均值为4.14（SD=.842），具有东方文化背景的留学生对"中国文化印象"评分均值为3.86（SD=.871）。可见，来自西方文化背景国家或地区的外籍留学生比来自东方文化背景国家或地区的外籍留学生对"中国及中国文化印象"的态度评价偏高，独立样本t检验显示，来自东西方不同文化背景国家或地区的外籍留学生对"中国及中国文化印象"的态度评价达到显著差异。

表3-5　来自不同文化背景国家或地区的外籍留学生对"中国及中国文化印象"态度评价的t检验（*n*=289）

| 项目 | 文化背景 | 均值（M） | 标准差（SD） | 标准误差（SE） | t | 显著性（Sig） |
|---|---|---|---|---|---|---|
| 中国印象 | 东方 | 3.67 | .852 | .064 | -1.531 | .000*** |
|  | 西方 | 4.12 | .777 | .073 |  |  |
| 中国文化印象 | 东方 | 3.86 | .871 | .056 | -2.096 | .037* |
|  | 西方 | 4.14 | .842 | .120 |  |  |

*注：① 中国印象态度评价评分值（1=负面肯定，5=正面肯定）。
② *p＜.05，**p＜.01，***p＜.001。

## （五）人口变量、文化态度与中国文化评价的回归分析

本研究通过阶层回归分析，还探讨了人口变量、中国文化态度对于中国文化评价的预测力。在回归分析中，其中第一阶层输入"性别""以前是否来过中国""年级""专业"等人口变量，第二阶层输入"来中国前""来中国后""中国文化态度"等有关变量，并得出结果（如表3-6所示）。

就外籍留学生对于中国文化评价而言，结果表明，在控制其他变量后，人口变量对中国文化评价有影响。本研究结果表明，性别对于中国文化评价中，"工艺"（Beta=.243，p＜.05）、"文学"（Beta=.298，p＜.01）、"乐舞"（Beta=.462，p＜.001）达到显著水平。以前是否来过中国对于中国文化评价中，"科技"（Beta=-.240，p＜.01）、"地理"（Beta=-.193，p＜.05）、"饮食"（Beta=-.345，p＜.01）、"汉字"（Beta=-.276，p＜.01）、"文学"（Beta=-.215，p＜.01）达到显著水平。就读年级对于中国文化评价中，"科技"（Beta=.075，p＜.01）、"地理"（Beta=.058，p＜.05）、"饮食"（Beta=-.137，p＜.01）、"汉字"（Beta=-.141，p＜.001）达到显著水平。就读专业对于中国文化评价中，"科技"（Beta=-.064，p＜.001）、"工艺"（Beta=-.047，p＜.01）、"建筑"（Beta=-.040，p＜.05）、"地理"（Beta=-.048，p＜.01）、"思想"（Beta=-.044，p＜.05）达到显著水平。

就外籍留学生中国文化态度对中国文化评价影响的预测力看，本研究结果表明，来中国前对中国文化的评价中，"科技"（Beta=.151，p＜.01）、"饮食"（Beta=.141，p＜.05）、"民　俗"（Beta=.122，p＜.05）、"乐　舞"（Beta=.271，p＜.001）、"思想"（Beta=.192，p＜.01）达到显著水平。来中国后对中国文化的评价中，只有"饮食"（Beta=.260，p＜.01）达到显著水平。就中国文化态度而言，对中国文化的总体评价，除"文学"外，其他"历史"（Beta=.195，p＜.01）、"科技"（Beta=.158，p＜.01）、"工艺"（Beta=.356，p＜.001）、"建筑"（Beta=.333，p＜.001）、"地理"（Beta=.025，p＜.01）、"饮食"（Beta=.196，p＜.05）、"民俗"（Beta=.300，p＜.001）、"汉字"（Beta=.215，p＜.01）、"乐舞"（Beta=.183，p＜.01）、"思想"（Beta=.180，p＜.01）均达到显著水平。由此可见，对于中国文化的态度越正面，则对中国文化的总体评价越正面。

## 四、本章总结与讨论

本研究的发现若能够在一定程度上反映出外籍留学生对于"中国印象"和"中国文化印象"的认知评价和建构，那么，基本可得出以下几点结论。

第一，外籍留学生对于中国的印象主要集中在地大物博、人口众多、历史悠久、人民友好、经济发展、人文景观、风光美丽、食物美味等主要方面，亦即外籍留学生对中国的印象因素集中在地理、人口、历史、人文、经济、文化、风物、饮食等方面。依此印象认知图式，可以刻画出完整的关于中国的形象建构，即中国是一个地大物博、人口众多、历史悠久、人民友好、经济发展的国家，同时又有人文、美景、美食等。可见，受访者就知识和经验两个层面对中国形象做出了完整的刻画。对于"中国文化"印象而言，外籍留学生集中于历史传统、儒家和孔子、饮食、汉语和汉字、中国书法、长城等中国文化符号。总体来看，历史传统、儒家文化、汉字汉语、长城、饮食等，成为外籍留学生对于中国文化的总体印象。与关世杰的研究，外国受访者对于中国文化最感兴趣的是"中餐""中国历史""中国名胜古迹""功夫""中医""中国哲学"

表3-6 人口变量、文化态度与中国文化评价的回归分析（n=289）

| 自变量/因变量 | | 历史 | 科技 | 工艺 | 建筑 | 地理 | 饮食 | 民俗 | 汉字 | 文学 | 乐舞 | 思想 |
|---|---|---|---|---|---|---|---|---|---|---|---|---|
| 第一阶层（人口变量） | 性别 | -.054 | .010 | .0243* | .137 | .177 | -.177 | .144 | .136 | .298** | .462*** | -.049 |
| | 以前是否来过中国 | -.026 | -.240** | -.047 | -.137 | -.193* | -.345*** | -.166 | -.276** | -.215** | -.093 | -.096 |
| | 年级 | -.027 | .075** | -.001 | .026 | .058* | -.137*** | -.057 | -.141*** | -.035 | -.057 | .039 |
| | 专业 | -.014 | -.064*** | -.047** | -.040* | -.048** | .008 | -.036 | -.037 | -.026 | -.035 | -.044* |
| | Adjusted $R^2$ | .006 | .072 | .029 | .019 | .069 | .106 | .040 | .093 | .065 | .073 | .025 |
| 第二阶层（文化态度） | 来中国前 | .066 | .151** | -.021 | -.083 | .088 | .141* | .122* | .124 | .055 | .271*** | .192** |
| | 来中国后 | .096 | .130 | .030 | -.024 | .048 | .260** | .052 | .022 | .130 | .001 | .118 |
| | 中国文化态度 | .195** | .158** | .356*** | .333*** | .025** | .196** | .300*** | .215** | .085 | .183** | .180** |
| | Adjusted $R^2$ | .097 | .202 | .154 | .092 | .069 | .080 | .199 | .154 | .105 | .211 | .160 |

*注：① 表内数字为所有变量输入回归方程式后，最后的标准回归系数（Final Betas）。
② 变量编码：性别（1=男，2=女）；中国文化态度（1=不喜欢，5=非常喜欢）；中国文化评价（1=非常负面，5=非常正面）。
③ *p<.05，**p<.01，***p<.001。

等相比，有重叠也有区分。① 可见，作为中国及中国文化的他者，外籍留学生在形成中国及中国文化的印象时，依然会集中在地域、人、社会、历史、文化等主要方面，在基本认知过程中，隐含着固定的认知框架，进而言之，这种认知框架也许是认知不同于自己的文化时，所建构的基本认知框架。在基本的认知框架下，他者对于一个国家和文化的印象评价，既可能来源于单个因素，也可能来源于若干因素的比较。从认知与态度角度来看，国家印象的认知因素多来自对中国外在信息的描述，如人口众多、地大物博，历史悠久等。而态度因素多表现为经过信息认知后的个人感受，如拥挤、繁忙、工作努力等方面。因此，良好的自然环境、社会环境和历史人文环境能够给人最深刻的第一印象，而第一印象形成以后会引起心理倾向，乃至于形成刻板印象，由此会对其他与这类印象有关的事物的观点和看法产生影响。

进而论之，就印象形成的内在认知机制而言，菲斯克（S. Fiske）和纽伯格（S. Neuberg）提出的"连续性印象形成模型"（Continuum Model of Impression Formation，CMIF）认为，个体对他人或其他事物形成印象表现为一个连续的印象形成过程，即从一开始依赖于认知中已有的信息为基础形成印象，到逐渐更加依赖于对象本身的具体属性为基础形成印象。个体在最初对不了解的人或事物形成印象时，更倾向于依赖已有的刻板印象和熟悉的社会偏见。这一类型的印象形成往往依赖于认知中固定的社会类别和社会图式。同时，在印象形成的过程中，如果受到对象本身具体属性信息的影响，会逐渐地根据对象本身存在的具体属性重新形成印象。由此可见，就认知机制而言，印象形成涉及的主要变量包括：（1）外部事物信息；（2）人脑信息加工系统 I（快速的、自动化的、直觉化的）和系统 II（缓慢的、反思的、控制的），即通过直觉唤起内部动机和兴趣，投入认知资源进一步认知；（3）认知主体的动机/卷入程度，即倾向于投入更多认知资源，减少初始的刻板印象，对相关的具体属性进行加工，并确认与最初快速形成的刻板印象是否一致；（4）记忆中存储的事物类别化知识（Categorized Knowledge）。个体通过最初印象和后续的具体属性对比

---

① 关世杰：《中国文化国际影响力调查研究》，第211页。

分类以试图形成新印象，当最初形成的印象和后续掌握的信息一致性较低时，最初根据社会类别形成的印象将被更新。反之，当个体已有的认知类别中不存在和感知对象信息相一致的社会类别时，个体会根据对象的具体属性信息形成一个相一致的新印象。[①]显然，该模型能够明晰地解释外籍留学生对于"中国及中国文化印象"的内在认知机制，从外籍留学生对中国及中国文化的印象的建立中，可以看到有刻板印象和具体属性的共同作用，比如地大物博、人口众多、历史悠久、经济发展等属于初步的刻板印象，后续的美食、美景、人文等则是后续获得的认知信息，这两者之间的关联，尚需进一步探究。但是，本研究中由于研究方法的局限，无法进一步证实该过程。进而，在CMIF模型描述的迭代过程中，动机是推动印象生成的驱动力。动机的目标可以是外显的或有意识的，也可能是内隐的或无意识的。无论外显或内隐，如果动机含有目标，便更可能凸显某些外部信息，选择性处理外部信息以实现目标。[②]由此，对于外籍留学生的动机以及态度偏向的探究，是进一步发现印象形成的内在机制的重要变量。

第二，外籍留学生的"态度偏向印象"是对中国及中国文化印象认知的重要方面。就国家印象的认知因素而言，有些因素是常量，有些则是变量。如地理、人口、历史、文化等是常量，其内涵基本保持不变。相反，态度偏向认知则是变量，随着人们自身的经验感知而发生。地理、人口、历史、文化等作为知识性信息，是相对稳定的变量。因此，国家印象的变化很大程度上取决于常量之外的变量的变化，如对于中国及中国文化的态度偏向评价，会随着人

---

[①] Fiske, Susan T.; Neuberg, Steven L. "A Continuum of Impression Formation, from Category-Based to Individuating Processes: Influences of Information and Motivation on Attention and Interpretation". Advances in *Experimental Social Psychology*, 1990, Vol. 23, pp. 1–74.

[②] Payne, B. "Prejudice and Perception: The Role of Automatic and Controlled Processes in Misperceiving a Weapon". *Journal of Personality and Social Psychology*, 2001, Vol. 81(2), pp. 181–192. Stangor, Charles; Lange, James E. "Mental Representations of Social Groups: Advances in Understanding Stereotypes and Stereotyping". Advances in *Experimental Social Psychology*, 1994, Vol. 26, pp. 357–416.

们认知和经验的变化而不断变化。本研究发现,"态度偏向印象"是对中国及中国文化认知的主要构成因素。特别是对于中国人的礼仪态度评价是外籍留学生形成中国第一印象的首要要素。刻板印象内容理论模型也认为,刻板印象根源于人类群体普遍存在的社会现象,即为了自身的利益和生存,人们会不自觉地表现出这样的意图:人们需要确认其他群体,是朋友还是敌人(是否热情),以及他们对自己是否构成威胁(是否有能力)。中国作为儒家文明影响深远的国家,对于礼仪、自身修养及对外交际都十分重视,因此,"友好""热情""勤劳"等对待陌生人的礼仪态度,使得外籍留学生对中国态度评价很高,这种态度偏向评价进而形成良好的中国印象,使态度偏向成为中国印象的重要因素。

第三,外籍留学生来中国后对中国印象的评价提高。本研究发现,较之于来中国前,外籍留学生来中国后对中国印象的评价显著提高。这也说明,外籍留学生来到中国后的直观经验,非常有助于显著提升他们对中国印象的认知与认同,进而也说明直接体验对消除经间接知识获取的刻板印象具有重要作用。文化认同研究理论也认为,认同产生于信息在人们之间的彼此交换,与他人互动是发展自我的主要因素。该理论强调认同不仅由自己产生,还通过与他人的沟通来共同建构。当人们之间进行信息交流或情感沟通时,其中隐含的文化、国家背景也会逐渐促进文化认同、国家认同的发生。

第四,东西方文化背景不同的外籍留学生对中国印象的态度评价差异显著。外籍留学生对中国的印象必然带有自身国家文化的印记,这是国家之间历史、现代关系问题的折射。地缘和文化等方面越接近的国家,越容易用挑剔的眼光来审视他者。而距离越遥远的西方文化国家,则越可能希望透过东方的神秘感来观赏对方。历史情结和现代关系更容易形成对中国印象的基本评价。由此可以推断,外籍留学生关于中国印象的评价,深受自身文化背景和历史经验的影响,这也反映出东西方建构中国形式的文化背景框架并不相同。

第五,外籍留学生的人口变量、中国文化态度与中国文化评价显著相关。本研究发现,性别、以前是否来过中国、年级、专业等人口变量,来中国前、来中国后、中国文化态度等态度变量,对中国文化总体评价影响呈显著相关。

特别值得关注的是，对于中国文化的态度评价越正面，对于中国文化的总体评价越正面，二者显著性相关。由此可知，文化认同是民族认同、国家认同等其他认同的基础，提起中国印象自然会想到中国文化，提起中国文化自然代表了中国，调查对象对于中国的评价与对于中国文化的态度认同密切相关。

总之，随着中国文化全球传播的展开，国家及民众之间的传播交流更加深广。外籍留学生作为各自国家未来的主体，对本国的政治、经济、文化、外交等都具有重要的影响，同时，他们也会参与到与中国有关的各类工作中去。因此，应该充分了解和关注外籍留学生受众群体的中国及中国文化印象感受，真正了解其价值观和文化背景，同时关注外籍留学生群体乐于接受的传播内容和传播形式，从而形成行之有效的中国文化全球传播的策略，这也正是本研究的现实意义所在。本研究同时具有局限性，由于研究样本所限，没有进行多国背景或多群体背景的研究来检验变量。如果能够展开更大规模的研究，就能更加明晰地观察到不同国别、不同文化背景的外籍留学生对中国及中国文化印象的认知和评价内容，这也是本研究所期待进一步探究的问题。

原载《当代传播》2018年第2期（作者：任迪、姚君喜），本章有修改

# 第四章

# 中国人的形象

以"我"为中心对"他者"的认知和想象是任何社会群体建立他者形象的基本路径。同时，人们对于国家的认同也首先源于对某个国家的人的认同和接受，而对于各个国家及民众的认同主要包括知识与观念、情感与评价两个方面。因此，本章内容主要通过问卷调查研究方法，考察外籍留学生眼中的中国人形象，亦即外籍留学生对于中国人形象的认知与评价状况。随着新媒体传播技术的发展，全球政治、经济与文化交流的加强，特别是社交媒体的使用，外籍人士关于中国以及中国人的形象的认知和建构也发生了很大的变化。本章则通过对150名外籍留学生的问卷调查，重点考察外籍留学生对于中国人形象认知的主要特征。研究结果表明：总体而言，被调查的外籍留学生对中国人形象认知持积极评价。来自东西方不同文化背景国家或地区的外籍留学生对中国人形象的评价差异显著。以前是否来过中国的外籍留学生对中国人形象的评价未见显著差异。有无宗教信仰的外籍留学生对中国人形象的评价未见显著差异。

在遥远的古代，全球各大陆地之间都处于几乎隔绝的世界，中国人借助仅有的知识加上丰富的想象，建构起了自己之外的"异域世界"。同样，那些被建构的"异域"，也建构起自己想象中的中国和中国人。从罗马的地理学家和博物学家所描述的神秘的产丝的民族"丝人"或"赛里斯人"开始，西方世界关于中国和中国人的形象始终在现实和想象中摇摆。随着全球贸易、技术发展、文明交流，人类进入现代社会。中国经济社会的快速发展，互联网技术的普及，也使得中国与世界的交流日益频繁和深入。中国人已完全以全新的形象出现在世界舞台，但是，那些古代遥远的关于中国人的虚无缥缈的故事，却依然顽固地隐藏在西方文化的某个角落，时不时会闪现它的魅影。

在中国社会的现代化进程中，如何塑造自身的国际形象，这不仅是国际社会如何看中国的问题，同时也是中国人如何塑造自身形象并融入全球的问题。基于此，国内外的跨文化传播、国际关系与政治、大众传播等研究领域的学者越来越多地关注有关中国人形象认知的研究，并试图探究文化传播中的规律性问题。

# 一、中国人形象的建构

对于西方人眼中的中国及中国人形象的研究，基本形成了两种学术立场：一是经验的知识立场；二是批判的知识立场。前者重点关注西方的中国形象是关于中国现实的真实的知识，而后者则重点关注西方的中国形象是构成性或意义建构性的，无所谓客观的知识，亦即无所谓真实或虚构。因此，后者更强调中国形象作为一种知识与想象体系，如何在西方文化语境中生成、传播并延续。①从这两种视角出发,现有的研究分别从历史演变、文学作品及大众传媒和文化等不同方面探讨了西方的中国及中国人的形象问题。归纳起来看,这些关于中国人形象的研究,主要包括下述方面。

首先,立足于历史演变的视角,研究者探讨了西方的中国人形象的历史变迁过程,并从不同历史阶段的背景对中国人形象进行解读。这类研究早期主要集中于中外文化交流史研究领域,具体集中于东方对西方的认识、西方对东方的认识的历史事实的挖掘整理,并分析其特征和考述其原因与影响等内容。张国刚提出,欧洲认识中国,其核心在于立足于自身文明的特点,由此观察他者文明,而不仅仅是在地理区域上认识他者。他认为,欧洲人地理知识的增长总是与文化观念或意识形态上的"人我之别"日趋精致复杂相伴随。在欧洲人自文艺复兴以来逐渐丰富完善的世界分级体系中,作为地理单元的"中国"到18—19世纪才渐趋明确,并且又与中国的文化特征或宗教特征被欧洲人最后确认的过程同步。欧洲人从地理上认识中国的同时,就一直努力从文化和宗教上界定中国,至少中世纪晚期亲临中国的马可·波罗就开始这样了。而欧洲人的这种"爱好"正是欧洲人古已有之的等级制世界地理观之自然延伸。在欧洲人"认清"中国的位置与文化性质的过程中,最堪玩味的莫过于中国文明并非一开始就被欧洲人理解为欧洲文明的本质性他者,而其中部分原因却又在于欧洲人长期被宗教意识覆盖的世界地理观的影响。②周宁的研究则立足于中外比较文化研究的视野,全面系统地整理了西方关于中国及中国人研究的资料,系统地提出了西方的中国形象研究的理论方法与路径,并使用"形象、类型、原型"的分析方法,论证了西方的中国形象作为"文化他者"话语的生成、延续以及运作,全面探究了西方历史上关于中国以及中国人形象建构的历史过程、内涵和原因。同时他也提出,西方中国形象研究提出,1250年是西方的中国形象史的起点,而1750年是重要的转折点的研究观点。③俞祖华的研究将西方中国人形象的变化分为传奇时期(7—13世纪)、传教时期(16—18世纪)、轻视

---

① 周宁:《西方的中国形象史研究:问题与领域》,《学术中华》,2004年第12期。
② 参见张国刚:《中西文化关系通史》(上卷),第10页。
③ 参见周宁:《天朝遥远:西方的中国形象研究》(上卷),第4—18页。

时期（19世纪）、困惑时期（20世纪至今）等不同阶段。①

其次，研究者通过文本分析方法，以文学、艺术等虚构作品为分析对象，描述和分析了西方文学艺术作品中的中国人形象。通过研究发现，西方文学、艺术中的中国人形象，从启蒙运动时期的"哲人王"到近代的"傅满洲"，逐渐呈现出负面的中国人形象。姜智芹以"刻板印象"概念作为分析框架，把西方文学作品中的中国人形象归结为以下原型：哲人王、中国佬约翰、异教徒中国佬、傅满洲、查理·陈和功夫，其中后三种借助美国电影广为流传，至今仍有很强的影响力。②美国学者里克·屈尔（Richard Jewell）也做了类似的划分，包括极端狡猾善变的官员、"龙女"，聪明狡猾的侦探，残忍贪婪的军阀，强盗、土匪和黑帮，农民工等。③张晗对美国文学中的中国人形象进行研究，认为在美国文学中的中国人形象为"留着被称为'猪尾巴'的长辫子，总是斜着眼睛，穿着长褂子，性格怪异，诡秘，不可理解"的刻板印象。④这主要集中于20世纪英国作家罗姆创造的"傅满洲形象"，它成为自19世纪中叶以来的美国文学作品中对华人描写的集大成者，在其作品中，傅满洲永远是狡诈的、阴险的、残酷的。对此形象的建构，朱伏娇的研究认为，美国主流文学中的中国人形象与欧洲的情形相同，美国白人作家构建中国主要依据的是马可·波罗模式，也就是"虚构"与"想象"建构的神话。与欧洲不同的是，美国人对中国人的直观经验印象，就以19世纪中叶开始进入美国的大批华人为原型。对许多美国人而言，华人就是中国人的代名词，而美国华人社区，如唐人街等就是中国。⑤当然，在欧美文化背景下的华人文学，

---

① 俞祖华：《近世来华西人视野里的两种中国人形象》，《烟台师范学院学报》（哲学社会科学版），2003年第2期。
② 姜智芹：《欲望化他者：西方文学中的中国形象》，《国外文学》，2004年第1期。
③ ［美］里克·屈尔：《上海"手势"：好莱坞全球市场输出与"扭曲"的中国形象》，《上海大学学报》（社会科学版），2008年第2期。
④ 张晗：《言说"自我"和言说"他者"——1860—1914美国文学中的中国人研究》，兰州大学硕士学位论文，2007年。
⑤ 朱伏娇：《美国文学中的中国人形象综述与对比分析——从西方对东方的他者化到自我同胞的他者化》，《湖北经济学院学报》（人文社会科学版），2008年第1期。

也从另外角度呈现中国人形象，他们的写作集中并大量地使用中国文化符码，频繁讲述中国故事，挪用和改写中国典籍中的人物形象和传统故事，其目的就是"让美国人了解中国文化"。

最后，从大众传媒和文化的视角，重点研究西方媒体中和社会文化中的中国人形象。特别是随着好莱坞电影的影响力不断扩大，很多中国学者开始关注美国影视作品中的中国人形象。常江、石谷岩全面考察了20世纪20年代至今好莱坞电影塑造中国人形象的话语策略，探讨美国主流文化视域下的中国形象构成背后的历史话语逻辑，认为好莱坞不断推出以傅满洲为底色的各种类型的衍生符号，并最终构成了今天我们所见的、带有高度二元板结化特征的主流海外中国人形象。其背后稳定的文化逻辑是中国文化的非日常化。[1]20世纪90年代中后期，从大众传媒的视角对西方媒体上的中国、中国人形象的研究取得丰硕的成果。侯芃的研究分析了1990—2006年美国《时代》《新闻周刊》和《美国新闻与世界报道》三大新闻类周刊上的中国女性形象，发现无论是在年龄、身份还是在职业上，美国新闻类周刊仅仅是有"选择性"地突出中国女性形象中的部分特征元素，多带有软弱、被动、依附和从属的功能特征。其中，"受害者"和"英雄"是最常见的两类形象。[2]姜欣以《时代》周刊封面人物为研究对象，梳理了《时代》周刊从创刊到2007年的八十余年中出现在其封面的中国人形象，共计49人次，其中女性仅为3人次，因此从某种意义上说，西方视野下的中国人的形象主要是由中国男性决定的。[3]这些研究基本都遵循建构主义的观点，认为西方对于中国形象的塑造有一定的历史延续性，在西方的文化心理结构中，潜在的中国形象的原型，比任何客观经验或外在经验都更加坚定稳固，更具有塑造力和包容性。电影中的中国人形象，或是恶贯满盈、邪恶狡诈，或是谦恭柔顺，这种变化并不是在朝夕之间，而是呈现出历史的一致性、

---

[1] 常江、石谷岩:《傅满洲的幽灵：好莱坞电影里中国人形象的百年变迁》，《当代电影》，2019年第2期。

[2] 侯芃:《美国新闻周刊中的中国女性形象研究（1990—2006）》，上海大学硕士学位论文，2008年。

[3] 姜欣:《论〈时代〉封面上的"中国符号"》，华中师范大学硕士学位论文，2007年。

稳定性和延续性。西方电影塑造中国人的形象会受到至少两个因素的影响，一是现实中的中国与西方的关系；二是西方文化观念中的"中国形象的原型"。这两个因素互相制约，互相影响。而所谓"中国形象的原型"就是关于他者的、东方主义式的、构筑的天堂与地狱式的想象。[1]

此外，也有研究通过实证的方法，探究中国人形象的建构。陆伟芳对英国威尔士新闻媒体中出现的华人形象进行分析，认为英国媒体多以夸张的笔法渲染所谓华人的种种问题，并分析了这种偏见产生的原因。[2]朱琳也使用定量和定性研究结合方法，对1949—1999年的《时代》周刊涉华报道进行了分析。[3]通过对刊登在《时代》周刊封面上的中国人形象进行分析，并由此解释了中国及中国人形象的历史变迁。

综上所述，国内学者对于中国人形象的研究，主要是从历史和文化的视角来进行探究，多数研究立足于历史宏大叙事的视角，通过文献阐释的质化研究来展开。从实证研究出发的研究成果，也是以对文学、媒介文本的内容分析为主，而通过问卷调查方法进行的定量研究相对较少。由此，本研究试图以外籍留学生为研究对象，通过问卷调查方法，重点了解外籍留学生对于中国人形象的认知，从而进一步考察影响中国人形象认知的因素及内在机制。

## 二、中国人形象的测量及调查

### （一）中国人形象的测量指标

"形象"（Image）是指个人或群体对特定对象的各种观念的图式化表

---

[1] 伍巧芳：《论西方电影语境下的中国人形象》，《时代文学》（下半月），2009年第12期。
[2] 陆伟芳：《新闻媒体中的华人移民形象——20世纪上半叶的英国华人》，《华侨华人历史研究》，2002年第6期。
[3] 朱琳：《1949—1999年美国〈时代〉周刊上的中国形象研究》，华东师范大学硕士学位论文，2007年。

征。[1] 从《牛津·外研社英汉汉英词典》可知，中文"形象"最常见的英文对译词是"Image"。依据《剑桥词典》，"Image"的第一释义为"心理图像"（Mental Picture），其他释义包括：（1）心目中的图像，以及关于人或事物的想法（a picture in your mind or an idea of how someone or something is）；（2）人们对某事物或某人的想法（the way that something or someone is thought of by other people）；（3）读者或听者通过阅读或聆听文字而形成的心理图像或想法（a mental picture or idea that forms in a reader's or listener's mind from the words that they read or hear）。在他们关于"形象"（Image）的研究中，认为形象的属性有：（1）与外部认知对象有关；（2）认知主体在意识中对认知对象的主观表征；（3）这些表征是结构化的想法或是图像（视觉形象）；（4）这些结构可以被外部信息激活。[2]

由此可以认为，所谓"形象"即是认知主体对认知对象的直观的、系统化的主观表征，而外籍留学生的"中国人形象"则是指外籍留学生建立的关于中国人在自己或他人的认知、态度偏向以及刻板印象等方面的图式化表征。如上述葛岩等的研究所指出的，这些图式化的表征同时是结构化的，蓝姆哈特（D. Rumelhart）和奥托尼（A. Ortony）认为，图式是记忆中有关认知对象的概念或知识的表征结构。[3] 作为概念或知识结构，它在人的记忆存储中是由一些关联的概念构成的，一个概念的激活可能会带来其他概念的激活。按此理论，那么，外籍留学生关于中国人形象的认知，也必然存在着相关联的概念网络。

---

[1] 斯图亚特·霍尔研究文化的意义时使用"表征"（Representation）一词，他认为所谓表征，就是在我们头脑中通过语言对各种概念的意义的产生。它就是诸概念与语言之间的联系，这种联系使我们既能指称"真实"的物、人、事的世界，又确实能想象虚构的物、人、事的世界。参见 Hall, Stuart. *Representation: Cultural Representations and Signifying Practices.* Sage Publications in Association with the Open University, 1997, p. 17.

[2] 参见葛岩、秦裕林、徐剑：《作为图式的地域形象：结构、功能和测量》，《新闻与传播研究》，2019年第2期。

[3] Rumelhart, D.; Ortony, A. "The Representation of Knowledge in Memory". In R. Anderson, R. Spiro & W. Montague, Eds. *Schooling and the Acquisition of Knowledge*, Erlbaum, 1977, pp. 99–135.

以往的研究，为了更加明晰地获得这种认知表征结构，研究者无论是从认知还是态度偏向及刻板印象等都设计了包含着不同维度的形象认知测量指标，也就是这种认知结构的概念结构。那么，在具体操作层面，关于如何评估外籍民众眼中的中国人形象的研究，其核心问题是这个评估指标体系的设定。对此，以往的研究也做过不同的探究。

美国《时代》周刊国际新闻编辑乔舒亚·库珀·雷默（Joshua Cooper Ramo）在《淡色中国》（*Brand China*）中引用了2004—2006年BAV公司使用"可靠可信、令人愉悦、有领导力、充满活力、颇具魅力、坚定不移、不断发展、有创新力"等维度，在全球18个国家测量"中国形象"的研究结果。据此，关世杰在"新时期中国文化国际影响力评估"的研究中也沿用了这8个维度，通过1—10的程度量表来测量外籍民众眼中的中国形象。[1] 张结海等人的研究采用"词汇联想法"（Top-of-Mind Association）探究西方视野下的中国人形象的测量指标，该研究发现，外籍人士眼中的中国男性个性形象是"大方、志向远大、能吃苦耐劳、有好奇心的好人"，但同时缺乏"文明礼貌（不随地吐痰、排队）"，以及个人不良的卫生习惯等。中国女性形象是"友善、大方、乐于助人、善解人意、体贴、聪明、勤劳、忠诚、有家庭意识"，同时又表现出"物质至上、金钱至上、害羞、不自信、肤浅无知的，不文明、不优雅的"等负面形象。总结起来看，在正面形象方面，中国人都有"非常友好、热情、善良、乐于助人的、大方的，能吃苦耐劳、有追求、有上进心，也都聪明、能干、有智慧"的正面形象。同时还有"随地吐痰、掏鼻孔、说话很响、比较害羞、胆小、不自信"等负面形象。[2] 柯惠新等人通过问卷调

---

[1] 关世杰：《美、德、俄、印民众眼中的中国国家形象问卷调查分析》，《对外传播》，2012年第12期。

[2] 词汇联想法是一种简单易行的形象测量方法，它要求受访者用一系列的词和句子来描述研究对象的形象。词汇联想法的理论依据是心理学中的联想网络记忆模型，它的优点是非常适合一个之前从未被测量的形象的研究，易于操作，同时容易转化为后续的量化测量量表，因而在形象测量中得到了广泛的应用。参见张结海、曲玉萍、吴瑛、康岚：《西方视野下的中国人形象测量研究——基于词汇联想法的发现》，《现代传播》，2012年第2期。

查方法，也探讨了外籍人士人眼中的中国人总体形象，研究结果表明，一方面，"中国人勤奋、团结、热情"，"中国人既现代又传统"，但是"中国人乱扔垃圾、在公众场合很吵"等，但总体上看，被访的外籍人士对于中国人的总体印象相对较好。①

综合上述不同的研究方法和研究路径，本研究首先需要建构起来中国人形象测量的指标体系。因此，本研究首先通过焦点小组讨论，对中国人形象评价的变量进行评估和初步测量，最后设定为13个维度，并且采用语义对应设计，即每个描述词都包括正反两方面的对应语义。在具体测量时，采用"7级语义差别量表"，其中，7分表示最正面的肯定，1分表示最负面的肯定。通过试调查，经过克朗巴哈α信度系数法分析，确定了正式的调查量表，该量表中的分值越高，表示肯定程度越高。经检验，该量表的内部一致信度为α=.911，具有高的信度水平。最后确定的中国人形象变量的测量指标包括：（1）懒惰的—勤劳的；（2）冷漠的—博爱的；（3）肮脏的—清洁的；（4）粗俗的—礼貌的；（5）争斗的—和平的；（6）古板的—活泼的；（7）狡诈的—诚信的；（8）愚昧的—智慧的；（9）傲慢的—谦卑的；（10）忧虑的—快乐的；（11）势利的—淡泊的；（12）保守的—创新的；（13）渎职的—敬业的；共13个方面。依此，本研究试图刻画外籍留学生对中国人形象的认知图式。

## （二）中国人形象的研究样本及调查

本研究采取了问卷调查法。本研究于2013年9月10—20日之间，由上海交通大学10位本科同学组成的"外籍留学生中国人形象认知问卷调查"PRP研究课题组成员在上海交通大学选修课教室、自修室、图书馆、留学生公寓等地点随机发放问卷共160份，回收问卷158份，其中有效问卷150份。由于客观条件所限，本研究无法对整个中国大陆外籍留学生群体进行全面抽样调

---

① 柯惠新、赵静、邹玲、陈锐：《奥运背景下的中国人形象研究》，《对外传播》，2009年第4期。

查研究，因此，本研究不能确保统计结果全面反映在校外籍留学生总体的特征。

本研究的样本为外籍留学生，其中男性（99，66.0%）、女性（51，34.0%）。分别来自东方国家或地区（日本、韩国等，108，72.0%）、西方国家或地区（英国、德国、法国、美国等，42，28.0%）。来中国学习的时间为1年以下（9，6.0%）、1—5年（96，64.0%）、5—10年（18，12.0%）、10年以上（27，18.0%）。就读年级分布为大一（63，42.0%）、大二（28，18.7%）、大三（39，26.0%）、大四（9，6.0%）、研究生（11，7.3%）。专业分布为理科（11，7.3%）、工科（36，24.0%）、人文艺术和社会（80，53.3%）、经管（21，14.0%）、农林医（2，1.3%）。样本的家庭收入分布为1000美元以下（10，6.7%）、1000—5000美元（19，12.7%）、5000—10000美元（10，6.7%）、10000美元以上（20，13.3%）、缺省（91、60.7%）。

## 三、中国人形象的总体特征与评价

### （一）外籍留学生对中国人形象的总体评价

总体而言，在本次研究的13个维度的测量中，外籍留学生对中国人形象的总体评价（如表4-1所示），表现为正面评价的分别是"勤劳的"（4.69）、"智慧的"（4.40）、"快乐的"（4.25）、"活泼的"（4.23）、"敬业的"（4.17）、"和平的"（4.12）、"博爱的"（4.01）7个指标；相反，表现为负面评价的分别是"傲慢的"（3.94）、"狡诈的"（3.73）、"保守的"（3.68）、"粗俗的"（3.64）、"势利的"（3.53）、"肮脏的"（3.35）6个指标。可以看出，在外籍留学生眼中，中国人有勤劳、智慧、快乐、活泼、敬业、和平、博爱的一面，但也有肮脏、势利、粗俗、保守、狡诈、傲慢的另一面。这一结果，与上述学者的研究也非常一致。特别是中国人"肮脏、势利、粗俗"等负面评价，需要我们引起重视，以塑造中国人文明礼仪的美好形象。

表4-1　外籍留学生对于中国人形象的评价（$n=150$）

| 评价 | 均值（M） | 标准差（SD） | 标准误差（SE） |
| --- | --- | --- | --- |
| 懒惰的—勤劳的 | 4.69 | 1.738 | .142 |
| 愚昧的—智慧的 | 4.40 | 1.528 | .125 |
| 忧虑的—快乐的 | 4.25 | 1.554 | .127 |
| 古板的—活泼的 | 4.23 | 1.603 | .131 |
| 渎职的—敬业的 | 4.17 | 1.518 | .124 |
| 争斗的—和平的 | 4.12 | 1.772 | .145 |
| 冷漠的—博爱的 | 4.01 | 1.659 | .135 |
| 傲慢的—谦卑的 | 3.94 | 1.554 | .127 |
| 狡诈的—诚信的 | 3.73 | 1.580 | .129 |
| 保守的—创新的 | 3.68 | 1.640 | .134 |
| 粗俗的—礼貌的 | 3.64 | 1.573 | .128 |
| 势利的—淡泊的 | 3.53 | 1.737 | .142 |
| 肮脏的—清洁的 | 3.35 | 1.498 | .122 |

*注：① 形象评价评分值（1=负面肯定，7=正面肯定）。

② t检验显示，受访者对各类中国人形象的评价，各评价间均值差异均达到统计显著水平。

## （二）来自不同文化背景国家或地区外籍留学生的中国人形象评价

本研究还对来自不同文化背景国家或地区的外籍留学生的中国人形象评价差异进行考察。本次调查中，外籍留学生来自美国、英国、德国、法国、荷兰、西班牙、葡萄牙、澳大利亚、意大利、加拿大、玻利维亚、喀麦隆、日本、韩国、乌克兰、哈萨克斯坦、新加坡、也门、伊朗、印度尼西亚、越南、老挝、马来西亚、缅甸、尼泊尔等欧洲、美洲、大洋洲、亚洲、非洲的不同国家和地区。

为了便于观察这种差异，本研究将其来源国进行合并，即按照文化背景将其分为东方和西方两大部分，然后对此两组差异进行分析。研究结果发现（如表4-2所示），基于东/西方不同文化背景的外籍留学生对于中国人形象的评价在"懒惰的—勤劳的"（4.47/5.24）、"争斗的—和平的"（3.90/4.69）、"冷漠的—博爱的"（3.81/4.52）、"傲慢的—谦卑的"（3.72/4.50）、"粗俗的—礼貌的"（3.45/4.12）、"势利的—淡泊的"（3.78/2.88）6项指标方面达到显著性水平。亦即在对于中国人形象的评价中，有关"懒惰的—勤劳的""争斗的—和平的""冷漠的—博爱的""傲慢的—谦卑的""粗俗的—礼貌的"等评价指标中，西方文化背景的留学生较之东方文化背景的留学生的评价更趋于正面，而对于"势利的—淡泊的"的评价则相反。显而易见，文化背景的差异对于中国人形象的评价有非常重要的影响。由此研究可以推断，外籍留学生关于中国人形象的评价，事实上并不在于对中国及中国人的真实了解，反而深受自身的文化建构的影响。这正如萨义德所指出的，所谓"西方"意义上的"东方"其实是基于西方文化并任意虚构"东方文化"的一种带有偏见性的思维方式或认识体系。那么，对于中国人形象的认知，是否也包含有这种意涵呢？

表4-2 来自不同文化背景国家或地区的外籍留学生对中国人形象评价的t检验（$n$=150）

| 评价 | 文化背景 | 均值（M） | 标准差（SD） | 标准误差（SE） | 显著性（Sig） |
| --- | --- | --- | --- | --- | --- |
| 懒惰的—勤劳的 | 东方 | 4.47 | 1.620 | .156 | .015* |
|  | 西方 | 5.24 | 1.923 | .297 |  |
| 愚昧的—智慧的 | 东方 | 4.33 | 1.479 | .142 | .393 |
|  | 西方 | 4.57 | 1.655 | .255 |  |
| 忧虑的—快乐的 | 东方 | 4.20 | 1.496 | .144 | .589 |
|  | 西方 | 4.36 | 1.708 | .264 |  |
| 古板的—活泼的 | 东方 | 4.31 | 1.514 | .146 | .320 |
|  | 西方 | 4.02 | 1.814 | .280 |  |
| 渎职的—敬业的 | 东方 | 4.13 | 1.479 | .142 | .574 |
|  | 西方 | 4.29 | 1.627 | .251 |  |

（续表）

| 评价 | 文化背景 | 均值（M） | 标准差（SD） | 标准误差（SE） | 显著性（Sig） |
|---|---|---|---|---|---|
| 争斗的—和平的 | 东方 | 3.90 | 1.680 | .162 | .013* |
|  | 西方 | 4.69 | 1.893 | .292 |  |
| 冷漠的—博爱的 | 东方 | 3.81 | 1.461 | .141 | .018* |
|  | 西方 | 4.52 | 2.015 | .311 |  |
| 傲慢的—谦卑的 | 东方 | 3.72 | 1.465 | .141 | .006** |
|  | 西方 | 4.50 | 1.656 | .256 |  |
| 狡诈的—诚信的 | 东方 | 3.68 | 1.515 | .146 | .530 |
|  | 西方 | 3.86 | 1.747 | .270 |  |
| 保守的—创新的 | 东方 | 3.74 | 1.626 | .156 | .469 |
|  | 西方 | 3.52 | 1.685 | .260 |  |
| 粗俗的—礼貌的 | 东方 | 3.45 | 1.423 | .137 | .019* |
|  | 西方 | 4.12 | 1.837 | .284 |  |
| 势利的—淡泊的 | 东方 | 3.78 | 1.693 | .163 | .004** |
|  | 西方 | 2.88 | 1.699 | .262 |  |
| 肮脏的—清洁的 | 东方 | 3.30 | 1.449 | .139 | .456 |
|  | 西方 | 3.50 | 1.627 | .251 |  |

*注：① 变量编码：国家（1=东方，2=西方）；形象评价评分值（1=负面肯定，7=正面肯定）。
② *p＜.05，**p＜.01，***p＜.001。

## （三）以前是否来过中国的外籍留学生的中国人形象评价

本研究还对以前是否来过中国的外籍留学生对于中国人形象评价的差异进行考察。本次调查发现（如表4-3所示），除了"争斗的—和平的"（3.88/4.63）、"狡诈的—诚信的"（3.52/4.17）、"粗俗的—礼貌的"（3.47/4.00）3项指标的差异达到显著性水平外，其他皆未达显著。也就是说，以前是否来过中国，对于中国人形象的评价几乎不产生影响。那么，由此可以更明确地推断，显然外籍留学生在来中国之前，对于中国人形象的认知，更偏向于由间接知识层面建立起来的刻板印象,这种刻板印象的形成与个人的直接经验之间没有明确的关联性。

表4-3 以前是否来过中国的外籍留学生对中国人形象评价的t检验（*n*=150）

| 评价 | 以前是否来过中国 | 均值（M） | 标准差（SD） | 标准误差（SE） | 显著性（Sig） |
|---|---|---|---|---|---|
| 懒惰的—勤劳的 | 是 | 4.73 | 1.642 | .163 | .691 |
|  | 否 | 4.60 | 1.943 | .280 |  |
| 愚昧的—智慧的 | 是 | 4.26 | 1.560 | .154 | .114 |
|  | 否 | 4.69 | 1.432 | .207 |  |
| 忧虑的—快乐的 | 是 | 4.28 | 1.594 | .158 | .667 |
|  | 否 | 4.17 | 1.478 | .213 |  |
| 古板的—活泼的 | 是 | 4.26 | 1.682 | .167 | .728 |
|  | 否 | 4.17 | 1.434 | .207 |  |
| 渎职的—敬业的 | 是 | 4.04 | 1.475 | .146 | .115 |
|  | 否 | 4.46 | 1.584 | .229 |  |
| 争斗的—和平的 | 是 | 3.88 | 1.748 | .173 | .016* |
|  | 否 | 4.63 | 1.734 | .250 |  |
| 冷漠的—博爱的 | 是 | 4.18 | 1.613 | .160 | .079 |
|  | 否 | 3.67 | 1.718 | .248 |  |
| 傲慢的—谦卑的 | 是 | 3.78 | 1.571 | .156 | .074 |
|  | 否 | 4.27 | 1.484 | .214 |  |
| 狡诈的—诚信的 | 是 | 3.52 | 1.578 | .156 | .019* |
|  | 否 | 4.17 | 1.506 | .217 |  |
| 保守的—创新的 | 是 | 3.54 | 1.621 | .160 | .126 |
|  | 否 | 3.98 | 1.657 | .239 |  |
| 粗俗的—礼貌的 | 是 | 3.47 | 1.590 | .157 | .050* |
|  | 否 | 4.00 | 1.488 | .215 |  |
| 势利的—淡泊的 | 是 | 3.60 | 1.624 | .161 | .465 |
|  | 否 | 3.38 | 1.964 | .283 |  |

(续表)

| 评价 | 以前是否来过中国 | 均值（M） | 标准差（SD） | 标准误差（SE） | 显著性（Sig） |
|---|---|---|---|---|---|
| 肮脏的—清洁的 | 是 | 3.32 | 1.562 | .155 | .724 |
|  | 否 | 3.42 | 1.366 | .197 |  |

*注：① 变量编码：以前是否来过中国（1=是，2=否）；形象评价评分值（1=负面肯定，7=正面肯定）。
② *p＜.05，**p＜.01，***p＜.001。

## （四）有无宗教信仰的外籍留学生的中国人形象评价

本研究还考察了有无宗教信仰的外籍留学生对于中国人形象评价的差异。本次调查发现（如表4-4所示），除了"忧虑的—快乐的"（3.97，4.69）、"傲慢的—谦卑的"（3.72，4.29）、"势利的—淡泊的"（3.30，3.88）3项指标达到显著水平之外，其他各指标皆未达显著。考察这三个指标的描述，快乐、谦卑、淡泊，其实也正是宗教所要宣扬的基本理念，由此可以推论，宗教信仰所形成的文化观念，是否使得具有宗教信仰的外籍留学生建构了对于中国人形象的评价。

表4-4　有无宗教信仰的外籍留学生对中国人形象评价的t检验（n=150）

| 评价 | 有无宗教信仰 | 均值（M） | 标准差（SD） | 标准误差（SE） | 显著性（Sig） |
|---|---|---|---|---|---|
| 懒惰的—勤劳的 | 有 | 4.72 | 1.836 | .191 | .786 |
|  | 无 | 4.64 | 1.586 | .208 |  |
| 愚昧的—智慧的 | 有 | 4.36 | 1.635 | .170 | .678 |
|  | 无 | 4.47 | 1.354 | .178 |  |
| 忧虑的—快乐的 | 有 | 3.97 | 1.627 | .170 | .005** |
|  | 无 | 4.69 | 1.327 | .174 |  |
| 古板的—活泼的 | 有 | 4.10 | 1.710 | .178 | .193 |
|  | 无 | 4.45 | 1.404 | .184 |  |

（续表）

| 评价 | 有无宗教信仰 | 均值（M） | 标准差（SD） | 标准误差（SE） | 显著性（Sig） |
|---|---|---|---|---|---|
| 渎职的—敬业的 | 有 | 4.17 | 1.714 | .179 | .995 |
|  | 无 | 4.17 | 1.157 | .152 |  |
| 争斗的—和平的 | 有 | 4.20 | 1.871 | .195 | .512 |
|  | 无 | 4.00 | 1.611 | .212 |  |
| 冷漠的—博爱的 | 有 | 3.98 | 1.881 | .196 | .746 |
|  | 无 | 4.07 | 1.241 | .163 |  |
| 傲慢的—谦卑的 | 有 | 3.72 | 1.633 | .170 | .027* |
|  | 无 | 4.29 | 1.364 | .179 |  |
| 狡诈的—诚信的 | 有 | 3.75 | 1.707 | .178 | .821 |
|  | 无 | 3.69 | 1.366 | .179 |  |
| 保守的—创新的 | 有 | 3.61 | 1.722 | .180 | .504 |
|  | 无 | 3.79 | 1.507 | .198 |  |
| 粗俗的—礼貌的 | 有 | 3.59 | 1.761 | .184 | .605 |
|  | 无 | 3.72 | 1.225 | .161 |  |
| 势利的—淡泊的 | 有 | 3.30 | 1.752 | .183 | .048* |
|  | 无 | 3.88 | 1.666 | .219 |  |
| 肮脏的—清洁的 | 有 | 3.24 | 1.529 | .159 | .241 |
|  | 无 | 3.53 | 1.441 | .189 |  |

*注：① 变量编码：有无宗教信仰（1=有，2=无）；形象评价评分值（1=负面肯定，7=正面肯定）。
② *p＜.05，**p＜.01，***p＜.001。

## 四、本章总结与讨论

美国传教士明恩溥（Arthur H. Smith）于19世纪末20世纪初在中国生活传教近半个世纪，在其所著的《中国人的气质》（*Chinese Characteristics*）中，通过观察当时中国社会，他从26个方面列举了中国人的特征，具体包括：好面子、节俭、勤劳、恪守礼节、漠视时间、缺少精确的习惯、好拐弯抹角、麻木不仁、看轻外国人、缺乏公共精神、因循保守、不求舒适方便、顽强生命力、忍耐力强、知足常乐、百善孝为先、仁慈行善、对弱者缺乏同情、好为小事争斗、重责与守法、互相猜疑、缺少信用、裙带关系、好名利、怕得罪人、宗教（多神论、泛神论、无神论）。① 明恩溥观察到了中国人勤劳节俭、恪守礼节、坚忍不拔、具有顽强的生命力等优秀的品质，当然他也更多地批评了中国人性格中的不足。无疑，明恩溥的观察和思考，依然是立足于西方中心主义至上及传教士优越的心理，也决定了他所描述的中国人形象，其本质依然是作为西方文化他者所建构的对中国人的看法。但是，明恩溥对中国人形象的考察也反映了近代中国落后于西方的真实现实。根本上看，他所讨论的是中国人的"国民性"的问题，而这一问题，恰恰也是近代先进的知识分子梁启超、鲁迅等人追问和竭力探讨，试图推动中国走向现代化的根本问题。就此意义看，明恩溥对中国人形象的描述是有现实意义的。但不可否认，以此为代表的西方中心主义范式下的中国人形象，依然充满着偏见和误读。

本研究所发现的外籍留学生对于中国人形象的认知和评价，与百年前相比，其结果显然已经发生了巨大的变化，虽然关于中国人形象的认知，除了客观的知识之外，依然充满想象和建构，但这已经不再是完全负面的"挑剔"，而是偏向于正面的肯定，虽然也不乏负面的因素。由此，我们可以描绘出完整的中国人形象的图式，那就是中国人有"勤劳、智慧、快乐、活泼、敬业、和平、博爱"的一面，也不乏"肮脏、势利、粗俗、保守、狡诈、傲慢"的一面。

但是，从研究结果中亦可发现，外籍留学生关于中国人形象的评价，受自身所处的文化背景的影响至深，不同文化背景的留学生对中国人形象评价有明显差异。这也充分说明文化建构对于国家及国民形象认知的重要意义。同时，外籍留学生对于中国人形象的刻板印象，与间接知识的影响有明显的关联性，而直接经验可以消除或改变这种刻板印象。此外，外籍留学生对于中国人形象的评价，虽然与宗教信仰之间无明显的关联性，但是宗教理念也会在形象

---

① ［美］明恩溥：《中国人的素质》，董秀菊译，北京出版社，2018年，第1—2页。

评价中有间接的反映。

一般认为，历史知识与现实经验两方面的因素影响一个国家或国民的他者形象建构：其一，历史的一般性知识影响并建构对于他者形象的刻板印象；其二，来自个体的直接经验和观察会强化或消除这种刻板印象。由此，个体的直接经验感知对于他者形象认知有十分重要的影响。特别是随着新媒体的发展，全球传播成为人们生活的常态，个体获取直接经验的途径日益便捷，个体直接经验对于他者形象的认知愈加重要。本研究也充分表明，随着全球传播的发展，要研究跨文化交流中国家的公共传播、公共外交，乃至中国人形象的塑造，则应该要充分研究和关注所要传播的受众的感受，真正了解外籍人士的价值观和文化背景，否则，单一的形象宣传可能会适得其反。这也正是本研究的现实意义所在。

同时，文化建构也是他者形象认知中不可忽视的重要因素。对于中国人形象评价的研究，有学者就指出，中国人的国际形象问题，其实是受众感知的问题。[1]就此意义而言，所谓中国人的形象，不是自己标榜或塑造的结果，恰恰相反，是接受者感知的结果，亦即接受者的感知决定了建构起什么样的形象，"我们"本来就不是原来的我们，而仅仅是"他者"眼中的"我们"。也就是说，"我们"在很大程度上是"他者"的一种映射，而这种复杂的表征性关系也正是文化建构的基本特点。由此，本研究进一步从不同文化背景、是否来过中国、是否具有宗教信仰等有关文化表征因素入手，分析外籍留学生对于中国人形象的评价，也清晰地说明了所谓的"中国人形象"，其实就是外籍留学生基于自身的文化背景、知识和立场所认识和理解的中国人形象。

本研究具有明显的局限，由于研究的样本所限，没有进行大规模、跨群体和多国的研究来检验变量，如果更大规模的研究能够展开，就能更加明晰地观察到不同文化背景的外籍人士对于中国人形象评价的不同方面，这也是本研究所期待进一步探究的问题。

原载《当代传播》2015年第4期，本章有修改

---

[1] 胡伟:《中国人的国际形象之"道"》,《公共外交季刊》,2012年春季号。

# 第五章

# 中国文化的底色

文化乃至文明形态的传播和影响，离不开他者对我们的文化的认同，在认同的基础上双方建立了共享的文化价值。本章内容则立足于跨文化传播、大众传播等研究理论，通过问卷调查研究方法，考察外籍留学生对中国文化的认识，亦即外籍留学生对于中国文化的认知、态度和评价等状况，由此来考察中国文化的全球传播，世界如何看待中国文化，以及中国文化如何适应世界文化的问题。研究结果表明：第一，外籍留学生对中国文化的认知主要包括历史、孔子、美食、功夫、儒家、汉字等文化符号，外籍留学生对中国文化的"工艺文化"态度评价最为明显，同时认为汉字文化、儒家文化、饮食文化、思想文化最能代表中国文化的形态。第二，来自东西方不同文化背景国家或地区的外籍留学生对中国文化态度评价中的"饮食文化""中国地理""古代科技""中国思想"变量，西方文化背景的外籍留学生较之东方文化背景的外籍留学生的评价趋于正面。相反，对于"中国历史"变量，东方文化背景的外籍留学生较之西方背景的外籍留学生则更正面。第三，以前是否来过中国的外籍留学生除对"饮食文化"变量的差异达到显著性水平外，其他皆未达显著。第四，有无宗教信仰的外籍留学生对于中国文化的态度评价，除"饮食文化""古代科技"变量达到显著性水平之外，其他皆未达显著。第五，外籍留学生人口变量与对中国文化总体态度的回归分析表明，人口变量中"性别""以前是否来过中国""就读年级""就读专业""宗教信仰"等自变量中，只有"宗教信仰"达到显著水平。

中国悠久的历史文化，在其长期的发展演变中，产生了强大的文化影响力，形成了"东亚文化圈""汉字文化圈"等文化形态，对周边民族和国家产生重要影响。启蒙运动时期的欧洲思想家，热衷于对遥远东方的中国文化的了解和认识，试图穿着中国文化的外衣，建构自己的现代乌托邦。虽然启蒙运动思想家这里的中国文化是被严重误读的中国文化，但是却无形中推动了中国文化在世界范围内的传播和影响。受18世纪"中国热"的影响，19世纪法国浪漫主义诗人朱笛特（Judith Gautier）热爱中国文化，以东方情调为主题，在她的文学艺术中塑造了遥远的文化他者，并终其一生将中国文化作为自己人生的"象牙塔"，朱笛特在诗中写道："我是一个中国人，我是中国王妃的再生。"[1]进入21世纪，随着当代全球政治、经济与文化交流的不断加强，中国经济社会的全面进步和发展，中国与世界的交流日益频繁和深入，新媒体传播技术的不断发展，以及社交媒体引发的全球媒介化社会，促使中国文化也在不断注入新的内容，并产生新的形态。那么，今天的中国文化如何与世界文化接轨，并形成自己新的文化形式，如何与全球各个文化形态之间平等对话，进而建立新的文化乃至文明形态，这是当代中国文化研究的重要议题。

## 一、世界的中国文化

　　关于西方世界如何看待"中国文化"的研究，主要是从历史与现实两种路径来展开的。就历史研究路径看，研究者基于中西文化交流和传播的历史事

---

[1] 参见钱林森：《光自东方来：法国作家与中国文化》，宁夏人民出版社，2004年，第182页。

实，系统梳理和考察历史上西方世界对于中国文化的传播、接受、认同和批判的问题。这类研究重点关注的是历史上西方世界了解、接受和传播中国文化的重要事件，包括古希腊罗马思想家，特别是近代以来康德、黑格尔、莱布尼茨、歌德、伏尔泰等启蒙运动学者，还有马克思等在内的西方思想家对于中国文化的认识、评价和批判。该类研究考察的核心问题是西方世界立足于自身的话语背景如何认识中国文化的问题。就现实路径看，研究者主要通过对各类传播形态的文本内容分析、传播形式分析等，重点探究当代西方社会的大众传媒、社会公众对中国文化的接受和评价等具体问题。下面分述之。

首先，就历史演变过程的研究看，基于中西方文化交流的历史事件，分析其传播内容和形态，以及背景和影响等问题，试图通过历史过程的描述和建构，解读和阐释中国与世界的历史文化关系。中国文化与西方世界接触的历史非常悠久，有学者认为，以仰韶文化为代表的中原彩陶文化，就经历了由东向西的传播过程，至汉代中国的商旅和使节则远赴罗马。[①]自此伊始，中国文化在西方世界的传播和影响始终没有中断，同时，立足于西方自身文化的视角，西方也不断地接受、认识和建构中国文化。对于西方世界如何认识中国文化的研究，主要包括不同时期中国文化向西方世界传播的历史史料的研究，以及西方世界对于中国文化的认识和建构、中国文化对西方文化的影响等问题。前者的研究主要集中于中西文化交流史。

早在20世纪20年代伊始，张星烺、冯承钧、向达、方豪、季羡林等学者就展开了中西交通史的研究，[②]开始全面探讨中西文化交流，以及中国文化对西方的影响诸问题。早期张星烺的《中西交通史料汇编》（1930）较为系统完整地对中外文化交流史料进行辑注和考释。向达的《中西交通史》（1934）和

---

① 沈福伟：《中西文化交流史》（第二版），上海人民出版社，2006年，第5、51页。
② 早期有张星烺《中西交通史料汇编》（1930）、《欧化东渐史》（1934），向达《唐代长安与西域文明》（1933，1957）、《中西交通史》（1934），朱杰勤《中西文化交通史译粹》（1939），方豪《中外文化交流史》（1943）、《中西交通史》（1953），冯承钧《中国南洋交通史》（1937），季羡林《中印文化关系史论丛》（1983）等著述。研究论文还有何炳松《中国文化西传考》（1935）、王国祈《近五十年来之德国汉学》（1939）、张维华《汉代中国和欧洲的关系》（1940）等。

《唐代长安与西域文明》（1957）整理和论述了物质文化领域和精神文化方面中西文明的融合与互动。方豪的《中西交通史》（1953）论述了自史前至明清各个时期的中外交流，涉及宗教、血统、语言、习俗、科技、艺术、建筑、商货、书籍、生物等方面的文化领域。

其后有季羡林主编《中外文化交流史丛书》（2009）、周一良《中外文化交流史》（1987）、沈福伟《中西文化交流史》（1985）、王小甫《古代中外文化交流史》（2006）等学者的相关研究著述，全面探究了中外文化交流的历史。王介南的《中外文化交流史》（2004），总结了移民、民间贸易、官方使节往来、朝贡、留学生互派及宗教传播、战争等传播形式，以及在物质、精神、制度三个文化层面上的交流融合的历史。何芳川的《中外文化交流史》（上下卷，2008），在文化交流的地域上，从东北亚、东南亚、南亚、西亚到非洲、欧洲、美洲等，全面介绍中外文化交流史。季羡林的《中印文化交流史》（2008），研究中印两国在精神文明和物质文明两个方面的交流，包括语言、文学、艺术、哲学、宗教、科学、技术以及蚕、丝、茶、火药、印刷术、糖等。何兆武的《中西文化交流史论》（2007），就中西文化交流中出现的重大问题进行专题性研究。沈福伟的《中西文化交流史》（2006），利用大量中外考古实物及文献资料，论述了从新石器时代到目前的中西文化由初步接触到互相交融的历史。张国刚的《中西文化关系通史》（2019），把"中西"概念中的"西"扩展到中国以外的"异域"，包括古代的西域、印度、阿拉伯等，直到近代的西方（欧美），就经济、政治、军事、农业、工业、商业、贸易、科技、绘画、雕刻、音乐、舞蹈等广阔的视野，兼容并包，全面论述，所涉及的文化传播内容十分丰富。同时就"中西文化关系"中的"关系"而言，指的是中西之间双向的交流，既有中国文化的输出，也有异域文化的输入，讨论了复杂的文化之间的相互影响、相互渗透的关系，也就是我们的研究所提出的"中国文化的全球传播"的概念。[1]

---

[1] 此外，有陈佳荣《中外交通史》（1987），严绍璗《中日文化交流史大系》（1996），张广达、王小甫《天涯若比邻》（1988），沈定平《明清之际中西文化交流史：趋同与辨异》（上下卷，2012），张西平《东亚与欧洲文化的早期相遇：东西文化交流史论》（2012），武斌《中华文化海外传播史》（1998），葛震《中国唐代文化海外传播问题研究》（2011）等著述。

立足于历史的研究，除史料辑录评述之外，还就具体中国文化对西方的影响展开探讨，如早期梁漱溟的《东西文化及其哲学》（1921）、朱谦之的《中国思想对于欧洲文化之影响》（1940）、《中国哲学对欧洲的影响》（1985）等著述，后有乐黛云主编《跨文化沟通个案研究》丛书（2007），范存忠《中国文化在启蒙时期的英国》（1991），徐善伟《东学西渐与西方文化的复兴》（2002）等著述。其他还有朱渺《儒学与法兰西的启蒙运动：十七世纪中国文化对欧洲输出及其影响》（1945）、苏芹荪《英国人对中国艺术的兴趣》（1946）、冯来仪《中国艺术对于近欧洲的影响》（1944）等的研究论文。[①]

当代学者对于该类问题的研究非常丰富，如姜淑芹《文学想象与文化利用：英国文学中的中国形象》（2005）、《镜像后的文化冲突与文化认同：英美文学中的中国形象》（2008），吴孟雪《明清时期欧洲人眼中的中国》（2000），忻剑飞《世界的中国观》（2013）等。还有学者进行专题性研究，如许明龙《孟德斯鸠与中国》（1989），卿文光《论黑格尔的中国文化观》（2005），曾艳兵《卡夫卡与中国文化》（2006），孙小礼《莱布尼茨与中国文化》（2006），陈宣良《伏尔泰与中国文化》（2010），马剑《黑塞与中国文化》（2010）等著述，从更为翔实的历史细节和微观分析入手，探究欧洲人眼中的中国文化。

立足于历史发展对中国文化异域传播的探究，重点在于对中西文化传播和交流的史料进行全面梳理，为后续研究提供丰富的资料和扎实的基础。同时，当代学者则更多地立足于文化建构主义视角，借助于萨义德的"后殖民主义"理论分析框架，从而建立了"他者眼中的中国文化"的分析框架。中西文化传播和交流研究的重点是，在对历史资料梳理的同时，更注重在知识权力、文化背景下西方如何建构起属于西方的"东方文化他者"，其表现形态以及隐含的内在逻辑究竟是什么。由此，中国在欧洲眼中，无论是18世纪的儒家学说、20世纪的老庄智慧所形成的"乌托邦形象"，还是19世纪专制落后野蛮的"意识形态形象"，都是与中国现实存在无关的欧洲建构与想象，是欧洲在一

---

① 参见杨明晨、刘洪涛:《中国文化欧洲传播研究：历史嬗变与范式转型》，《北京第二外国语学院学报》，2015年第6期。

套自身固有的知识制度与权力体系的运作下,所形成的为反观自身而出现的变形的"他者"。[1]究其实,这些建构都与本真意义上的中国真实存在无关,仅仅是他者建构的镜像。由此以来,正如有学者指出的,"他们都无一例外地把中国文化、中国精神视为与自身文明相异、魅力无穷的'他者',都乐于把这个陌生相异的'他者'看作构建自家文化不可或缺的精神参照,看作是返观自身、回归自己的一面镜子"[2]。就此角度而言,西方意义上的中国,乃至中国文化,就是作为他者的文化镜像。

就对现实中的中国文化传播的研究看,研究者通过问卷调查、个案访谈等方法,重点探究外籍人士,特别是来华学习的外籍留学生对中国文化的认知、需求动机等,研究范围包括外籍留学生对中国文化的具体内容的接受与认知的调查,以及对中国文化的评价与传播效果满意度等诸多问题,这些研究内容涉及语言、艺术、历史、饮食、中医、武术、书法等中国文化的各个领域。[3]相较历史研究,该类研究更加关注中国文化传播的现实应用,为如何更加有效地传播中国文化提供相应的解决措施和对策建议,提高中国文化国际传播的水平与效果,进而提高中国文化的全球认同感。该类研究虽然通过问卷调

---

[1] 参见杨明晨、刘洪涛:《中国文化欧洲传播研究:历史嬗变与范式转型》,《北京第二外国语学院学报》,2015年第6期。

[2] 钱林森:《光自东方来:法国作家与中国文化》,第15页。

[3] 如何晓菲、王凤丽《外籍留学生对中国文化认同感的研究》(2018),汤晓山、罗奕、雷盛廷《东盟国家青年留学生对中国文化的认同探析》(2018),刘波等《跨文化交际背景下留学生中国文化适应性的研究》(2018),王美娟《留学生的中国文化身份认同调查与分析:以兰州高校留学生为例》(2018),苏博《论美国外籍留学生对中国文化的刻板印象及其影响》(2018),陈婷婷《跨文化视角下外国在华留学生对中国文化的认同研究》(2018),王强《外国人对中国文化的认知情况:一项基于留学生群体的调查》(2015),陶宇坤《留学生汉语学习动机及其与中国文化认同关系研究》,元青、岳婷婷《留学生与中国文化的海外传播——以20世纪上半期为中心的考察》(2014),薛媛《外国留学生对中国文化关注情况分析——以河北大学留学生为例》(2014),张瑞《来华中亚留学生对中国文化需求分析研究》(2013),王瑷珲《留学生对中国文化知识的态度与需求——以北京大学为例》(2012),安然、张仕海《亚洲外籍留学生教育需求调查分析》(2008)等诸多研究论文。

查、深度访谈等研究方法，获得了外籍留学生对于中国文化等的基本认知和看法，但是在具体深入的理论逻辑建构和分析方面，多有不足，需要进一步探究这些现象背后隐含的文化意义和逻辑。

综上所述，对于西方世界如何看待"中国文化"的研究，无论是从历史还是现实视角展开的研究，都试图探究中国文化进入西方的基本状况，并对其影响做出解释。历史研究通过资料的整理爬梳，试图从中发现中国文化在西方传播的历史，以及所产生的具体影响，由此探究中西文化交流的内在规律。该类研究的重点在于历史资料的整理，而且大多数是对文献资料的描述性介绍，多数研究没有全面深入分析中国文化在西方传播中的内在规律和特征。从现实视角出发的研究，大多数通过问卷调查等实证方法，获取了较为丰富的中国文化在西方传播的现状的资料，但进一步探究分析文化传播内涵和特征的研究也相对较少。

## 二、中国文化的测量与调查

### （一）文化及中国文化的测量

#### 1. 文化

所谓"文化"（Culture），依照《辞海》的解释，从广义来说，指人类社会历史实践过程中所创造的物质财富和精神财富的总和。从狭义来说，指社会意识形态以及与之相适应的制度和组织机构。无疑，"文化"是一个内涵极为宽泛的概念。英国文化研究学者爱德华·泰勒（Edward Tylor）的定义是："文化或文明，从其宽泛的民族志意义上来理解，是指一个复合整体，它包含知识、信仰、艺术、道德、法律、习俗以及作为社会一个成员的人所习得的其他一切能力和习惯。"[1]虽然，泰勒关于"文化"的界定影响了后世的诸多的文化研究

---

[1] Tylor, Edward Burnett. *Primitive Culture: Researches into the Development of Mythology, Philosophy, Religion, Art, and Custom*. Cambridge University Press, 2010, p. 1.

学者，但是，泰勒的"文化"定义因为其"复合整体"的笼统性和不确定性而遭到不断质疑，但是他所列举出的文化现象也对界定"文化"概念提供了思路。因为"文化"概念的繁杂性，因此，这里并不具体深入到"文化"概念的讨论，因此，本研究试图仅仅就文化现象层面做出分析。中国文化学者冯天瑜认为，文化分为技术系统和价值系统两大类，分别对应器用层面和观念层面。前者即人类物质生产方式和产品的总和，后者即人类在社会实践和意识活动中形成的价值取向、审美情趣、思维方式，凝聚为文化的精神内核。介于二者之间的，还有制度文化和行为文化。前者指人类在社会实践中建构的各种社会规范、典章制度，后者指人类在社会交往中约定俗成的风习、礼俗等行为模式。因此，文化包括物质、精神、制度、行为四个层面。[①] 就文化现象的表现形态看，本研究认为，文化主要体现于器物、历史、社会、行为、情感、价值等层面，本研究拟结合对文化的不同认识，着重从物质、精神、特征三个层面来考察文化的构成和内涵。

**2. 中国文化**

如何界定中国文化，也是文化研究者所面对的难题。可以说，对于中国文化的研究浩如烟海，过往的中国文化研究从不同的立场和视角，对中国文化的内涵、特征和表现形态等各个方面都做出了全面的解释。冯天瑜等的研究也认为，中国传统文化在一个半封闭的北温带块状大陆得以滋生发展，其物质生产方式的主体是农业自然经济，社会组织以宗法-家族制度和专制政体为基本形态，而周边则为后进民族所环绕。这样一种特定的生态环境，使中国文化形成富于自身特色的基本品格。由此形成了中国文化的重人文、重伦理，尊君重民、中庸和谐等文化特征。[②] 基于这些特征，本研究在界定中国文化时，亦从物质、精神层面，以及特征等方面加以描述与考察。

综合上述思路和观点，本研究通过文献梳理，结合学者们的研究分类，首先，为了更加全面地考察对中国文化的符号认知，本研究设置了开放性问

---

① 冯天瑜、杨华、任放：《中国文化史》，高等教育出版社，2005年，第13页。

② 同上，第21—22页。

题，即"提到中国文化，您的第一印象是什么？"试图了解调查对象对中国文化的符号认知。其次，通过焦点小组访谈，对中国文化的构成变量进行设定，确定包括物质和精神层面的11个维度，具体包括：中国汉字、中国饮食、中国工艺、中国建筑、古代科技、中国历史、中国地理、中国文学、民间文化、音乐舞蹈、中国思想。通过预调查和前测，确定了正式的调查量表。经检验，该量表的内部一致信度α=.836，有高的信度水平。最后，又设置了汉字文化、饮食文化、技术文化、建筑文化、思想文化、宗教文化、乡村文化、农业文化、文艺文化、音乐文化、舞蹈文化、儒家文化、保守文化、地域文化、多元文化、开放文化等开放型的中国文化的范围，试图探究受访者对中国文化的多元理解和评价。

## （二）中国文化的研究样本与调查

本研究采取了问卷调查法。本研究于2018年10月19—25日之间，由上海交通大学50位本科同学组成的"外籍留学生中国文化问卷调查"研究调查成员在上海交通大学选修课教室、自修室、图书馆、留学生公寓等地点随机发放问卷共300份，回收问卷286份，其中有效问卷286份。由于客观条件所限，本研究无法对整个中国大陆外籍留学生学生群体进行全面抽样调查研究，因此，本研究不能确保统计结果全面反映在校外籍留学生总体的特征。

本研究的样本为外籍留学生，其中男性（169，59.1%）、女性（117，40.9%）。分别来自东方国家或地区（日本、韩国等，206，72.0%）、西方国家或地区（英国、德国、法国、美国等，72，25.2%），其他国家或地区（8，2.8%）。来中国学习的时间分布为1年以下（48，16.8%）、1—5年（190，66.4%）、5—10年（16，5.6%）、10年以上（32，11.2%）。以前来过中国（156，54.5%），以前没来过中国（130，45.5%）。就读年级分布为大一（77，26.9%）、大二（94，32.9%）、大三（50，17.5%）、大四（14，4.9%）、硕士研究生（22，7.7%）、博士研究生（29，10.1%）。专业分布为理科（33，11.5%）、工科（127，44.4%）、应用技术（5，1.7%）、文史哲/教育（9，3.1%）、经管（43，

15.0%)、农林医（8，2.8%）、政治/法律/行政管理（13，4.5%）、艺术/外语/体育/传媒（42，14.7%）、其他（6，2.1%）。

## 三、中国文化的认知、态度和评价

### （一）外籍留学生对中国文化的总体认知、态度和评价

其一，为了调查外籍留学生对于中国文化的总体认知，本研究设计了开放性问题"提到中国文化，您的第一印象是什么？"来了解外籍留学生对于"中国文化"的总体认知。就调查结果来看，当提到中国文化，外籍留学生对中国文化的总体认知主要集中在"历史"（28，9.8%）、"孔子"（28，9.8%）、"美食"（27，9.4%）、"功夫"（16，5.6%）、"儒家"（15，5.2%）、"汉字"（12，4.2%）等方面。其他中国文化认知如"茶""诗词""长城""书法""春节"等皆分布较低。这与前面第三章提到的总体分布历史、孔子、美食、汉字、功夫、儒学等是一致的。可见，外籍留学生对于中国文化的认知，首先都是具体的文化符号，要么是文化名人（孔子），要么是社会历史（历史悠久），要么是文化现象（饮食、功夫等）。但从这里可看出，外籍留学生对于中国文化的认知依然存在明显的"刻板印象"特点。总体可描述为，外籍留学生对于中国文化的理解和认知，基本是中国文化历史悠久，以孔夫子儒家文化为代表，物质层面上包括丰富的饮食文化和功夫文化等内容。

其二，根据前述中国文化的测量量表，本研究对外籍留学生中国文化的态度偏向进行了调查，本调查设置了问题"您对中国文化的喜欢程度"，来考察外籍留学生对中国文化的态度。结果表明（如表5-1所示），外籍留学生对中国文化的态度偏向，均值得分在4分以上的是"中国工艺"，其他如"中国建筑"（3.99）、"中国历史"（3.97）、"中国饮食"（3.93）、"中国地理"（3.92）、"古代科技"（3.90）等接近4分，"中国汉字"（3.85）、"中国文学"（3.85）、"民间文化"（3.76）、"音乐舞蹈"（3.58）、"中国思想"（3.44）等也

得分不低。可见，外籍留学生对中国文化中的工艺、建筑、历史、饮食、地理、科技等情有独钟。

表5-1　外籍留学生对中国文化的喜欢程度（$n$=286）

| 项目 | 均值（M） | 标准差（SD） | 标准误差（SE） |
| --- | --- | --- | --- |
| 中国工艺 | 4.02 | .844 | .050 |
| 中国建筑 | 3.99 | 1.009 | .060 |
| 中国历史 | 3.97 | 1.111 | .066 |
| 中国饮食 | 3.93 | 1.023 | .061 |
| 中国地理 | 3.92 | .957 | .057 |
| 古代科技 | 3.90 | .901 | .053 |
| 中国汉字 | 3.85 | 1.030 | .061 |
| 中国文学 | 3.85 | .921 | .054 |
| 民间文化 | 3.76 | .884 | .052 |
| 音乐舞蹈 | 3.58 | 1.015 | .060 |
| 中国思想 | 3.44 | 1.003 | .059 |

*注：① 喜欢程度评分值（1=不喜欢，5=非常喜欢）。
② t检验显示，受访者对中国文化喜欢程度的评价，均值差异均达到统计显著水平。

其三，本研究还调查了外籍留学生对于中国文化的总体评价，即考察外籍留学生认为的最能代表中国文化的要素。从调查结果看，中国文化集中表现在"汉字文化"（216，75.5%）、"儒家文化"（198，69.2%）、"饮食文化"（184，64.3%）、"思想文化"（138，48.3%）等方面，其他如"建筑文化"（108，37.8%）、"地域文化"（92，32.2%）、"文艺文化"（92，32.2%）、"乡村文化"（81，28.3%）、"农业文化"（79，27.6%）、"技术文化"（66，23.1%）、"音乐文化"（61，21.3%）、"多元文化"（57，19.9%）、"舞蹈文化"（46，16.1%）、"保守文化"（45，15.7%）、"开放文化"（27，9.4%）、"宗教文化"（20，7.0%）等分布较低。也就是说，在外籍留学生看来，汉字、儒家学说、饮食、中国思想等是中国文化的集中表现。

## （二）来自不同文化背景国家或地区的外籍留学生对中国文化的态度偏向评价

本研究还对来自不同文化背景国家或地区的外籍留学生对中国文化的态度偏向评价差异进行考察。本次调查中，外籍留学生来自美国、英国、德国、法国、荷兰、西班牙、葡萄牙、澳大利亚、意大利、加拿大、哥伦比亚、玻利维亚、喀麦隆、日本、韩国、乌克兰、哈萨克斯坦、新加坡、也门、伊朗、泰国、印度尼西亚、越南、老挝、马来西亚、缅甸、尼泊尔等欧洲、美洲、大洋洲、亚洲、非洲的不同国家和地区。

为了便于观察不同国别所反映的文化背景的差异，本研究将其来源国进行合并，即按照文化背景将其分为东方和西方两大部分，然后对此两组进行t检验。研究结果发现（如表5-2所示），基于东西方不同文化背景的外籍留学生对于中国文化的态度偏向评价在"中国历史"（4.07-东方，3.09-西方，下同）、"中国饮食"（3.82，4.17）、"中国地理"（3.82，4.17）、"古代科技"（3.80，4.13）、"民间文化"（3.69，3.92）、"中国思想"（3.33，3.71）6个变量达显著性水平。亦即在对于中国文化的态度偏向评价中，对于"中国饮食""中国地理""古代科技""中国思想""民间文化"变量，西方文化背景的外籍留学生较之东方文化背景的外籍留学生的评价更趋于正面。相反，对于"中国历史"变量的态度偏向评价，东方文化背景的外籍留学生较之西方背景的外籍留学生则更加正面。显而易见，文化背景的差异对于"中国文化"的态度偏向评价有非常重要的影响。由此研究可以推断，外籍留学生关于中国文化的评价，事实上并不在于对中国文化的真实了解，反而深受自身的文化建构的影响。

表5-2 来自不同文化背景国家或地区的外籍留学生对中国文化态度评价的t检验（$n=286$）

| 项目 | 文化背景 | 均值（M） | 标准差（SD） | 标准误差（SE） | 显著性（Sig） |
| --- | --- | --- | --- | --- | --- |
| 中国工艺 | 东方 | 3.99 | .854 | .060 | .365 |
|  | 西方 | 4.09 | .808 | .093 |  |
| 中国建筑 | 东方 | 3.94 | 1.092 | .076 | .150 |
|  | 西方 | 4.13 | .759 | .088 |  |

（续表）

| 项目 | 文化背景 | 均值（M） | 标准差（SD） | 标准误差（SE） | 显著性（Sig） |
|---|---|---|---|---|---|
| 中国历史 | 东方 | 4.07 | .980 | .069 | .013* |
| | 西方 | 3.69 | 1.395 | .161 | |
| 中国饮食 | 东方 | 3.82 | 1.082 | .076 | .012* |
| | 西方 | 4.17 | .860 | .099 | |
| 中国地理 | 东方 | 3.82 | 1.002 | .070 | .007** |
| | 西方 | 4.17 | .812 | .094 | |
| 古代科技 | 东方 | 3.80 | .899 | .063 | .013* |
| | 西方 | 4.13 | .875 | .101 | |
| 中国汉字 | 东方 | 3.79 | 1.060 | .074 | .158 |
| | 西方 | 3.99 | .951 | .110 | |
| 中国文学 | 东方 | 3.91 | .894 | .063 | .100 |
| | 西方 | 3.71 | .983 | .114 | |
| 民间文化 | 东方 | 3.69 | .910 | .064 | .050* |
| | 西方 | 3.92 | .784 | .091 | |
| 音乐舞蹈 | 东方 | 3.52 | .990 | .069 | .184 |
| | 西方 | 3.71 | 1.075 | .124 | |
| 中国思想 | 东方 | 3.33 | 1.048 | .073 | .005** |
| | 西方 | 3.71 | .818 | .094 | |

*注：① 变量编码：国家（1=东方，2=西方）；中国文化喜欢程度（1=负面肯定，5=正面肯定）。
② *p＜.05，**p＜.01，***p＜.001。

## （三）以前是否来过中国的外籍留学生的中国文化态度偏向评价

本研究还对以前是否来过中国的外籍留学生对于中国文化态度偏向评价的差异进行考察。本次调查发现（如表5-3所示），除了"中国历史"（4.04-是，3.89-否，下同）、"中国饮食"（4.04，3.79）、"中国地理"（3.92，3.92）、

"民间文化"(3.79，3.71)、"中国思想"(3.41，3.48)变量的差异达到显著性水平外，其他皆未达显著。也就是说，以前是否来过中国，对于中国文化的态度偏向评价如中国历史、中国饮食、中国地理、民间文化、中国思想等产生影响。结果显示，以前来过中国的外籍留学生，除"中国思想"之外，其他变量的评价都高于没有来过中国的评价。那么，由此可以更明确地推断，调查前来过中国，对于中国有了一定的直观经验，加深了和强化了对中国文化的态度评价，因此，更偏向于正面的态度评价。可见，"百闻不如一见"，通过直观的个体经验，人们更容易接受和认同他者文化，人际交往是文化传播的重要途径。

表5-3 以前是否来过中国的外籍留学生对中国文化评价的t检验（n=286）

| 项目 | 以前是否来过中国 | 均值（M） | 标准差（SD） | 标准误差（SE） | 显著性（Sig） |
| --- | --- | --- | --- | --- | --- |
| 中国工艺 | 是 | 4.04 | .860 | .069 | .365 |
|  | 否 | 4.00 | .826 | .072 |  |
| 中国建筑 | 是 | 4.00 | 1.029 | .082 | .150 |
|  | 否 | 3.98 | .988 | .087 |  |
| 中国历史 | 是 | 4.04 | .983 | .079 | .013* |
|  | 否 | 3.89 | 1.247 | .109 |  |
| 中国饮食 | 是 | 4.04 | 1.028 | .082 | .012* |
|  | 否 | 3.79 | 1.024 | .090 |  |
| 中国地理 | 是 | 3.92 | 1.000 | .080 | .007** |
|  | 否 | 3.92 | .907 | .080 |  |
| 古代科技 | 是 | 3.84 | .926 | .074 | .200 |
|  | 否 | 3.98 | .867 | .076 |  |
| 中国汉字 | 是 | 3.88 | 1.092 | .087 | .158 |
|  | 否 | 3.82 | .955 | .084 |  |
| 中国文学 | 是 | 3.94 | .941 | .075 | .100 |
|  | 否 | 3.75 | .890 | .078 |  |

（续表）

| 项目 | 以前是否来过中国 | 均值（M） | 标准差（SD） | 标准误差（SE） | 显著性（Sig） |
|---|---|---|---|---|---|
| 民间文化 | 是 | 3.79 | .935 | .075 | .050* |
|  | 否 | 3.71 | .821 | .072 |  |
| 音乐舞蹈 | 是 | 3.56 | 1.049 | .084 | .184 |
|  | 否 | 3.62 | .976 | .086 |  |
| 中国思想 | 是 | 3.41 | 1.065 | .085 | .005** |
|  | 否 | 3.48 | .925 | .081 |  |

*注：① 变量编码：以前是否来过中国（1=来过，2=没有）；中国文化喜欢程度（1=负面，5=正面）。
② *p＜.05，**p＜.01，***p＜.001。

## （四）有无宗教信仰的外籍留学生的中国文化态度偏向评价

本研究还考察了有无宗教信仰的外籍留学生对于中国文化态度偏向评价的差异。本次调查发现（如表5-4所示），除了对于"中国饮食"（3.75，4.11）变量达到显著水平之外，其他皆未达显著。就饮食而言，与宗教信仰所宣扬的基本理念有悖，故此可以认为，宗教信仰所形成的饮食文化观念，从而使得具有宗教信仰的外籍留学生对于中国饮食文化形成不同的评价。

表5-4　有无宗教信仰的外籍留学生对中国文化评价的t检验（ n=286 ）

| 项目 | 有无宗教信仰 | 均值（M） | 标准差（SD） | 标准误差（SE） | 显著性（Sig） |
|---|---|---|---|---|---|
| 中国工艺 | 有 | 4.08 | .872 | .072 | .610 |
|  | 无 | 3.97 | .813 | .069 |  |
| 中国建筑 | 有 | 4.02 | 1.067 | .088 | .851 |
|  | 无 | 3.96 | .948 | .080 |  |
| 中国历史 | 有 | 3.95 | 1.222 | .101 | .125 |
|  | 无 | 3.99 | .985 | .083 |  |

（续表）

| 项目 | 有无宗教信仰 | 均值（M） | 标准差（SD） | 标准误差（SE） | 显著性（Sig） |
|---|---|---|---|---|---|
| 中国饮食 | 有 | 3.75 | 1.094 | .091 | .018* |
|  | 无 | 4.11 | .930 | .079 |  |
| 中国地理 | 有 | 3.92 | 1.014 | .084 | .459 |
|  | 无 | 3.92 | .898 | .076 |  |
| 古代科技 | 有 | 4.03 | .943 | .078 | .666 |
|  | 无 | 3.76 | .836 | .071 |  |
| 中国汉字 | 有 | 3.74 | 1.051 | .087 | .147 |
|  | 无 | 3.96 | .999 | .084 |  |
| 中国文学 | 有 | 3.83 | .985 | .082 | .574 |
|  | 无 | 3.88 | .852 | .072 |  |
| 民间文化 | 有 | 3.75 | .883 | .073 | .341 |
|  | 无 | 3.76 | .889 | .075 |  |
| 音乐舞蹈 | 有 | 3.55 | 1.031 | .085 | .828 |
|  | 无 | 3.61 | 1.001 | .085 |  |
| 中国思想 | 有 | 3.42 | 1.036 | .086 | .750 |
|  | 无 | 3.47 | .970 | .082 |  |

*注：① 变量编码：宗教信仰（1=有，2=无）；中国文化喜欢程度（1=负面肯定，5=正面肯定）。
② *p＜.05，**p＜.01，***p＜.001。

## （五）外籍留学生人口变量与中国文化总体态度的回归分析

本研究通过回归分析，探讨了外籍留学生人口变量与中国文化总体态度的关系。人口变量包括性别、以前是否来过中国、就读年级、就读专业、宗教信仰。结果表明，人口变量对中国文化总体态度评价，只有"宗教信仰"达到显著。也就是说，对于中国文化的总体态度评价，外籍留学生的宗教信仰，是主要的影响因素。

表5-5 人口变量与中国文化总体态度评价的回归分析（$n=289$）

| 人口变量 | B | 标准误差（SE） | 标准系数（Beta） | t | 显著性（Sig） |
| --- | --- | --- | --- | --- | --- |
| （常量） | 3.902 | .336 | .137 | 11.626 | .000 |
| 性别 | -.196 | .112 | -.106 | -1.746 | .082 |
| 以前是否来过中国 | -.053 | .115 | -.029 | -.465 | .642 |
| 就读年级 | .021 | .037 | .037 | .565 | .573 |
| 就读专业 | -.028 | .018 | -.094 | -1.557 | .573 |
| 宗教信仰 | .280 | .118 | .154 | 2.382 | .018* |

*注：① 因变量为对中国文化的总体态度。
② *p＜.05，**p＜.01，***p＜.001。

## 四、本章总结与讨论

本研究基于在华的外籍留学生群体，该群体的总体特征是对中国文化有一定的认知和了解，并且对中国文化有一定的情感偏向，因此，该研究仅仅回答的是在华外籍留学生群体对中国文化的认知、态度和评价问题。但如果该研究能在一定程度上反映出外籍留学生对于中国文化的认知、态度和评价，那么，可得出以下几点结论：

第一，外籍留学生对中国文化的总体印象认知主要有历史、孔子、美食、功夫、儒家、汉字等方面。就态度偏向评价看，外籍留学生对中国文化中的"中国工艺""中国建筑""中国历史""中国饮食""中国地理""古代科技"等文化形态情有独钟。就文化总体评价而言，外籍留学生认为"汉字文化""儒家文化""饮食文化""思想文化"是最能代表中国文化的形式。

第二，外籍留学生对于中国文化的态度偏向评价，明显受到自身文化背景的影响。对于中国文化中的"中国饮食""中国地理""古代科技""中国思想"等的态度评价，西方文化背景的外籍留学生较之东方文化背景的外籍留学生的评价趋于正面。对于"中国历史"的态度偏向评价，东方文化背景的外籍留学生较之西方文化背景的外籍留学生则更正面。

第三，外籍留学生对于中国文化态度偏向评价，形成比较稳定的判断后，不会因为直接经验的影响而改变。本次调查也发现，以前是否来过中国，对于中国文化的态度偏向评价亦产生影响。那么，由此可以更明确地推断，显然外籍留学生对于中国文化的态度偏向，以前来过中国的话，到中国后更偏向于正面的态度评价。

第四，外籍留学生对于中国文化态度偏向评价，有无宗教信仰除了对"中国饮食"产生影响外，对于其他中国文化形态并没有产生影响。此外，就外籍留学生人口变量（性别、以前是否来过中国、就读年级、就读专业、宗教信仰）与中国文化总体态度评价的关系而言，所有变量中，只有宗教信仰的差异对中国文化的总体态度评价达到显著水平。那么，亦可认为，有无宗教信仰，对中国文化的各类形态评价并未有影响（除饮食文化外），但是，不同宗教信仰之间的差异，却又对中国文化的总体态度评价产生影响。简言之，外籍留学生因宗教信仰的不同，而对中国文化的总体态度偏向评价有差异。

不同国家、群体之间的文化间传播，文化接受者是如何接受、认知并建构他者文化的？一方面，通过一般性的知识形成对于一个国家或群体文化的真实认识。另一方面，立足于自身的文化背景，在接受他者文化时进行"为我所用"的改造和建构，在此过程中，文化产生误读。文化传播学者库克·怀特·斯蒂芬（C. W. Stephan）和沃尔特·G. 斯蒂芬（W. G. Stephan）提出："跨文化的关系是以误会（Misunderstandings）、误解（Misinterpretations）和误传（Miscommunications）为特征的。人们习惯于错误地建构和感知来自其他文化的人的行为，因为他们将这些行为置于其自身文化的价值、信仰、规范框架内看待和理解。"[①] 不同的文化在反映和建构现实上是各不相同的，比如孔子学说在欧洲启蒙运动时期的传播，朱谦之就认为："17、18世纪欧洲思想界为反对宗教而主张哲学，故对宗教所认为异端的孔子、异端的理学，热烈地加以欢迎和提倡，但是由于法、德的社会经济背景不同，这两国的思想界对于中

---

① ［美］威廉·B. 古狄昆斯特、［美］贝拉·莫迪主编：《国际传播与文化间传播研究手册》（第二版），第128页。

国哲学的认识也有所不同。"[1]显然，西方世界对于孔子学说的接受和理解，无论如何也无法脱离西方世界本身的文化窠臼，可以说，文化传播本身就包含着文化再创造的过程。对此，正如许多研究者所指出的，西方世界对于中国文化的认识，如果放在中西关系史的长河中从知识与权力的角度分析，其实是西方建构起他者形象的传统。因此，外籍留学生对于中国文化的认知、态度偏向评价，无法脱离自身文化背景的影响，也无不带有自身文化建构的传统。本研究调查结果显示，外籍留学生对中国文化的印象分别为历史、孔子、美食、功夫、儒家、汉字等方面的认知，这种对孔夫子文化的深刻印象，显然是西方启蒙运动传统下建构起来的中国文化的延续。因此，在现实的文化传播中，不可避免地要关注文化误读、误解、误传等建构因素。作为中国文化传播受众的外籍留学生的价值观和文化背景，则是文化传播中主要的影响因素，这也给我们现实的文化传播提出了重要的思路。

同时，文化间传播中所形成的文化认同，更多的是偏向于情感而建立。文化影响人们信息刺激判断是具有情感意义的，特定文化族群的成员会将他们自己所具有的理念带入到对他者文化的接受和理解中。文化研究学者指出："认知和情感在跨文化互动中会对行为产生直接的影响。行为可能被认知、情感或两者兼有的情况所影响。行为可能产生于对某群体的刻板印象。……同时，导致行为的主要因素也可能是对某个群体的情绪性反应，如轻视或不信任。"[2]由此，文化接受者的文化建构，不在于传播者自己刻意的标榜或塑造，恰恰相反，它是接受者情感接近的结果。如果说，在情感层面上认同了"我们"，那么，"他者"则与"我们"形成了强烈的情感联系，由此，进一步建立起更为广泛的文化认同。就情感层面而言，如果"我们"成为"他者"的情感映射和表征，这也正是文化认同的基础。由此，本研究进一步从以前是否来过中国、宗教信仰差异等有关情感因素入手，分析外籍留学生对于中国文化的态度及评价，也清晰地说明了所谓的外籍留学生眼中的"中国文化"，

---

[1] 朱谦之:《中国哲学对欧洲的影响》，河北人民出版社，1999年，第370页。
[2] [美]威廉·B.古狄昆斯特、[美]贝拉·莫迪主编:《国际传播与文化间传播研究手册》（第二版），第129页。

其实也包含着外籍留学生对于中国文化的情感认同。因为外籍留学生来华前,已经形成或建立起了对中国文化的正面态度偏好,形成了初步的文化认同。因此,中国文化的全球传播,如何站在同理心的角度,践行"人同此心,心同此理"的传播观,通过"以情动人",而不是"高台教化"的方法和途径向世界传播中国文化,十分重要。诚如钱锺书所言:"东海西海,心理攸同;南学北学,道术未裂。"[1]

原载《当代传播》2019年第1期(作者:朱佳妮、姚君喜),本章有修改

---

[1] 钱锺书:《谈艺录》,生活·读书·新知三联书店,2007年,第5页。

# 第六章

# 中国文化符号

通过符号表征意义，是人们表达事物和思想的方式。符号化是人们认知事物的基本手段，跨文化传播中人们首先借助符号化建构文化认知。在符号化表征的认知活动中，态度的作用至关重要。本章研究通过对北京、上海、广州1150名外籍留学生展开的问卷调查，试图解释在华外籍留学生的人口变量、媒介使用、中国文化态度与中国文化符号评价之间的关系。研究发现：第一，在所调查的25项中国文化符号中，外籍留学生对中国文化符号喜好度评价居于首位的是长城、大熊猫，其次是汉语、春节、中国功夫，从知晓度看，汉语、汉字、长城、中国功夫、中餐等位居前列。第二，来自不同文化背景国家或地区、以前是否来过中国的外籍留学生对于中国文化符号的态度评价也有差异。第三，外籍留学生的中国文化态度评价与中国文化符号态度评价达到显著相关。第四，外籍留学生人口变量、媒介使用中部分影响因素对于中国文化符号态度评价达到显著相关。

符号是人们认知事物时所形成的抽象、简化和概括的形式，因此，索绪尔（F. Saussure）最早提出，在语言中"能指和所指的联系是任意的，或者，因为我们所说的符号是指能指和所指相联结所产生的整体。我们可以更简单地说，语言符号是任意的"[1]。罗兰·巴尔特（Roland Barthes）也认为，符号反映的是"两个相关物之间（的）一种关系"[2]。对于符号的特征而言，有学者解释说，所谓"符号"，"就是一种可通过视觉、听觉所感知的对象，主体把这种对象与某种事物相联结，使得一定的对象代表一定的事物，当这种规定被一个人类集体所认同，从而成为这个集体的公共约定时，这个对象就成为代表这个事物的符号"[3]。符号学理论认为，就符号构成而言，一般包括所指的客体对象、符号本身和所负载的意义，任何符号背后都有所指的客体对象，但同时又包含着各个不同层面的引申意义。就逻辑关系而言，客体对象是符号的基础，所负载的解释内涵则是符号的意义。就实践层面而言，文化符号是跨文化传播和交流的重要载体。

## 一、作为表征的文化符号

在跨文化传播中，不同的文化主体在认识他者及他者的文化时，由于对所认知的对象的事实知识的缺乏，加之人类认知本身的节俭简化原则，因此，

---

[1] ［瑞士］索绪尔:《普通语言学教程》，高明凯译，商务印书馆，1980年，第102页。
[2] ［法］罗兰·巴尔特:《符号学原理》，王东亮译，生活·读书·新知三联书店，1999年，第26页。
[3] 参见何新:《艺术系统分析导论》,《学习与探索》，1985年第5期。

人们往往习惯于将他者及他者文化简化或抽象为特定的"符号",将其意义加以概括性认知,从而形成文化表征。由此,在表述抽象复杂的概念时,人们往往以具象的可感知的符号来指代这些抽象概念。诸如国家、民族或是文化等抽象概念,人们习惯于把它们与可感知的具象形态联系起来。比如中国龙、美国鹰、印度象等具象概念,就分别指代中国、美国、印度等抽象概念。如前所述,谈到中国文化,诸如历史、孔子、美食、汉字、功夫、儒学等文化符号就会呈现出来。自然而然,诸如好莱坞、迪士尼、麦当劳、NBA、自由女神像等,往往是美国文化符号的代表。这些源于对某个国家和民族的历史、文化发展所形成的具有明显特征的文化符号形式,就成为今天国家和民族认同的最直观的文化符号表征。在中国文化的全球传播中,对于中国文化认同度普遍较高的外籍留学生群体,是中国文化全球传播和交流的重要途径和载体。正如有的研究所指出的,对于长城、中国功夫、中国饮食等这类在海外有一定认知基础的文化符号,需要深入探究其文化内涵,在对外传播中赋予更多的中国文化的核心价值观。[1]因此,以外籍留学生为观察对象,探究其对中国文化符号的基本认知和态度评价、内在认知规律,以及与文化、宗教差异和媒介使用等影响因素之间的内在关联,进而了解和发现中国文化在世界范围内的影响力,同时探究中国文化全球传播的内在规律和基本特征,从而有效促进世界对中国文化的了解和认同。

"文化"概念的内涵非常丰富,如第二章所论,主要有内在精神和外在形态两个方面。就其内在精神而言,主要体现为哲理思想、价值观念、道德伦理、艺术精神等观念内容,谓之形而上内涵。就其外在形态而言,则主要体现为物质形式、制度架构、行为习惯、具体文化类型等可感知层面,谓之形而下形态。文化符号就其形式而言,首先是文化的具体可感的形而下形态存在,但就其意义而言,又负载着内在的文化精神内涵,是文化的表征形态。如文化形态中常见的历史名人、自然景观、人文建筑、文学艺术、习俗行为等等,都具有可感的形态,但同时又包含着内在的文化精神。因此,对于中国文化的研

---

[1] 王丽雅:《中国文化符号在海外传播现状初探》,《国际新闻界》,2013年第5期。

究，要求研究者从具象的"文化符号"形态出发，对其内涵意义做出不同层面的探究。综合来看，以往有关"中国文化符号"的研究，主要是从"中国文化符号"的构成及基本内涵、"中国文化符号"的跨文化传播等方面展开的。

首先，关于"中国文化符号"的构成及内涵特征的研究。总体来看，该类研究的理论出发点，建立在文化符号的表现形式与文化价值的内在关系上。研究者认为，文化价值是文化的内在含义，并通过具体的文化符号体现出来，"文化符号"则是内在文化价值的载体。就各类具体的中国文化符号而言，它们则体现的是中国传统文化价值观念。同时，这些具体的文化符号也构成了一个国家的形象符号，人们往往通过具体的文化符号认识一个国家。由此，文化符号也成为建构国家形象的重要手段，通过特定的文化符号，一个国家的文化形象得以建构起来。因此，研究者进一步关注的是中国文化符号与国家形象建构之间的关联。就中国符号以及文化符号和国家形象建构的关系研究而言，大量的研究总结归纳了中国符号的基本构成及文化内涵，以及对于国家形象建构的作用和意义，多数研究通过问卷调查等实证研究方法，观察探究人们对中国文化符号的认知和评价，以及对于国家形象建构的作用和效果。如杨赛通过对中国古代符号理论的整体考察研究，认为中国符号系统是象征符号系统，建立起了以阴阳五行、天人合一为核心的符号逻辑，中国的符号逻辑促进了整体思维与象征思维的发展。中国符号用象征与整体的方法来表达对象，力图在符号、解释者、对象之间找到交集，将单一对象与对象所蕴含的普遍性与超时性表达出来。因此，中国文化符号是诗性表达形态。[1]孔梓、宁继鸣探究了跨文化语境下文化符号的意义建构特征，认为在跨文化传播的情况下，文化符号处于和不同文化语境的对话过程中，在不同语境中会存在不同的意义呈现，产生不同程度的"文化折射"现象，中国文化符号的意义建构亦具有此特征。[2]吴庆等基于多元统计分析的实证研究方法，设计出中国文化符号调查问卷，研究

---

[1] 杨赛:《中国符号的困境与突围——对中国古代符号理论的整体考察》,《中国文学研究》,2006年第1期。

[2] 孔梓、宁继鸣:《跨文化语境下文化符号的意义建构》,《烟台大学学报》(哲学社会科学版),2014年第2期。

发现，对于中国文化符号的认可度具有高度的趋同性，影响认可度的因素主要是中国文化符号的内容和影响力以及形成条件。①王一川、张洪忠、林玮等的研究，重点探究了中国大学生群体的中外文化符号观，研究通过核心价值系统的吸引力、社会行为模式的凝聚力、传统典范及遗产的影响力、文化传播机制的感染力四个层面，观察中国大学生对最具代表性的中国文化符号的评价，结果表明，汉语/汉字、孔子、书法、长城、五星红旗、中医、故宫、兵马俑等是中国大学生认同度较高的中国符号。②

关于中国文化符号与国家形象之间的关系研究，研究者认为中国符号对于塑造中国国家形象具有重要的意义，因此，文化传播理论应该探究和阐释中国文化符号的内涵，并将其与中国国家形象的塑造关联起来。宋奕勤、张媛、范蓓认为，在全球化发展的背景下，中国符号成为中国国家形象立足国际的重要途径和手段，中国符号是世界解读中国形象的重要载体并发挥重要作用。③蒙象飞认为，文化符号在中国国家形象建构中的意义重大，应该基于中国国家形象定位的战略目标，进而在对外传播中选择合适的中国文化符号，传递其内在信息意义。④方国清、骆红斌基于"符号中国与国家形象"内在关联，通过对"中国功夫"符号形式的研究，探究如何通过挖掘中国传统文化符号的意义来塑造"中国形象"的问题。⑤蔡馥谣通过对德国《明镜》周刊封面上图片的中国符号的分析，探究如何通过中国符号的建构，从而塑造良好的国家形象的

---

① 吴庆、张洋、孙婧：《基于多元统计分析的中国文化符号研究》，《中国传媒大学学报》（自然科学版），2015年第8期。

② 王一川、张洪忠、林玮：《我国大学生中外文化符号观调查》，《当代文坛》，2010年第6期。

③ 宋奕勤、张媛、范蓓：《中国符号在国家形象传播中的创新与应用研究》，收入《2011国际创新设计与管理高峰论坛暨第二届世界华人设计学术研讨会会议论文集》，天津市设计学学会，2011年。

④ 蒙象飞：《文化符号在中国国家形象建构中的有效运用》，《社会科学论坛》，2014年第6期。

⑤ 方国清、骆红斌：《中国符号：武术文化传播与国家形象的建构》，《首都体育学院学报》，2012年第1期。

问题。[1]高新林通过对好莱坞电影《2012》中的中国符号的解读,阐释影像传播中的中国符号的建构问题,指出影像语言作为符号实践,在文化传播中具有重要意义,进而讨论符号的编码/解码的意指实践问题,指出中国符号与中国国家形象表征之间的重要关联。[2]张庆艳以美国影片《花木兰》《2012》《功夫熊猫》等为例,从中国图腾、中国景观、中国物饰三个方面解读20世纪末21世纪初美国电影中的中国符号。[3]

此外,还有学者就中国文化符号与地域文化塑造之间的关系等问题进行了探究。王一川认为,文化符号是城市文化最具代表性又最通俗易懂的外显层面,人们对城市的记忆依靠符号,城市文化符号是城市文化精神的象征,由此探究了北京城市文化符号塑造和传播的特征、规律及创新。[4]向凌铁、夏洋、刘思汝等的研究,以张家界文化符号为案例,探究地域性文化符号与文化产业发展之间的关系。[5]黄伟林、张俊显等探究了广西文化符号的影响力。[6]李文勇、张汉鹏探究了少数民族旅游文化符号的舞台化表现形式。[7]

其次,立足于跨文化认知与传播视角,探究外籍人士眼中的"中国文化符号"的基本形式、对这些文化符号的认知和评价,以及中国文化符号传播的主要媒介形式。《中国科技信息》2017年的调查表明,最能代表中国文化的是"长城""龙""熊猫"等文化符号,外籍人士主要通过互联网、学校课

---

[1] 蔡馥谣:《西方新闻周刊镜像下的中国形象——基于1949—2013年德国〈明镜〉周刊封面的中国符号分析》,《兰州大学学报》(社会科学版),2014年第4期。

[2] 高新林:《影像与国家形象的表征——对电影〈2012〉中国符号的解读》,《新闻爱好者》,2010年第12期。

[3] 张庆艳:《新世纪以来美国电影中的中国符号》,《电影文学》,2017年第15期。

[4] 王一川:《北京文化符号与世界城市软实力建设》,《北京社会科学》,2011年第2期。

[5] 向凌铁、夏洋、刘思汝:《挖掘文化符号推动产业发展——以符号论分析张家界文化符号的建设和文化相关产业的发展》,《科技资讯》,2014年第5期。

[6] 黄伟林、张俊显、彭鹏、唐迎欣、李逊:《广西文化符号影响力调查报告》,《广西师范大学学报》(哲学社会科学版),2012年第4期。

[7] 李文勇、张汉鹏:《本真视角的少数民族旅游文化符号舞台化研究》,《人文地理》,2012年第3期。

本、新闻节目、电影、电视剧等途径了解中国文化符号信息。①王丽雅探究了中国文化符号在海外传播的状况，研究通过问卷调查方法，分别观察了美国、德国、俄罗斯、印度四国受众心目中最能代表中国的符号和最喜欢的中国符号，这些中国文化符号包括五个类型：文化象征性符号——"长城""阴阳图""龙""北京故宫""兵马俑""大熊猫""中国功夫"，文化生活符号——"中国烹调""丝绸""中国园林""中华医药""瓷器""唐装旗袍""汉语""春节"，艺术符号——"中国水墨画""中国诗歌""中国音乐""京剧"，中国思想符号——"儒家""道教"，教育符号——"北京大学""清华大学"等。②杨越明、藤依舒的研究基于十国民众对中国文化符号的认知与偏好研究，分别从中国文化符号认知与偏好、中国文化接触意愿与渠道、中国文化产品与文化活动偏好三个方面展开问卷调查，其中包括"老子""李娜""和谐""仁爱""道""瓷器""书法""昆曲""竹子""珠穆朗玛峰""白鳍豚""麻将""太极拳""丝绸之路""长城""白酒""中秋节"等中国文化符号。③关世杰的研究全面考察了美国民众五年间对中国文化符号的认知和态度。在研究调查的11类27项中国文化符号中，知名度较高的是"大熊猫""长城""中国烹饪"，喜爱度较高的是"大熊猫""中国烹饪""中国园林"。研究发现，美国民众对中国文化符号的喜爱度明显提升，应根据文化符号的知名度和喜爱度的实际进而实施不同的传播策略。④王秀丽、梁云祥通过调查日本民众对11类28项中国文化符号的认知和态度，研究发现，在日本，知名度较高的中国文化符号包括"大熊猫""中国烹饪""长城""中华医药""茶""旗袍（唐装）""功夫（太极拳）""书法""围棋""丝绸"等。特别是"大熊猫""长城""茶"是日本人心目中较有代表性的中国文化符号。⑤游国龙、林伦敏的对印度民

---

① 本社编：《国家文化符号》，《中国科技信息》，2017年第12期。

② 王丽雅：《中国文化符号在海外传播现状初探》，《国际新闻界》，2013年第5期。

③ 杨越明、藤依舒：《十国民众对中国文化符号的认知与偏好研究——〈外国人对中国文化认知与意愿〉年度大型跨国调查系列报告之一》，《对外传播》，2018年第8期。

④ 关世杰：《五年间美国民众对中国文化符号喜爱度大幅提升——中华文化国际影响力问卷调查之一》，《对外传播》，2018年第2期。

⑤ 王秀丽、梁云祥：《日本人眼中的中国文化》，《中国文化研究》，2019年第3期。

众关于中国文化符号的调查发现,在11类27项中国文化符号中,知晓度最高的是"长城""大熊猫""功夫/太极拳""高铁"及"中国烹饪",喜爱度最高的是"长城""大熊猫""高铁""春节""功夫/太极拳",知晓度与喜爱度基本一致。[1]李玮、熊悠竹的俄罗斯民众关于中国文化符号的调查发现,知名度最高的是"大熊猫""茶""长城""瓷器""丝绸",喜爱度最高的是"大熊猫""茶""园林""丝绸""瓷器"。[2]就中国文化符号的传播形态看,何爱伦(Ben Aissa Hanen)通过对中国文化符号在突尼斯的传播状况的调查与分析发现,突尼斯民众认同度最高的中国文化符号是"长城""熊猫""电影""功夫""旗袍"等,该研究并提出在传播中赋予更多的中国文化价值观内涵。[3]徐颖果立足于中国文化符号与美国的亚洲化问题,探讨了美国华裔在文化符号与文化认同上的区别,认为华裔在接受中国文化符号的过程中经过了美国"本土化"的过程,由此使得华裔作品中的中国文化内容更多地起着象征中国文化的文化符号作用,而失去了中国本土文化价值的内在意义。[4]

从上述文献可见,对于中国文化符号的研究,无论是立足于中国文化价值对其内涵意义进行挖掘,还是立足于文化传播的实践角度,对于中国文化符号和国家形象塑造之间关系的探究,乃至进一步在跨文化传播的视角下,对中国文化符号、国家形象及其传播形式、传播路径和受众调查等问题的探究,都已全面涉及中国文化符号的基本内涵、社会价值,以及跨文化传播效果、策略与途径等问题,并且取得了丰富的研究成果。但是,总体看来,上述诸多研究的重点,集中于中国文化符号的基本类型,以及人们对这些基本类型的认可度研究,较为宏观地论述了中国文化符号与国家形象建构及其与中国文化价值观

---

[1] 游国龙、林伦敏:《近五年印度受访者对中国文化符号喜爱度大幅攀升——中华文化国际影响力问卷调查之六》,《对外传播》,2018年第7期。

[2] 李玮、熊悠竹:《中华文化符号更受俄罗斯精英群体喜爱——中华文化国际影响力问卷调查之三》,《对外传播》,2018年第4期。

[3] 何爱伦:《中国文化符号在突尼斯传播状况的调查与分析》,扬州大学硕士学位论文,2015年。

[4] 徐颖果:《中国文化符号与美国的亚洲化》,《国外文学》,2006年第3期。

的传播之间的关联，研究大多集中于宏观的描述性研究。相反，对于中国文化符号具体的内涵，以及人们认知形成的原因及机制乃至影响因素等问题，尚未得到全面检测和考察。那么，对于这些问题，有必要做出进一步的研究与探讨。本研究则重点考察受众个人因素、媒介使用、文化态度等要素对于中国文化符号的评价与认知之间的关系，并对其做出基本的理论阐释。

## 二、中国文化符号的测量与调查

### （一）中国文化符号的测量

#### 1. 人口变量

本研究设定的人口变量包括：性别、以前是否来过中国、学历、所学专业、教育阶段、宗教信仰及家庭收入等。问卷中具体设置为：性别（1. 男，2. 女）、以前是否来过中国（1. 是，2. 否）、洲别（1. 亚洲，2. 非洲，3. 欧洲，4. 美洲，5. 大洋州）、学历（1. 本科，2. 硕士，3. 博士）、所学专业（1. 文科，2. 理科，3. 工科，4. 医科，5. 农科，6. 商科，7. 艺术，8. 中国文化及汉语相关专业，9. 其他）、是否华裔（1. 是，2. 否）、宗教信仰（1. 佛教，2. 伊斯兰教，3. 基督教，4. 印度教，5. 自由信仰，6. 无神论，7. 其他）。

#### 2. 媒介使用

媒介使用（Media Usage）是观察媒介行为最常被采用的预测变量。媒介研究理论表明，媒介使用影响人们对事物的认知和评价。本章研究采用频率和时间两个维度来测量受访者的媒介使用行为，包括：(1) 使用报纸、电视、网络、社交媒体、手机的频率；(2) 平均每周使用报纸、电视、网络、社交媒体、手机的时间。

#### 3. 中国文化态度

社会心理学研究认为，态度是对某种事物的总体评价。态度（Attitudes）是后天习得的对某一特殊事物、情境、机构或人产生积极或消极反应的心理倾向。

它由认知成分（知识的或智力的）、情感成分（情绪的或动机的）和外在表现成分（行为的或动作的）构成。[1]广义而言，态度就是建立在认知、情感反应、行为意向以及过去行动基础上的评价倾向性。这些都可以改变人们的认知、行为、情感反应，以及未来的行为意向和行动本身。[2]由此可见，人对事物的认知和态度与对某个事物的心理表征密切相关，情感反应、外在行为因事物在人们的头脑中出现而产生，反过来，它们又会为人们头脑中关于事物的心理表征注入新的内容。因此，关于某个事物和问题的态度、行为、认知和情绪构成了人对外界的整体反应系统，而态度则是这个整体反应系统的核心。也就是说，态度对于人们的认知、行为意向、行动、情绪反应起到统领作用。[3]基于此，本研究则通过观察外籍留学生对于中国文化符号的态度偏向，借此考察他们对中国文化符号的认知。此外，在研究中，还设计了两个问题总体加以考察，即来中国前和来中国后，对中国文化的喜欢程度，分别用5级量表进行测量。

### 4. 中国文化符号

符号是人类文化创造的产物，符号系统是文化系统的基本组成部分。符号是民族、国家的文化价值、文化特征的体现形式，每个文化形态同样也具有自己的文化符号系统。符号学理论认为，符号或者表征是人们用来从某一方面或关系上代表某物的某种东西。符号学重点探究的是符号的意义内涵以及生产与传播的过程。基于此，本研究认为，所谓"文化符号"，是指一个民族、国家或地区在历史发展中沉淀下来的文化意义的凝结式表征，它表征的是一个民族、国家或地区物质文化和精神文化的核心内容，集中反映了某个特定社会或社会群体特有的精神价值、物质发展、社会与情感等方面的特质。就中国文化

---

[1] ［美］刘易斯·艾肯:《心理测量与评估》，张厚粲、黎坚译，北京师范大学出版社，2006年，第290页。

[2] Zanna, M. P.; Rempel, J. K. "Attitudes: A New Look at an Old Concept". In D. Bar-Tal & A. W. Kruglanski, Eds. *The Social Psychology of Knowledge*. Cambridge University Press, 1988, pp. 315–334.

[3] ［美］菲利普·津巴多、［美］迈克尔·利佩:《态度改变与社会影响》，邓羽、肖莉、唐小艳译，人民邮电出版社，2016年，第28页。

符号而言，在长期的历史发展中，中国凝结形成了诸多的文化符号，如"长城""龙""故宫""兵马俑""大熊猫""中国功夫""中国烹调""丝绸""中国园林""汉语""春节""水墨画""中国诗歌""儒家"等等。如上所述，诸多学者基于中国文化的传播视角，对其进行了探讨。综合以往的研究，本研究所确定的中国文化符号包括"故宫""大熊猫""长城""中国功夫""中餐""儒家""北京大学""汉语""汉字""中国诗词""清华大学""孔子学院""外滩""敦煌""龙""书法""水墨画""京剧""青花瓷""园林""中医""丝绸""春节""道家""八卦"25项。在问卷中，分别设置知晓度和态度评价两个指标进行测量。

## （二）中国文化符号的研究样本与调查

本章研究是国家社科基金重大项目"汉语异域传播与中国文化影响模式研究"的内容之一，本研究于2019年9—12月，以北京（北京外国语大学、北京航空航天大学、北京电影学院、北京交通大学）、上海（上海交通大学、华东师范大学、上海财经大学）、广州（广东外语外贸大学、中山大学、华南师范大学）三地的外籍留学生作为样本来源地，分别在大学选修课教室、自习室、图书馆、留学生公寓等地点随机发放问卷共1200份，有效问卷1150份，问卷有效率为95.8%。本调查在北京、上海、广州等中国大陆主要城市外籍留学生群体中随机发放，样本构成情况如表6-1所示，本研究统计结果能够较为全面地反映在中国大陆的外籍留学生的总体特征。

表6-1 外籍留学生中国文化符号调查样本各年龄段占比情况（$n$=1150）

| 年龄 | | 20岁以下 | 20—24岁 | 25—29岁 | 30—35岁 | 35岁以上 | 总占比 |
|---|---|---|---|---|---|---|---|
| 性别 | 男 | 51.5% | 54.8% | 80.5% | 79.3% | 65.4% | 60.5% |
| | 女 | 48.5% | 45.2% | 19.5% | 20.7% | 34.6% | 39.5% |
| 以前是否来过中国 | 是 | 67.8% | 59.8% | 47.3% | 39.7% | 53.8% | 57.8% |
| | 否 | 32.2% | 40.2% | 52.7% | 60.3% | 46.2% | 42.2% |

（续表）

| | 年龄 | 20岁以下 | 20—24岁 | 25—29岁 | 30—35岁 | 35岁以上 | 总占比 |
|---|---|---|---|---|---|---|---|
| 洲别 | 亚洲 | 65.6% | 58.5% | 55.9% | 55.2% | 46.2% | 59.0% |
| | 非洲 | 4.8% | 15.2% | 27.3% | 34.5% | 38.5% | 17.0% |
| | 欧洲 | 15.0% | 17.3% | 11.4% | 6.9% | 7.7% | 15.0% |
| | 美洲 | 11.9% | 7.8% | 5.5% | 3.4% | 7.7% | 7.9% |
| | 大洋洲 | 2.6% | 1.3% | / | / | / | 1.2% |
| 学历 | 本科 | 98.7% | 91.3% | 57.3% | 34.5% | 57.7% | 82.6% |
| | 硕士 | 0.9% | 6.6% | 32.3% | 37.9% | 11.5% | 12.1% |
| | 博士 | 0.4% | 2.1% | 10.5% | 27.6% | 30.8% | 5.3% |
| 所学专业 | 文科 | 18.5% | 12.4% | 4.5% | 6.9% | 3.8% | 11.7% |
| | 理科 | 1.8% | 6.8% | 13.2% | 22.4% | 19.2% | 8.1% |
| | 工科 | 21.1% | 22.9% | 36.4% | 31.0% | 19.2% | 25.5% |
| | 医科 | 0.4% | 2.1% | 2.7% | 1.7% | / | 1.8% |
| | 农科 | 0.4% | 0.5% | 0.9% | 3.4% | / | 0.7% |
| | 商科 | 18.5% | 15.2% | 14.5% | 15.5% | 7.7% | 15.6% |
| | 艺术 | 9.7% | 2.9% | 3.6% | 3.4% | 15.4% | 4.7% |
| | 中国文化及汉语相关专业 | 25.6% | 28.8% | 17.3% | 3.4% | 11.5% | 24.3% |
| | 其他 | 4.0% | 8.4% | 6.8% | 12.1% | 23.1% | 7.7% |
| 是否华裔 | 是 | 33.9% | 20.8% | 11.8% | / | 11.5% | 20.4% |
| | 否 | 66.1% | 79.2% | 88.2% | 100.0% | 88.5% | 79.6% |
| 宗教信仰 | 佛教 | 16.3% | 15.2% | 4.1% | 1.7% | 7.7% | 12.4% |
| | 伊斯兰教 | 1.8% | 11.1% | 21.8% | 44.8% | 30.8% | 13.5% |
| | 基督教 | 16.7% | 16.2% | 16.8% | 19.0% | 15.4% | 16.5% |
| | 印度教 | 0.4% | 0.5% | 1.4% | / | / | 0.6% |
| | 自由信仰 | 5.3% | 3.7% | 0.5% | / | 3.8% | 3.2% |
| | 无神论 | 20.3% | 11.1% | 7.3% | 5.2% | / | 11.7% |
| | 其他 | 39.2% | 42.2% | 48.2% | 29.3% | 42.3% | 42.1% |

## 三、媒介使用与中国文化符号的态度评价

### （一）外籍留学生的媒介使用状况及对中国文化符号的态度评价

#### 1. 外籍留学生媒介使用行为的总体情况

首先，本研究对外籍留学生基本的媒介使用行为进行调查，结果表明，外籍留学生最常使用的媒体是手机（5.00，SD=.227），其次是网络（4.35，SD=1.751），显然，电视（1.75，SD=1.111）、报纸（1.38，SD=.893）等传统媒体，成为外籍留学生很少使用的媒体。无疑这和当代全球媒体发展的现状是一致的，手机、网络、社交媒体等新媒体占据了人们的主要媒介空间。

其次，本研究还设置了"您通常更愿意通过那种媒体获取有关中国文化的信息"，以及"您更相信哪种媒体关于中国文化的信息是准确的"两个问题，借以观察外籍留学生的媒介使用的选择和媒介信任度的问题。结果表明，外籍留学生选择更愿意通过网络（536，46.6%）来了解有关中国及中国文化的信息，也就是说，接近半数的外籍留学生获取关于中国文化的信息依赖于网络，通过手机（201，17.5%）、社交媒体（164，14.3%）、电视（133，11.6%）也是了解中国文化的重要渠道。可见，网络和手机、社交媒体、电视是外籍留学生了解中国文化的主要渠道。其他杂志（68，5.9%）、报纸（32，2.8%）、广播（16，1.4%）的利用则很低。对于中国文化的信息信任度而言，四成以上的外籍留学生更加信任网络（505，43.9%）等信息，相比而言，电视（158，13.7%）、手机（121，10.5%）、报纸（121，10.5%）等信任度较低，而杂志（57，5.0%）、广播（18，1.6%）则信任度更低。可见，就了解中国文化信息的信任度看，外籍留学生更偏向于信任网络、报纸关于中国文化的报道信息。亦即外籍留学生对于网络等新媒体的依赖度亦较高，对于报纸等传统媒体的信任度则更高。这也体现了受众对于新媒体和传统媒体使用的普遍差异。因此，就报纸等传统媒体而言，可信度依然是它们的优势。由此可知，在自媒体时代，传统媒体依然在专业性和可信度方面保持自身的优势。

此外，本研究还观察了外籍留学生了解中国文化的主要渠道和方式，结果表明，调查总体中超过五成外籍留学生通过中国朋友（633，55.0%，本题为多选项，故该百分比指本单项在总体的占比，下同）、中国大陆媒体（581，50.5%）等渠道了解中国和中国文化。接近五成的外籍留学生通过本国媒体（547，47.6%）、在中国旅游（542，47.1%）等渠道了解中国和中国文化。其他渠道还有观看电影（441，38.3%）、吃中餐（418，36.3%）等，相较而言，自己国家朋友（272，23.7%）、观看演出（252，21.9%）、中国商品（222，19.3%）、其他国家媒体（189，16.4%）、中国港澳台媒体（142，12.3%）等不被重视。由此可见，人际传播、大众传媒，特别是中国大陆的媒体、本国媒体和在中国旅游依然是外籍留学生了解中国文化的重要途径。

**2. 外籍留学生对中国文化符号的总体认知评价和知晓度**

为了全面了解外籍留学生对于中国文化符号的总体认知，如前所述，借鉴前人的研究成果，本研究设置了"故宫""大熊猫""长城""中国功夫""中餐"等25项中国文化符号的问题，并分别设置知晓度和态度评价两个指标进行测量，以观察外籍留学生对中国文化符号的认知和知晓度。通过信度检验，量表有高的信度（α=.928）。调查结果表明（如表6-2所示），从态度评价来看，其中"长城"（4.28，SD=.955）、"大熊猫"（4.24，SD=1.105）、"汉语"（4.22，SD=.932）、"中国功夫"（4.08，SD=.971）、"春节"（3.93，SD=1.272）、"中餐"（3.88，SD=1.212）、"汉字"（3.88，SD=1.163）、"龙"（3.83，SD=1.288）、"故宫"（3.77，SD=1.360）、"书法"（3.68，SD=1.321）、"园林"（3.64，SD=1.371）、"水墨画"（3.63，SD=1.314）、"中医"（3.63，SD=1.249）、"丝绸"（3.63，SD=1.318）、"北京大学"（3.61，SD=1.334）等15项中国文化符号认知度均值在3.50分以上，位居前列。从知晓度看，"汉语"（99.3%）、"汉字"（98.8%）、"长城"（98.5%）、"春节"（97.9%）、"中餐"（97.9%）、"大熊猫"（97.5%）、"北京大学"（96.2%）、"龙"（95.9%）、"中国功夫"（95.7%）、"书法"（95.1%）排在前十位。由此可见，"长城""大熊猫""汉语""中国功夫"等是外籍留学生态度评价认同度较高的中国符号，"汉语""汉字""长城""春节""中餐""大熊猫"等则是外籍留学生知晓度较高的中国文化符号。

表6-2 外籍留学生对于中国文化符号的态度评价和知晓度（$n$=1150）

| 项目 | 均值（M） | 标准差（SD） | 标准误差（SE） | 知晓度（%） |
| --- | --- | --- | --- | --- |
| 长城 | 4.28 | .955 | .028 | 98.5 |
| 大熊猫 | 4.24 | 1.105 | .033 | 97.5 |
| 汉语 | 4.22 | .932 | .027 | 99.3 |
| 中国功夫 | 4.08 | .971 | .029 | 95.7 |
| 春节 | 3.93 | 1.272 | .038 | 97.9 |
| 中餐 | 3.88 | 1.212 | .036 | 97.9 |
| 汉字 | 3.88 | 1.163 | .034 | 98.8 |
| 龙 | 3.83 | 1.288 | .038 | 95.9 |
| 故宫 | 3.77 | 1.360 | .040 | 93.9 |
| 书法 | 3.68 | 1.321 | .039 | 95.1 |
| 园林 | 3.64 | 1.371 | .040 | 94.5 |
| 水墨画 | 3.63 | 1.314 | .039 | 94.0 |
| 中医 | 3.63 | 1.249 | .037 | 94.9 |
| 丝绸 | 3.63 | 1.318 | .039 | 94.8 |
| 北京大学 | 3.61 | 1.334 | .039 | 96.2 |
| 儒家 | 3.37 | 1.367 | .040 | 90.3 |
| 清华大学 | 3.36 | 1.499 | .044 | 94.1 |
| 中国诗词 | 3.33 | 1.359 | .040 | 93.7 |
| 孔子学院 | 3.27 | 1.449 | .043 | 91.2 |
| 京剧 | 3.23 | 1.494 | .044 | 91.7 |
| 青花瓷 | 3.21 | 1.593 | .047 | 87.5 |
| 外滩 | 3.09 | 1.747 | .052 | 83.2 |
| 道家 | 3.05 | 1.620 | .048 | 85.9 |
| 敦煌 | 2.74 | 1.835 | .054 | 77.1 |
| 八卦 | 2.74 | 1.763 | .052 | 79.7 |

*注：① 态度评价程度评分值（1=不喜欢，5=非常喜欢）；知晓度（0=没听说过）。

② t检验显示，受访者对中国文化符号的评价，各评价均值差异均达到统计显著水平。

## （二）来自不同文化背景国家或地区、以前是否来过中国的外籍留学生对中国文化符号态度评价的差异

为了考察文化差异对中国文化符号态度评价的影响，本研究还对来自东西方不同文化背景的国家或地区、以前是否来过中国的外籍留学生对于中国文化符号的态度评价差异进行考察。在本次调查中，为研究方便，本研究基于东西方文化差异的概念，将外籍留学生所在的国家和地区进行合并，将其分为东方文化背景（日本、韩国、缅甸、泰国、菲律宾、马来西亚、新加坡、越南等）和西方文化背景（英国、法国、德国、意大利、西班牙、美国、加拿大等）两大类，通过t检验，结果表明（如表6-3所示），对比东西方不同文化背景的外籍留学生对中国文化符号的态度偏向评价，在25项中国文化符号中，可以看出，对于"大熊猫""北京大学""汉语""汉字""清华大学""外滩""敦煌""书法""中医""八卦"等中国文化符号的评价差异达到显著水平。

表6-3　来自不同文化背景国家或地区的外籍留学生对中国文化符号态度评价的t检验（$n$=1150）

| 项目 | 文化背景 | 均值（M） | 标准差（SD） | 标准误差（SE） | 显著性（Sig） |
| --- | --- | --- | --- | --- | --- |
| 故宫 | 东方 | 3.77 | 1.307 | .050 | .263 |
|  | 西方 | 3.88 | 1.247 | .077 |  |
| 大熊猫 | 东方 | 4.25 | 1.077 | .041 | .050* |
|  | 西方 | 4.40 | .926 | .057 |  |
| 长城 | 东方 | 4.26 | .905 | .035 | .140 |
|  | 西方 | 4.36 | .948 | .058 |  |
| 中国功夫 | 东方 | 4.05 | .961 | .037 | .917 |
|  | 西方 | 4.05 | 1.019 | .063 |  |
| 中餐 | 东方 | 3.91 | 1.155 | .044 | .615 |
|  | 西方 | 3.87 | 1.275 | .078 |  |
| 儒家 | 东方 | 3.35 | 1.347 | .052 | .065 |
|  | 西方 | 3.53 | 1.302 | .080 |  |

（续表一）

| 项目 | 文化背景 | 均值（M） | 标准差（SD） | 标准误差（SE） | 显著性（Sig） |
|---|---|---|---|---|---|
| 北京大学 | 东方 | 3.72 | 1.185 | .045 | .005** |
|  | 西方 | 3.47 | 1.414 | .087 |  |
| 汉语 | 东方 | 4.15 | .955 | .037 | .001*** |
|  | 西方 | 4.38 | .859 | .053 |  |
| 汉字 | 东方 | 3.81 | 1.141 | .044 | .007** |
|  | 西方 | 4.04 | 1.174 | .072 |  |
| 中国诗词 | 东方 | 3.38 | 1.267 | .049 | .111 |
|  | 西方 | 3.23 | 1.528 | .094 |  |
| 清华大学 | 东方 | 3.59 | 1.330 | .051 | .000*** |
|  | 西方 | 3.02 | 1.648 | .101 |  |
| 孔子学院 | 东方 | 3.32 | 1.371 | .053 | .859 |
|  | 西方 | 3.30 | 1.482 | .091 |  |
| 外滩 | 东方 | 3.31 | 1.590 | .061 | .001*** |
|  | 西方 | 2.92 | 1.877 | .115 |  |
| 敦煌 | 东方 | 2.92 | 1.738 | .067 | .001*** |
|  | 西方 | 2.50 | 1.926 | .119 |  |
| 龙 | 东方 | 3.88 | 1.171 | .045 | .834 |
|  | 西方 | 3.90 | 1.326 | .082 |  |
| 书法 | 东方 | 3.64 | 1.254 | .048 | .000*** |
|  | 西方 | 3.96 | 1.158 | .071 |  |
| 水墨画 | 东方 | 3.58 | 1.303 | .050 | .270 |
|  | 西方 | 3.68 | 1.378 | .085 |  |
| 京剧 | 东方 | 3.29 | 1.383 | .053 | .750 |
|  | 西方 | 3.32 | 1.463 | .090 |  |
| 青花瓷 | 东方 | 3.25 | 1.513 | .058 | .072 |
|  | 西方 | 3.45 | 1.464 | .090 |  |
| 园林 | 东方 | 3.67 | 1.314 | .050 | .068 |
|  | 西方 | 3.66 | 1.392 | .086 |  |
| 中医 | 东方 | 3.60 | 1.206 | .046 | .032* |
|  | 西方 | 3.57 | 1.297 | .080 |  |

（续表二）

| 项目 | 文化背景 | 均值（M） | 标准差（SD） | 标准误差（SE） | 显著性（Sig） |
|---|---|---|---|---|---|
| 丝绸 | 东方 | 3.68 | 1.211 | .046 | .749 |
|  | 西方 | 3.65 | 1.331 | .082 |  |
| 春节 | 东方 | 3.98 | 1.187 | .046 | .509 |
|  | 西方 | 3.92 | 1.336 | .082 |  |
| 道家 | 东方 | 3.13 | 1.532 | .059 | .588 |
|  | 西方 | 3.07 | 1.637 | .101 |  |
| 八卦 | 东方 | 2.89 | 1.657 | .064 | .006** |
|  | 西方 | 2.54 | 1.864 | .115 |  |

*注：① 变量编码：国别（1=东方，2=西方）；中国文化符号态度评价（1=不喜欢，5=非常喜欢）。
② *p<.05，**p<.01，***p<.001。

外籍留学生的感知差异是影响中国文化符号认知的主要因素，对于文化认知而言，直观经验的获得会改变原有的知识。因此，本研究还考察外籍留学生以前是否来过中国对中国文化符号的评价差异的影响。通过t检验，对比以前是否来过中国的外籍留学生对中国文化符号的态度评价，研究结果表明（如表6-4所示），在25项中国文化符号中，对于"长城""中国功夫""外滩""中医""丝绸"等中国文化符号的评价差异达到显著水平。

表6-4 以前是否来过中国的外籍留学生对中国文化符号态度评价的t检验（n=1150）

| 项目 | 以前是否来过中国 | 均值（M） | 标准差（SD） | 标准误差（SE） | 显著性（Sig） |
|---|---|---|---|---|---|
| 故宫 | 是 | 3.78 | 1.317 | .051 | .863 |
|  | 否 | 3.76 | 1.417 | .064 |  |
| 大熊猫 | 是 | 4.29 | 1.020 | .040 | .104 |
|  | 否 | 4.18 | 1.211 | .055 |  |
| 长城 | 是 | 4.23 | .974 | .038 | .019* |
|  | 否 | 4.36 | .924 | .042 |  |

（续表一）

| 项目 | 以前是否来过中国 | 均值（M） | 标准差（SD） | 标准误差（SE） | 显著性（Sig） |
|---|---|---|---|---|---|
| 中国功夫 | 是 | 3.96 | 1.003 | .039 | .000*** |
|  | 否 | 4.23 | .905 | .041 |  |
| 中餐 | 是 | 3.90 | 1.264 | .049 | .487 |
|  | 否 | 3.85 | 1.138 | .052 |  |
| 儒家 | 是 | 3.33 | 1.298 | .050 | .202 |
|  | 否 | 3.44 | 1.455 | .066 |  |
| 北京大学 | 是 | 3.61 | 1.245 | .048 | .968 |
|  | 否 | 3.61 | 1.448 | .066 |  |
| 汉语 | 是 | 4.22 | .865 | .034 | .855 |
|  | 否 | 4.21 | 1.018 | .046 |  |
| 汉字 | 是 | 3.90 | 1.112 | .043 | .451 |
|  | 否 | 3.85 | 1.229 | .056 |  |
| 中国诗词 | 是 | 3.35 | 1.310 | .051 | .522 |
|  | 否 | 3.30 | 1.424 | .065 |  |
| 清华大学 | 是 | 3.35 | 1.421 | .055 | .716 |
|  | 否 | 3.38 | 1.601 | .073 |  |
| 孔子学院 | 是 | 3.27 | 1.374 | .053 | .940 |
|  | 否 | 3.27 | 1.546 | .070 |  |
| 外滩 | 是 | 3.20 | 1.706 | .066 | .015* |
|  | 否 | 2.94 | 1.793 | .081 |  |
| 敦煌 | 是 | 2.74 | 1.823 | .071 | .977 |
|  | 否 | 2.74 | 1.853 | .084 |  |
| 龙 | 是 | 3.86 | 1.226 | .048 | .446 |
|  | 否 | 3.80 | 1.369 | .062 |  |
| 书法 | 是 | 3.68 | 1.259 | .049 | .817 |
|  | 否 | 3.67 | 1.404 | .064 |  |
| 水墨画 | 是 | 3.62 | 1.233 | .048 | .753 |
|  | 否 | 3.64 | 1.420 | .064 |  |
| 京剧 | 是 | 3.28 | 1.390 | .054 | .203 |
|  | 否 | 3.17 | 1.625 | .074 |  |

(续表二)

| 项目 | 以前是否来过中国 | 均值（M） | 标准差（SD） | 标准误差（SE） | 显著性（Sig） |
|---|---|---|---|---|---|
| 青花瓷 | 是 | 3.23 | 1.566 | .061 | .671 |
| | 否 | 3.19 | 1.630 | .074 | |
| 园林 | 是 | 3.64 | 1.337 | .052 | .914 |
| | 否 | 3.65 | 1.417 | .064 | |
| 中医 | 是 | 3.54 | 1.271 | .049 | .004** |
| | 否 | 3.76 | 1.209 | .055 | |
| 丝绸 | 是 | 3.52 | 1.358 | .053 | .001*** |
| | 否 | 3.78 | 1.247 | .057 | |
| 春节 | 是 | 3.91 | 1.247 | .048 | .519 |
| | 否 | 3.96 | 1.307 | .059 | |
| 道家 | 是 | 3.02 | 1.581 | .061 | .422 |
| | 否 | 3.09 | 1.673 | .076 | |
| 八卦 | 是 | 2.75 | 1.716 | .067 | .804 |
| | 否 | 2.73 | 1.828 | .083 | |

*注：① 变量编码：是否到过中国（1=是，2=否）；中国文化符号态度评价（1=不喜欢，5=非常喜欢）。

② *p＜.05，**p＜.01，***p＜.001。

## （三）外籍留学生的中国文化态度与中国文化符号态度评价的相关性

为了考察外籍留学生的中国文化态度评价是否与中国文化符号态度评价的关联，本研究设置了外籍留学生"来中国前、来中国后对中国文化的态度评价"问题，测量外籍留学生对于中国文化的态度偏向，并与对中国文化符号的评价进行相关性检验，结果表明（如表6-5所示），除"大熊猫""清华大学"文化符号外，其他相关性皆达到显著水平。来中国后，外籍留学生对中国文化的态度评价各类项目皆达到显著水平。可见，对于中国文化符号态度评价而言，与外籍留学生的中国文化态度具有重要的关联。

表6-5　外籍留学生中国文化态度与中国文化符号态度评价的相关性（n=1150）

| 项目 | 来中国前（Sig） | 来中国后（Sig） |
| --- | --- | --- |
| 故宫 | .129** | .182** |
| 大熊猫 | *.032* | .137** |
| 长城 | .105** | .165** |
| 中国功夫 | .121** | .142** |
| 中餐 | .106** | .264** |
| 儒家 | .081** | .179** |
| 北京大学 | .092** | .163** |
| 汉语 | .126** | .261** |
| 汉字 | .130** | .213** |
| 中国诗词 | .167** | .245** |
| 清华大学 | *.035* | .108** |
| 孔子学院 | .083** | .148** |
| 外滩 | .077** | .115** |
| 敦煌 | .094** | .130** |
| 龙 | .109** | .188** |
| 书法 | .116** | .208** |
| 水墨画 | .091** | .178** |
| 京剧 | .108** | .192** |
| 青花瓷 | .095** | .137** |
| 园林 | .084** | .161** |
| 中医 | .105** | .187** |
| 丝绸 | .104** | .187** |
| 春节 | .158** | .218** |
| 道家 | .120** | .126** |
| 八卦 | .073* | .092** |

*注：① 态度评价程度评分值（1=不喜欢，5=非常喜欢）。
② t检验表明，来中国前和来中国后，文化态度差异达显著水平。
③ *p＜.05，**p＜.01，***p＜.001。

## （四）外籍留学生人口因素、媒介使用、文化态度与中国文化符号态度评价的回归分析

为了便于观察外籍留学生的人口因素、媒介使用、文化态度与中国文化符号评价的影响关系，本研究首先对外籍留学生对于中国文化符号的态度评价的25项变量进行因子分析（如表6-6所示）。从进入因子分析的25项选项中共抽取出3个，这3个因子的解释力为51.2%，检验统计值KMO为.931，说明本次因子分析效度很高。通过因子旋转，共析出13个变量，根据各个变量在不同因子上的负荷，得到三组因子，分别为：因子一——自然符号（"长城""汉语""大熊猫""汉字""中国功夫""中餐""故宫"），因子二——人文符号（"清华大学""外滩""北京大学""孔子学院""敦煌""八卦""中国诗词""道家""儒家"），因子三——生活符号（"园林""水墨画""青花瓷""龙""京剧""春节""书法""中医""丝绸"）。

表6-6　外籍留学生中国文化符号态度评价的因子分析（$n$=1150）

| 项目 | 自然符号（因子一） | 人文符号（因子二） | 生活符号（因子三） |
| --- | --- | --- | --- |
| 长城 | .297 | | |
| 汉语 | .268 | | |
| 大熊猫 | .212 | | |
| 汉字 | .204 | | |
| 中国功夫 | .194 | | |
| 中餐 | .182 | | |
| 故宫 | .147 | | |
| 清华大学 | | .298 | |
| 外滩 | | .250 | |
| 北京大学 | | .228 | |
| 孔子学院 | | .222 | |
| 敦煌 | | .201 | |
| 八卦 | | .144 | |
| 中国诗词 | | .133 | |

(续表)

| 项目 | 自然符号（因子一） | 人文符号（因子二） | 生活符号（因子三） |
|---|---|---|---|
| 道家 | | .106 | |
| 儒家 | | .084 | |
| 园林 | | | .251 |
| 水墨画 | | | .230 |
| 青花瓷 | | | .188 |
| 龙 | | | .162 |
| 京剧 | | | .156 |
| 春节 | | | .153 |
| 书法 | | | .140 |
| 中医 | | | .136 |
| 丝绸 | | | .129 |

*注：① 提取方法：主成分分析法。
② 旋转方法：凯撒正态化最大方差法。
③ 因子解释力51.2%，检验统计值KMO为.931。

由此，本研究通过阶层回归分析，进一步探讨了人口变量、媒介使用、文化态度偏向对于中国文化符号态度评价的影响。在回归分析中，其中第一层输入性别、学历、专业、以前是否来过中国、宗教信仰人口变量，第二层输入媒介使用各变量，第三层输入来中国前/来中国后对中国文化的态度变量，并得出结果（如表6-7所示）。

就外籍留学生对于中国文化符号的态度评价而言，本研究考察了在控制其他变量后，人口变量对中国文化符号评价的影响。本研究结果表明，分别有性别（Beta=.101，p＜.01)、学历（Beta=.114，p＜.001)、以前是否来过中国（Beta=.084，p＜.01）对于中国文化符号评价中的自然符号评价达到显著水平。其次是学历（Beta=.133，p＜.001）、专业（Beta=-.107，p＜.001）、宗教信仰（Beta=-.139，p＜.001）对于中国文化符号评价中的人文符号评价达到显著水平。其他还有宗教信仰（Beta=-.113，p＜.001）对于中国文化符号评价中的生活符号评价达到显著水平。

就外籍留学生媒介使用对中国文化符号态度评价影响看，本研究考察了报纸、电视、互联网、手机等媒体使用行为。结果表明，外籍留学生的媒介使用行为中，分别有报纸（Beta=.076，p＜.05）、互联网（Beta=.091，p＜.01）对于中国文化符号评价中的自然符号评价达到显著水平。还有报纸（Beta=.090，p＜.01）对于中国文化符号评价中的人文符号评价达到显著水平。此外有手机（Beta=.091，p＜.01）对于中国文化符号评价中的生活符号评价达到显著水平。

就外籍留学生中国文化态度偏向对中国文化符号态度评价影响看，本研究结果表明，来中国后对中国文化符号态度评价中，自然符号（Beta=.229，p＜.001）、人文符号（Beta=.071，p＜.05）、生活符号（Beta=.129，p＜.001）皆达到显著水平。而来中国前对中国文化符号的态度评价则未见显著。

表6-7 人口变量、媒介使用、文化态度与中国文化符号评价的回归分析（$n$=1150）

| 自变量/因变量 | | 中国符号评价 | | |
|---|---|---|---|---|
| | | 自然符号（因子一） | 人文符号（因子二） | 生活符号（因子三） |
| 第一阶层（人口变量） | 性别 | .101** | -.048 | .031 |
| | 学历 | .114*** | .133*** | .032 |
| | 专业 | .015 | -.107*** | .030 |
| | 以前是否来过中国 | .084** | -.033 | .043 |
| | 宗教信仰 | -.058 | -.139*** | -.113*** |
| | Adjusted $R^2$ | .027 | .061 | .012 |
| 第二阶层（媒介使用） | 报纸 | .076* | .090** | .038 |
| | 电视 | .015 | .056 | .059 |
| | 互联网 | .091** | -.043 | .003 |
| | 手机 | .035 | .015 | .091** |
| | Adjusted $R^2$ | .038 | .072 | .022 |

（续表）

| 自变量/因变量 | | 中国符号评价 | | |
| :---: | :--- | :---: | :---: | :---: |
| | | 自然符号<br>（因子一） | 人文符号<br>（因子二） | 生活符号<br>（因子三） |
| 第三阶层<br>（文化态度） | 来中国前中国文化态度 | .023 | −.020 | .053 |
| | 来中国后中国文化态度 | .229*** | .071* | .129*** |
| | Adjusted $R^2$ | .093 | .074 | .045 |
| | F | 6.612 | 10.120 | 13.616 |

*注：① 表内数字为所有变量输入回归方程式后，最后的标准回归系数（Final Betas）。
② 变量编码：性别（1=男，2=女），以前是否来过中国（1=是，2=否），中国文化态度（1=不喜欢，5=非常喜欢），中国符号评价（1=不喜欢，5=非常喜欢）。
③ *p＜.05，**p＜.01，***p＜.001。

## 四、本章总结与讨论

本研究立足于媒介使用、态度影响等理论，试图解释在华外籍留学生的人口变量、媒介使用、中国文化态度与中国文化符号态度评价之间的内在关系。研究结果表明，在所调查的25项中国文化符号中，外籍留学生关于中国文化符号喜好度的态度评价居于前列的是"长城""大熊猫""汉语""春节""中国功夫""中餐"等，从知晓度看，"汉语""汉字""长城""春节""中餐""大熊猫"等排名较高。同时，来自不同文化背景国家或地区、以前是否来过中国的外籍留学生对于中国文化的评价也有差异。对于中国文化符号态度评价而言，受访者人口变量的性别、学历、专业、以前是否来过中国、宗教信仰等因素对于中国文化符号评价达到显著水平。媒介使用对于中国文化符号态度评价亦达到显著水平。很明显，外籍留学生的中国文化态度评价与中国文化符号态度评价有重要关联。如果本研究能够在一定程度上反映出外籍留学生对于中国文化符号的态度评价的现实的话，那么，结合过往的研究，依然可以发现外籍留学生对于中国文化符号态度认知，乃至中国文化建构等方面的基本特征。

第一，就中国文化符号的态度评价而言，本研究发现，外籍留学生喜好度最高的是"长城""大熊猫"，其次是"汉语""春节"和"中国功夫"，而知晓度最高的是"汉语""汉字""长城"以及"春节"和"中餐"。

就相关研究看，关世杰的美国调查研究发现，就中国文化符号的知名度而言，"大熊猫"（96.2%）居首位，其次是"长城"（95.0%）和"中国烹饪"（93.1%）；就喜好度而言，"大熊猫"（84.5%）亦居首位，其次是"中国烹饪"（74.8%）和"中国园林"（70.4%）。① 而王秀丽、梁云祥的日本民众调查研究发现，在日本知名度最高的中国文化符号是"大熊猫"（97.7%），其次为"中国烹饪""长城"，比例都超过90%。喜好度则是"中国烹饪"（66%）、"茶"（53.3%）和"大熊猫"（51.9%）。研究同时也认为，中国文化符号在日本民众中知名度高而喜爱度相对较低。② 此外，李玮、熊悠竹（2018）关于中国文化符号的俄罗斯调查，游国龙、林伦敏（2018）的印度调查，也发现类似结论。王丽雅对美国、德国、俄罗斯、印度四国的调查研究也发现，"长城"是外国民众喜好度评价最高的中国符号。③ 那么，如果王丽雅等人的相关研究反映了十年前外国民众对中国文化符号的态度评价，而关世杰等为代表的研究描述的是近年来的变化的话，不管时代如何变化，其明显的特征是，外国民众对中国文化符号的认知中，诸如"长城""大熊猫"或是"龙""中国饮食"等中国文化符号不断交替稳定地出现，始终成为外国民众的中国文化符号评价中稳定的核心形式。那么，为什么"长城""大熊猫""中餐""龙"等类型的文化符号会成为外籍人士喜好度最高的中国文化符号呢？这其中又包含什么样的文化背景和内在逻辑呢？无疑，关于此类研究问题的讨论与文化建构理论有直接的关联。

外国民众对中国文化符号的认知是一种文化建构，符号认知是这种文化建构的外在呈现。任何人类的文化形式，不论是本群体文化内部形成的文化

---

① 关世杰：《五年间美国民众对中国文化符号喜爱度大幅提升——中华文化国际影响力问卷调查之一》，《对外传播》，2018年第2期。
② 王秀丽、梁云祥：《日本人眼中的中国文化》，《中国文化研究》，2019年第3期。
③ 王丽雅：《中国文化符号在海外传播现状初探》，《国际新闻界》，2013年第5期。

形式，还是他者认知的文化形式，其本质都是建构性的。正如吉尔特·霍夫斯泰德（Geert Hofstede）所认为的，文化是一种集体的心理编程，是后天习得，文化习得取决于人们所处的社会环境。但是，跨文化传播中的文化习得或建构，则呈现为建构与再建构不断循环的特征。亦即，对于他者文化的符号认同背后，除了自身固有的文化传统建构之外，同时也是基于他者的文化建构，进一步又是自身文化的再建构。爱德华·萨义德的"东方主义"的观点就阐释了前一种建构主义的现实。萨义德指出，所谓"东方"的概念，其实是西方建构的产物。他认为："东方本身的可理解性与身份与其说是自身努力的结果，还不如说是西方通过一套完整而复杂的知识操控所建构出来的。"[1]亦即所谓西方意义上的东方，其实是西方自己建构起来的东方。循着萨义德的思路，后殖民主义批评家德里克（Arif Dirlik）则进一步提出了"东方人的东方主义"这一概念，在他看来，所谓"东方人"的概念，除了西方人建构之外，还有东方人自己参与的建构，即东方人的"自我东方化"或"自动东方化"。亦即在西方的"东方主义"的基础上，东方人可能会受此影响，参与到这种建构中来。对于中国文化的自我建构，德里克指出："在20世纪，欧美的东方主义观念和方法成为中国自我形象的形成和中国对于过往看法的重要组成部分。"[2]也就是说，当中国受西方影响以后，中国的自我形象建构是基于西方的中国形象建构开始的。这里德里克的观点就包含着我们所说的文化建构的循环，西方建构了东方，在此基础上，东方又强化和自我建构了这种东方。近代以来中国的现代化发展抑或存在着这一逻辑，被建构的同时何尝不是自我再建构呢？就此而言，外籍留学生对于中国文化符号的态度认知的形成过程中，依然遵循着建构与被建构的逻辑。

在跨文化传播中，中国文化符号如"长城""大熊猫""汉语""春节""中餐"等，被接受者建构为中国文化的符号形态，反过来，基于他者的建构，中

---

[1] Said, Edward W. *Orientalism: Western Conceptions of the Orient*. p. 42.

[2] Dirlik, A. "Chinese History and the Question of Orientalism". *History & Theory*, 1996, Vol. 35(4), pp. 96–118.

国文化的传播者又有意识地强化了这些符号形式,从而使得它们成为跨文化传播中各个主体都能够加以认同的文化符号。因此,一方面,就中国文化的全球传播而言,是西方立足于自我的知识的形象建构,即建构了"西方的中国文化";另一方面,就中国文化自身而言,也存在着以西方想象自己的方式来向西方表述自己,从而形成了"中国的西方化的中国文化"。显然,不管是西方意义上的他者建构,还是中国意义上的自我建构,这种"西方的东方化"或"自我的东方化",往往和西方对于东方的刻板印象密切关联,并进一步强化了全球视野下对于中国形象的刻板认知。显然,这些刻板认知与真实的中国存在相当大的差距,显而易见,上述文化符号的形成,仅仅是某种建构与被建构而已。

第二,外籍留学生的中国文化态度与中国文化符号的评价之间有重要的关联,由此可见,文化态度偏向对具体的文化形态评价和行为有重要的作用,亦即态度是认知和评价中重要的影响因素。

态度是社会心理学研究的核心问题。态度对于行为发生的预测具有重要作用。一般而言,态度是个体对特定社会客体以一定方式做出反应时所持有的稳定的、评价性的内部心理倾向。20世纪90年代中期,美国心理学家格林沃德(Greenwald)和巴纳吉(Banaji)提出"内隐性社会认知"(Implicit Social Cognition)这一新的研究领域,认为过去经验的痕迹虽然不能被个体意识到或自我报告,但是这种先前经验对个体当前的某些行为仍然会产生潜在的影响。[1]该理论强调了无意识在社会认知中的作用,并进而提出了"内隐态度"(Implicit Attitudes)的新概念,即过去经验和已有态度积淀下来的一种无意识痕迹潜在地影响个体对社会客体对象的情感倾向、认识和行为反应。在此基础上,威尔逊(Wilson)和林德赛(Lindsey)等人提出了"双重态度模型"(Dual Attitudes Model)理论。[2]他们认为,人们对于同一态度客体能同时存在

---

[1] Greenwald, Anthony G.; Banaji, Mahzarin R. "Implicit Social Cognition: Attitudes, Self-Esteem, and Stereotypes". *Psychological Review*, 1995, Vol. 102(1), pp. 4–27.

[2] Wilson, Timothy D.; Lindsey, Samuel; Schooler, Tonya Y. "A Model of Dual Attitudes". *Psychological Review*, 2000, Vol. 107(1), pp. 101–126.

两种不同的评价，一种是能被人们所意识到、所承认的外显的态度，另一种则是无意识的、自动激活的内隐的态度。①

在本研究中，就外籍留学生的中国文化态度偏向与中国文化符号态度评价之间的关联而言，是否亦存在内隐的态度和外显的态度的现象呢？如前所述，外籍留学生对于"长城""大熊猫""汉语"等中国文化符号的态度评价显然是一种文化建构，而且不同研究者的调查也发现，这类作为文化建构的符号的态度评价具有一定的稳定性和一致性。在传统的有关态度研究的理论中，"态度建构论"认为人们根据当下情景建构了新的态度，反之"态度储存论"则认为人们调动了原有的态度记忆。那么，对于态度既有稳定性又有易变性这一看似矛盾的问题，威尔逊和林德赛等人的解释则不同。他们认为，"双重态度"（Dual Attitudes）指的是人们对同一态度客体能同时具有两种不同的评价：一种是自动化的、内隐的态度；另一种是外显的态度。当态度发生改变时，人们由旧的态度A1改变到新的态度A2，但是旧的态度A1仍然留存于人们的记忆中潜在地影响着人们的认识和行为，这就导致了"双重态度"。如果外籍留学生对于中国文化本身的态度是内隐的态度A1的话，那么，对于中国文化符号的态度评价则是外显的态度A2，它们共存于人们的记忆中。双重态度模型同时也说明，当出现双重态度时，内隐态度是被自动激活的，而外显态度则需要较多的心理能量和动机从记忆中去检索，当人们检索到外显态度，且它的强度能超越和压制内隐态度，人们才会报告外显态度；而当人们没有能力和动机去检索外显态度时，他们将只报告内隐态度。即使外显态度被人们从记忆中检索出来，内隐态度也还会影响人们那些无法有意识控制的行为反应（如一些非言语行为）和那些人们不试图去努力控制的行为反应。②

就本研究而言，外籍留学生在出现作为A2的中国文化符号的态度评价时，

---

① 张林、张向葵：《态度研究的新进展——双重态度模型心理科学进展》，《心理科学进展》，2003年第2期。

② Wilson, Timothy D.; Lindsey, Samuel; Schooler, Tonya Y. "A Model of Dual Attitudes". *Psychological Review*, 2000, Vol. 107(1), pp. 101–126.

调动了作为内隐的中国文化态度A1，而无疑对中国文化态度有着强烈的偏向评价的留学生群体，其强大的A1会作用于A2，由此影响到对中国文化符号态度的最后评价。如前所述，不论是相关性检验还是回归分析，我们都看到，中国文化态度评价和中国文化符号态度评价之间达到高的显著性水平，那么，我们也有理由推测，这可能是双重态度模型的直观表达，二者之间的影响关系方显得如此明显。而且，其他的此类相关研究也表明，有关媒介偏见和刻板印象等的认知中，也存在双重态度模型的某些方面。作为对中国文化有高度认同的留学生群体，显然对中国文化符号评价更为正面。

第三，就个体差异、媒介使用因素对中国文化符号态度评价的影响力看，这和态度评价中的情感偏向和符号认知的基本特征有内在的关联。

本研究探究的是外籍留学生对中国文化符号的评价，就符号本身而言，皮尔士（C. S. Peirce，1958）的符号理论认为，符号或者说作为符号的表征是某人用来从某一方面或关系上代表某物的某种东西。索绪尔符号理论则认为，符号由能指（Signifier）和所指（Signified）构成。能指是具体的事物（符号形象），所指是心理上的概念（符号内容），二者之间的联系是任意的、武断的，符号本身并没有什么意义。罗兰·巴尔特则提出意义分析模式，即直接意指和含蓄意指。直接意指是符号的外在意义，即索绪尔语言层面的能指与所指；而含蓄意指则是由符号所处的社会环境或文化背景所引申出的意义。[1] 符号学研究的重点是意义如何被生产出来的，由此符号学中的符号包括三个要素：形式（代表事物的符号，形象）、指称（被符号指涉的对象）和意义（对符号的解释）。显而易见，符号形式是显性的要素，意义则是隐性的要素，它构成符号形象的核心。研究者也认为，事物的所谓"符号化"包括两个过程：一是将事物符号化；二是进一步将符号化的事物纳入一个明确的认知、价值判断体系之中，并凭借使用它的文化共同体成员以形成共有的认知和行为。[2] 那

---

[1] ［英］约翰·费斯克等：《关键概念：传播与文化研究辞典》，李彬译，新华出版社，2004年，第259—285页。

[2] 许静：《浅论政治传播中的符号化过程》，《国际政治研究》，2004年第1期。

么，就外籍留学生所认知和评价的中国文化符号而言，首先是各类符号的形式（"长城""大熊猫""汉语"等），其次是符号的指称（指中国文化，亦即这一系列符号本身的含义是中国文化），而符号的意义则是指中国文化的价值内涵以及由此引申出的中国国家形象。

进一步而言，人们对符号的认知和评价，经由符号形象感知到意义生成和阐释的过程。认知心理学认为，被人脑所加工的信息（符号）是语义的或者是图像的，并借此自上而下或自下而上地生产意义。卡尼曼（Daniel Kahneman）和特沃斯基（Amos Tversky）也认为，表征性直觉（Representativeness Heuristic）和易得性直觉（Availability Heuristic）是决策与判断研究中的经典现象。[1]亦即，对于人们的符号认知而言，基于形象的易得性和直接性感知在认知中是第一位的。在信息匮乏和时间紧迫的情境下，人们对事物的判断不是根据完全的信息搜索，而是以最易得到的事实作为依据，如显著的、生动的事件等。那么，这就易于解释个人情感偏向在符号认知中的意义。与情感有关联的性别、学历、宗教信仰等因素，以及媒介使用的影响，往往形成显著的情感偏向，或者是信息易得性直觉，从而使人们对于符号进行态度评价时，更加注重符号的意义层面，亦即所建构的意义层面，而这一意义建构层面的符号评价，则更多地与情感态度的偏向相关联，而并非完全与事实知识发生直接关联。外籍留学生的个人因素、媒介使用等要素，恰恰是形成中国文化情感态度的影响因素，自然就体现在对中国文化符号的态度评价上。

总之，外籍留学生对中国文化符号的态度评价，是中国文化乃至中国国家形象建构的基础性因素，由符号形式到文化形式，进而到文化意义及国家形象，在直观的认知和情感态度偏向中，良好的国家形象悄然形成。当然，这些符号指称的是一个时代某种事物或思想的记号或标志，随着时代的价值偏向而不断变迁，并生发出新的内涵和符号意义。传播者主体无须陈述复杂事实，只需向公众提供若干能指符号，给媒体和公众提供一种信息提示，从而使传播结

---

[1] 梁海等：《基于刻板思维的国家形象符号认知——以〈纽约时报〉的"西藏事件"报道为例》，《新闻与传播研究》，2009年第1期。

果变得有效、确定、可以预期。公众经常可以根据需要得到明确的结论,或者可以通过符号体系形成条件反射,迅速导出自己的结论,以达到传播者所期待的效果。[①]因此,与其强行地通过各类口号式的推广,或者生硬复杂的说教,建立起他者对中国文化的认知和传播中国国家形象的途径,不如放下姿态,寻求与世界能达于一致的情感价值取向,并构建出清晰明确的符号形态系统,从而使各国民众建立起各美其美、美美与共的文化认知。

原载《当代传播》2021年第6期,本章有修改

---

① 许静:《浅论政治传播中的符号化过程》,《国际政治研究》,2004年第1期。

# 第七章

# 世界的孔夫子

孔子是中国传统文化的代表人物,是中国形象的象征性人物。从欧洲地理大发现时代开始,西方世界就认识和了解孔子及其文化。那么,在全球化背景下,世界多元文化的差异和认同中,外籍人士关于孔子和孔子文化的知识和建构有无变化呢?本章内容对604名在华外籍人士进行了问卷调查,重点考察外籍人士对孔子及其文化形象认知的主要特征。研究结果显示:第一,外籍人士大多数认为孔子是哲学家、教育家、政治思想家,还有部分人认为孔子是圣人和君子。第二,外籍人士大多认为孔子文化是一种哲学、道德以及知识体系。第三,来自不同文化背景国家或地区的外籍人士对孔子"圣人"身份的认知具有差异。第四,外籍人士对孔子的认知和评价显著相关。第五,外籍人士的汉语学习、使用和对汉语的态度与对孔子文化的评价呈显著相关。

古希腊哲学家柏拉图在《理想国》中构想了一个理想国家的图景。在他看来，所谓理想国家，就是由那些真正有美德的人来治理的国家。他们拥有智慧，勇敢且富于正义感和完美的修养，因为只有这些人能够担当人类的正义和幸福。唯有拥有善的知识的哲学家才能成为理想国的统治者，这就是所谓"哲人王"的理想国。当然，他塑造的"理想国"就是遥远世界的不可企及的"乌托邦"。两千多年后，英国的莫尔（Thomas More）写出了《乌托邦》（*Utopia*），在其中也描述了想象中的国家"乌托邦"（Utopia），似乎也是世外桃源式的理想国。直到欧洲大航海开始"发现"东方，以孔夫子为文化表征的东方"孔教乌托邦"才成为欧洲人建构起来的理想的天堂。

## 一、西方历史中的孔子形象

伴随着欧洲大航海的地理大发现，来到中国的传教士利玛窦，在他的有关中国的描述中坚信，这个遥远的神秘的东方国家，就是柏拉图所描绘的真实的由"哲学家"治理的"乌托邦"。他在书中写道，在中国这里"标志着与西方一大差别而值得注意的另一重大事实是，他们全国都是由知识阶层，即一般叫做哲学家的人来治理的。井然有序地管理整个国家的责任完全交付给他们来掌握"[1]。在这些哲学家里面，孔夫子是最受人尊敬的哲学家。"不仅哲学家作为一个阶级是如此，就是统治者在过去的时代里也给予他以一个人的最高敬

---

[1] ［意］利玛窦、［法］金尼阁：《利玛窦中国札记》，何高济、王遵仲、李申译，中华书局，2010年，第59页。

意。"①利玛窦这里明确地传达给欧洲世界的一个信息,就是在中国,孔夫子和他的哲学受到皇帝与官员普遍的尊重。利玛窦确信,有德行的哲人在这里真正地在治理国家,柏拉图描绘的所谓"理想国",在遥远东方的中国已然成为现实。②利玛窦描绘的以孔夫子为表征的东方"孔教乌托邦"进入欧洲思想家的视野后,被欧洲启蒙思想家们建构成为现实中的理想国。此时,孔子和他的"哲人王"的形象如此正面地出现在欧洲启蒙运动的社会图景中。无疑,这是跨文化传播中的文化"误读",但是,被误读的"孔夫子",却成为代表中国和中国文化的重要符号。

随着中国社会的发展,为了有效地推进中国文化的全球传播,使得世界更全面深入地认识、了解中国,中国政府从2004年开始在全球创办孔子学院,借以传播中国文化,塑造中国文化形象。③由此,"孔子形象"以一种越来越主动的姿态进入全球文化传播视野。孔子及其儒学作为中国文化和精神的主要构成,成为全球了解中国文化的重要桥梁。显然,中国的孔夫子,在中国文化的历史长河中,被不断地建构和塑造,呈现出了不同的形象。同时,进入世界视野中时,孔夫子更被建构成为多面的多元形象。这种在异文化中不断被建构的形象,以及建构的过程,乃至所呈现出来的基本特征,包括内在的建构逻辑,恰恰是文化传播研究值得关注的重要问题。因此,本章内容通过实证研究方法,试图探讨外籍人士眼中的孔子及其文化形象,以及其所体现出来的特征。

李泽厚说:"汉文化所以不同于其他民族的文化,中国人所以不同于外国人,中华艺术所以不同于其他艺术,其思想来由仍应追溯到先秦孔学。不管是

---

① [意]利玛窦、[法]金尼阁:《利玛窦中国札记》,第32页。
② 周宁:《孔教乌托邦》,《中国形象:西方的学说与传说》丛书(6),学苑出版社,2004年,第37页。
③ 根据"2019年国际中文教育大会"的数据,截至2019年,全球有3万多所中小学开设了中文课程,4000多所大学设立了中文院系或课程,还有4.5万所华文学校和培训机构开展中文教育,全球学习中文的人数超过2500万人。162个国家和地区建立了550所孔子学院和1172个孔子课堂。参见中国新闻网,2019年12月1日,https://www.chinanews.com.cn/sh/2019/12-10/9030138.shtml。

好是坏，是批判还是继承，孔子在塑造中国民族性格和文化-心理结构上的历史地位，已是一种难以否认的客观事实。孔学在世界上成为中国文化的代名词，并非偶然。"①诚然，作为中国文化思想的核心精神，孔子所代表的儒家文化是中国传统社会的思想价值基础，是中国民族内在的文化心理结构的核心构成，对中国社会产生深远的影响。但是，在历史发展的视野中，孔子形象本身又是如此的多元，抑或是天地君亲师的"素王""至圣先师"，抑或又成为被打倒的"孔家店"教主，抑或又是"轴心时代"的思想圣人，在浩瀚的历史长河中，人们对孔子充满着褒贬毁誉。16世纪末，乘着地理大发现的航船，欧洲传教士们来到中国，孔子开始被传教士认知、理解和建构。并且，通过他们的介绍，孔子走向了西方世界。几个世纪以来，随着西方经济、文化的发展和社会变革，在西方文化背景下，人们建构了文化视野中林林总总的孔子形象。孔子不仅作为中国古代的哲学家，思想不断被学术界研究阐释；而且作为中国文化的代表，在跨文化视域中，也赋予了他者文化的建构和表征意义。

  2009年10月，美国众议院通过了一个纪念孔子诞辰2560周年的决议，以弘扬他在哲学、社会和政治思想上的杰出贡献。这个决议提出了特别关注这样一位中国古代思想家的两个主要理由。其一，作为历史上最伟大的思想家、教育家、社会哲学家之一，孔子的哲学曾经和继续影响着世界各国的社会和政治思想。其二，在今天充满危机和挑战的世界，孔子思想是丰富的灵感之源。对此，倪培民认为，这个决议并不说明美国政府或者美国整体上对中国传统儒家思想的认识和认同，实际上在美国占统治地位的一直是西方近代理性价值观。在美国众议院通过该决议案以后，许多美国网民评论说，这些议员放着美国这么多亟须处理的难题不去解决，却去讨论纪念一个中国的古人。这一方面反映了美国社会许多问题亟待解决，但另一方面也恰恰反映了美国不少民众对他们国家所面临的诸多问题的深刻根源缺乏认识，对其他文化资源毫无兴趣，因此更有必要让整个西方世界了解孔子这位"中国古人"的思想对当今世界的深远意义。②

---

① 李泽厚：《美的历程》，文物出版社，1989年，第49页。
② 参见［美］倪培民：《孔子：人能弘道》，李子华译，世界读书出版公司，2021年，第7页。

总体来看，在西方文化视野中，学术界对孔子及其思想的研究与认知主要体现在两个方面，一方面研究孔子的文化内容和思想内容，试图通过文本还原出中国文化语境中真实的孔子，但究其实依然脱离不了跨文化语境的解读式建构；另一方面，从研究孔子的文献资料、思想内容以及他者评论的角度，对孔子的形象和建构进行论述，试图探究这些建构中形成的孔子形象及其文化内涵。

自1583年欧洲耶稣会士的罗明坚（Michele Ruggieri）和利玛窦在广东肇庆建立了传教点始，伴随着传教活动，传教士们对中国和中国文化不断认识并向欧洲传播和介绍，16世纪末到18世纪晚期，孔子及其代表的儒家思想经由传教士的翻译和解读走向欧洲。无疑，以利玛窦为代表的耶稣会士们的最大贡献，在于向欧洲译介了主要的儒家经典，从而使得17—18世纪的欧洲掀起了"孔子热"和"中国热"。阿诺德·H. 罗博特姆（Arnold H. Rowbotham）认为："正是从耶稣会那里，欧洲知识界认识了孔子哲学。"[1]这其中，传教士罗明坚最早在1593年在欧洲翻译刊行四书中的《大学》，此后利玛窦开始大量翻译、介绍孔子及儒家论著，为后继的耶稣会教士所效仿。伴随着儒家重要经典的翻译介绍，孔子形象也出现在欧洲。

传教士金尼阁（Nicolas Trigault）1615年改编利玛窦的著作《中国传教史》并在欧洲出版，该书被誉为"欧洲人叙述中国比较完备无讹之第一部书"[2]。其中对孔子做了介绍，并有很多地方论及孔子。书中写道："中国最大的哲学家是孔子，生于公元前551年，活了七十余岁，一生以言以行以文字，诲人不倦。大家都把他看为世界上最大的圣人尊敬。实际上，他所说的，和他的生活态度，绝不逊于我们古代的哲学家；许多西方哲学家无法与他相提并论。故此，他所说的或所写的，没有一个中国人不奉为金科玉律；直到现在，所有的帝王都尊敬孔子，并感激他留下的遗产。他的后代子孙一直受人尊重；他的后嗣族长享

---

[1] Rowbotham, Arnold H. "The Impact of Confucianism on Seventeenth Century Europe". *Far Eastern Quarterly*, 1945, Vol. 4, pp. 224–229.

[2] 费赖之：《在华耶稣会士列传及数目》（上），中华书局，1995年，第150页。

有帝王赐的官衔厚禄及各种特权。除此之外，在每一城市和学宫，都有一座极为壮观的孔庙，庙中置孔子像及封号；每月初及月圆，及一年的四个节日，文人学子都向他献一种祭祀，向他献香，献太牢，但他们并不认为孔子是神，也不向他求什么恩惠。所以不能说是正式的祭祀。"[1]这些描述中，在介绍孔子的生平事迹的同时，也对孔子在中国的地位和形象做了评价——既是哲学家，又是帝王和民众的楷模。显然，孔子作为"哲人王"的形象也形成了。

其后，曾德昭（Alvarez Semedo）神父于1641年出版《大中国志》（*Imperio de la China*），其中也介绍了孔子，并且对孔子的人格给予很高评价。他写道："孔夫子这位伟人受到中国人的崇敬，他撰写的书及他身后留下的格言教导，也极受重视，以致人们不仅把他当作圣人，同时也把他当先师和博士，他的话被视为是神谕圣言，而且在全国所有城镇修建了纪念他的庙宇，人们定期在那里举行隆重的仪式以表示对他的尊崇。考试的那一年，有一项主要的典礼是：所有生员都要一同去礼敬他，宣称他是他们的先师。"[2]17世纪中期以后，译介孔子的著作陡然增多。在1662—1669年间集众多传教士之力的《大学》《中庸》《论语》翻译工作完成，并由传教士柏应理（Philippe Couplet）带到欧洲，题为《中国哲学家孔子》，于1685年用法文出版。以殷铎泽（Prosper Intorcetta）神父为首的传教士聚集杭州，着手"向西方介绍孔子的智慧"，他们先后翻译了《大学》《论语》和《中庸》，并于1669年在印度果阿全部出版。果阿译本经多人润色修订，于1687年在法国巴黎再版，共约500页。1711年，卫方济（Noel）神父在今捷克首都布拉格不但出版了前述三种论著，还增加了《孟子》《孝经》和《三字经》。这些译本引起欧洲知识界的广泛兴趣和关注。孔子论著的出现，在欧洲知识界引起极大的反响，直接导致了欧洲17、18世纪的"中国热"。[3]

在西方学者研究孔子思想的过程中，孔子形象作为研究背景材料，不断

---

[1] ［意］利玛窦：《中国传教史》，光启社，1986年，第23—24页。参见张西平：《欧洲早期汉学史：中西文化交流与西方汉学的兴起》，中华书局，2009年，第359页。

[2] ［葡］曾德昭：《大中国志》，何高济译，上海古籍出版社，1999年，第59—60页。

[3] 张涛：《孔子在美国：1849年以来孔子在美国报纸上的形象变迁》，北京大学出版社，2011年，第20—21页。

呈现出多个方面。学者们对孔子形象的描述，既有超凡入圣的圣人形象，也有兼具智慧与勇气的君子形象，同时也在还原孔子作为普通人的一面。这其中以欧洲启蒙运动思想家的描述最富于代表性。在启蒙思想家莱布尼茨、沃尔夫（Christian Wolff）、伏尔泰等的眼里，孔子被建构为与启蒙运动的理性和世俗化目标相一致的正面形象。其中法国思想家伏尔泰更是不遗余力地塑造了孔子形象。霍华德·史密斯（D. Howard Smith）认为，孔子具有强烈的道德责任感，他相信命运掌握在自己手中，但这些伦理思想都是以天命为原则的。[1]白彤东（Bai Tong-dong）认为孔子是一个精明的人、口才精妙的人。孔子主张君子应该具有政治责任，同时却主张危邦不入，因此，孔子是一个政治上非常精明的人。[2]西方学者无意识塑造的孔子还有生活在市井的小人物形象。艾米·奥伯丁（Amy Olberding）认为孔子是个容易抱怨的人。通过《论语》可以发现，孔子的生活包括很多困难、失望，甚至心碎。孔子有时抱怨他的生活，他偶尔的抱怨偏离他通常的睿智。[3]倪培民认为，认识孔子要避免把他树立成"至圣"形象，或者是不切实际的"理性主义"形象，重点要考察他如何"即凡而圣"，在平凡中如何体现出伟大。因此，在介绍了他的历史、政治、哲学、教育后，还刻画了孔子爱好美食、喜欢音乐和歌唱等形象，以及对服装还有特殊的喜好。同时，孔子也会犯错误和遇到窘境，作为思想家的孔子俨然是一位热爱生活的艺术家，更加真实和平易近人。[4]司徒汉（Hans Stumpfeldt）也认为，用稍微夸张的术语来说，孔子似乎更像一个自然哲学家或道家，而不是我们熟悉的道德老师。需要采用不同的研究方法和重点来研究中国传统与孔子及其时代的联系，以及更早期的传统，因为这其中隐含了许多具有意识形态

---

[1] Smith, D. Howard. "The Significance of Confucius for Religion". *History of Religions*, 1963, Vol. 2(2), pp. 242-255.

[2] BAI, T. "What to Do in an Unjust State? On Confucius's and Socrates's Views on Political Duty". *Dao: A Journal of Comparative Philosophy*, 2010, Vol. 9(4), pp. 375-390.

[3] Olberding, Amy. "Confucius 'Complaints and the Analects' Account of the Good Life". *Dao*, 2013, Vol. 12(4), pp. 417-440.

[4] 参见［美］倪培民:《孔子：人能弘道》，第212页。

化的因素，应该被新的学术重建所取代，也就是试图还原真实的孔子。①

此外，就其他人评论孔子及其历史资料、思想内容的角度，西方学者对孔子的形象建构问题也进行了多方面论述。这类研究以美国汉学家詹启华（Lionel M. Jensen）的研究为代表。他通过对17世纪来华传教士对于"儒""孔夫子"等的介绍，认为西方的"孔夫子"是欧洲知识分子建构的结果，"很大程度上讲，'孔夫子'是西方人创造出来的"。他认为"Confucianism"（儒教）这个词应该等同于"儒"（儒家），西方的"孔夫子"并不是古代中国人心中的孔子。"孔夫子"之所以呈现出眼前那些为人熟知的特征，乃是不断精心制造的结果，在这一过程中，欧洲的知识分子扮演了主角。西方的"孔夫子"是几个世纪来假以众手塑造出的成果，其中既包括教会，也包括世俗社会，既有西方人，也有中国人。即便如此，"但在20世纪的中国，他却激励了人们对本土偶像孔子进行重新创造，孔子被吸收进中国知识分子所掌握的丰富的神话材料之中，其对他们通过建构历史来努力开创一个民族国家意义上的、崭新的'中国'来说至为关键"②。德效骞（Homer H. Dubs）通过学者们对孔子的评价，进而考察学者们对孔子形象的建构。他认为孔子形象是被人们不断建构的过程。虽然人们早就认识到孔子是世界上最伟大的人之一，但是，在学者们的建构中，他们却把孔子生命中最为重要的事件忽略了，而且关于他的思想也被误读。由于孟子宣布他是最伟大的圣人，孔子的政治生涯也被忽略甚至被曲解。由于每一位儒家哲学家、道德学者，都试图从孔子的教导中解读出自己的权威性，因此，每当一种新的儒家哲学出现时，孔子的真正教义就会被重新解释。③史景迁（Jonathan D. Spence）根据史学家司马迁的生活经经历，分析了司马迁对孔子的形象建构问题。他从孔子的性格和政治动机两个方面论述了被

---

① Stumpfeldt, Hans. "Thinking Beyond the 'Sayings': Comments about Sources Concerning the Life and Teachings of Confucius (551–479)". *Oriens Extremus*, Vol. 49, 2010, pp. 3–27.
② [美]詹启华：《制造儒家：中国传统与全球文明》，徐思源译，北京大学出版社，2019年，第5页。
③ Dubs, Homer H. "Confucius: His Life and Teaching". *Philosophy* (London), Cambridge University Press, 1951, Vol. 26(96), pp. 30–36.

建构的孔子，试图还原孔子作为普通人的形象。[1] T. H.巴雷特（T. H. Barrett）通过对孔子的译名的探讨，认为耶稣会士把"孔子"翻译为"Confucius"时，简单地理解为一种口语形式，"Confucius"忽视了中文"孔夫子"名称所赋予的文化意义，而仅仅是一个名称或人的称呼而已。显然，在他看来，中文的"孔夫子"更是一种文化符号表征。[2]其他还有安德烈·布埃诺（André Bueno）针对巴西社会对孔子的认知的研究。他认为，由于缺乏相关的汉学传统，巴西对孔子的认知甚少，通常把这位中国圣人视为宗教人物。但是由于语境的变化，巴西的孔子形象目前主要体现在三个方面。首先是宗教的孔子，甚至可以分为基督教的孔子、深奥的孔子和中国神秘的孔子等。其次是政治的孔子，最后是教师的孔子。[3]在这些研究中，很多学者重点考察孔子及其代表的思想文化在历史中不断被阐释建构的过程。

中国学者对孔子及其文化形象的研究数量颇为丰富。林存光着重研究了中国历史上的孔子形象，在他的研究中，孔子是一位诚实的学者、一位诗意的政治家；并且探讨孔子如何在历史发展中不断被偶像化的过程，也论述了中国现代社会如何批判地对待孔子。[4]有学者研究了周予同的孔子观，认为周予同塑造了一个不同于传统圣人的孔子新形象，开启了近代以来人们对孔子、对传统文化的重新认识，促进了孔子形象的现代转型。在周予同看来，孔子既不是圣人，也不是封建、落后的代表，而是活生生的人，是一位有情感、有思想、有抱负的思想家、教育家、哲学家，他的人格让人景仰，他的思想在某些方面具有相当的进步意义和价值。[5]刘超的研究探究了清末民国时期中学历史

---

[1] Spence, Jonathan D. "Confucius". *The Wilson Quarterly*, 1993, Vol. 17(4), pp. 30–38.

[2] Barrett, T. H. "The Chinese for 'Confucius' Confirmed". *Bulletin of the School of Oriental and African Studies*, Cambridge University Press, 2000, Vol. 63(3), pp. 421–423.

[3] Bueno, André. "Confucius for Brazilians". *International Journal of Latin American Religions*, Springer International Publishing, 2018, Vol. 2(1), pp. 117–124.

[4] 林存光：《历史上的中国形象：政治与文化语境下的孔子和儒学》，齐鲁书社，2004年，第36页。

[5] 曹景年：《周予同孔子观新探——兼论孔子形象的现代转型》，《济宁学院学报》，2020年第6期。

教科书中的孔子形象，认为其塑造介于国家与思想界、尊孔与反孔之间，这其中蕴含着儒学现代演变的多种可能性，国家与思想界共同规划运用历史资源产生出民众的知识观念并随时调整，以因应或造成社会意识的变迁。[①]周炽诚认为，从春秋到战国，孔子之所以成为圣人形象，完全是民间的力量。[②]姚欣延认为"孔子像"已内化为中国文化的象征符号。[③]也有中国学者对西方文化语境下的孔子形象进行了分析和研究。王锟认为，17—18世纪欧洲对孔子形象的研究主要经历了基督教眼中的"天主教圣徒"、哲学家眼中的"道德和理性的化身"、思想家眼中"无神论者形象"阶段。[④]张涛论述了早期美国教育书籍中的孔子形象，他认为孔子在人格和道德思想方面堪称典范，值得美国人借鉴和效仿；但在精神信仰的层次方面，孔教在基督教之下，孔子没有坚定的上帝意识和来世观，自然就是逊于耶稣的异教思想家。美国教育书籍对于孔子的态度，是有保留的赞赏。[⑤]方厚升以德国为例，论述了20世纪初西方文化危机中的孔子形象。他认为社会各界立场分化，基本形成了尊孔、批孔两大阵营，两派观点也都各有所据。[⑥]显见的是，所谓"孔子形象"，在很大程度上是他者立足于自身的文化视野的建构，也是自身文化在他者身上的一种映射，而这种复杂的表征性关系也正是文化建构的基本特点。

以往学术界对孔子及其文化形象的研究方法多以质性研究方法为主，通过历史考述，探究孔子在西方文化中被解读、建构和阐释的过程，以及背后隐含的西方文化自身发展的逻辑，从而也形成了多种多样的孔子形象。随着当代全球文化交流的发展，特别是中国以孔子形象为代表，借以传播中国文化的孔

---

① 刘超：《孔子形象：历史知识与社会意识——以清末民国时期中学历史教科书中的孔子叙述为中心》，《安徽大学学报》(哲学社会科学版)，2009年第5期。
② 周炽诚：《论孔子成为圣人及其他》，《孔子研究》，2010年第4期。
③ 姚欣延：《孔子像的载体与传播》，《新闻世界》，2014年第9期。
④ 王锟：《17、18世纪欧洲文化视野中的孔子》，《孔子研究》，2001年第4期。
⑤ 张涛：《早期美国教育书籍中的孔子形象》，《社会科学辑刊》，2015年第4期。
⑥ 方厚升：《20世纪初西方文化危机中的孔子形象——以德国为例》，《国外社会科学》，2017年第4期。

子学院的建立和发展，使得一个重要的问题摆在我们面前，即在全球化的现代文化语境中，人们为什么还会对几千年前的一位老人感兴趣？孔夫子活在当下的意义是什么？目前外籍人士如何认识孔夫子？认识孔夫子的逻辑是什么？显然，通过这些调查和观察，一方面，可以直观地了解到"孔夫子"在西方当代文化中的建构，另一方面，通过外籍人士的调查，也可以通过西方文化这面镜子，从作为他者的西方文化出发，了解西方文化对中国文化的建构，从而探究文化间传播的特点和规律。

## 二、孔子形象的测量及调查

### （一）孔子形象的测量

#### 1. 形象

如前所述，"形象"是指人们图式化表征事物的方式。形象包含行为规范、价值取向和人的精神需求内容，离不开评价者的认知、评价、印象、建构等维度，在不同的人或事物上，因为具体特征的不同，所侧重的维度不同。

一般而言，形象通常指的是"心理图像"，包括人们心目中的图像，关于人或事物的想法，以及人们形成的心理图像或想法。葛岩认为，"形象"源于外部认知的对象，是认知主体在意识中对认知对象的表征或呈现，而非外部对象的客观反映。这种表征的内容是结构化的整体，整合了的想法或"视觉形象"。[1]周宁认为，"形象"指某种掺杂着知识与想象的"表征"或"话语"（Discourse），并不等同于形象之外的现实对象。由此，他提出，跨文化形象学对于作为一种社会文化集体想象的中国形象的研究，首先分析特定时代出现在不同文本中中国形象的意义结构与文化功能，然后比较不同类型文本中的中国形象，发现某些重复话题，诸如"大汗的大陆"疆域广阔、物产丰富、城市繁

---

[1] 参见葛岩、秦裕林、徐剑:《作为图式的地域形象：结构、功能和测量》,《新闻与传播研究》,2019年第2期。

荣、宫殿壮丽;大汗拥有无尽的财富与无上的君权等。这些共同的观念、意象、词汇与修辞体系使不同文本中的中国形象趋向类型化、符号化,成为一种话语方式或思维方式。从这个意义上看,"形象"一词从一开始就具有"意识形态"的背景,"形象"在各自不同的维度上形成了人们观念上的一种解释。[①]形象研究中大部分内容是有关"国家形象"的研究。对此有学者认为:"国家形象是一个复杂的话题,在不同的语境和视角下,国家形象被看作是媒体呈现、品牌联想、认知或情感的综合,刻板印象、国家实力、身份认同。国家形象概念纷争背后既有学科背景、学术立场和研究视角的不同,也有意识形态、价值观和研究动机的差异,国家形象的概念分歧以及对其本质的认识差异源于各研究路径所假定的前提各不相同。"[②]本研究所用的"形象"不是对事物本身的知识性认知,而是基于知识的人们对事物的感知和想象性建构,不同的人对同一事物的感知和想象不完全相同,因而其建构受到人的意识和认知过程的影响。

### 2. 孔子形象和孔子文化

在本研究中,"孔子形象"指的是孔子在个人或群体心目中的身份认知、评价态度、刻板印象等。其中包含的内容,一方面体现为对孔子身份和文化内容的认知;另一方面体现为建构孔子认知的角度、态度及刻板印象等。"孔子文化"指的是以孔子思想为核心,经过弟子及后学诠释、传播和发展形成的今天的孔子文化。既具有孔子学说核心,又具有现代诠释意义的孔子文化。

### 3. 汉语使用

作为人类,最令人印象深刻、最重要的认知成就也许就是语言。语言是一首由复杂表征和过程组成的"交响乐",能够帮助我们与他人交流自己的想法。著名语言学家史蒂文·平克(Steven Pinker)认为,在很多方面,语言都是我们所有认知过程的顶峰。事实上,它经常被用作揭示认知过程的手段,它就是认

---

① 参见周宁:《天朝遥远:西方的中国形象研究》(上卷),第3页。
② 文春英、吴莹莹:《国家形象的维度及其互向异构性》,《现代传播》(中国传媒大学学报),2021年第1期。

知过程的本质。①德国思想家洪堡特认为，语言的产生，就是人的精神的外显，是人的天赋能力的自然发展，不是由外部世界引起，而是人自身能力的体现。这个观点建立了语言世界与人的认识世界之间的关系，洪堡特对语言已经有了系统的研究和认识，并从人和世界的关系层面探究语言世界。②作为建立在结构主义理论基础上的语言理论，萨丕尔-沃尔夫假说（Sapir-Whorf Hypothesis）通过论述语言、思维与文化的内在关系，从而提出关于语言决定思维的主要观点。就其学说的核心内容而言，简单地说它就是这样一种观点："语言形式决定着语言使用者对宇宙的看法；语言怎样描述世界，我们就怎样观察世界；世界上的语言不同，所以各民族对世界的分析也不同。"③可见，就语言的特征而言，语言结构本身对使用该语言的人们的思维，乃至各自语言影响下的文化具有决定性意义。因此，这个假说把语言提高到影响人们的思维，乃至人类文化的重要地位，并完整全面地论述了语言与思维、文化的关系。

综合上述不同的研究路径和文献资料梳理，本研究首先通过焦点小组访谈，对孔子身份形象内容设定为8个维度——"圣人""君子""哲学家""教育家""宗教家""政治思想家""普通教师""普通士大夫"，以及其他形象。对"孔子文化"内容，设定为7个维度——"道德""哲学""知识""宗教""政治道德""律法规定的伦理""礼仪体系"，以及其他。

## （二）孔子形象的研究样本及调查

本章研究在样本上有所扩展，不仅仅针对外籍留学生，而是扩展到不同领域的外籍人士。在具体问卷调查实施中，本研究选取了上海浦东碧云社区、闵行古北社区和徐汇新天地三个外籍人士集中居住的社区，以及上海高校等外籍

---

① ［美］布里奇特·罗宾逊-瑞格勒、［美］格雷戈里·罗宾逊-瑞格勒:《认知心理学》，凌春秀译，人民邮电出版社，2020年，第309页。
② ［德］洪堡特:《论语言结构的差异及其对人类精神发展的影响》，姚小平译，商务印书馆，1999年，第72—73页。
③ 刘润清:《西方语言学流派》，外语教学与研究出版社，1995年，第96页。

人士相对比较集中的地方，对外籍人士进行了滚雪球式的问卷调查，总计发放问卷650份，回收问卷650份。对数据进行清洗整理后，获得有效问卷604份。问卷中涉及的人口变量包括性别、来到中国时间、以前是否来过中国、文化程度、国籍及所属地区、宗教信仰、文化背景、职业背景等。调查样本构成如表7-1所示，由于客观条件所限，本研究无法对整个中国大陆外籍人士群体全体进行抽样调查研究，因此，本研究统计结果不能完全覆盖外籍人士总体的特征。

表7-1 在华外籍人士孔子形象认知调查样本基本情况（ $n=604$ ）

| 项目 | | 频数（N） | 百分比（%） |
| --- | --- | --- | --- |
| 性别 | 男 | 344 | 57.0 |
| | 女 | 260 | 43.0 |
| 以前是否来过中国 | 是 | 311 | 51.5 |
| | 否 | 293 | 48.5 |
| 学历 | 本科 | 378 | 62.6 |
| | 硕士 | 172 | 28.5 |
| | 博士 | 30 | 5.0 |
| | 其他 | 24 | 3.9 |
| 职业 | 在职 | 208 | 34.4 |
| | 非在职 | 396 | 65.6 |
| 合计 | | 604 | 100.0 |

## 三、多元的孔子形象及其文化

### （一）外籍人士对孔子身份形象的认知

孔子的"身份"是最能代表孔子文化意义的形象符号。作为中国文化表征符号，孔子已经脱离了作为个人的身世、外貌等外在形象特征，在跨文化传播中被赋予了丰富的文化意义。因此，为了全面了解孔子在外籍人士心目中的文化形象，本研究设置了多项选择题："您认为孔子是什么身份？"调查结果表明（如表7-2所示），外籍人士对孔子的8种身份的认知，按照选项排名依次是"哲学家"（376，29.4%）、"教育家"（290，22.7%）、"政治思想家"（171，13.4%）、"圣人"（162，12.7%）、"君子"（140，10.9%）、"宗教家"（84，6.6%）、"普通教师"（43，3.4%）、"普通士大夫"（14，1.1%）。显然，在外籍人士看来，孔子的身份形象主要还是作为哲学家、教育家和政治思想家的孔子。反而那些在本文化内部有关建构性的形象，诸如"圣人""君子"等对其社会地位和人格特征的描述，并未占主导地位，亦即外籍人士对孔子形象的定位，基本还是站在客观知识的基础上。由此可见，对于外籍人士而言，相对于孔子的"圣人"和"君子"的形象，则更偏重于从思想内容的角度对孔子的身份特征进行评价。因为，在外籍人士的文化内容里，他们的"圣人""君子"可能不会是孔子。如果能够进一步通过对中国文化背景的受众进行调查，通过对比，抑或可以看到差异。

表7-2 外籍人士对孔子身份形象的认知（ $n$=604）

| 项目 | 频数（N） | 百分比（%） | 频数百分比（%） |
| --- | --- | --- | --- |
| 哲学家 | 376 | 29.4 | 62.3 |
| 教育家 | 290 | 22.7 | 48.0 |
| 政治思想家 | 171 | 13.4 | 28.3 |
| 圣人 | 162 | 12.7 | 26.8 |
| 君子 | 140 | 10.9 | 23.2 |
| 宗教家 | 84 | 6.6 | 13.9 |
| 普通教师 | 43 | 3.4 | 7.1 |
| 普通士大夫 | 14 | 1.1 | 2.3 |
| 合计 | 1280 | 100 | 211.9 |

## （二）外籍人士对孔子文化内容的认知

孔子文化内容是关于孔子及其文化的形象的总括，包含了对孔子身份及其文化内容的综合认知。本研究调查结果也表明（如表7-3所示）：外籍人士对孔子的7种文化内容认知中，按照选择计数排名依次是"哲学"（375，28.2%）、"道德"（271，20.4%）、"知识"（252，18.9%）、"礼仪体系"（165，12.4%）、"政治道德"（99，7.4%）、"宗教"（97，7.3%）、"伦理"（72，5.4%）。显见的是，在外籍人士眼中，孔子文化的内容形式是哲学、道德、知识和礼仪体系，这些内容看起来与早期传教士、后期汉学家对孔子文化的研究有直接的关联。进而言之，对于这些认知的信息来源，需要更深入的研究，才能够明确地说明，究竟是何种传播途径影响到了对孔子及其孔子文化的认知，大众传播媒介的内容是否影响了外籍人士的中国文化信息来源？还是通过学校教育、阅读书籍，或者是其他途径？这是需要进一步探究的问题。

表7-3 外籍人士对孔子文化内容的认知（$n$=604）

| 项目 | 频数（N） | 百分比（%） | 频数百分比（%） |
| --- | --- | --- | --- |
| 哲学 | 375 | 28.2 | 62.1 |
| 道德 | 271 | 20.4 | 44.9 |
| 知识 | 252 | 18.9 | 41.7 |
| 礼仪体系 | 165 | 12.4 | 27.3 |
| 政治道德 | 99 | 7.4 | 16.4 |
| 宗教 | 97 | 7.3 | 16.1 |
| 伦理 | 72 | 5.4 | 11.9 |
| 合计 | 1331 | 100.0 | 220.4 |

那么，本研究也设置了"您第一次了解到孔子和孔子文化是通过哪种传播渠道？"试图了解外籍人士对于孔子及其文化内容的接触渠道，结果显示（如表7-4所示），分别是图书（283，46.9%）、他人讲述（141，23.3%）、网络（69，11.4%）、电视/广播（49，8.1%）、杂志（22，3.6%）等渠道，其中，阅读和讲述是获得孔子及其文化的主要途径。那么，如何提升图书质量，扩大多元的传播渠道，是提升孔子文化影响力的重要方面。

表7-4　外籍人士对孔子及其文化内容的获知渠道（$n=604$）

| 项目 | 频数（N） | 百分比（%） |
| --- | --- | --- |
| 图书 | 283 | 46.9 |
| 他人讲述 | 141 | 23.3 |
| 网络 | 69 | 11.4 |
| 电视/广播 | 49 | 8.1 |
| 杂志 | 22 | 3.6 |
| 其他 | 40 | 6.6 |
| 合计 | 604 | 100.0 |

## （三）来自不同文化背景国家或地区的外籍人士对孔子身份形象的认知差异

本研究还考察了来自不同文化背景国家或地区的外籍人士对孔子身份形象的认知差异。通过调查可以发现（如表7-5所示），东西方文化背景的外籍人士对孔子身份形象认知并不一致。可以看出，对于孔子作为哲学家、教育家、圣人、君子的身份形象认知，东西方不同文化背景的外籍人士的差异达到显著水平，对于孔子作为哲学家、教育家、圣人、君子的身份形象评价差异明显。而作为政治思想家、宗教家、普通教师、普通士大夫的身份形象认知差异，并未达到显著水平，亦即东西方在孔子身份形象的这些方面并没有认知差异。可以看出，在东西方不同文化背景下，西方文化背景的外籍人士认为孔子是哲学家，而东方文化背景的外籍人士则认为孔子是教育家、圣人和君子。

表7-5　来自不同文化背景国家或地区外籍人士对孔子身份形象的认知差异（$n=604$）

| 项目 | 文化背景 | 频数（N） | 百分比（%） | 卡方检验（$\chi^2$） |
| --- | --- | --- | --- | --- |
| 哲学家 | 东方 | 183 | 48.7 | .001*** |
|  | 西方 | 193 | 51.3 |  |

（续表）

| 项目 | 文化背景 | 频数（N） | 百分比（%） | 卡方检验（$\chi^2$） |
|---|---|---|---|---|
| 教育家 | 东方 | 169 | 58.3 | .041* |
|  | 西方 | 121 | 41.7 |  |
| 政治思想家 | 东方 | 99 | 57.9 | .239 |
|  | 西方 | 72 | 42.1 |  |
| 圣人 | 东方 | 105 | 64.8 | .001*** |
|  | 西方 | 57 | 35.2 |  |
| 君子 | 东方 | 86 | 61.4 | .024* |
|  | 西方 | 54 | 38.6 |  |
| 宗教家 | 东方 | 46 | 54.8 | .906 |
|  | 西方 | 38 | 45.2 |  |
| 普通教师 | 东方 | 27 | 62.8 | .267 |
|  | 西方 | 16 | 37.2 |  |
| 普通士大夫 | 东方 | 11 | 78.6 | .100 |
|  | 西方 | 3 | 21.4 |  |

*注：① 变量编码：孔子身份形象认知（0=否，1=是）。
② *$p<.05$，**$p<.01$，***$p<.001$。

## （四）外籍人士对孔子及其文化内容的态度偏向和孔子身份形象认知的相关性

本研究过设置"您是否喜欢孔子及孔子文化内容？"作为基本的态度偏向指标，使用5级量表考察外籍人士对孔子及其文化内容的态度偏向，同时根据对孔子身份形象的认知，分析二者之间的关联性。调查结果发现（如表7-6所示），外籍人士的对孔子及其文化的态度偏向与认知之间的相关性分析结果，仅有与孔子的圣人身份形象有关联。亦即对于孔子文化的态度偏向与孔子身份形象认知之间没有相关性。

表7-6　外籍人士对孔子及其文化的态度和认知的相关性分析（n=604）

| 项目 | 1 | 2 | 3 | 4 | 5 | 6 | 7 | 8 | 9 |
|---|---|---|---|---|---|---|---|---|---|
| 1. 态度偏向 | — | | | | | | | | |
| 2. 圣人 | *.132*** | — | | | | | | | |
| 3. 君子 | .053 | *.128*** | — | | | | | | |
| 4. 哲学家 | .069 | .001 | -.001 | — | | | | | |
| 5. 宗教家 | .011 | *.167*** | *.119*** | .017 | — | | | | |
| 5. 教育家 | -.035 | .009 | .045 | .003 | .064 | — | | | |
| 6. 政治思想家 | .054 | .076 | -.049 | .027 | *.151*** | *.235*** | — | | |
| 7. 普通教师 | -.034 | -.051 | .001 | -.063 | .093* | *.082*** | *.098*** | — | |
| 8. 普通士大夫 | -.017 | .006 | .020 | *-.107*** | .065 | .050 | *.099*** | *.171*** | — |

*注：① 变量编码：态度偏向（1=非常否定，5=非常肯定）；孔子及其文化认知（0=否，1=是）。
② *p＜.05，**p＜.01，***p＜.001。

## （五）外籍人士人口变量、媒介使用、汉语学习与孔子身份形象评价的回归分析

本研究还探讨了外籍人士人口变量、媒介使用、汉语学习与孔子身份形象评价之间的影响关系。由于因变量孔子身份形象认知是二分类别变量（0=否，1=是），因此使用二分logistic回归分析方法，以观察人口变量、媒介使用、汉语学习对于孔子身份形象认知评价的影响关系。

第一，在回归分析中，观察了性别、学历、职业、以前是否来过中国、宗教信仰等人口变量作为控制变量对孔子身份形象认知的影响（模型1，如表7-7-1所示）。结果表明，对于控制变量而言，性别对于作为教育家、普通士大夫的孔子身份形象认知具有影响；学历对于作为政治思想家的孔子身份形象认知具有影响；职业对于作为宗教家、教育家、政治思想家的孔子身份形象认知具有影响；以前是否来过中国对于作为政治思想家的孔子身份形象认知具有影响；宗教信仰对于作为宗教家、教育家、政治思想家、普通教师的孔子身份

形象认知具有影响。显然，人口变量对于作为宗教家、教育家、政治思想家、普通教师、普通士大夫的孔子身份形象认知具有影响。

表7-7-1　人口变量、媒介使用、汉语学习与孔子身份形象认知的logistic回归分析（模型1，*n*=604）

|自变量/因变量|||圣人|君子|哲学家|宗教家|教育家|政治思想家|普通教师|普通士大夫|
|---|---|---|---|---|---|---|---|---|---|---|
||||||||孔子身份形象认知|||||
|人口变量|性别||1.252|1.035|.958|1.085|*1.865\*\*\**|.774|.664|*.292\**|
||学历||.832|.958|1.047|.759|.996|*.688\**|.776|.545|
||职业||.858|1.091|.935|*1.432\**|*.650\*\**|*.423\*\*\**|1.276|.463|
||以前是否来过中国||.921|.910|.905|.845|1.056|*.728\**|.641|1.744|
||宗教信仰||.948|1.050|.953|*.869\**|*.910\**|*.914\**|*.810\**|.892|
|H-L检验P值|||.000|.355|.790|.418|.360|.650|.447|.880|

*注：① 表内数字为所有变量输入回归方程式后的Exp(B)即OR值，置信区间95%。
② 变量编码：性别（1=男，2=女），以前是否来过中国（1=是，2=否），孔子身份形象认知（0=否，1=是）。
③ \*p＜.05，\*\*p＜.01，\*\*\*p＜.001。

第二，本研究以人口变量作为控制变量，观察了媒介使用对于孔子身份形象认知的影响（回归模型2，如表7-7-2所示）。结果表明，就控制变量看，性别对于作为教育家、政治思想家、普通士大夫的孔子身份形象认知具有影响；学历对于作为政治思想家的孔子身份形象认知具有影响；职业对于作为宗教家、教育家、政治思想家、普通教师的孔子身份形象认知具有影响；以前是否来过中国对于作为政治思想家的孔子身份形象认知具有影响；宗教信仰对于作为宗教家、教育家、政治思想家、普通教师的孔子身份形象认知具有影响。就媒介使用变量而言，社交媒体的使用对于作为君子、宗教家、政治思想家的孔子身份形象具有影响。显见的是，就媒介使用看，社交媒体的使用具有直接的影响作用。同时，亦可发现，社交媒体使用与人口变量对于作为政治思想家的孔子身份形象认知具有影响作用。

198　他者的镜像：外籍留学生媒介使用与中国文化

**表7-7-2　人口变量、媒介使用、汉语学习与孔子身份形象认知的logistic回归分析**
（模型2，*n*=604）

| 自变量/因变量 | | 孔子身份形象认知 | | | | | | | |
|---|---|---|---|---|---|---|---|---|---|
| | | 圣人 | 君子 | 哲学家 | 宗教家 | 教育家 | 政治思想家 | 普通教师 | 普通士大夫 |
| 人口变量 | 性别 | 1.256 | 1.085 | .917 | .943 | ***1.822***** | *.723** | .604 | *.276** |
| | 学历 | .811 | .973 | 1.083 | .714 | .991 | *.694** | .736 | .536 |
| | 职业 | .887 | .997 | .950 | *1.843**** | *.693** | *.522** | *1.522** | .600 |
| | 以前是否来过中国 | .919 | .915 | .909 | .851 | 1.049 | *.739** | *.635** | 1.732 |
| | 宗教信仰 | .943 | 1.046 | .965 | *.885** | *.916** | *.930** | *.823** | .921 |
| 媒介使用 | 互联网 | 1.022 | .839 | 1.171 | 1.560 | .953 | 1.310 | 1.128 | .989 |
| | 手机 | .733 | 1.396 | 1.294 | .615 | 1.004 | 1.382 | .899 | 1.000 |
| | 社交媒体 | 1.087 | *.800** | 1.061 | 2.289** | 1.208 | *1.499** | 1.641 | 1.443 |
| H-L检验P值 | | .903 | .721 | .760 | .642 | .839 | .179 | .414 | .901 |

*注：①表内数字为所有变量输入回归方程式后的Exp(B)即OR值，置信区间95%。
②变量编码：性别（1=男，2=女），以前是否来过中国（1=是，2=否），孔子身份形象认知（0=否，1=是）。
③ *p<.05, **p<.01, ***p<.001。

　　第三，本研究以人口变量作为控制变量，观察了媒介使用、汉语学习对于孔子身份形象认知的影响（回归模型3，如表7-7-3所示）。结果表明，就汉语学习而言，汉语学习态度对于作为圣人的孔子身份形象认知具有影响；汉语学习时间、汉语考试等级对于作为君子的孔子身份形象认知具有影响。就控制变量而言，性别对于作为教育家、政治思想家、普通士大夫的孔子身份形象认知具有影响；学历对于作为政治思想家的孔子身份形象认知具有影响；职业对于作为宗教家、教育家、政治思想家、普通教师的孔子身份形象认知具有影响；以前是否来过中国对于作为政治思想家的孔子身份形象认知具有影响；宗教信仰对于作为宗教家、教育家、政治思想家、普通教师的孔子身份形象认知具有影响。就媒介使用变量而言，社交媒体的使用对于作为宗教家、政治思想家的孔子身份形象具有影响。显见的是，就媒介使用看，社交媒体的使用对孔子形象的认知具有直接的影响作用。同时，亦可以发现，社交媒体使用与人口变量对于作为政治思想家的孔子具有明显的影响作用。可以说，这些不同层面的发现，为进一步分析人口变量、媒介使用及汉语学习对孔子身份形象认知的问题，提供了基础性的研究依据。

表7-7-3　人口变量、媒介使用、汉语学习与孔子身份形象认知的logistic回归分析
（模型3，*n*=604）

| 自变量/因变量 || 孔子形象认知 |||||||| 
|---|---|---|---|---|---|---|---|---|---|
| ^ | ^ | 圣人 | 君子 | 哲学家 | 宗教家 | 教育家 | 政治思想家 | 普通教师 | 普通士大夫 |
| 人口变量 | 性别 | 1.264 | 1.130 | .923 | .936 | *1.805*** | *.723* | .623 | *.232* |
| ^ | 学历 | .826 | .992 | 1.080 | .720 | .985 | *.687* | .734 | .546 |
| ^ | 职业 | .940 | .916 | .924 | *1.805**** | *.740* | *.551* | *1.788* | .717 |
| ^ | 以前是否来过中国 | .918 | .935 | .906 | .864 | 1.041 | *.719* | .619 | 1.751 |
| ^ | 宗教信仰 | .942 | 1.021 | .961 | *.882* | *.924* | *.929* | *.836* | .967 |
| 媒介使用 | 互联网 | 1.017 | .870 | 1.179 | 1.600 | .932 | 1.286 | 1.070 | .921 |
| ^ | 手机 | .732 | 1.322 | 1.283 | .599 | 1.029 | 1.375 | .950 | 1.000 |
| ^ | 社交媒体 | 1.063 | .847 | 1.075 | *2.302*** | 1.169 | *1.483* | 1.599 | 1.229 |
| 汉语学习 | 学习态度 | *1.213* | 1.156 | .984 | 1.037 | 1.004 | 1.083 | 1.219 | 1.391 |
| ^ | 学习时间 | .980 | *.863* | .970 | 1.009 | 1.044 | .943 | 1.038 | 1.213 |
| ^ | 考试等级 | 1.030 | *.865* | .979 | .929 | 1.084 | 1.085 | *1.284* | 1.393 |
| H-L检验P值 || .823 | .708 | .805 | .723 | .365 | .436 | .283 | .937 |

*注：① 表内数字为所有变量输入回归方程式后的Exp(B)即OR值，置信区间95%。
　　② 变量编码：性别（1=男，2=女），以前是否来过中国（1=是，2=否），孔子身份形象认知（0=否，1=是）。
　　③ *p＜.05，**p＜.01，***p＜.001。

## 四、本章总结与讨论

如前所述，美国汉学家詹启华强调了孔子形象的历史建构性，特别是近代欧洲语文化发展对孔子形象的建构起到了重要作用，可以说，是近代欧洲的启蒙知识分子建构了他们理想中的孔子形象。但是，他又指出，对于当代中国而言，孔子形象的建构却具有更为重要的意义。显见的是，在外籍人士的眼中，孔夫子的身份形象除了真实的一面外，尚还包括建构性的一面，那么，本研究基于外籍人士对于"孔子及其文化形象"的认知和评价的探究，试图解释外籍人士眼中本真的孔子和想象的孔子，同时探究媒介使用、汉语学习等因素对于孔子及其文化形象认知的影响。

首先，在外籍人士眼中，孔子的身份形象居首的是哲学家、教育家，其次是政治思想家、圣人和君子，再者是宗教家、普通教师、普通士大夫。就哲学家和教育家而言，无疑和孔子的真实文化身份相一致的。显见的是，今天对孔子形象的定位，是要还原那位两千多年前的喋喋不休说教的老人，还是真正理解孔子的思想内涵，建构起新的价值符号世界，这也就是孔子及其文化存在的当代意义。从学理上看，我们完全有必要还原出一个原汁原味的孔子，但是，就文化意义而言，作为价值符号系统的表征，我们恐怕更关心的是他的形象中包含的不同时代、不同文化背景下的社会文化的建构。因此，在知识层面上，外籍人士往往把孔子定位为作为哲学家、教育家的中国历史人物。但在文化层面上，孔子又被建构为圣人、君子、宗教家、政治思想家等。与孔子身份形象在中国的命运相类似，随着不同的文化场域的变化，孔子也被反复建构。其中以启蒙运动思想家们对"孔夫子"形象的正面建构最有代表性。启蒙运动中的欧洲知识分子所追求的是理性和人性，由此，孔子的人本主义和开明政治观点产生了重要影响，关于他的作品成为欧洲思想精英研读的范本，其中，伏尔泰对孔子和中国的崇拜最为积极。罗博特姆在论述伏尔泰的"亲华"情结时指出，就欧洲"对中国文化，尤其是孔子思想的崇拜"而言，莱布尼茨是"无可争议的始作俑者"，伏尔泰则是"最为忠实的支持者"。伏尔泰赞赏中国制度"充满家长温情"，它因此"只是形式上的专制主义"，称其"融合了法国绝对君主制和英国宪政体制的优点"。孔子是这一体系的"中心和阐释者",他"找到了天启教的替代物"。正因为崇拜孔子及其思想遗产,"伏尔泰终身都是孔子国度的伟大朋友"。① 显而易见的是,在这里伏尔泰误读了孔子,并且根据自己的信念创造性地建构了孔子形象,其目的在于建构孔子关于人本主义的思想、对统治者的仁慈要求的世俗化形象,以批判和否定教会的"迷信、教士专制和无知"等内容。有关这类型的对于孔子形象的建构性解读,在外籍人士的研究中依然存在。

其次,东西方不同文化背景的外籍人士对孔子的身份形象认知具有差别。总体来看,就孔子身份形象看,东西方不同文化背景的外籍人士对于作为哲学家、教育家、圣人、君子的孔子身份形象认知,具有明显差异。也就是说,具有东方文化背景的外籍人士更偏向于认同作为教育家、圣人、君子的孔子形象,而具有西方文化背景的外籍人士则更认同作为哲学家的孔子形象。这其中很重要的原因,亦为文化间传播中的建构性特征。东方文化中更多地把孔子作为教育家和圣人、君子,标榜他的道德典范形象的一面。相反,西方文化中则更多地把他作为哲学家来看待。这其中是否隐含着东方文化注重道德伦理,而西方文化注重哲学理性精神呢?当然,文化建构是依据自身的文化模因(Meme)而有选择地解读的建构过程,这种建构本身体现的是自身文化的特征,而并非所解读的对象的根本属性。西方文化中更多地从哲学、政治等知识体系看待孔子,东方国家则对孔子具有相对更多的情感崇敬,这其实也正是东方与西方之间的文化差异与对话的延续。东西方文化对彼此形象的认定既有历史的因素,也存在当下意识形态的因素。在西方历史上,孔子曾是宗教家、人文主义者、理想主义者等。随着时代的发展、变迁,尤其是在全球化的信息传播条件下,信息的获得更加便利,人们能够更加容易接近和全面认知对方的文化本身,也容易消除历史成见而建立相互的文化认知,由此,外籍人士对孔子形象的认知也会有不同层面影响因素的变化而不断被建构。

最后,就人口变量、媒介使用和汉语学习对孔子身份形象认知的影响看,

---

① 参见张涛:《孔子在美国:1849年以来孔子在美国报纸上的形象变迁》,第23页。

如表7-7-3所示，如果把人口变量作为控制变量，就汉语学习而言，汉语学习态度对于圣人的孔子身份形象具有影响，而汉语学习时间、汉语考试等级对于作为君子的孔子身份形象具有影响。就媒介使用变量而言，社交媒体使用对于作为宗教家、政治思想家的孔子身份形象具有影响。那么，汉语学习对于孔子的圣人和君子的身份形象的认知评价具有影响作用，而社交媒体则对作为宗教家、政治思想家的孔子身份形象产生影响。反观这些孔子身份形象的特征，都与作为想象性建构的诸如圣人、君子、宗教家、政治思想家关联在一起，可见，语言学习与媒介使用主要对于孔子身份形象的建构性内容作用更为明显。是否由此可以认为，汉语学习、媒介使用对于情感偏向产生影响，由此也影响到了形象的认知？

综上，外籍人士对孔子的形象建构，体现了现代西方文化和现代中国对孔子及其思想的理解和形象共同作用下的认知，是知识性认知和建构性想象综合作用的结果。同时，孔子的形象与外籍人士自身的文化背景、知识体系形成镜像式的存在关系。在文化全球传播的信息环境下，在世界多元文化差异和认同中，外籍人士建构起来的孔子形象，是作为历史人物的孔子，作为知识存在的孔子，以及作为情感偏向建构的孔子的混合。尽管孔子形象及其文化对于西方世界而言，并不具有文化认同的现实意义，但是通过孔子及其文化形象，借助于直观的孔子形象及其文化形象，试图建立起来对于中国文化的认知。也就是说，西方世界并不感兴趣这位两千多年前的老人，而是通过历史来折射现实，通过"孔夫子"这样一个符号，在文化建构的镜像中，试图建构和表征中国和中国文化的内在价值，以期更加简化和明晰地认识中国和中国文化，这应该是孔子及其文化的当代意义。但是，这种以"孔夫子"为表征的对中国文化的认知，无疑是偏颇和缺失的。中国文化发展演化至今，毕竟有更为丰富的内涵。

本章内容有任迪博士参与撰写

# 第八章
# 中国艺术的风格

艺术是能够被全世界人们普遍认同的文化形态，作为中国文化的重要组成部分，随着全球文化交流的不断发展，中国艺术文化在跨文化交流中亦产生重要的影响，国际世界对于中国书画艺术的认知不断深化，外籍人士关于中国艺术以及中国书画的认知和评价也发生了很大的变化。本章内容通过对275名外籍留学生进行问卷调查，重点考察外籍留学生对于中国书画艺术认知和评价的主要特征。研究结果表明：第一，总体而言，被调查的外籍留学生对于"中国文化""中国艺术"的认知和态度普遍持积极评价。第二，外籍留学生对于中国书画艺术的具体内容的认知程度整体较低。第三，来自不同文化背景国家或地区，以及以前是否来过中国的外籍留学生，对于中国书法艺术的评价有显著差异，相反，对于中国绘画艺术的评价未见显著差异。就有无宗教信仰而言，无论书法还是绘画，评价皆未达显著水平。第四，外籍留学生的人口变量、媒介使用对中国艺术态度评价的预测力非常有限，但就文化态度而言，外籍留学生对于中国文化的总体态度评价越正面，对于中国艺术态度评价也越正面。

在美国纽约大都会博物馆中国馆赛克勒厅，有一巨幅布满整个墙面的彩绘佛教壁画，几乎每位参观者都会驻足静默于这幅壁画前，被它宏大的气象和细致的描绘所折服。这是久负盛名的中国元代的《药师佛佛会图》壁画，壁画长为15.2米，高为7.52米，其尺寸之大令人惊叹。这幅壁画是美国著名中国艺术品收藏家赛克勒（Arthur M. Sackler）于1954年从文物贩子处购得，1964年捐给纽约大都会博物馆。壁画两旁还特地配上了两尊巨大的立像，一尊为北齐彩绘石雕观音像，一尊为山西云冈石窟北魏燃灯佛像。《药师佛佛会图》描绘了药师佛结跏趺坐于莲花座上，日光菩萨和月光菩萨胁侍两侧，并率有药师十二大将，壁画下部还有供养人。整幅壁画是由若干小块拼接起来，它来自遥远的中国山西洪洞县广胜下寺，原来是寺院后殿西壁上的一幅壁画。它1929年被两名美国人从寺庙里买走，出售壁画的经过全部记刻在寺内的石碑上，该石碑还存放于下寺后殿。众所周知，在百余年前战乱动荡的旧中国，中国珍贵的艺术文物流落世界各地，分布于海外不同的博物馆中。这种战乱中文物的颠沛流离，虽然对于中国而言很不幸，但也无形中承载了中国艺术的海外传播。

随着全球化的不断推进和深入发展，中国经济社会的全球影响力也不断加强，中国与世界的平等交流日益频繁和深入。经济全球化带来了文化全球化，产生了巨大的影响，世界各地区的文化艺术都在全球化的平台上平等交流，相互影响，互为借鉴。那么，在全球文化发展的背景中，中国艺术文化如何定位，并以什么形态出现在世界面前，这不仅是全球文化发展中需要探究的问题，同时，从文化认同的角度看，也是中国文化如何形成自己的特征，并如何与全球其他文化形态相互认同的重要问题。如何通过艺术传播的发展，进而提升文化软实力，亦是全球化发展中必须要面对的问题。就艺术实践而言，无论中国政府还是民间,都已经把中国文化的对外推广作为中国全球化战略的主要构成部分。同时,跨文化传播、大众传播、艺术传播等研究领域的学者也越来越多地关注有关中国艺术文化国际传播的理论与实践的探讨。

显然,艺术文化的传播与物质文化等其他形态的传播不同,研究者看到,物质层面的传播,往往要先于艺术文化的传播。在中国文物流散西方的过程中,西方收藏家收藏中国文物和艺术品,首先从器物开始,以后才逐渐扩展到绘画。特别是中国书法艺术,在西方是最后被认识和收藏的一种艺术。有学者认为,自20世纪初开始,英国斯坦因(Marc Aurel Stein)等从莫高窟骗购现藏于英国的大量敦煌文书写本,作为书法形式的中国艺术文化对西方的传播应该是从这时开始的,此后,西方收藏家才开始把目光投向中国书法。[①]由此可见,西方对于中国艺术文化的真正认识和研究的历史时间并不长。那么,随着今天互联网技术的发展,全球文化的认同度逐步提升,以"我们"为视角的对于他者文化的审视和认同,也成为全球文化发展的基本形态。尽管如此,在跨文化传播中,任何对他者文化的认知和态度,还是基于"我们"的立场和观点,大多数情况下,依然受制于自身的价值立场、知识结构以及文化背景等要素的影响。因此,对于他者文化和艺术的认识,也是在知识与观念、情感与评价两个层面上展开的。

## 一、中国艺术的传播

就历史来看,中华文明作为世界上最早形成的古老文明形态之一,自其发展形成之初,始终与世界各大文明保持着密切的交流和联系。以举世闻名的丝绸之路为纽带,中华文明在历史上对东亚、中亚、中东、东南亚乃至欧洲等地区,都产生过重要影响,并具有十分重要的历史地位。诸如中国的丝绸工艺、陶瓷工艺等都对推动世界文明发展具有重要的意义。文明发展从来就不是

---

① 傅申、[日]中田勇次郎编:《欧美收藏中国法书名迹集》,日本中央公论社,1981年,序言。参见白谦慎:《中国书法在西方》,《中华读书报》,2012年9月26日。

隔绝的，布罗代尔（Fernand Braudel）就提出，现代世界是一个由不同国家或民族、不同力量在不同领域相互创造生成的系统，离开了这个系统，任何所谓普遍有效的假设，诸如理性或进步、自由，都不足以成为历史的尺度。[1]周宁也认为，中国文化对世界文明的贡献，主要表现在"华夏文化圈"与"西方文化圈"内，并且贯穿着整部世界文明史。在他看来，公元第一个千年里，中国文化创立了华夏文化圈，文言文、儒家思想、家族与政治伦理、太学与科举制度、统一货币、土地制度与税制等在整个东亚与部分东南亚地区一体化。公元第二个千年里，中国文化转动世界，不仅启发了西方的现代化，而且准备了东亚现代化的文化资源。中国自身也在经历了衰落与磨难之后，终于在第三个千年开始的时候迎来了伟大的复兴，并昭示了西方模式之外的世界现代化的另一种模式。[2]无论是汉唐时代形成的"东亚文化圈"，还是西方启蒙时代欧洲的"中国热"，以及西方现代化发展进程中，中国所具有的特殊的地位、作用和影响，中国文化始终与世界文明的进程同步发展，并且深深地影响和推动了世界文明的进步和发展。在不同的历史时期，中国文化对世界文明的发展具有深远的影响和重要的作用。

反之，西方艺术也通过丝绸之路影响中国艺术文化，艺术史学者贡布里希（E. H. Gombrich）就认为，论地理，欧洲跟中国遥相暌隔，然而艺术史家和文明史家知道，这地域的悬隔未尝阻碍东西方之间所建立的必不可少的相互接触，跟今天的常情相比，古代人大概比我们要坚毅，要大胆。商人、工匠、民间歌手或木偶戏班在某天决定动身起程，就会加入商旅队伍，漫游丝绸之路，穿过草原和沙漠，骑马甚或步行走上数月，甚至数年之久，寻求着工作和赢利的机会。他说："我相信到处流动的工匠也把一些绘画方法带到亚洲，我们在敦煌和其他地方发现了他们的作品。他们从希腊和罗马绘画中学会了一些表示光线和大气的方法，并把那些技巧纳入了自己的技术范围之中。……早在

---

[1] ［美］伊曼纽尔·沃勒斯坦：《现代世界体系》，罗荣渠译，高等教育出版社，1998年，第2页。

[2] 周宁：《探寻世界文明的中华文化资源》，《东南学术》，2003年第3期。

汉代，就有一些装饰艺术母题从欧洲传入中国，特别是葡萄叶纹及葡萄饰，还有莲花纹。这些花卉漩涡纹已被中国工匠改造后用在了银器和陶器上。"[1]艺术文化的传播中，不同文化间的影响非常明显。

对于中国艺术文化的国际传播，就现实层面的发展而言，近年来，中国政府已经把"中国文化走出去"作为中国文化发展的重大战略，通过政府推动、民间参与等多种方式，积极向国际社会传播和推广中国文化和中国艺术。以孔子学院为代表的政府机构，在充分整合教育、传媒出版、文化艺术团体等国家文化资源的基础上，积极推动中国文化的国际传播。同时，艺术创作者也积极参与中国艺术文化的国际传播，通过举办个人艺术展览等活动，推动中国艺术文化在全球范围的传播，进而得到世界的了解和认同。总体来看，就实践层面看，中国艺术国际传播实践层面主要包括政府文化机构、文化企事业单位、艺术家个人交流等几种主要的方式。[2]对于现实实践层面的发展，方浩、王廷信等的《2014年中国艺术国际传播发展态势特征分析研究》（2015）中，通过问卷调查等实证研究方法，对中国艺术国际传播的现状做出了全面的分析。

就理论研究层面看，对于中国艺术文化的国际传播问题，研究者形成了不同的研究重点和领域，基本上包括中国艺术国际传播的历史研究、传播规律与现实策略研究、发展现状以及未来发展趋势的研究等重点领域。归纳起来看，这些关于中国艺术国际传播的研究，主要包括下述方面的内容。

其一，关于中国艺术国际传播的历史研究。这部分研究主要集中于传统的"中外文化交流"的学科领域，研究者通过对历史上发生的中外文化交流的史实的描述，从中探究中国艺术文化与世界文化之间的关系。在中外文化交流的研究中也涉及有关中国艺术国际传播的研究。如前所述，早期学者如张星烺（1930）系统完整地对中外文化交流史料进行辑注和考释研究，向达（1934，1957）整理和论述了物质文化领域和精神文化方面中西文明的融合与互动，探

---

[1] ［英］贡布里希：《艺术发展史》，范景中译，天津人民美术出版社，1991年，第7页，前言。
[2] 王廷信主编：《中国艺术海外认知研究》，中国文联出版社，2016年，第11—13页。

讨了唐代文明与世界文明发展的关系。方豪（1953）探讨了自史前至明清各个时期的中外文化交流的历史，涉及宗教、语言、习俗、科技、艺术、建筑、书籍等方面的文化领域。季羡林（2008，2009）全面探究了中外文化交流的历史问题，还重点研究中印两国在精神文明和物质文明两个方面的交流，包括语言、文学、艺术、哲学、宗教、科学、技术以及蚕、丝、茶、火药、印刷术、糖等。何兆武（2007）的中西文化交流史研究就中西文化交流中出现的重大问题进行专题性研究。还有王介南（2004）的研究总结了移民、民间贸易、官方使节往来、朝贡、留学生互派及宗教传播、战争等传播形式，在物质、精神、制度三个文化层面上论述了中外文化交流融合的历史。何芳川（2008）通过文化交流的地域，从东北亚、东南亚、南亚、中亚、西亚到非洲、欧洲、美洲等，全面介绍中外文化交流史。沈福伟（2006）利用大量中外考古实物及文献资料，论述了从新石器时代到目前的中西文化由初步接触到互相交融的历史。此外，陈佳荣《中外交通史》（1987，香港），周一良《中外文化交流史》（1987），张广达、王小甫《天涯若比邻》（1988），张国刚、吴莉苇《中西文化关系史》（2006），王小甫《古代中外文化交流史》（2006），沈定平《明清之际中西文化交流史：趋同与辨异》（上下卷，2012），张西平《东亚与欧洲文化的早期相遇：东西文化交流史论》（2012），武斌《中华文化海外传播史》（1998），严绍璗《中日文化交流史大系》（1996），葛震《中国唐代文化海外传播问题研究》（2011）等著述，对于中国艺术文化的国际传播研究，也都具有重要的参考价值。这些关于中外文化交流的研究深入全面、史料丰富，为中国艺术文化的国际传播提供了扎实的史料基础和方法论导向。近年来研究者更多地关注西方的中国艺术史研究问题，全面考察了西方对中国艺术的认识。

其二，关于中国艺术国际传播的规律与现实策略的研究。该类研究重点着眼于跨文化传播的理论背景，深入探讨中国艺术国际传播的基本规律和现实策略。比如，翁再红（2016）基于本雅明（Walter Benjamin）的翻译理论，探究了中国艺术经典的跨文化传播的内在规律，提出了"遴选""转义""输出"作为跨文化传播的基本特征在艺术传播中的具体内涵。李盼君（2016）探究了网络虚拟空间艺术传播的特征，以及如何借助互联网技术进行有效的艺术传播。张安华（2015）的研究认为，海外受众认知中国传统造型艺术的主要途径有跨国展示、国际贸易、艺术教育、艺术收藏、国际旅游、国际移民等，并借助于相关资料分析了这些路径的有效性等问题。张波（2016）基于从表象到精神和意义的理论认识，探讨了海外受众认知中国传统艺术的策略，以及认知艺术的基本特点。许炎骏（2016）探讨了中国艺术对外传播的有效性问题，认为艺术传播重点在于对于受众需求和接受特点的研究，认清这些才能实现有效的传播。其他研究从具体的艺术形态出发，也探讨了中国艺术国际传播的理论和策略问题。

其三，关于中国艺术国际传播的发展现状以及未来发展趋势的研究。该类研究主要基于中国艺术国际传播现实发展的具体资料数据，对于中国艺术国际传播的现状进行分析。比如北京外国语大学张西平教授主持的"中国文化海外传播动态数据库"，整合国家汉办、教育部、文化部等多机构的统计数据，呈现中国文化"走出去"的全貌。主要包括中国文化"走出去"数据库、世界看中国、综合分析、效果评估四大模块；并且可以查询出版、文化艺术、传媒、企业"走出去"及汉语国际传播情况的数据资料。[1]此外，还有不同的研究者针对电影、戏剧、书画等不同艺术形式的对外传播进行问卷调查等实证研究，获取中国艺术国际传播发展现状的数据。[2]

综上所述，国内学者对于中国艺术文化国际传播（对外交流）的研究，首先，集中于历史事件的发现、挖掘、整理和解读，主要是从历史和文化的视角来进行探究，多数研究立足于历史宏大叙事的视角，通过文献阐释的质化研究来展开。该类研究大多集中于文献整理与阐释，力争还原历史事实，重新认识中国文化的海外传播的意义和影响。其次，更多关注现实实践层面的传播方式、传播途径及传播策略等的探讨。这类研究的思路更多立足于"由中国走向

---

[1] 参见《中国社会科学报》，2014年3月31日，第6版。
[2] 如黄会林等主持的各年度中国电影文化的国际传播研究调研报告，王丽雅基于《中国文化印象》调查数据对中国电影在海外传播现状的分析，张亮亮等基于大数据中五百年的中国文化名人名著国际知名度分析研究等研究成果。

世界"的单向传播渠道，努力探索现实中如何更有效地将中国文化和艺术推广到全世界，具有很强的目的导向性。这种简单的"推广式"的文化传播研究，就传播效果而言，局限性显而易见。推广式的单向传播忽略了接受对象的文化语境，对于处于他者文化语境中的受众而言，明显是无的放矢。此外，关于中国艺术文化的国际传播，虽然有的研究者也进行了大规模的问卷调查、数据搜集和分析，但是专门针对中国艺术文化的深入具体的研究尚不多见，特别是针对中国书法和绘画艺术的实证研究基本上是付诸阙如。显而易见的是，这些关于中国艺术文化国际传播的研究，或过多地关注历史事件，或专门关注现实策略甚至具体的单向传播手段，过多地重视如何在短期内产生传播效果，或仅仅是宏观的数据描述，而通过问卷调查方法进行的定量研究相对较少，特别是针对具体的中国艺术家和中国经典艺术作品的实证研究更是微乎其微。基于此，本研究试图以外籍留学生为研究对象，通过问卷调查方法，重点了解外籍留学生对于中国书画艺术的认知和评价，从而进一步考察在跨文化传播中，影响他者对于中国书画艺术认知和评价的因素及内在机制。

## 二、中国艺术文化研究的界定和调查

### （一）变量设定

众所周知，"文化"的含义非常丰富，联合国教科文组织2001年通过的《世界文化多样性宣言》中把"文化"定义为"应把文化视为某个社会或某个社会群体特有的精神与物质、理智与情感的不同特点之总和。除了文学和艺术外文化还包括生活方式、共处的方式、价值观体系、传统和信仰"[①]。由此，本研究基于文化的物质、精神、制度与行为等基本属性，分别对"中国文化""中国艺术"和"中国书画艺术"进行研究定义；并借助于前人已有的研

---

① 文化部外联局编:《联合国教科文组织保护世界文化公约选编》，法律出版社，2006年。

究分类，以及焦点小组访谈评估方法，确定了研究量表。通过可靠性统计分析，该三类量表的信度α值分别为.845、.901、.855，均在80%以上，由此，量表所测量的均为同类面向的概念。

### 1. 中国文化

"中国文化"的含义比较丰富，一般意义上指的是中国历史发展形成的价值观念形态、制度形态、物质形态和人们的日常生活行为。如前所述，冯天瑜认为，中国传统文化物质生产方式的主体是农业自然经济，社会组织以宗法-家族制度和专制政体为基本形态。文化包含不同层面的内容，有精神层面的含义，也有物质层面的含义。同时还包括介于两者之间的制度文化和行为文化。为了便于量化研究和测量，本研究则在更加具体的层面上定义和描述"中国文化"，将其定义为在中国历史上产生重要影响的并可以进行描述的具体的文化形态。本研究观察测量的变量具体包括中国思想、中国汉字、中国历史、中国饮食、中国工艺、中国建筑、中国民俗、中国科技、中国地理、中国文学、中国乐舞等主要维度。

### 2. 中国艺术

本研究所定义的"中国艺术"，主要是指中国历史发展中形成的，包含中国文化精神内涵，并且具有明确的中国文化特征的艺术形态。本研究观察测量的变量具体包括国画、书法、篆刻、雕塑、建筑、工艺、音乐、舞蹈、戏剧等主要维度。

### 3. 中国书画艺术

本研究主要通过对中国书法家和中国经典绘画作品的观察测量，进而观察对中国书画艺术的认知和评价。本研究观察和测量的中国书法家主要包括二王（王羲之、王献之，魏晋）、怀素（唐）、颜真卿（唐）、柳公权（唐）、欧阳询（唐）、苏轼（宋）、黄庭坚（宋）、米芾（宋）、赵孟頫（元）、董其昌（明）等。中国经典绘画艺术主要包括《步辇图》（唐）、《五牛图》（唐）、《唐宫仕女图》（唐）、《韩熙载夜宴图》（五代）、《清明上河图》（宋）、《千里江山图》（宋）、《溪山行旅图》（宋）、《万壑松风图》（宋）、《富春山居图》（元）、《汉宫春晓图》（明）等。

## （二）中国艺术文化的样本及调查

本研究采取了问卷调查法，于2016年11月10—20日之间，由上海交通大学50名本科同学组成的"外籍留学生中国书画艺术认知与评价问卷调查"研究课题组成员在上海交通大学选修课教室、自修室、图书馆、留学生公寓等地点随机发放问卷共280份，回收问卷275份，其中有效问卷275份。由于客观条件所限，本研究无法对整个中国大陆外籍留学生群体进行全面抽样调查研究，因此，本研究不能确保统计结果全面反映在校外籍留学生总体的特征。

本研究的样本为外籍留学生，其中男性（181，65.8%）、女性（94，34.2%）。分别来自东方国家或地区（日本、韩国等，179，65.1%）、西方国家或地区（英国、德国、法国、美国等，96，34.9%）。来中国学习的时间为1年以下（51，18.5%）、1—5年（179，65.1%）、5—10年（18，6.5%）、10年以上（27，9.8%）。以前是否来过中国分布为来过（159，57.8%）、没有来过（116，42.2%）。就读年级分布为大一（75，27.3%）、大二（90，32.7%）、大三（40，14.5%）、大四（21，7.6%）、研究生（44，16.0%）、缺省（5，1.8%）。专业分布为理科（29，10.5%）、工科（103，37.5%）、人文艺术和社会（70，25.5%）、经管（43，15.6%）、农林医（24，8.7%），缺省（6，2.2%）。

# 三、中国艺术文化传播的特征

## （一）外籍留学生对于中国文化的总体印象和喜欢程度

本研究就外籍留学生对中国文化的总体印象和喜欢程度情况进行了调查，获得外籍留学生对于中国文化的印象与基本态度。

首先，本研究为了全面了解外籍留学生对于中国文化的总体认知，先设置了开放性的问题，以了解外籍留学生关于中国文化的总体印象，随后对调查结果进行归类统计。调查结果表明（如表8-1所示），外籍留学生对于中国文化的总体印象，主要集中在"中国饮食"（37，13.5%）、"中国艺术"（33，

12.0%）、"历史悠久"（31，11.3%）、"地大物博"（29，10.5%）、"孔夫子"（27，9.8%）、"中国长城"（15，5.5%）、"中国功夫"（12，4.4%）、"中国书法"（11，4.0%）等方面，这和前述调查有一致之处。调查结果发现，外籍留学生对于中国文化的总体印象认知，基本可分为形态型和描述型两类。形态型认知主要集中在"中国饮食""中国艺术""孔夫子""中国长城""中国功夫""中国书法""中国语言"等。描述型认知主要有"历史悠久""地大物博"等方面。分析这些结果，明显可以看出，外籍留学生对于中国文化的认知，具有非常鲜明的"刻板印象"的图式化特征，无论是具体形态认知，还是描述性的认知，外籍留学生对于中国的印象，基本都是围绕"中国饮食""中国艺术""孔夫子""中国长城""中国功夫""历史悠久""博大精深"等方面的特征。进一步考察外籍留学生关于中国文化特征的这些初步印象，我们可否进一步追问：这些印象的知识来源在哪里？是否因为我们关于中国文化的传播中突出了这些特征，从而给受众塑造了关于中国文化的"刻板印象"？还是因为其他？这是尚需进一步要探讨的问题。这里特别值得关注的是，"中国艺术""中国书法"成为外籍留学生对于中国文化印象占比例较高的文化形态，那么，这是否与中国近年来加强了中国艺术及书法艺术文化的国际传播有关联呢？这也是需要进一步探讨的方面。

表8-1　外籍留学生对于中国文化的总体印象（$n=275$）

| 项目 | 频数（N） | 百分比（%） |
| --- | --- | --- |
| 中国饮食 | 37 | 13.5 |
| 中国艺术 | 33 | 12.0 |
| 历史悠久 | 31 | 11.3 |
| 地大物博 | 29 | 10.5 |
| 孔夫子 | 27 | 9.8 |
| 中国长城 | 15 | 5.5 |
| 中国功夫 | 12 | 4.4 |
| 中国书法 | 11 | 4.0 |

（续表）

| 项目 | 频数（N） | 百分比（%） |
|---|---|---|
| 中国语言 | 9 | 3.3 |
| 中国龙 | 6 | 2.2 |
| 中国熊猫 | 5 | 1.8 |
| 其他 | 60 | 21.8 |
| 合计 | 275 | 100 |

其次，本研究就外籍留学生对于中国文化的喜欢程度评价也进行了调查，结果显示（如表8-2所示），体现中国文化的主要形态如"中国饮食""中国历史""中国工艺""中国建筑"等都得到外籍留学生的首肯，特别是"中国饮食"依然受到充分肯定，均值达4分以上（程度评价为5级量表），具体为："中国饮食"（4.01）、"中国历史"（3.97）、"中国工艺"（3.85）、"中国建筑"（3.81）、"中国汉字"（3.79）、"中国民俗"（3.76）、"中国科技"（3.77）、"中国地理"（3.65）、"中国文学"（3.65）、"中国乐舞"（3.43）、"中国思想"（3.31）。可见，外籍留学生总体对于中国文化各类形态的评价都非常正面，亦即达到非常喜欢中国文化的程度。对于这个调查结果，我们可否认为，因为调查对象是外籍留学生，这是由该群体对中国文化本来有所偏好而导致的呢？

表8-2　外籍留学生对于中国文化的喜欢程度评价（$n$=275）

| 项目 | 均值（M） | 标准差（SD） | 标准误差（SE） |
|---|---|---|---|
| 中国饮食 | 4.01 | 1.043 | .063 |
| 中国历史 | 3.97 | .906 | .055 |
| 中国工艺 | 3.85 | .876 | .053 |
| 中国建筑 | 3.81 | .924 | .056 |
| 中国汉字 | 3.79 | 1.045 | .063 |
| 中国民俗 | 3.76 | .911 | .055 |

(续表)

| 项目 | 均值（M） | 标准差（SD） | 标准误差（SE） |
| --- | --- | --- | --- |
| 中国科技 | 3.77 | .921 | .056 |
| 中国地理 | 3.65 | .979 | .059 |
| 中国文学 | 3.65 | .960 | .058 |
| 中国乐舞 | 3.43 | .962 | .058 |
| 中国思想 | 3.31 | 1.030 | .062 |

*注：① 态度评价评分值（1=负面肯定，5=正面肯定）。
② t检验显示，受访者对中国文化形态的评价，各评价间均值差异均达到统计显著水平。

## （二）外籍留学生对于中国艺术的认知和喜欢程度评价

对于中国艺术的认知和评价，如前所述，本研究定义的"中国艺术"，主要指的是能够充分体现中国文化精神内涵，具有明确的中国文化特征的艺术形态。具体包括国画、书法、篆刻、雕塑、建筑、工艺、音乐、舞蹈、戏剧等主要维度。总体来看，外籍留学生在全面认知中国艺术的同时，对中国艺术的喜欢程度评价最高。

首先，外籍留学生认为最能代表中国艺术的形式。通过多项选择调查发现（如表8-3所示），达到三成以上的有"书法"（202，73.5%）、"国画"（149，54.2%）、"建筑"（85，30.9%）。也就是说，在外籍留学生看来，"书法""国画""建筑"是最能够代表中国艺术的形态。其他分别为"戏剧"（73，26.5%）、"音乐"（48，17.5%）、"工艺"（36，13.1%）、"篆刻"（33，12.0%）、"舞蹈"（31，11.3%）、"雕塑"（27，9.8%）。其中，"雕塑"在一成以下，可见，外籍留学生认为中国雕塑代表中国艺术的程度较低。外籍留学生关于中国艺术的这一认知，对于我们有效地做好中国艺术的国际传播具有重要的现实指导意义。亦即我们可以有针对性地做好中国艺术的对外传播。

表8-3 外籍留学生对于最能代表中国艺术的形式的认知（*n*=275）

| 项目 | 频数（N） | 百分比（%） |
| --- | --- | --- |
| 书法 | 202 | 73.5 |
| 国画 | 149 | 54.2 |
| 建筑 | 85 | 30.9 |
| 戏剧 | 73 | 26.5 |
| 音乐 | 48 | 17.5 |
| 工艺 | 36 | 13.1 |
| 篆刻 | 33 | 12.0 |
| 舞蹈 | 31 | 11.3 |
| 雕塑 | 27 | 9.8 |

其次，外籍留学生对于中国艺术的喜欢程度。通过调查也发现（如表8-4所示），外籍留学生对中国艺术的喜欢程度按照5级量表评价，均值都达到了3以上，分别是"书法"（4.02）、"建筑"（3.87）、"国画"（3.75）、"工艺"（3.72）、"篆刻"（3.59）、"音乐"（3.53）、"雕塑"（3.51）、"舞蹈"（3.38）、"戏剧"（3.29）。值得一提的是，"书法"作为外籍留学生最为喜欢的中国艺术而高居榜首。由此可知，书法艺术有可能成为外籍留学生接受中国文化的首选。那么，对于现实的中国文化传播实践而言，我们在国际传播中，是否加强了中国书法艺术文化的传播和对外教学呢？此外，"国画"、"工艺"（中国传统工艺）等都是外籍留学生所喜欢的中国艺术形态。

表8-4 外籍留学生对于中国艺术的喜欢程度评价（*n*=275）

| 项目 | 均值（M） | 标准差（SD） | 标准误差（SE） |
| --- | --- | --- | --- |
| 书法 | 4.02 | .987 | .060 |
| 建筑 | 3.87 | .989 | .060 |
| 国画 | 3.75 | .967 | .058 |

（续表）

| 项目 | 均值（M） | 标准差（SD） | 标准误差（SE） |
| --- | --- | --- | --- |
| 工艺 | 3.72 | .946 | .057 |
| 篆刻 | 3.59 | .964 | .058 |
| 音乐 | 3.53 | 1.126 | .068 |
| 雕塑 | 3.51 | .941 | .057 |
| 舞蹈 | 3.38 | 1.058 | .064 |
| 戏剧 | 3.29 | 1.156 | .070 |

*注：① 态度评价评分值（1=负面肯定，5=正面肯定）。
② t检验显示，受访者对中国艺术的喜欢程度评价，各评价间均值差异均达到统计显著水平。

## （三）外籍留学生对于中国书法家和中国经典绘画的认知程度

为了进一步了解外籍留学生对于中国书画艺术的具体认知程度，本研究分别就外籍留学生对中国书法家和中国经典绘画的认知进行了调查。从结果可以看出（如表8-5、表8-6所示），对于具体的中国书画艺术而言，外籍留学生的了解其实并不深入。从5级量表测量程度来看，不管是书法家，还是绘画作品，除《清明上河图》之外，均值基本都在3以下。可见，外籍留学生对于具体的中国书画艺术知识的认知了解非常薄弱。就中国书法家而言，认知程度较高的是苏轼（2.78）、二王（2.69）、颜真卿（2.27）、柳公权（2.13）等，了解最多的中国书法家则是苏轼，二王则屈居第二。就经典绘画艺术来看，认知程度较高的是《清明上河图》（3.04）、《富春山居图》（2.18）、《唐宫仕女图》（2.08）等，排在首位的是《清明上河图》，其他则均值都较低。可见，外籍留学生对于中国书画艺术的认知程度普遍较低。这对于中国艺术国际传播的具体传播策略而言，提出了具有现实价值的要求，就是如何更加具体地传播中国书画艺术的内容，如何生动形象地对国外受众介绍每位书画艺术家，以及他们各自的代表作品，而不是简单笼统地介绍中国艺术。

表8-5　外籍留学生对于中国书法家的认知程度（*n*=275）

| 项目 | 均值（M） | 标准差（SD） | 标准误差（SE） |
| --- | --- | --- | --- |
| 苏轼 | 2.78 | 1.540 | .093 |
| 二王 | 2.69 | 1.495 | .090 |
| 颜真卿 | 2.27 | 1.399 | .084 |
| 柳公权 | 2.13 | 1.335 | .080 |
| 黄庭坚 | 1.98 | 1.276 | .077 |
| 欧阳询 | 1.97 | 1.271 | .077 |
| 米芾 | 1.76 | 1.139 | .069 |
| 怀素 | 1.72 | 1.024 | .062 |
| 赵孟頫 | 1.58 | .934 | .056 |
| 董其昌 | 1.52 | .893 | .054 |

*注：① 态度评价评分值（1=不熟悉，5=非常熟悉）。
② t检验显示，受访者对中国书法家的认知，各评价间均值差异均达到统计显著水平。

表8-6　外籍留学生对于中国经典绘画的认知程度（*n*=275）

| 项目 | 均值（X） | 标准差（SD） | 标准误差（SE） |
| --- | --- | --- | --- |
| 《清明上河图》 | 3.04 | 1.560 | .094 |
| 《富春山居图》 | 2.18 | 1.402 | .085 |
| 《唐宫仕女图》 | 2.08 | 1.361 | .082 |
| 《千里江山图》 | 1.76 | 1.122 | .068 |
| 《汉宫春晓图》 | 1.63 | 1.043 | .063 |
| 《五牛图》 | 1.60 | 1.040 | .063 |
| 《步辇图》 | 1.57 | 1.031 | .062 |
| 《韩熙载夜宴图》 | 1.56 | 1.007 | .061 |
| 《溪山行旅图》 | 1.55 | .978 | .059 |
| 《万壑松风图》 | 1.52 | .917 | .055 |

*注：① 态度评价评分值（1=不熟悉，5=非常熟悉）。
② t检验显示，受访者对中国经典绘画的认知，各评价间均值差异均达到统计显著水平。

## （四）来自不同文化背景国家或地区的外籍留学生对于中国书画艺术的认知和评价

本研究还对来自不同文化背景国家或地区的外籍留学生对于中国书画艺术的评价和认知差异进行考察。在本次调查中，外籍留学生来自英国、法国、德国、意大利、荷兰、瑞典、西班牙、葡萄牙、美国、加拿大、阿根廷、玻利维亚、巴西、澳大利亚、日本、韩国、印度、俄罗斯、乌克兰、哈萨克斯坦、蒙古、也门、伊朗、土耳其、新加坡、菲律宾、印度尼西亚、孟加拉国、越南、老挝、马来西亚、泰国、缅甸、尼泊尔、巴基斯坦、摩洛哥、喀麦隆等欧洲、美洲、亚洲、大洋洲和非洲的不同国家或地区。

为了便于观察这种差异，本研究将其来源国进行合并，即按照文化背景将其分为东方和西方两大类别，然后对此两组差异进行分析。依据t检验结果（如表8-7、表8-8所示），来自东西方不同文化背景国家或地区的外籍留学生对于中国书画艺术的认知和评价，就对中国书法家的认知而言，除怀素、董其昌两位书法家之外，对于以苏轼、二王、颜真卿、柳公权、黄庭坚、欧阳询、米芾、赵孟頫等为代表的书法家的认知，东西方差异达到显著水平。也就是说，来自东西方不同文化背景国家或地区的外籍留学生，对于中国书法家的认知有明显的差异。具体由均值比较看，来自东方文化背景国家或地区的外籍留学生对于中国书法家的认知评价程度，普遍高于来自西方文化背景国家或地区的外籍留学生的认知评价程度。而就对中国经典绘画的认知而言，除《富春山居图》《五牛图》《溪山行旅图》之外，其他皆未达显著水平。也就是说，就对于中国经典绘画的认知而言，来自东西方不同文化背景国家或地区的外籍留学生并没有太大的差异。这从另外一个角度说明，中国书法艺术在东方的影响显然高于西方，而绘画艺术则东西方差异不是很明显。

表8-7 来自不同文化背景国家或地区的外籍留学生对于中国书法家评价的t检验（$n=275$）

| 项目 | 文化背景 | 均值（M） | 标准差（SD） | 标准误差（SE） | 显著性（Sig） |
| --- | --- | --- | --- | --- | --- |
| 苏轼 | 东方 | 3.02 | 1.505 | .112 | .000*** |
|  | 西方 | 2.33 | 1.513 | .154 |  |

（续表）

| 项目 | 文化背景 | 均值（M） | 标准差（SD） | 标准误差（SE） | 显著性（Sig） |
|---|---|---|---|---|---|
| 二王 | 东方 | 2.92 | 1.504 | .112 | .001*** |
|  | 西方 | 2.27 | 1.388 | .142 |  |
| 颜真卿 | 东方 | 2.42 | 1.410 | .105 | .012** |
|  | 西方 | 1.98 | 1.338 | .137 |  |
| 柳公权 | 东方 | 2.29 | 1.376 | .103 | .008** |
|  | 西方 | 1.84 | 1.208 | .123 |  |
| 黄庭坚 | 东方 | 2.11 | 1.330 | .099 | .023* |
|  | 西方 | 1.74 | 1.136 | .116 |  |
| 欧阳询 | 东方 | 2.09 | 1.310 | .098 | .023* |
|  | 西方 | 1.73 | 1.165 | .119 |  |
| 米芾 | 东方 | 1.91 | 1.216 | .091 | .005** |
|  | 西方 | 1.50 | .929 | .095 |  |
| 怀素 | 东方 | 1.79 | 1.042 | .078 | .105 |
|  | 西方 | 1.58 | .981 | .100 |  |
| 赵孟頫 | 东方 | 1.68 | .998 | .075 | .022* |
|  | 西方 | 1.41 | .776 | .079 |  |
| 董其昌 | 东方 | 1.58 | .947 | .071 | .190 |
|  | 西方 | 1.43 | .778 | .079 |  |

*注：① 变量编码：国家（1=东方，2=西方）；评价评分值（1=负面肯定，7=正面肯定）。
② *p＜.05，**p＜.01，***p＜.001。

表8-8 来自不同文化背景国家或地区的外籍留学生对于中国经典绘画评价的t检验（n=275）

| 项目 | 文化背景 | 均值（M） | 标准差（SD） | 标准误差（SE） | 显著性（Sig） |
|---|---|---|---|---|---|
| 《清明上河图》 | 东方 | 3.17 | 1.545 | .115 | .064 |
|  | 西方 | 2.80 | 1.567 | .160 |  |
| 《富春山居图》 | 东方 | 2.32 | 1.455 | .109 | .023* |
|  | 西方 | 1.92 | 1.262 | .129 |  |

(续表)

| 项目 | 文化背景 | 均值（M） | 标准差（SD） | 标准误差（SE） | 显著性（Sig） |
|---|---|---|---|---|---|
| 《唐宫仕女图》 | 东方 | 2.12 | 1.356 | .101 | .440 |
|  | 西方 | 1.99 | 1.373 | .140 |  |
| 《千里江山图》 | 东方 | 1.83 | 1.183 | .088 | .125 |
|  | 西方 | 1.61 | .988 | .101 |  |
| 《汉宫春晓图》 | 东方 | 1.71 | 1.114 | .083 | .096 |
|  | 西方 | 1.49 | .883 | .090 |  |
| 《五牛图》 | 东方 | 1.69 | 1.108 | .083 | .048* |
|  | 西方 | 1.43 | .880 | .090 |  |
| 《步辇图》 | 东方 | 1.64 | 1.089 | .081 | .136 |
|  | 西方 | 1.45 | .905 | .092 |  |
| 《韩熙载夜宴图》 | 东方 | 1.63 | 1.070 | .080 | .128 |
|  | 西方 | 1.44 | .868 | .089 |  |
| 《溪山行旅图》 | 东方 | 1.66 | 1.092 | .082 | .011* |
|  | 西方 | 1.34 | .678 | .069 |  |
| 《万壑松风图》 | 东方 | 1.60 | 1.025 | .077 | .039 |
|  | 西方 | 1.36 | .651 | .066 |  |

*注：① 变量编码：国家（1=东方，2=西方）；评价评分值（1=负面肯定，7=正面肯定）。
② *$p<.05$，**$p<.01$，***$p<.001$。

## （五）以前是否来过中国的外籍留学生的中国书画艺术的评价

本研究还对以前是否来过中国的外籍留学生对于中国书画艺术的评价差异进行考察。本次调查发现（如表8-9所示），以前来过中国的外籍留学生对于中国书法家的认知评价均值皆高于以前未来过中国者，且差异皆达到显著水平。相反，就以前是否来过中国，外籍留学生对于中国经典绘画的认知除《清明上河图》《唐宫仕女图》《步辇图》外，其他皆未见差异。也就是说，外籍留学生以前是否来过中国，对于中国书法家的评价具有明显的影响，而对于中国经典绘画的评价几乎没有影响。对于该结果而言，我们可以猜测，是否因为文化传播中对于中国书法家的介绍较多，而对于中国经典绘画介绍较少，从而加深了外籍留学生对于中国书法家的认知，相应地对于中国经典绘画的认知较弱呢？抑或是因为书法较之于绘画更易于接受？这也是需要进一步讨论的问题。

表8-9　以前是否来过中国的外籍留学生对于中国书法家评价的t检验（*n*=275）

| 项目 | 以前是否来过中国 | 均值（M） | 标准差（SD） | 标准误差（SE） | 显著性（Sig） |
|---|---|---|---|---|---|
| 苏轼 | 是 | 3.10 | 1.514 | .120 | .000*** |
|  | 否 | 2.34 | 1.468 | .136 |  |
| 二王 | 是 | 2.98 | 1.495 | .119 | .000*** |
|  | 否 | 2.30 | 1.409 | .131 |  |
| 颜真卿 | 是 | 2.54 | 1.444 | .115 | .000*** |
|  | 否 | 1.90 | 1.247 | .116 |  |
| 柳公权 | 是 | 2.33 | 1.366 | .108 | .005** |
|  | 否 | 1.87 | 1.248 | .116 |  |
| 黄庭坚 | 是 | 2.19 | 1.324 | .105 | .001*** |
|  | 否 | 1.68 | 1.147 | .106 |  |
| 欧阳询 | 是 | 2.15 | 1.313 | .104 | .005** |
|  | 否 | 1.72 | 1.171 | .109 |  |
| 米芾 | 是 | 1.95 | 1.221 | .097 | .001*** |
|  | 否 | 1.51 | .965 | .090 |  |
| 怀素 | 是 | 1.92 | 1.100 | .087 | .000*** |
|  | 否 | 1.44 | .837 | .078 |  |
| 赵孟頫 | 是 | 1.74 | 1.022 | .081 | .001*** |
|  | 否 | 1.37 | .752 | .070 |  |
| 董其昌 | 是 | 1.62 | .926 | .073 | .031** |
|  | 否 | 1.39 | .832 | .077 |  |

*注：① 变量编码：以前是否来过中国（1=是，2=否）；评价评分值（1=负面肯定，7=正面肯定）。
② *p＜.05，**p＜.01，***p＜.001。

表8-10 以前是否来过中国的外籍留学生对于中国经典绘画评价的t检验（$n=275$）

| 项目 | 以前是否来过中国 | 均值（M） | 标准差（SD） | 标准误差（SE） | 显著性（Sig） |
| --- | --- | --- | --- | --- | --- |
| 《清明上河图》 | 是 | 3.33 | 1.573 | .125 | .000*** |
|  | 否 | 2.65 | 1.458 | .135 |  |
| 《富春山居图》 | 是 | 2.25 | 1.449 | .115 | .310 |
|  | 否 | 2.08 | 1.333 | .124 |  |
| 《唐宫仕女图》 | 是 | 2.29 | 1.455 | .115 | .002** |
|  | 否 | 1.78 | 1.163 | .108 |  |
| 《千里江山图》 | 是 | 1.82 | 1.158 | .092 | .290 |
|  | 否 | 1.67 | 1.070 | .099 |  |
| 《汉宫春晓图》 | 是 | 1.70 | 1.088 | .086 | .183 |
|  | 否 | 1.53 | .973 | .090 |  |
| 《五牛图》 | 是 | 1.67 | 1.089 | .086 | .190 |
|  | 否 | 1.50 | .965 | .090 |  |
| 《步辇图》 | 是 | 1.70 | 1.146 | .091 | .020* |
|  | 否 | 1.41 | .823 | .076 |  |
| 《韩熙载夜宴图》 | 是 | 1.61 | 1.055 | .084 | .372 |
|  | 否 | 1.50 | .937 | .087 |  |
| 《溪山行旅图》 | 是 | 1.60 | 1.019 | .081 | .278 |
|  | 否 | 1.47 | .918 | .085 |  |
| 《万壑松风图》 | 是 | 1.57 | .958 | .076 | .331 |
|  | 否 | 1.46 | .859 | .080 |  |

*注：① 变量编码：以前是否来过中国（1=是，2=否）；评价评分值（1=负面肯定，7=正面肯定）。
② *$p<.05$，**$p<.01$，***$p<.001$。

## （六）有无宗教信仰的外籍留学生的中国书画艺术的评价

本研究还考察了有无宗教信仰的外籍留学生对于中国书画艺术评价的差异。本次调查显示（如表8-11、表8-12所示），外籍留学生对于中国书法家和中国经典绘画的认知评价，除了二王达到显著水平之外，其他皆未达显著。由此，我们可以得出结论，外籍留学生有无宗教信仰，对于中国书画艺术的认知评价没有直接的影响。那么，该结论与经典艺术理论所阐释的宗教和艺术的内在关系而言，又有些相悖之处。经典艺术理论依然认为宗教与艺术有内在的相通性，那么，我们可否认为，宗教和艺术的这种相通性主要表现为对于艺术作品的内容和情感评价方面，而不是基本的知识认知层面呢？

表8-11 有无宗教信仰的外籍留学生对于中国书法家评价的t检验（$n=275$）

| 项目 | 有无宗教信仰 | 均值（M） | 标准差（SD） | 标准误差（SE） | 显著性（Sig） |
| --- | --- | --- | --- | --- | --- |
| 苏轼 | 有 | 2.67 | 1.496 | .126 | .225 |
|  | 无 | 2.89 | 1.582 | .137 |  |
| 二王 | 有 | 2.50 | 1.457 | .122 | .025* |
|  | 无 | 2.90 | 1.512 | .131 |  |
| 颜真卿 | 有 | 2.13 | 1.311 | .110 | .098 |
|  | 无 | 2.41 | 1.478 | .128 |  |
| 柳公权 | 有 | 2.10 | 1.312 | .110 | .645 |
|  | 无 | 2.17 | 1.362 | .118 |  |
| 黄庭坚 | 有 | 1.87 | 1.162 | .098 | .133 |
|  | 无 | 2.10 | 1.381 | .120 |  |
| 欧阳询 | 有 | 1.91 | 1.260 | .106 | .429 |
|  | 无 | 2.03 | 1.285 | .111 |  |
| 米芾 | 有 | 1.70 | 1.111 | .093 | .318 |
|  | 无 | 1.83 | 1.169 | .101 |  |
| 怀素 | 有 | 1.65 | .946 | .079 | .277 |
|  | 无 | 1.79 | 1.101 | .095 |  |
| 赵孟頫 | 有 | 1.54 | .950 | .080 | .469 |
|  | 无 | 1.62 | .918 | .080 |  |
| 董其昌 | 有 | 1.49 | .840 | .070 | .470 |
|  | 无 | 1.56 | .948 | .082 |  |

*注：① 变量编码：宗教信仰（1=有，2=无）；评价评分值（1=负面肯定，7=正面肯定）。
② *$p<.05$，**$p<.01$，***$p<.001$。

表8-12 有无宗教信仰的外籍留学生对于中国经典绘画评价的t检验（$n=275$）

| 项目 | 有无<br>宗教信仰 | 均值<br>（M） | 标准差<br>（SD） | 标准误差<br>（SE） | 显著性<br>（Sig） |
| --- | --- | --- | --- | --- | --- |
| 《清明上河图》 | 有 | 2.92 | 1.573 | .132 | .172 |
|  | 无 | 3.17 | 1.540 | .134 |  |
| 《富春山居图》 | 有 | 2.06 | 1.341 | .113 | .137 |
|  | 无 | 2.31 | 1.457 | .126 |  |
| 《唐宫仕女图》 | 有 | 1.98 | 1.350 | .113 | .220 |
|  | 无 | 2.18 | 1.370 | .119 |  |
| 《千里江山图》 | 有 | 1.70 | 1.057 | .089 | .427 |
|  | 无 | 1.81 | 1.188 | .103 |  |
| 《汉宫春晓图》 | 有 | 1.59 | 1.005 | .084 | .500 |
|  | 无 | 1.68 | 1.084 | .094 |  |
| 《五牛图》 | 有 | 1.56 | 1.014 | .085 | .510 |
|  | 无 | 1.64 | 1.068 | .093 |  |
| 《步辇图》 | 有 | 1.53 | .912 | .077 | .442 |
|  | 无 | 1.62 | 1.145 | .099 |  |
| 《韩熙载夜宴图》 | 有 | 1.56 | .942 | .079 | .901 |
|  | 无 | 1.57 | 1.075 | .093 |  |
| 《溪山行旅图》 | 有 | 1.57 | 1.041 | .087 | .709 |
|  | 无 | 1.53 | .909 | .079 |  |
| 《万壑松风图》 | 有 | 1.57 | .948 | .080 | .347 |
|  | 无 | 1.47 | .884 | .077 |  |

*注：① 变量编码：宗教信仰（1=有，2=无）；评价评分值（1=负面肯定，7=正面肯定）。
② *$p＜.05$，**$p＜.01$，***$p＜.001$。

## （七）人口变量、文化态度、媒介使用与中国艺术态度评价的回归分析

本研究通过阶层回归分析，还探讨了人口变量对于中国艺术态度评价的

预测力。在回归分析中，其中第一阶层输入性别、以前是否来过中国、年级、专业等人口变量，第二阶层输入来中国前、来中国后、中国文化态度总体评价等文化态度变量，第三阶层输入具体媒介使用变量，并得出结果（如表8-13所示）。

就外籍留学生对于中国艺术态度评价而言，结果表明，在控制其他变量后，人口变量对中国艺术态度评价的预测力非常有限，但也不是没有影响。研究结果表明，性别对于中国艺术态度评价中，"国画"（Beta=.204，p＜.01）、"建筑"（Beta=.171，p＜.01）、"音乐"（Beta=.191，p＜.01）、"舞蹈"（Beta=.259，p＜.001）、"戏剧"（Beta=.242，p＜.001）等达到显著水平，差异显著。其他如以前是否来过中国、年级、专业等均无显著预测力。可见，性别差异是人口变量中对于中国艺术态度评价最有影响的因素。

就外籍留学生中国文化态度对中国艺术态度评价影响的预测力测量看，其中来中国前对中国艺术态度认知中的"篆刻"（Beta=.189，p＜.01）、"雕塑"（Beta=.157，p＜.05）、"工艺"（Beta=.130，p＜.05）、"音乐"（Beta=.132，p＜.05）、"舞蹈"（Beta=.187，p＜.01）、"戏剧"（Beta=.143，p＜.05）具有预测力，其他变量未见显著。就中国文化态度总体评价而言，其对中国艺术态度认知中的"国画"（Beta=.220，p＜.001）、"书法"（Beta=.262，p＜.001）、"篆刻"（Beta=.203，p＜.01）、"建筑"（Beta=.171，p＜.01）、"音乐"（Beta=.185，p＜.01）、"舞蹈"（Beta=.169，p＜.01）、"戏剧"（Beta=.210，p＜.001）具有预测力，其他变量未见显著。由此可见，对于中国文化的总体态度评价越正面，对于中国艺术态度评价越正面。

外籍留学生媒介使用要素对于中国艺术态度评价除"极低"（Beta=.141，P＜.05）之外，其他皆未见有显著影响，由此可否推断，外籍留学生了解中国艺术的途径并非这些大众媒介渠道，而是其他？比如博物馆、艺术展览或是学校艺术教育。这也对我们的艺术传播手段提出了另外的研究视角，可能就艺术传播而言，其重点在于通过博物馆、艺术馆或是艺术教育来实现，今后的中国艺术对外传播应该重点加强这些渠道和途径。

表8-13 人口变量、文化态度、媒介使用与中国艺术态度评价的回归分析（n=275）

|  | 自变量/因变量 | 中国艺术态度 ||||||||||
| --- | --- | --- | --- | --- | --- | --- | --- | --- | --- | --- |
|  |  | 国画 | 书法 | 篆刻 | 雕塑 | 建筑 | 工艺 | 音乐 | 舞蹈 | 戏剧 |
| 第一阶层<br>（人口变量） | 性别 | .204** | .148 | .073 | .032 | .171** | .047 | .191** | .259*** | .242*** |
|  | 以前是否来过中国 | .035 | .052 | -.015 | -.026 | -.096 | -.036 | -.005 | -.102 | -.065 |
|  | 年级 | .090 | -.058 | -.039 | -.004 | .112 | .114 | -.020 | .088 | .046 |
|  | 专业 | -.042 | -.057 | .076 | -.012 | -.024 | .047 | .017 | .061 | -.012 |
|  | Adjusted R² | .048 | .023 | .018 | .002 | .046 | .019 | .040 | .104 | .065 |
| 第二阶层<br>（文化态度变量） | 来中国前 | .077 | -.001 | .189** | .157* | .108 | .130* | .132* | .187** | .143* |
|  | 来中国后 | .081 | .055 | .043 | .029 | -.015 | .009 | .083 | .002 | .039 |
|  | 中国文化态度总体评价 | .220*** | .262*** | .203** | .104 | .171** | .129 | .185** | .169** | .210*** |
|  | Adjusted R²增加 | .136 | .106 | .054 | .054 | .096 | .064 | .135 | .186 | .157 |
| 第三阶层<br>（媒介使用变量） | 报纸 | .088 | .141* | .091 | .111 | .078 | .115 | -.002 | -.004 | -.011 |
|  | 电视 | -.040 | -.106 | .045 | .060 | .025 | .003 | .032 | .005 | .049 |
|  | 互联网 | -.005 | -.006 | -.081 | -.044 | .056 | -.003 | .021 | -.007 | -.046 |
|  | 社交媒体 | .068 | .073 | -.009 | .089 | .036 | -.014 | -.031 | .037 | -.017 |
|  | 手机 | -.013 | -.024 | -.047 | .022 | .062 | -.015 | .028 | .040 | .025 |
|  | Adjusted R²增加 | .151 | .141 | .155 | .073 | .112 | .080 | .133 | .189 | .157 |

*注：① 表内数字为所有变量输入回归方程式后，最后的标准回归系数（Final Betas）。
② 变量编码：性别（1=男，2=女）；文化态度（1=不喜欢，5=非常喜欢）；媒介使用（1=不使用，5=经常使用）；艺术态度（1=喜欢，5=非常喜欢）。
③ *p＜.05，**p＜.01，***p＜.001。

## 四、本章总结与讨论

本研究反映出外籍留学生对于中国书画艺术的认知评价和建构，可得出以下结论。

其一，总体来看，外籍留学生眼中的中国文化呈现为积极正面的评价。外籍留学生对于中国文化的总体认知，一方面集中在"中国饮食""孔夫子""长城""功夫""书法""语言"等，可以看出，这些形象符号表征的特点，都属于具象的直观形式，是形态型的认知。另一方面则集中在"历史悠久""地大物博""博大精深"等方面，这些都是概念建构的形式，属于描述型的认知。外籍留学生喜欢程度较高的中国文化形态有"中国饮食""中国历史""中国工艺""中国建筑"等方面。显然，就从形象直观到概念建构的认知特征看，英国心理学家弗雷德里克·巴特利特（Sir Frederick Bartlett）的记忆研究中，在评估被试对讲述故事和民间故事的记忆时，巴特利特发现存在大量的记忆重构现象，具体表现为故事某些细节被省略了，而插入了其他细节。[①] 由此，巴特利特认为，记忆是一个重构过程，而不是一个复制过程。能够引导这种重构的在巴特利特看来就是所谓的"图式"（Schemata），这里的"图式"指的是基于过往经验构建的关于事件和情景的一般性知识结构，同时，巴特利特也假设这种心理结构即"图式"会对行为产生因果影响。那么，就此意义看，在外籍留学生关于中国文化的认知中，亦存在着所谓的"图式"，也就是认知的重构现象。如果说那些关于中国的具体形态的认知内容是在基础性知识之外的，那么关于中国文化的描述性认知，显然包含着认知的重构现象。如果诚如巴特利特所言，二者之间具有因果关联的话，那么，人们过去的一般性知识构成就会对后续的图式建构有所影响，一般性知识构成对人们的认知图式则显得非常重要。在文化传播中，若试图形成良好的文化形象认知，那么，如何建立完整的知识结构，则显得十分必要。

---

① ［美］布里奇特·罗宾逊-瑞格勒、［美］格雷戈里·罗宾逊-瑞格勒:《认知心理学》，第10页。

其二，外籍留学生关于中国艺术的认知和态度评价也趋于正面。就"国画""书法""篆刻""雕塑""建筑""工艺""音乐""舞蹈""戏剧"等具体的中国艺术形态看，外籍留学生认为"书法""国画""建筑"是最能够代表中国艺术的形态，其中"书法"是首屈一指的最能代表中国艺术的形式。就外籍留学生最为喜欢的中国艺术而言，上述形态评价都较高（均值最低为3.29），其中"书法"作为外籍留学生最为认同的中国艺术形式而高居榜首。作为人们的认知而言，文字和图形是否存在差异？对此，迈耶和加利尼（Mayer & Gallini，1990）的研究认为，图片的信息含量高于文字，插图作为一种传递和表达信息的方式，具有文字所无法替代的优势。如插图本身具有直观性、具体性、互动性等特点，能够弥补文字表达功能的不足，从而提高阅读速度，促进阅读理解。[①]利维和伦茨（Levie & Lentz, 1982）通过图文阅读元分析，也发现图文教材的教学效果要好于纯文字教材。[②]显然，汉字作为象形文字，既是具有象形功能的图形，同时又是具有表意功能的符号，能够将具象性和表意性融合起来。这就使得外籍留学生即便是不了解书法文字的内在含义，也能够从字形上面体会到形象本身所传达的意义。就此意义而言，外籍留学生对于书法艺术的感知，就更为直接和认同度更高。

其三，就中国书画艺术的具体内容认知而言，外籍留学生总体认知程度较低。通过对于中国书法家和中国经典绘画认知程度的调查，外籍留学生最为了解的中国书法家是苏轼、二王、颜真卿、柳公权等，最为了解的中国经典绘画是《清明上河图》《富春山居图》《唐宫仕女图》等。可见，外籍留学生对于中国书画艺术的知识内容了解程度普遍较低。中国艺术文化作为专业类知识，如果没有专门的研究和学习，或是特别的兴趣，当然普通社会公众不会去主动接受的。那么，这也提出了文化传播中的重要问题，即专业类的文化知识如何

---

① Mayer, Richard E.; Gallini, Joan K. "When is an Illustration Worth Ten Thousand Words?" *Journal of Educational Psychology*, 1990, Vol. 82(4), pp. 715–726.

② Levie, W. Howard; Lentz, Richard. "Effect of Text Illustration: A Review of Research". *Educational Communication and Technology Journal*, 1982, Vol. 30(4), pp. 195–232.

有效传播？

其四，外籍留学生来自不同的文化背景、以前是否来过中国以及是否具有宗教信仰等因素，亦影响其对中国书画艺术的认知和评价。首先，对于中国书画艺术的认知和评价的影响而言，来自东方的外籍留学生对于中国书法家的认知评价程度，普遍高于来自西方的外籍留学生的认知评价程度。而对于中国经典绘画而言，除《富春山居图》《五牛图》《溪山行旅图》之外，其他皆未达显著水平。也就是说，对于中国经典绘画的认知而言，东西方不同文化背景的外籍留学生并没有太大的差异。这从另外一个角度说明，中国书法艺术在东方的影响显然高于西方，而绘画艺术则东西方差异不是很明显。其次，对于以前是否来过中国而言，以前来过中国的外籍留学生对于中国书法家的认知评价均值皆高于以前未来过中国者，且差异皆达到显著水平。相反，以前是否来过中国的外籍留学生对于中国经典绘画的认知，未见差异。也就是说，以前是否来过中国，对于中国书法家的评价具有明显的影响，而对于中国经典绘画没有影响。再次，对于有无宗教信仰而言，无论书法还是绘画，皆未达到显著水平，亦即外籍留学生有无宗教信仰，对于中国书画艺术的认知评价没有直接的影响。

其五，有关外籍留学生的人口变量、文化态度、媒介使用与中国艺术态度评价的影响关系。首先，人口变量对中国艺术态度评价的预测力非常有限，但也不是没有影响。其次，就文化态度而言，外籍留学生对于中国文化的总体态度评价越正面，对于中国艺术态度评价也越正面。再次，媒介使用对于中国艺术态度评价未见有显著影响。

无疑本研究的局限依然是研究样本的限制。本研究无法展开大规模、跨群体和跨国的研究来检验各类变量。如果能够展开更大规模的问卷调查，就能更加明晰地观察到不同文化的外籍人士对于中国艺术评价的不同方面。

*原载《现代传播》（中国传媒大学学报）2017年第5期，本章有修改*

# 第九章

# 中国书法的特征

中国书法艺术是中国文化的核心要素之一。一方面，书法作为汉语语言的文字系统，是传承中国文化的重要载体；另一方面，作为图像符号系统，因其无限变化而又精妙入微的艺术形式，中国书法构成了丰富复杂的文化意义表征图式。随着全球文化传播的不断展开，中国书法也越来越受到人们的关注，成为特有的中国艺术形式，并作为东方审美文化的象征，也日渐被外籍人士所认知。本章内容基于文化共通性、感知文化距离、文化行为意向等理论，通过对584名外籍人士进行问卷调查，重点考察外籍人士的文化接触渠道、文化共通性、感知文化距离等因素以及文化行为意向对中国书法艺术文化的认知、态度和行为评价的影响。研究发现：第一，外籍人士对中国书法艺术文化的认知、态度和行为评价偏于正面。第二，文化接触渠道、文化共通性对中国书法艺术文化认知评价呈显著正相关。第三，文化共通性对中国书法艺术文化态度评价呈显著正相关。第四，外籍人士的文化行为意向对中国书法艺术文化的认知、态度和行为呈显著正相关。第五，外籍人士的性别、年龄、在中国生活的时间、对中国书法的熟悉程度对中国书法艺术文化的评价呈显著正相关。

从理论和实践层面看，以往国内外有关"中国书法艺术文化国际传播的理论与实践"的研究，多立足于"中外文化交流"的历史发展的视角，更多关注的是书法艺术的物质载体，以及书法艺术的内在精神、表现形式、书写技法等层面的中外交流与传播。本研究通过初步的文献梳理，对以往"中国书法艺术文化国际传播的理论与实践"的研究成果进行概述，在此基础上，通过文化共通性、感知文化距离、文化行为意向等理论，探究外籍人士关于中国书法艺术文化的认知、态度和行为评价等问题。

# 一、中国书法艺术文化的传播

对于中国书法艺术文化国际传播的研究，以往多集中于"中外文化交流"的视角，尤其是历史学者基于文化交流的历史脉络，多在中外文化交流的框架下加以介绍、梳理和评价。就历史发展看，早期与中国进行书法交流的国家或地区主要有朝鲜半岛和日本，因此，该方面的研究成果也主要集中论述了中国与朝鲜、日本之间书法交流的历史。"东亚文化圈"涵盖的国家或地区也是历史上中国书法艺术文化国际传播的主要区域，而与欧美世界的书法国际传播是在近代以来开始的。关于中国书法艺术文化传播的研究主要是从下述方面展开的。

## （一）中国书法艺术文化传播的历史研究

首先是中国与朝鲜半岛的书法交流的研究。中国与朝鲜半岛间的书法交流较少，研究成果也不够丰富。事实上，早在《旧唐书》卷二九《音乐二》、卷一八九上《儒学上》、卷一九九上《新罗传》、卷一六五《柳公权传》（中华书局，1975），《南史》卷四二《齐高帝诸子上》（中华书局，1975），《唐六典》卷二一《国子监》（《钦定四库全书》本，人民出版社，2006）等中国典籍中，就记载了高句丽、新罗、百济等国的留学生对中国书法艺术的学习，并把所学书法带回国促进本国书法艺术的发展。任平（1997）较早研究中朝书法交流，论述了唐代书法影响新罗的方式与途径、新罗对唐代书体和书风的传承问题。朱关田的《中国书法史隋唐五代卷》（1999）论及唐代书法对新罗、高句丽的影响。杨昭全的《中国—朝鲜·韩国文化交流史》（三卷本，2004）全面论述了中国书法对新罗、高句丽和百济的影响。

其次是中国与日本的书法交流的研究。中日间的书法交流比较频繁且成效显著，研究成果也较多，其中既有中国学者的，也有日本学者的。在日本发现的东汉政府授予的"汉倭奴国王印"说明早在东汉时期中国的书法就流传到日本。直到隋唐五代，双方间的书法艺术交流才进入全盛时期。诸多典籍如《新唐书》卷二八《宦者传下·李辅国》、卷二二《日本传》、卷四四《选举志上》（中华书局，1975），《旧唐书》卷一九九上《日本传》（中华书局，1975），马宗霍《书林藻鉴》卷八（文物出版社，1982），《宣和书谱》卷五《正书三杨庭》（湖南美术出版社，1999），《宋高僧传》卷一四《唐扬州大云寺鉴真传》（中华书局，1987），日本信西入道《信西古乐图》（日本古典全集刊印会，1927），陶谷《清异录》卷下《文用门》（惜阴刊丛书，1896），沈曾植《海日楼札丛》卷八《日本书法》（中华书局，1962），日本真人元开《唐大和上东征传》（中华书局，1979）等历史文献都记录了日本书法全面接受了中国书法的影响的史实，从而使得日本书法艺术得以全面发展并在世界书法史上占据了重要地位。张铁弦的《论唐代书法与中日文化交流》（1959）较早探究唐代中日书法交流的情况。日本学者榊莫山的《日本书法史》（1985，陈振濂译）详细叙述和介绍了公元5世纪至20世纪50年代日本书法的发展以及中日书法交流。王勇、上原昭一的《中日文化交流史大系·艺术卷》（1996）主要论述了自唐至近现代中日间的乐舞、雕塑、绘画、工艺、戏曲、电影等方面的交流，其中也重点论及中日间的书法交流。李寅生（2001）论述了唐代政治、儒学、宗教、哲学、科技、史学、教育、艺术和风俗习惯等对日本的影响，其中也重点论述了唐代书法对日本的影响。钟鼎（2015）研究了日本平安时代书法对中国书法的"继承"及其"变迁"，认为这在日本书法史上占有重要的地位。陈华（2005）考察了唐宋明清时期王羲之作品等中国书法艺术传播对日本书法艺术的形成和发展的影响。此外，祁小春的《唐代书法及其风潮对日本的影响》（1996）、日本学者中田勇次郎的《中国书法在日本》（1996，蒋毅译）等著述也具有重要价值。

在此基础上，针对中国书法艺术文化国际传播发展历史及其内涵的研究，也在不断展开。赵喜惠（2012）以乐舞、百戏、书法、绘画、雕塑等为中心全面考察了唐代中外艺术的交流，其中书法的中外交流是其重点研究领域。邱振中（2000）探究了关于中国书法在西方传播的若干问题。郑利权、杨敏（2004）探讨了复制、题写、借用和传授等中国古代书法传播的主要途径及传播效果。王镛在《中外美术交流史》（2013）中，探讨了从两汉时期开始的各类中外艺术交流，其中也涉及中外书法艺术文化方面的交流。王智杰、李建群（2010）探讨了唐代书法艺术"书以载道"的文化内涵和传播特征。方虹（2016）重点以书法、绘画为例探讨了17、18世纪中西艺术交流对人们的生活产生的影响。胡抗美、刘鹤翔（2016）探讨了在西方思潮影响下的20世纪中国，作为艺术教育的书法教育的展开。王守民（2012）讨论了明郑—日本殖民统治时期台湾地区碑派书法的特点及与内地的关联。

此外，关于中国书法艺术文化传播与其他文化形态之间的影响关系研究的历史观照也有所展开。如周红路、周文杰（2008）阐述了汉传佛教与中国书法之间的传播互动关系，探讨了佛教传入中国后对书法艺术产生的深远的影响，以及书法艺术对佛教的传播也起到的作用。徐琼（2014）认为以"儒""释""道"为核心的中国哲学对中国书法艺术的审美创作及书写者人格塑造都起到了深远的影响。王兴国（2012）通过探讨中国传统儒、道、佛文化和中国书法艺术的传承与发展之间的关系，特别提出利用当代宗教文化传播体系促进当代书法艺术的传承发展问题。李继凯（2010）探讨了林语堂等中国现代作家对书法艺术文化在书法收藏、书法创作、书学探讨上的重要贡献，以及书法艺术文化也对现代文学的存在方式、文本形式、情感表达、思维方式以及审美趣味等产生的深刻影响。夏海清等（2011）探讨了中国书法艺术的形态、美学品格、哲学思想、艺术精神对现代设计的内在影响。汪仁军（2013）探讨了外国造型艺术家对中国书法艺术的形象解读和理解。陆佳（2011）探究现代环境设计合理运用书法艺术对实现室内环境美的重要作用。

基于中国书法艺术文化国际传播的历史路径的研究，立足于历史与逻辑分析的视角，对中国书法艺术文化国际传播的历史资料、文化内容、社会影响等问题，进行了较为深入、全面的探究，研究成果也是比较丰硕，为中国书法艺术文化国际传播研究积累了丰富的文献资料基础。但显而易见的是，该研究多拘囿于历史学视域，偏重中国书法艺术文化国际传播的史料层面的研究，很少涉及其他更多的内涵，并且，主要关注中国书法艺术如何产生影响，而在很大程度上忽视了国际传播的具体过程，尤其是对于中国书法艺术文化国际传播的路径和形式、传播渠道、媒介形态等问题，鲜有论及。

## （二）中国书法艺术文化的国际传播策略研究

传播策略的研究历来是中国文化国际传播的重要领域。随着中国全球化步伐的加快，在全球文化语境中，对于如何通过书法艺术体现中国文化的特征以及传播策略的具体应用，相关研究明显增多。

以北京大学王岳川教授、中国美术学院王冬龄教授、上海交通大学周斌教授等为代表的中国专家学者近年来致力于中国书法艺术文化的国际传播理论研究与实践推广，并重点着眼于中国书法艺术文化国际传播的策略等问题研究，有关中国书法的海外传播不断成为学术界和书法创作的焦点。《美术观察》（2013）以"中国美术走出去"为热点选题讨论了中国书法"走出去"的若干问题。《书法》（2013）以专题的形式讨论中国书法的海外传播策略。中国书法家协会（2013）也举办了"当代书法创作研究暨中国书法如何走向世界"国际论坛。沈鹏、王岳川（2008）在以中国书法历史与现状发展和21世纪书法国际视野及其文化身份为主题的对话中，就探讨了中国书法艺术文化在中国文化现代新格局中的位置以及应对国际艺术市场变化策略等问题。王冬龄（1985）结合书法大师沙孟海、刘江先生的教学方法,针对留学生的书法教学探讨中国书法艺术文化的中西精神融合问题。王岳川、陈凤珍(2008)探讨全球化语境下中国文化身份立场与书法艺术文化的世界化问题。孙群豪(2014)通过对北京大学教授王岳川的专访探讨作为中国软实力的主要表现形式的中国书法艺术文化的国际传播问题,认为中国书法国际传播的向内的文化凝聚力和向外的文化辐射力非常重要。王岳川、胡淼森(2008)的系列访谈文章讨论了中国作为世界大国,在崛起过程中如何通过实施"文化输出"策略,从而减少西方对中国的文化"妖魔化",通过"守正创新"建立中国经典精神,并与世界价值的融合,中国书法文化"走出去"则是"文化输出"的重要策略。王岳川(2013)通过对中国书法国际传播的分析,探讨了国际传播策略对于中国书法艺术文化输出及国际交流的重要意义。郑可春(2013)提出中国书法艺术文化国际化的困境与出路问题,认为应通过国际传播策略从而使中国书法的影响力由国内向全世界范围拓展。陈龙海、刘文波(2015)探讨了如何通过创新中国书法艺术文化国际传播的话语体系以促进中国书法艺术文化的国际传播。毛万宝(2013)的研究认为,在全球化文化背景下,中国书法艺术文化必须要通过国际传播开阔国际视野,拓展国际空间,扩大世界影响。

此外,其他大量的研究也探究了中国书法艺术文化国际传播策略由传统向现代转变的问题。如祝帅(2013)讨论中国书法由"量"及"质"的海外传播。赵立春(2015)认为中国书法艺术的传播模式经历了由传统的师徒传播、临摹、捶拓、刻帖等向现代网络传播模式的转变。章剑华(2009)认为中国书法也由传统的复制传播、题写传播、借用传播、传授传播和展示传播等向网络数字传播转变。张宝砚(2013)从媒介、大众文化和审美的视角探讨中国书法艺术文化作为传播媒介的传统到现代的转变策略。吴莺莺(2015)以《兰亭序》一千六百年的传播经验为案例探讨了中国书法艺术在当代的传播策略和国际传播的意义。刘宝珍(2013)探讨了中国书法艺术古今传播的不同形态和传播特点。

孔子学院是近年来"中国文化走出去"战略的主要形式,关于孔子学院与中国书法艺术文化国际传播策略的研究也不断展开。颜默(2014)探究了孔子学院传播中国书法的策略,认为作为中国传统文化的代表,中国书法艺术文化在汉语推广过程中作用重大，俄罗斯、新加坡、法国、韩国等地的孔子学院把书法传播作为办学特色。吴瑛的《孔子学院与中国文化的国际传播》（2013），通过对美国、日本、俄罗斯、泰国、黎巴嫩五国16所孔子学院的调查，评估孔子学院传播汉语以及中国文化（包括中国书法艺术文化）的总体效果，提出中国应借鉴其他国家的文化传播战略，在传播渠道和机制等方面进行有效评估。左晖（2014）基于对外汉语教学中的书法教学研究探究对外书法教学的途径和方法，认为中国书法艺术文化包含丰富的美学价值、精神内涵和哲学思想。崔维艳（2012）探讨了对外汉语教学中中国书法教学的概念界定、书法的魅力、书法教学与对外汉语教学之间的关系等问题。王伟（2013）从汉字认知理论、书法习得理论、书法教育理论和书法传播理论等方面，探讨了国际书法教学与传播的理论基础和具体方法等问题。晁亚若（2015）通过问卷调研、文献分析等方式对全球孔子学院的书法教学现状做出梳理和分析，探讨了汉语学习者的书法学习需求，由此制定了具体的书法教学案例设计。张国良、陈青文、姚君喜的《沟通与和谐：汉语全球传播的渠道与策略研究》（2012），以实证研究方法考察了外籍汉语学习者的基本动机、主要传播渠道及效果等。李晓臻的《汉语国际推广背景下对中国文化海外传播的思考》（2008），探讨了如何借助语言传播文化、传播什么样的文化以及如何传播等问题。这些研究也为中国书法艺术文化国际传播研究提供参考。

此外，较具参考价值的成果还有崔维艳（2012）对对外汉语教学中中国书法教学与传播的研究。张旺喜（2013）以西印度大学孔子学院为例探讨了牙买加孔子学院的书法教学与传播。谢慧（2013）以暨南大学华文学院留学生为例研究了来华留学生对中国书法的学习兴趣与教学传播策略。谈少华（2012）探讨了汉语国际教育中的书法艺术教学的理论和实践方法。王琳琳（2013）以泰国学生学习书法为例探讨了跨文化交际中的中国书法教学的基本传播路径。另外还有刘宏的《孔子学院与中华文化的国际传播：成就与挑战》（2012），韩召颖的《孔子学院与中国公共外交》（2011），沈玲的《论海外汉语教育与国家文化软实力的建构》（2011），吴瑛的《中国文化对外传播效果研究：以孔子学院为例》（2011），苏冠蓉、黄海涛的《孔子学院走向世界的文化价值分析》(2010)，马莉、周倩的《孔子学院在非洲：和谐文化的外交之旅》(2007)，周婧的《对汉语国际推广背景下中国文化海外传播的若干思考》(2008)等研究。

基于中国书法艺术文化国际传播策略的研究，重点关注的是，中国书法艺术文化国际传播的宏观理论和基本构想，重点对于政府主导下的孔子学院开展的中国书法艺术文化教学传播等，进行了较为深入的分析，并大多肯定其正面意义。但相形之下，对中国书法艺术文化国际传播策略、孔子学院书法艺术文化教学传播等国际文化传播策略的实证效果评估，以及其传播路径与方式的具体分析及实际效果测量，未予足够重视，对中国书法艺术文化国际传播其他各种路径与形式进行效果评估的实证研究，更是付诸阙如。

## （三）中国书法艺术文化国际传播的形态研究

中国书法艺术文化国际传播的形态及其书法艺术文化产品，是中国书法艺术文化国际传播的重要形式，对此，研究者也有所关注。近代西方艺术家通过学习中国书法艺术以拓展自身的艺术表现方法，这是中国书法艺术文化国际传播的早期形态。早在1913年，美国学者费内洛沙（Ernest F. Fenellosa）在《东方美术史》（*Epochs of Chinese and Japanese Arts: The Western Area and Humanities Library*）中首先充分肯定了中国书法独特的艺术品位，1933年他专程来中国考察中国书画。美国现代派画家托贝（Mark Tobey）1934年专程到上海学习书法艺术，回美国后其作品强化了超现实与抽象的特点，强调了用画笔去表现生命的韵律与节奏，创造了"书法画"；同时他还追求东方色彩的空间意识及中国书法的黑白空间，创造出"白色书写系列"的抽象绘画作品。之后又有美国画家汤姆林（Bradley Walker Tomlin）、行为画家波洛克（Jackson Pollock），法国画家米肖（Henri Michaux）、苏拉吉（Pierre Soulages）、马提厄（Georges Mathieu）等人从中国书法的用笔节奏与笔势中获得启发。1917年留学美国的邓以蛰开始在西方传播中国书法。1934年林语堂用英文撰写《吾国与吾民》（*My Country and My People*）在美国引起巨大反响，其中"中国书法"一节对书法的审美原理做了精当的阐述，并以之作为中国艺术的独特形式与西方艺术做了比较。1938年中国学者蒋彝在英国出版了用英文撰写的《中国书法》（*Chinese Calligraphy*），此书立刻成为畅销书，截至1971年重印8次之多。

周斌（2013）基于对中国文化国际传播的视角探讨中国书法国际传播的主要形态和具体形式，认为"和谐"的观念、民间交流途径以及有形的教材和教师是中国书法国际传播的主要形态。崔树强（2014）以周斌书法的国际传播为例探究中国书法的文化特性与国际传播问题，提出新的时代背景下中国书法国际传播者所具备的个人素养、创作观念、教学方法以及文化使命，提出当代中国书法跨文化传播的主要形态。李逸峰（2015）认为古老的汉字文化影响着东方文明以及在东亚文化圈中具有重要意义，中国书法艺术文化国际传播包括文化的、艺术的、文字的三个向度。尹冬民（2015）基于教育与传播的视角，探讨中国书法艺术文化国际传播的形态，认为孔子学院作为综合文化交流的重要平台在书法"走出去"发展中可以充分发挥主体作用，从而大幅度拓展中国书法的国际发展空间。李蕾（2006）认为中国书画艺术品作为"意象""物态化"的存在形式，传播方式可以分为"实物传播"和"非实物传播"两大类，中国书法艺术国际传播方式也应该遵循这些规律。常敬宇（2014）认为在中国书法艺术文化国际传播过程中的主要问题是书法教材欠缺且针对性不足、教学方法缺乏规范性、书法师资不足等问题，提出应该有针对性地建立书法师资培训机制解决这些问题。任晓明（2016）提出中国书法艺术文化国际传播的"走出去"与"请进来"的双向互动形态模式，包括中国书法在海外的主动传播，对内掌握书法传播的主动权，更有效地传播了中国书法艺术文化。李阳洪（2014）以民国书法社团（1912—1949）为研究个案探讨了民国书法社团在近现代社会文化转型过程中进行的书法传播形态，对于中国书法艺术文化的国际传播具有重要启迪意义。寻鹏（2010）探究了大众传媒成为当代中国书法艺术文化传播的主要渠道以及当代中国书法艺术文化传播模式的市场化转型对书法创作的影响。俞栋、王晓暾（2014）针对文化差异、书法艺术的特殊性等问题，通过研究欧美书法高等教育探究中国书法艺术文化走向世界的主要途径和形态。

值得关注的是，有学者基于中国书法、绘画、文学等具体的中国文化国际传播实践中的成功案例，探讨总结中国书法艺术文化国际传播的形体和途径。

唐义广（2011）分别研究总结了刘若愚的《中国文学理论》、蒋彝的《中国书法》和赵无极的绘画创作等中国诗歌、书法、绘画在20世纪欧美社会的成功传播案例。刘若愚作为将中国文论在海外进行系统化传播的第一人，其主要传播策略：一是突破中西文化间的语言障碍；二是基于西方理论建构中国古代文论的诗学体系；三是在阐释中国文论时将之与西方文论中的相关理论进行对比研究。蒋彝的《中国书法》是第一本以西方读者为介绍对象的英文版书法教材，对中国书法和绘画、雕刻、建筑等做了详细叙述，在海外中国书法传播史上具有十分重要的意义。赵无极作为受中国传统文化熏陶的中国人，强调向中西经典绘画艺术学习，强调"守正创新"，强调做一个融合中西的国际艺术家。王一川（2011）通过蒋彝中国文化国际传播的个案探讨蒋彝对于全球化语境中的跨文化对话的示范意义。刘笑冬（2008）探讨了蒋彝在英国的中国书法传播的主要形态与影响。姜伟娜（2014）通过蒋彝与"中国文化走出去"的研究，提出在文化版权输出的过程中国内外艺术代理人、版权代理机构的重要价值。郑达（2003）详细研究了作为中国文化的国际使者的旅美华裔游记作家、画家、诗人蒋彝，通过书法、美术、诗歌等艺术形态对中国文化国际传播的重要贡献。

从更大范围看，其他有关中国文化产品"走出去"的研究，都对本研究具有重要的参考价值。如潘文年的《中国出版业"走出去"研究》（2011），分析"中国图书对外推广计划""国家文化出口重点项目"和"经典中国国际出版工程"等项目，探究了中国图书贸易、图书版权贸易和海外文化投资等状况。杜介眉的《基于"走出去"战略的文化经纪传播研究》（2008），通过对"文化经纪传播"概念的界定，探析了文化经纪传播的内涵、媒介形态及其发展过程。李程的《中国文化产品贸易现状、问题及对策》（2009），探析了中国文化产品发展落后、文化企业缺少国际竞争力的问题。李晓丽的《中国文化贸易发展的影响因素研究》（2013），分析了国内外需求，文化企业的战略、结构和竞争，政府扶持等因素的作用。

基于中国书法艺术文化国际传播的形态及其文化产品视角的研究，对加强中国书法艺术文化国际传播的形态和产品形式的重要意义的认识较为明确，并试图立足于传播路径和形式的视角，探究文化产品的构成和输出。但迄今为止，将研究的重点置于传播路径与形式的创新，尤其是在实证方法基础上，系统、深入、准确、全面地对中国书法艺术文化国际传播的形态和产品创新定位的研究，几乎尚未开展。

## （四）中国书法艺术文化国际传播的媒介研究

随着中国文化"软实力"、"中国文化走出去"概念的提出，在政府的重视和推动下，借助各类传播媒介手段提升中国文化软实力、中国文化国际传播理论与实践的研究不断增加，有关中国书法艺术文化国际传播的媒介研究也不断展开。

首先，通过拓展中国书法的国际教育渠道（教育传播），以实现中国书法艺术文化的国际传播。中国书法的国际教育传播近年来越来越受到书法界、教育界的关注，中国书法家协会、《中国书法》、《美术观察》等书法机构和媒介杂志等，都通过举办大规模的国际展览活动、国际研讨会来推进中国书法艺术文化的国际传播。发展书法国际教育成为中国书法艺术文化国际传播的重要媒介。李文丹（2011）探讨了美国高校的中国书法课程教育问题，提出应该根据西方学生的兴趣和特点，有针对性地制订相应的教学计划，除了传授毛笔书写的技能外，还应该注重知识技能的广度和历史文化的深度。此类研究近年来不断增加，中国书法教育传播模式和形态的研究也不断展开。郑博仁（2012）提出对外汉语教学中汉字书法课教学方法应该根据外国学生的文化背景、汉语水平的高低等采取循序渐进和多媒体辅助的教学方式。曾昭聪、朱华（2009）认为有针对性的汉字书法教学能提高留学生对汉字的认识、记忆和书写能力。

其次，对于中国书法艺术文化国际传播的媒介研究有丰富的成果。邱振中（2000）探讨了文化差异、传播媒介等中国书法在西方传播的若干问题。张静（2012）探讨了从古至今中国书法艺术文化传播媒介的流变，由此影响到书法风格和作品形态以及传播效果。郑利权（2004）从传播学的视角特别探讨了报刊、电视、网络三种大众传媒对当代中国书法国际传播的影响，并提出了大众传媒时代中国书法的国际生存策略。程洪涛（2010）认为中国书法艺术兼具传播文化信息和书法艺术信息的功能，电视媒介对于中国书法艺术具有重要意义。杨加深（2013）通过对中国书法国际传播的瓶颈考察，认为如何借助传播媒介突破文化差异是中国书法艺术文化国际传播的主要问题。张蕊（2013）通过对中国书法艺术文化的历史传播要素的梳理，探讨利用电视传播媒介进行中国书法艺术文化国际传播的可行性问题。郭九林（2011）立足于全球化背景探讨中国书法国际化的意义、中国书法艺术文化的生存环境以及中国书法艺术国际化的路径等问题。叶坦（2011）通过比较研究中美两国艺术、文化的不同特征，探讨中国书法艺术文化在美国的传播媒介主要形式。屈立丰（2010）考察中国现当代书法国际传播的历史，提出在中国专业书法教育体系下的中国书法艺术文化在国际传播中的问题与困境。陆汝秋（2008）认为源远流长的中国书法艺术文化在走向国际的过程中，如何创造出具有现代特征的中国书法作品媒介形态成为重要的问题。

  进入21世纪以来，随着互联网等新媒体的兴起，中国书法艺术文化国际传播的研究则重点探讨网络时代、大数据时代的新媒体对中国书法艺术文化国际传播的意义。如郑利权（2004）探讨了互联网给当代中国书法艺术传播带来新的传播空间、书法传播载体的数字化革命，提出了其具平民化、自由化、互动化、国际化、廉捷化和多媒体化特征。王鹏江、杨建虎、潘芳芳（2010）阐述了古代书法的传播模式、现代书法的传播模式，并论述了当代书法在互联网的冲击下产生传播转型。王若伊（2013）通过对中国书法在新媒体上的传播现状以及书法网络、书法博客、书法微博等具体传播媒介的研究，归纳出书法新媒体传播的各环节出现的新变化，分析目前所面临的传播困境及其原因，并提出中国书法艺术文化国际传播的新媒体策略。李毅华、李雪明（2009）讨论了当代书法的网络传播特点及其对书法教学、书法活动的进程和书法批评等方面的影响。朱政（2014）探讨中国书法艺术在新媒体环境下的传播模式，并且借助5W模式及其理论框架分析中国书法艺术文化传播的特点以及传播方式的变化。王离湘（2013）探讨了新媒体时代作为社交媒体的微信对中国书法传播形式在时间和空间上的突破。戴永芳（2008）探讨了中国书法网络传播的价值取向问题，认为书法网络是中国书法艺术文化新的传播传承方式，其传播价值主要包括教育价值、史料价值、新闻价值和经济价值等。刘晓东（2011）探讨新媒介传播对传统书法审美观的影响。吴河（2012）探讨了市场化条件下文化产业的发展与中国书法艺术文化及其消费品的营销与传播。杜军勇（2005）探究网络多媒体与书法教学的关系问题。莫小不（2012）探讨了数字时代的技术文化的发展直接影响到书法的书写技能和书法审美。此后几年，关注书法与媒介关系的论文逐渐增多。

其他有关中国文化国际传播的媒介形态的研究，都与中国书法艺术文化有重要的关联，可以作为中国书法艺术文化传播的理论背景。如张西平、李雪涛的"中国文化海外传播动态数据库建设项目"（2010），收集、分析中国文化海外传播数据，总结中国文化向外部世界传播的基本情况、规律、经验和方法，动态地反映"中国文化走出去"的总体状况。该类成果还包括：张倩的《从传播学角度看中国文化的海外传播》（2012）、张咏华的《互联网与中华文化的对外传播》（2001）、李宇的《对外电视文艺类节目的文化传播：以CCTV-4〈中国文艺〉为例》（2011）、郝晓鸣的《电子刊物的崛起与中华文化传播》（1995）、吴友富的《对外文化传播与中国国家形象塑造》（2008）、石义彬的《文化认同视角下中华文化对外传播的危机与策略》（2013）、刘琛的《中华文化对外传播战略的跨文化研究》（2012）、尚亚宁的《隔阂与交融：我国出版"走出去"中的翻译问题及对策》（2012）等。

此外，对海外媒介对于中国文化国际传播及其影响的研究，也有所收获，这也是中国书法艺术文化国际传播海外媒介研究可资利用的文献。如田园、颜春龙的《跨国移民族群的媒体生态与异域传播：以印尼华文报〈国际日报〉广告为例》（2013），邢永川的《传播学视野下的海外华文传媒与中华文化之传承：以新、马、泰、菲华文报纸为例》（2010），何明星的《新中国书刊海外发行传播60年（1949—2009）》（2010），张春燕的《中华文化海外传播的路径和内容选择》（2014），萧盈盈的《中华文化走出去的现状分析与发展思考》（2012），胡泳的《在华国外传播者对我国对外传播的启示：以"单位"网个案研究为例》（2012），邓建国的《从在华外国人的博客看国际传播的新途径》（2007），陈正良的《海外华侨华人在推动中国软实力形成和发展过程中的作用》（2009）。

总之，基于中国书法艺术文化国际传播媒介视角的研究，通过有关传播媒介的具体分析，可以认识到媒介形态对于中国书法艺术文化国际传播的重要意义，并着手对不同的媒介形态进行总体或具体的描述和分析。

总体而言，立足于全方位、多学科、纵深化、实证性的跨文化传播视角，对中国文化国际传播的媒介形式和有效路径进行全面归纳和总结的研究为数甚少，尤其是基于实证方法探索不同媒介，特别是网络、手机、社交媒体等新兴媒体具体传播路径和形式创新的深入研究，更为欠缺。相关研究对美、英、德、俄等国民众的调查，系为数不多的量化研究，难能可贵，但目前尚停留在"知其然而不知其所以然"的表层，如对于中国书法、绘画、饮食、武术、中医、影视等各种文化形态，导致外籍人士喜爱或不喜爱的心理、社会、文化、审美等原因究竟何在，亟待展开科学、全面的深层次研究。

基于上述文献研究，本研究试图针对外籍人士对于中国书法艺术文化的认知、态度和行为做出全面描述，同时，基于感知文化距离、文化接触渠道以及文化共通性视角，探究外籍人士对于中国书法艺术文化的认知、态度和行为方式，旨在对中国书法艺术文化的跨文化传播做出理论解释。因此，本研究的核心问题有：(1) 外籍人士对于中国书法艺术文化的认知、态度和行为评价的基本情况；(2) 外籍人士对于中国书法艺术文化的认知、态度模式；(3) 外籍人士对于中国书法艺术文化的行为模式。

## 二、中国书法艺术文化的研究变量和调查

### （一）变量设定

#### 1. 中国书法艺术文化传播的认知、态度和行为的测量

其一，本研究对外籍人士对于中国书法艺术文化的认知进行测量。就文化认知而言，不同学者由于研究角度不同，对文化认知的研究亦有不同的方法，因此也就有各种不同的测量方法。一些学者对文化认知的测量侧重于对文化价值观的了解，即运用文化价值观量表对研究对象的文化认知进行测量。如

蒙天威千才（Monthienvichienchai，2002）采用7级量表制定国家文化价值观的测量量表，让受访者从不同角度评价对不同国家文化的认知程度。弗雷泽（Fraser，2002）根据规范和价值观编制量表对调研对象的文化认知进行测量。克莱格（Clegg，2006）则通过大量调研，比较、总结从而提取国家的文化特征，并且以此为基础确定不同的特定国家的文化量表，从而考察受访者对于该国的文化认知程度。同时，也有学者认为，文化认知包含更加丰富的内容，不应仅局限于对文化价值观的测量，还应该包括对另一种不同文化相关信息的认知和了解程度的测量。如安（Ang，2006）在研究思维智力框架的基础上，总结出个体文化认知的影响因素，认为主要包含两个方面，一方面是总体认知，另一方面是交往认知。其中总体认知是指不同文化背景的人们对风俗习惯、行为规范等方面的熟悉程度；而交往认知则指的是不同文化传统的人们在彼此交流中所应该具备的基本的文化知识。总体文化认知和交往文化认知量表被安、达因和科赫（Ang, Dyne & Koh，2007），以及沃克（Ward，2009）等学者多次应用并验证其规范性。

因此，本研究从跨文化传播的视角出发，将书法艺术文化认知界定为外籍人士对书法艺术文化信息的认知和了解程度。本研究主要借鉴安（2006），安、达因和科赫（2007），沃克（2009）等的研究量表，将书法艺术文化认知量表细化为两个方面的知识测量，一方面是对书法文化传统、惯例、习俗的总体认知；另一方面是人们在基本的书法交流时所应该具备的书法知识。

基于对中国书法艺术文化的梳理，本研究选取书法最具代表性的文化内涵，将其归纳为10个项目，从而考察外籍人士对中国书法艺术文化的认知水平。具体包括对书法艺术文化的地位、工具、字体、笔法、墨法、结构的总体文化知识的认知，量表采用李克特5级量表的测量方法，分值从非常不了解到非常了解（1—5）。本研究设计的交往文化认知量表测量项目，具体由外籍人士根据自己了解中国书法艺术文化的经验以及主观判断进行回答，测量项目是循序渐进的，既包括外籍人士对书法的认知水平，又包含其书法艺术文化认知的改变过程，以及自身的认知是如何更迭的，并且也包含其对其他中国文化认知的帮助，详见表9-1所示。

表9-1 中国书法艺术文化认知（CCC）的测量

| 序号 | 测量内容 |
| --- | --- |
| CCC1 | 中国书法作为中国传统文化具有很高的地位。 |
| CCC2 | 中国书法是中国汉字是艺术书写形式。 |
| CCC3 | 中国书法是通过笔、墨、纸、砚书写。 |
| CCC4 | 中国书法需要通过反复练习才能运用自如。 |
| CCC5 | 中国书法有篆书、隶书、楷书、行书、草书等。 |
| CCC6 | 中国书法有颜体、欧体、柳体等多种字体。 |
| CCC7 | 中国书法对于笔法、用锋很有讲究。 |
| CCC8 | 中国书法对于墨色、枯湿浓淡很讲究。 |
| CCC9 | 中国书法文字结构、排列布局都很重要。 |
| CCC10 | 中国书法的意境与人文精神息息相关。 |

a. 安（Ang，2006）
b. 安、达因和科赫（Ang, Dyne & Koh，2007）
c. 沃克（Ward，2009）

其二，本研究考察了外籍人士对于中国书法艺术文化的态度。就文化态度而言，文化态度量表是用来测量个体对某种文化、环境或观念等喜欢或者厌恶程度的量表工具。由一组相互关联的态度表达或项目构成，这些态度表达或项目都涉及某个事物的某一个文化态度层面，且在方向和程度上有所差异。

态度的测量有多种方法，可以用行为观察法、问卷法对态度进行测量。大致可分为单维量表和多维量表两类。单维量表有瑟斯顿（Thurstone）的等距测量法和总加量表。另一种是多属性态度模型（Multi-attribute Attitude Model），认为消费者对品牌的态度取决于对态度对象的多个属性的评价，通过计算出个体对多个属性的综合评价，即消费者总体态度，可以用来预测消费者对一种产品或品牌的态度。如马丁·菲什拜因（Martin Fishbein，1975）提出态度的三个测量要素，包括属性（Attributes）、信念（Beliefs）和重要性权重（Importance Weights）。属性是指态度对象所拥有的多个属性，信念是消费者对特定品牌在特定属性上表现的信念，重要性权重是消费者对每一属性所赋予的重要性权重。此外，还有测量态度的方式，是通过测量用户的使用态度和接受意愿来得出用户的态度。

基于此，本研究在以往学者对态度研究的基础上，结合中国书法艺术文化的特点，主要借鉴菲什拜因（1975）、维贾亚萨拉西（Vijayasarathy，2004）等人的理论，认为外籍人士对于书法艺术文化态度是指对于中国书法艺术文化喜爱或不喜爱程度的评估，包括对书法艺术文化喜欢与否，是否会因为书法艺术文化而感到愉悦的结果评价。测量设置包含了6个项目，量表均采用李克特5级量表测量方法，分值从非常不同意到非常同意（1—5），详见表9-2所示。

表9-2 中国书法艺术文化态度（ATCC）的测量

| 序号 | 测量内容 |
| --- | --- |
| ATCC1 | 我对中国书法艺术文化很感兴趣。 |
| ATCC2 | 中国书法是我最喜欢的文化之一。 |
| ATCC3 | 练习中国书法是一种良好的行为习惯。 |
| ATCC4 | 在中国，学习书法艺术文化是非常必要的。 |
| ATCC5 | 为练习中国书法花费时间和金钱是值得的。 |
| ATCC6 | 我也会喜欢带有书法艺术文化元素的产品。 |

a. 马丁·菲什拜因（Martin Fishbein，1986）
b. 维贾亚萨拉西（Vijayasarathy，2004）

其三，本研究考察了外籍人士对于中国书法艺术文化的行为意向。对于行为意向的测量而言，所谓"行为意向"（Behavior Intention），是来自态度理论（Attitude Theory）中的意动要素，主要指的是个人在面对决策时选择某种行为的主观意愿的发生概率。以往文献中关于行为意向的测量，大都集中在品牌管理和旅游管理等领域，也可从多方面进行。如阿杰恩和德赖弗（Ajzen & Driver，1992）主要从考虑购买、推荐购买、重复购买和承受缺点四个维度来测量用户的行为意向。帕拉休拉曼、贝瑞和泽特哈穆尔（Parasuraman, Berry & Zeithaml，1993）在品牌管理研究领域提出，就人们购买行为意向的评价而言，应从四个方面进行，分别是口碑沟通、重购意愿、价格敏感度以及抱怨，并且在具体的测量方面提出13个项目。随后帕拉休拉曼、贝瑞和泽特哈穆尔（1998）的行为意向研究又提出，应从五个测量维度出发，分别是忠诚度、品牌转移、支付行为、外部抱怨和内部抱怨。其他还有在乡村旅游行为意向的测量调查中，李华敏（2007）则使用忠诚度、转换、溢价、内部响应和外部响应五个维度来测量游客的行为意向。这些研究都可为中国书法艺术文化行为意向的测量提供借鉴。

在本研究中，行为意向指的是外籍人士对接触中国书法艺术文化行为的倾向和意愿。主要借鉴阿杰恩和德赖弗（1992），帕拉休拉曼、贝瑞和泽特哈穆尔（1993，1998），李华敏（2007）等所使用的量表。测量包含5个项目，量表均采用李克特5级量表测量方法，分值从非常不同意到非常同意（1—5），详见表9-3所示。

表9-3 中国书法艺术文化行为意向（BI）的测量

| 序号 | 测量内容 |
| --- | --- |
| BI1 | 我目前已有学习中国书法的打算。 |
| BI2 | 在将来，我会尝试学习中国书法。 |
| BI3 | 我会鼓励周围人接触中国书法艺术文化。 |
| BI4 | 我回国后也会向其他人推荐中国书法艺术文化。 |
| BI5 | 我会留意一切与中国书法艺术文化相关的事物。 |

a. 阿杰恩和德赖弗（Ajzen & Driver，1992）
b. 帕拉休拉曼、贝瑞和泽特哈穆尔（Parasuraman, Berry & Zeithaml，1993，1998）
c. 李华敏（2007）

其四，本研究考察了外籍人士对于中国书法艺术文化的行为。与上述行为意向不同，行为的测量方式是阐释具体行为活动并进行测量，主要借鉴兰格（Langer，1979）、索耶和迪克森（Sawyer & Dickson，1984）、坎贝尔和戴蒙德（Campbell & Diamond，1984）所开发的量表。测量题项包含5个项目，量表均采用李克特5级测量方法，分值从非常不同意到非常同意（1—5），详见表9-4所示。

表9-4 中国书法艺术文化行为（CCB）的测量

| 序号 | 测量内容 |
| --- | --- |
| CCB1 | 空闲时我会练习中国书法。 |
| CCB2 | 我会参加中国书法展览。 |
| CCB3 | 我会浏览书法字帖或者书籍。 |
| CCB4 | 我会收藏中国书法作品，或者购买与中国书法相关的产品。 |
| CCB5 | 我会花时间和精力在中国书法艺术文化上。 |

a. 兰格（Langer，1979）
b. 索耶和迪克森（Sawyer & Dickson，1984）
c. 坎贝尔和戴蒙德（Campbell & Diamond，1984）

总之，本研究在以往相关研究问卷设计的基础上，根据本研究内容的特点，以已经成熟的通用量表为参考，进行修改和优化，得到本研究的初始调研问卷，考察外籍人士对于中国书法艺术文化的认知、态度和行为各变量设置与测量方式。并且通过专家座谈，咨询文化传播专家的意见，对问卷各项目进行选择，从而保留具有普遍性、代表性的变量项目进行调查，并确定本部分内容问卷的最终测量变量。

**2. 感知文化距离的测量**

跨文化传播研究中，观察不同国家之间的文化差异，标准化的方式是对文化距离进行测量，其中包含宏观国家层面和微观个体层面两方面的文化距离。在国家层面的文化距离测量方式方面，霍夫斯泰德（Hofstede，1980）、琼潘纳斯（Trompenaars，1994）、施瓦茨（Schwartz，1994）等学者认为可以利用基于文化维度的发展起来的指数计数法进行测量。个体层面的文化距离，指的是运用主观评价法对调研对象的感知文化距离进行测量。感知文化距离主要适用于个人层面对文化差异程度的感知，以个体的主观感受与评价为基础，这也是与国家层面文化距离测量最大的差异点。同时，考虑到不同外籍人士对于母国文化与中国文化之间的文化距离感知亦存在较大差异，因此采用调研问卷的形式，对外籍人士的感知文化距离进行直接测量，则是相对理想的方式，以便得以在个体层面更为丰富而准确地获得直接的资料与信息。

对于感知文化距离的测量方式，基本是直接询问研究对象对于母国和目标国之间文化差异的感受，这种感受即是感知，以具体的分数从低到高进行打分，从而可以得到对文化距离的测量数据。虽然大多数调研均采用主观评估的方式，但在具体的选项以及计算设置上表现出比较大的差异。考虑到这种现象，有学者做出尝试，将感知文化距离作为单维度变量进行处理，并且把题目变为单一选项进行测量，如梅西（Meschi，1997）在研究匈牙利和德国的文化差距时，以单选项作为题目，以非常小到非常大李克特5级量表测量法为基础，对大型国际公司的雇员做感知文化距离测量。虽然单一维度题项测量方式相对较为简单，但也存在非常明显的缺陷，它很可能会忽略对文化差异具有显著影响的其他关键性因素，因此学术界逐渐发展了多维度题项的测量方法。

此外，还有学者将感知文化距离作为多维度变量进行测量。例如，德罗根迪克和斯兰根（Drogendijk & Slangen，2006）结合跨国公司的特点设计出7级量表测量法，在对公司的管理层进行感知文化距离测量时，要求被访者分别从交流语言、道德规范、文化习俗、行为标准、商业逻辑、组织形式、沟通技巧等方面进行主观评价。类似的还有塔姆、沙曼和基姆（Tam, Sharman & Kim，2014）用7级量表测量受访者评价母国和目标国之间在交流用语、文化习俗、宗教信仰、种群特点等方面的异同点等的研究。

由此，本研究主要以塔姆、沙曼和基姆（2014），德罗根迪克和斯兰根（2006）的测量量表为基础，并结合本研究内容的具体特点，通过合理的修正，从而制定出本研究感知文化距离所用的初始测量量表。通过调查外籍人士对母国和中国在设置题项上的差异程度来获得感知文化距离的结果。题项设置10个方面的指标进行测量，量表采用李克特5级量表进行测量，分值分为5个等级，选项设置从非常小到非常大，并且代表不同的数值（1—5），详见表9-5所示。

表9-5　感知文化距离（PCD）的测量

| 序号 | 测量内容 |
| --- | --- |
| PCD1 | 语言 |
| PCD2 | 核心价值观 |

（续表）

| 序号 | 测量内容 |
| --- | --- |
| PCD3 | 娱乐和休闲方式 |
| PCD4 | 宗教信仰 |
| PCD5 | 生活节奏 |
| PCD6 | 风俗习惯 |
| PCD7 | 社会规范 |
| PCD8 | 饮食种类和饮食习惯 |
| PCD9 | 政治制度 |
| PCD10 | 经济发展水平 |

a. 德罗根迪克和斯兰根（Drogendijk & Slangen，2006）
b. 塔姆、沙曼和基姆（Tam, Sharman & Kim，2014）

### 3. 文化接触渠道的测量

人们生活在文化世界，文化规范人的行动，随着现代社会的发展，文化生产和消费也进入人们的生活日常，文化产品亦成为人们的消费产品。"文化消费"是指人们为了满足自己的精神文化生活而采取不同的方式来消费精神文化产品和精神文化服务的行为。消费者对文化活动或文化事件的参与，很可能是受到社会潮流趋势或社交需求的影响，进行文化消费是为了获得更多的体验或情感。文化消费市场就是形成社会潮流的外部环境，在这个市场里文化都被赋予了符号的价值，消费的动机、消费的内容、消费的方式和消费的规则都被符号化。因此，文化传播渠道对于中国书法艺术文化的认知等有重要的影响。外籍人士在接触中国书法的过程中，对于中国书法艺术文化的理解与认知会受到很多因素的影响，除了受到自身文化因素的影响，还会受到社会外部环境对其产生的影响，从而改变已有的文化认知。因此，可以说文化消费市场的发展对中国书法艺术文化的认知也是一个重要的影响因素。

本研究将从文化教育渠道、文化市场渠道、媒介传播渠道三个方面来测量文化接触渠道。以虞重立（2018）和周星（2005）的文化传播测量量表为基础，并结合本研究内容的特点，合理修正，制定出本研究文化接触渠道所用的初始测量量表，量表采用李克特5级量表测量，分值从非常少到非常多（1—5），详见表9-6所示。

**表9-6 文化接触渠道（CTC）的测量**

| 序号 | 测量内容 |
| --- | --- |
| CTC1 | 我接触到具有中国文化韵味的环境（节日气氛、环境装修）。 |
| CTC2 | 我接触到具有中国文化元素的产品或者符号（礼服、礼品包装、餐具、福字、中国结、酒、茶）。 |
| CTC3 | 我接触到有关中国文化知识的课程（学校课程、机构培训）。 |
| CTC4 | 我接触到有关中国文化的展示或展览（博物馆、广告牌）。 |
| CTC5 | 我接触到关于中国文化元素的电影。 |
| CTC6 | 我在网上接触到中国文化的信息和资料。 |

a. 虞重立（2018）
b. 周星（2005）

### 4. 文化共通性的测量

本研究中的"文化共通性"指的是从各民族文化中，能概括出某些共有的文化现象。如文化内部或者文化与文化之间存在着可以互相理解的共性，此共性表现为在态度、信仰、风俗习惯、审美追求、价值观上的相似程度。外籍人士在接触中国书法的过程中，对于中国书法艺术文化的理解与认知都会受到各自文化背景的影响。两种不同文化之间或多或少存在着某些共同的、可以互通的文化内容，有着某些共同的文化基础。外籍人士往往需要通过已有的文化认知方式寻找出不同文化的文化共通性并建立联系。社会心理学研究表示，双方在态度、信仰和价值观上的共通性，会极大地增进其中一方对另一方文化的喜欢程度，共通性、接近性和相似性都能导致喜欢情绪的形成。因此，在跨文化传播中，我们不仅要了解彼此之间的文化差异，也要了解彼此间的共同点，了解彼此的共同价值观，相似产生吸引和喜欢，有助于更为顺畅的文化传播和交流。文化共通性表现为语言共通性、共享价值观、审美共通性，这三个要素是建立中国书法艺术文化共通性的主要因素。

语言共通性表现为在两种不同的文化中，双方民众在语言上和交流上保持一致的、同步的有效沟通手段，即外籍人士在接触中国书法艺术文化的过程中，是否能沟通顺畅的保障。书法与中国汉字是密不可分的，外籍人士想要接触中国书法艺术文化，必须先对中国汉字有一定的认知和了解，这也是中国书法艺术文化在汉字文化圈传播比非汉字文化圈传播要顺畅许多的原因。

共享价值观表现为在两种不同的文化中，双方公众都能接受或追求的关于文化的价值观，即能够使外籍人士在精神上得到满足的原则和信念。本研究中测量项目所选择的核心价值观，都能体现中国书法艺术文化特色，是中国文化独特的价值观。由于这些概念在语言表述上比较晦涩模糊，意义相对比较宽泛，在具体的量表制定中则表述为双方公众都能理解的含义。例如，中国文化中的"天人合一"的价值观，表达了尊重自然、人与自然和谐共处的含义。艺术观念中的"托物言志""书为心画"的价值观，指的是人们借由艺术形式表达个人情感的含义。因此本研究试图探讨这些观念能否被其他国家公众所接受和认可，并形成可以共享的文化价值观。

审美共通性表现为不同民族和文化之间对于艺术和审美存在共通的本质规律。人类的审美需求是相通的、审美经验也是相通的，甚至对不同对象可以产生某些相同的审美感受，并且审美评价也都是相通的。对于艺术文化来说，无论是造型、空间、色彩关系都存在相似的审美共性，艺术文化不同门类之间可以相互借鉴、取长补短，并且在相互融合中焕发出更强的生命力。

本研究主要借鉴关世杰（2012）、余大卫（2004）、张世琪（2012）的研究所使用的文化共通性测量量表。语言共通性包含4个项目，共享价值观包含4个项目，审美共通性包含3个项目，量表均采用李克特5级测量方法，分值从非常不同意到非常同意（1—5），详见表9-7所示。

表9-7 文化共通性（CU）的测量

| 序号 | 测量内容 |
| --- | --- |
| CU1 | 我可以流利地在中国用汉语交流。 |
| CU2 | 我可以阅读汉字和书写汉字。 |

（续表）

| 序号 | 测量内容 |
| --- | --- |
| CU3 | 我可以理解汉字的结构和书写规律。 |
| CU4 | 我可以理解汉字的词义和语义。 |
| CU5 | 艺术要表达创作者的性情，即性格与感情；也还能透露出创作者的心情，或悲伤或喜悦。（达其性情，形其哀乐） |
| CU6 | 对技艺的掌控达到随心所欲的境界，才能在创作时心念一动就完成创作。（意在笔先） |
| CU7 | 艺术创作时将个人的情怀志向依托在作品之上，通过作品来表明心迹，表达自己的人生态度或人生感悟。（托物言志，借景抒情） |
| CU8 | 艺术创作来源于大自然的师法，然后将自然的美丽转化为艺术家内心所感悟到的美丽。（外师造化，中得心源） |
| CU9 | 精湛的艺术就好比大自然形成的神奇壮观的景象，其造型和神韵都是从自然中提炼而成。（同自然之妙，提其神或形） |
| CU10 | 艺术的结构布局要有一定的疏密聚散。（留白） |
| CU11 | 艺术之美需要有长短、起伏、对比、明暗等交替配合的节奏感。（节奏韵律） |

a. 关世杰（2012）
b. 余大卫（2004）
c. 张世琪（2012）

## （二）中国书法艺术文化的调查对象及特征

本研究采取了问卷调查法。研究于2018年3—7月间，在北京、上海、广州三个城市展开调研，通过街头拦截访问的方式，在三个城市的机场、主要旅游景点、咖啡厅、饭店、学校等地点寻访外籍人士，并现场进行问卷发放及收集，所有问卷发放均采取面对面形式，现场发放、填写及回收。本研究共发放700份调研问卷，由于不可避免的客观原因，最后共回收的问卷数量为650份，经过对回收问卷做有效性的筛查和检验，最终得到584份有效问卷，本次问卷调研有效回收率是83.4%。因为人力、物力、时间等客观方面限制条件，无法在中国多个城市进行更全面的调查活动。本研究亦无法对整个中国大陆的外籍人士群体进行全面抽样调查研究,因此,本研究不能保证统计结果全面反映外籍人士的总体特征。

本研究调查的外籍人士基本信息如表9-8所示,在584份有效问卷中,有262份问卷来自上海市,占44.9%;188份问卷来自北京市,占32.2%;134份问卷来自广州市,占22.9%。有350位被调查对象是男性,占总数的59.9%,女性共234位,占比例为40.1%。年龄在18—24岁之间调查对象最多,占总数的65.4%,其次是介于25—30岁之间,占总数的21.9%,30—40岁之间被调查对象为6.2%,40岁以上的占总数的3.4%,18岁以下的仅为3.1%。

根据2015年中国国际移民报告,中国已经成为全球最具吸引力的移民国家之一。据保守估计,常住外籍人士达到230万—350万人。其中上海在外籍人士常住城市中位列第一,其次是北京和广州,这与本研究在三个城市样本比例相一致。并且这三个城市的外资企业的发展成为吸引外籍人士来城市居住的重要因素。这些外资企业工作人员及家属构成了中国境外外籍人口最重要的组成部分,通常是举家迁移,孩子也会随父母迁移,在中国接受相应的教育。此外,这三个城市还是外籍留学生最多的城市,因此,外籍人士的年龄段分布以20—40岁的劳动年龄人口为主,与调研所得到的年龄段数据基本相符。

外籍人士在中国的居住时间(M=2.03,SD=1.084),说明外籍人士普遍居住时间在1—3年之间。具体情况如下:在中国居住时间为1年以内的人数最多,所占比重为40.1%;其次为1—3年,占33.9%。另外,在中国居住5年以上的外籍人口也比较多,占17.1%。居住5年以上的外籍人士主要来自韩国、日本、马来西亚和印度尼西亚。最后,在中国居住3—5年的外籍人士占8.9%。

表9-8　外籍人士基本信息特征描述($n$=584)

| 类别 | | 频次 | 百分比(%) |
|---|---|---|---|
| 城市 | 上海 | 262 | 44.9 |
| | 北京 | 188 | 32.2 |
| | 广州 | 134 | 22.9 |

（续表）

| 类别 | | 频次 | 百分比（%） |
|---|---|---|---|
| 性别 | 男 | 350 | 59.9 |
| | 女 | 234 | 40.1 |
| 年龄 | 18岁以下 | 18 | 3.1 |
| | 18—24岁 | 382 | 65.4 |
| | 25—30岁 | 128 | 21.9 |
| | 30—40岁 | 36 | 6.2 |
| | 40岁以上 | 20 | 3.4 |
| 居住时间 | 1年以内 | 234 | 40.1 |
| | 1—3年以内 | 198 | 33.9 |
| | 3—5年以内 | 52 | 8.9 |
| | 5年以上 | 100 | 17.1 |

被调查的外籍人士共来自47个国家，本研究选取较为主要的国家进行列表说明，如表9-9所示。本调查中来自马来西亚的外籍人士最多，有118人，占总人数的20.2%。其次是韩国，人数76人，占总人数的13.0%。美国和巴基斯坦并列第三，各44人，占总人数的7.5%。为了更好地得到国家的分布情况，继而将47个国家按照所在洲别进行重新编码，来自除中国以外的其他亚洲国家的人数最多，有385人，占总人数的65.9%。其次是来欧洲国家的外籍人士，有106人，占总人数的18.2%。来自北美洲国家的外籍人士有44人，占总人数的7.5%。来自非洲国家的外籍人士有23人，占总人数的3.9%。来自大洋洲国家的外籍人士有16人，占总人数的2.7%。来自南美洲国家的外籍人士有10人，占总人数的1.7%。具体如表9-10所示。

表9-9　外籍人士国籍特征描述（n=584）

| 国别 | 个案数（N） | 百分比（%） |
|---|---|---|
| 马来西亚 | 118 | 20.2 |
| 韩国 | 76 | 13.0 |

（续表）

| 国别 | 个案数（N） | 百分比（%） |
| --- | --- | --- |
| 美国 | 44 | 7.5 |
| 巴基斯坦 | 44 | 7.5 |
| 俄罗斯 | 40 | 6.8 |
| 泰国 | 26 | 4.5 |
| 日本 | 22 | 3.8 |
| 德国 | 22 | 3.8 |
| 印度尼西亚 | 16 | 2.7 |
| 哈萨克斯坦 | 16 | 2.7 |
| 法国 | 14 | 2.4 |
| 蒙古 | 14 | 2.4 |
| 缅甸 | 14 | 2.4 |
| 澳大利亚 | 12 | 2.1 |
| 其他 | 106 | 18.6 |
| 合计 | 584 | 100 |

  中国书法艺术文化的研究与汉字息息相关，故将国籍重新编码分为汉字文化圈和非汉字文化圈。汉字文化圈也可以按照地理、是否使用汉字、民族、宗教、民俗等多种类别进行分类。本研究的汉字文化圈包括东亚地区和东南亚部分地区，具体为韩国、朝鲜、日本、蒙古以及越南、泰国、缅甸、新加坡、印度尼西亚、马来西亚。因为这些国家不仅使用汉字或曾经使用汉字，并且是承袭汉字文化传统的民族和国家。他们的语言多少曾经受到汉字字形的影响，长期以汉文、儒学、华化佛教等汉字文化要素作为自己传统的重要组成部分，因此较其他国家而言，会更加熟悉汉语和中国书法。从本次调查看，汉字文化圈有292人，占比50%，非汉字文化圈有292人，占比50%。具体如表9-10所示。

表9-10 外籍人士分布特征描述（$n$=584）

| 类别 | | 频次（N） | 百分比（%） |
| --- | --- | --- | --- |
| 洲别 | 亚洲 | 385 | 65.9 |
| | 非洲 | 23 | 3.9 |
| | 欧洲 | 106 | 18.2 |
| | 大洋洲 | 16 | 2.7 |
| | 北美洲 | 44 | 7.5 |
| | 南美洲 | 10 | 1.7 |
| 文化圈 | 汉字文化圈 | 292 | 50.0 |
| | 非汉字文化圈 | 292 | 50.0 |

就本次调查看，外籍人士对汉语的熟悉程度总体为中等偏上（M=3.54，SD=1.270），说明外籍人士对汉语的熟悉程度较高，且有57.8%的外籍人士熟悉汉语。具体情况为，外籍人士认为自己熟悉汉语的高达30.1%，认为自己非常熟悉汉语高达到27.7%，有20.2%的外籍人士认为自己的汉语水平一般，12.7%的外籍人士认为自己不熟悉汉语，仅有9.2%的外籍人士表示自己对汉语非常不熟悉。但是标准差说明，不同国家的外籍人士汉语熟悉情况差异性较大，因此，本研究用文化圈变量进一步区分，以便进行对比。具体如表9-11所示。

此外，本调查外籍人士对中国书法的熟悉程度亦在中间值附近（M=2.61，SD=1.129），说明所调查的外籍人士普遍接触过中国书法，因此有值得探讨传播效果的价值。但是，接近半数的外籍人士表示自己并不熟悉中国书法，所占比为45.5%。大部分外籍人士认为自己的书法熟悉程度一般，达31.5%，有25.0%的外籍人士认为自己不熟悉中国书法，有20.5%的外籍人士认为自己非常不熟悉中国书法。总体来看，只有18.8%的外籍人士认为自己熟悉中国书法，仅有4.1%的外籍人士认为自己对中国书法非常熟悉。但是标准差显示不同国家的外籍人士熟悉情况差异性较大，因此，本研究使用文化圈变量进一步区分进行对比。具体如表9-11所示。可以看出，汉字文化圈国家外籍人士的汉语熟悉程度普遍高于非汉字文化圈国家的外籍人士,但对书法艺术文化的熟悉程度略高于非汉字文化圈国家的外籍人士。

表9-11 汉字文化圈与非汉字文化圈熟悉程度对比($n=584$)

| 类别 | | 均值（M） | 标准差（SD） |
| --- | --- | --- | --- |
| 汉语熟悉程度 | 汉字文化圈 | 4.03 | 1.058 |
| | 非汉字文化圈 | 3.05 | 1.278 |
| 书法熟悉程度 | 汉字文化圈 | 2.90 | 1.024 |
| | 非汉字文化圈 | 2.32 | 1.153 |

## 三、中国书法艺术文化跨文化传播的描述

过往研究较少涉及外籍人士对中国书法艺术文化的总体评价描述,因此,本研究主要从外籍人士对于中国书法艺术文化的认知、态度和行为,以及对于感知文化距离、文化接触渠道、文化共通性等方面的基本情况做出描述,并结合相应的文献研究对各变量进行阐释和说明。

### （一）中国书法艺术文化的认知、态度与行为

其一,就外籍人士对于中国书法艺术文化的认知而言,如表9-12所示,其总体均值亦偏高（M=3.65,SD=.765）,说明外籍人士对于中国书法艺术文化认知程度相对较高,具体调查内容包括总体认知和具体认知。总体认知是对中国书法艺术文化的一个基础的、概括性的了解,表现为对中国书法艺术文化的地位、工具、形式的了解程度。而具体认知则是指对中国书法艺术文化的相对细致的、系统的了解,表现为知道中国书法艺术文化的字体、用笔、结构等。外籍人士对中国书法艺术文化的总体认知较高（M=3.99,SD=.866）,可以说是接近熟悉的程度。而对书法的具体认知接近一般的认知水平（M=3.52,SD=.870）。但从标准差来看,每个国家差异性还是很大。因此,可以进一步对外籍人士数据进行文化圈分类来具体说明。

表9-12 外籍人士对于中国书法艺术文化的认知评价（n=584）

| 项目 | 均值（M） | 标准差（SD） | 标准误差（SE） |
| --- | --- | --- | --- |
| 1. 中国书法需要通过反复练习才能运用自如。 | 4.07 | 1.070 | .044 |
| 2. 中国书法是中国汉字的艺术书写形式。 | 3.96 | 1.014 | .042 |
| 3. 中国书法是通过笔、墨、纸、砚书写的。 | 3.94 | 1.016 | .042 |
| 4. 中国书法有篆书、隶书、楷书、行书、草书等。 | 3.67 | 1.116 | .046 |
| 5. 中国书法对于笔法、用锋很有讲究。 | 3.67 | 1.077 | .045 |
| 6. 中国书法有颜体、欧体、柳体等多种字体。 | 3.26 | 1.152 | .048 |
| 7. 中国书法文字结构、排列布局都很重要。 | 3.63 | 1.076 | .045 |
| 8. 中国书法的意境与人文精神息息相关。 | 3.51 | 1.107 | .046 |
| 9. 中国书法对于墨色、枯湿浓淡很讲究。 | 3.36 | 1.122 | .046 |
| 10. 在与中国书法艺术文化接触过程中，我能感受到中国书法独有的文化知识。 | 3.60 | .980 | .041 |
| 11. 在与中国书法艺术文化接触过程中，我会不断修正、更新自己对书法艺术文化的认知。 | 3.44 | 1.024 | .042 |
| 12. 在与中国书法艺术文化接触过程中，我需调整自己对书法文化的认知。 | 3.39 | .936 | .039 |

*注：① 认知评价评分值（1=不熟悉，5=非常熟悉）。
② t检验显示，受访者对中国书法艺术文化的认知评价，各评价间均值差异均达到统计显著水平。

通过对比不同文化圈的外籍人士对于中国书法艺术文化的认知，如表9-13所示，可以看出汉字文化圈（M=3.98，SD=1.071）和非汉字文化圈（M=4.00，SD=.800）外籍人士之间对中国书法的总体认知的差别未达显著水平。由此亦可知，不同文化圈的差异对于中国书法艺术文化认知的影响有限。就具体认知而言，汉字文化圈国家外籍人士的书法艺术文化认知（M=3.62）比非汉字文化圈国家（M=3.54）的外籍人士略高，但未达显著水平。其实，这与本研究的样本选择有关联，即样本要求研究对象是对中国书法艺术文化有一定的了解和认知的外籍人士。因此，可以看出，首先，这些外籍人士本身对中国和中国文化就具有一定的认可度和好感度，从心理上来说他们比较容易接受中国文化。其次,来华的外籍人士对汉语相对比较熟悉,而汉语与中国书法存在密不可分的关系,这也为接触中国书法提供了可靠的语言环境。再次,因为各国文化背景的不同,外籍人士很可能不了解中国书法而无法进行深入调查,在华外籍人士处于中国的文化环境中,与其他异国人群不同,他们相对来说对中国书法艺术文化有更多的了解和认知。最后,研究分析外籍人士受到中国书法艺术文化传播的影响情况,可以深入探讨影响传播效果的可能性因素。

表9-13 汉字文化圈与非汉字文化圈外籍人士对于中国书法艺术文化认知的比较(*n*=584)

| 项目 | 汉字文化圈 均值(M) | 汉字文化圈 标准差(SD) | 非汉字文化圈 均值(M) | 非汉字文化圈 标准差(SD) | t检验 |
| --- | --- | --- | --- | --- | --- |
| 1. 书法地位高 | 3.89 | .961 | 4.08 | .970 | .017* |
| 2. 书法是汉字艺术书写形式 | 3.96 | 1.001 | 3.96 | 1.028 | 1.000 |
| 3. 文房四宝 | 4.00 | 1.022 | 3.88 | 1.008 | .143 |
| 4. 书法需反复练习 | 4.05 | 1.105 | 4.08 | 1.036 | .817 |
| 总体认知 | 3.98 | 1.072 | 4.00 | .800 | |
| 5. 书法五种字体 | 3.79 | 1.124 | 3.54 | 1.094 | .006** |
| 6. 书法欧体、颜体、柳体 | 3.38 | 1.208 | 3.15 | 1.083 | .018** |
| 7. 书法用笔 | 3.69 | 1.128 | 3.66 | 1.025 | .701 |
| 8. 书法墨色 | 3.53 | 1.126 | 3.18 | 1.094 | .000*** |
| 9. 书法结构 | 3.71 | 1.142 | 3.55 | 1.002 | .077 |
| 10. 人文精神 | 3.62 | 1.108 | 3.40 | 1.097 | .020* |
| 具体认知 | 3.62 | .925 | 3.54 | .731 | |
| 文化认知评价 | 3.70 | .822 | 3.61 | .703 | .085 |

*注:① 认知评价评分值(1=不熟悉,5=非常熟悉)。
② *p<.05,**p<.01,***p<.001。

其二,外籍人士对于中国书法艺术文化的态度评价,如表9-14所示,其总体态度评价(M=3.13,SD=.915)亦偏高,也说明外籍人士对中国书法艺术文化的态度评价偏于正面。就具体测量指标看,其中"练习中国书法是一种良好的行为习惯"（M=3.42，SD=1.069）、"我对中国书法文化很感兴趣"（M=3.26，SD=1.142）、"在中国，学习书法文化是非常必要的"（M=3.18，SD=1.185）三项均值皆在3分以上，偏向正面评价，其中"练习中国书法是一种良好的行为习惯"认同度最高。这也说明外籍人士认为中国书法艺术文化是中国文化的集中体现，同时，无疑汉字书写是中国人生活中的重要组成部分。

表9-14 外籍人士对于中国书法艺术文化的态度评价（*n*=584）

| 项目 | 均值（M） | 标准差（SD） | 标准误差（SE） |
| --- | --- | --- | --- |
| 1. 练习中国书法是一种良好的行为习惯。 | 3.42 | 1.069 | .044 |
| 2. 我对中国书法艺术文化很感兴趣。 | 3.26 | 1.142 | .047 |
| 3. 在中国，学习书法艺术文化是非常必要的。 | 3.18 | 1.185 | .049 |
| 4. 为练习中国书法花费时间和金钱是值得的。 | 2.99 | 1.122 | .046 |
| 5. 我喜欢关于书法的一切事物，包括书法艺术文化产品。 | 2.99 | 1.124 | .047 |
| 6. 中国书法是我最喜欢的文化之一。 | 2.97 | 1.128 | .047 |
| **文化态度评价** | **3.13** | **.915** | **.046** |

*注：① 文化态度评价评分值（1=不认同，5=非常认同）。
② t检验显示，受访者对中国书法艺术文化的态度评价，各评价间均值差异均达到统计显著水平。

本研究还进行了个案访谈，就访谈所得结果看，作为访谈对象的外籍人士表示会对中国书法产生兴趣，但是否作为最为喜欢的文化形式之一，尚有不同。其主要原因是，他们各自受到本国文化的影响而有所差异。并且他们认为，如果长期在中国生活，会花更多的时间去了解中国书法艺术文化，如果需花费一定的费用购买课程和书法产品，他们则需要进一步考虑。通过不同文化圈的比较，考察外籍人士对中国书法艺术文化的态度差异，详情如表9-15所示。

就不同文化圈的外籍人士对于中国书法艺术文化态度评价的差异看，汉字文化圈的外籍人士（M=3.15，SD=.949）和非汉字文化圈的外籍人士（M=3.12，SD=.880）对中国书法艺术文化的态度评价存在差异性，但未达显著水平。同时，就具体测量指标看，仅有"练习中国书法是一种良好的行为习惯"的态度评价达到显著水平，亦即对此态度评价而言，汉字文化圈的外籍人士对中国书法的态度评价（M=3.51，SD=1.057）高于非汉字文化圈的外籍人士对中国书法的态度评价（M=3.33，SD=1.057），其他测量指标的态度评价虽然有差异，比如非汉字文化圈的外籍人士对于"我对中国书法艺术文化很感兴趣""为练习中国书法花费时间和金钱是值得的""我喜欢关于书法的一切事物，包括书法艺术文化产品"等均值高于汉字文化圈的外籍人士，但总体来看，但亦未达显著水平。

表9-15　汉字文化圈与非汉字文化圈外籍人士对于中国书法艺术文化态度的比较（*n*=584）

| 项目 | 汉字文化圈 均值（M） | 汉字文化圈 标准差（SD） | 非汉字文化圈 均值（M） | 非汉字文化圈 标准差（SD） | t检验 |
| --- | --- | --- | --- | --- | --- |
| 1. 练习中国书法是一种良好的行为习惯。 | 3.51 | 1.057 | 3.33 | 1.075 | .044* |
| 2. 我对中国书法艺术文化很感兴趣。 | 3.20 | 1.128 | 3.32 | 1.154 | .192 |
| 3. 在中国，学习书法艺术文化是非常必要的。 | 3.38 | 1.190 | 3.20 | 1.182 | .727 |
| 4. 为练习中国书法花费时间和金钱是值得的。 | 2.78 | 1.093 | 2.97 | 1.151 | .606 |
| 5. 我喜欢关于书法的一切事物，包括书法艺术文化产品。 | 2.80 | 1.125 | 2.97 | 1.124 | .769 |
| 6. 中国书法是我最喜欢的文化之一。 | 3.02 | 1.127 | 2.92 | 1.128 | .271 |
| 文化态度评价 | 3.15 | .949 | 3.12 | .880 | .662 |

*注：① 文化态度评价评分值（1=不认同，5=非常认同）。
　　② *p＜.05，**p＜.01，***p＜.001。

其三，外籍人士的中国书法艺术文化行为意向，如表9-16所示，中国书法艺术文化的行动意向（M=2.96，SD=.896），总体来看，外籍人士接触中国书法艺术文化的行为意向偏于负面，亦即外籍人士对于中国书法的学习意向并不十分积极。具体来看，外籍人士比较认同"在将来，我会尝试学习中国书法"（M=3.13，SD=1.064）、"我会鼓励周围人接触中国书法文化"（M=3.02，SD=1.065）、"我回国后也会向其他人推荐中国书法艺术文化"（M=3.00，

SD=1.049)。反之，外籍人士并不确定认为"我目前已有学习中国书法的打算"（M=2.64，SD=1.110），也不确定认为"我会留意与中国书法文化相关的事物"（M=2.97，SD=1.007），对此则持偏于负面的判断。同时，结合本研究访谈所得知的结果，多数外籍人士也表示，目前并无学习中国书法的打算，但是将来可能会尝试。同样，本研究通过不同文化圈差异进行分析，进而考察不同文化背景的外籍人士对中国书法艺术文化的行动偏向是否有所异同。

表9-16 外籍人士对中国书法艺术文化的行为意向评价（$n$=584）

| 项目 | 均值（M） | 标准差（SD） | 标准误差（SE） |
| --- | --- | --- | --- |
| 1. 我目前已有学习中国书法的打算。 | 2.64 | 1.110 | .046 |
| 2. 在将来，我会尝试学习中国书法。 | 3.13 | 1.064 | .044 |
| 3. 我会鼓励周围人接触中国书法艺术文化。 | 3.02 | 1.065 | .044 |
| 4. 我回国后也会向其他人推荐中国书法艺术文化。 | 3.00 | 1.049 | .043 |
| 5. 我会留意一切与中国书法艺术文化相关的事物。 | 2.97 | 1.007 | .042 |
| 行为意向评价 | 2.96 | .897 | .043 |

*注：① 行为意向评价评分值（1=不认同，5=非常认同）。
② t检验显示，受访者对中国书法艺术文化的行为意向评价，各评价间均值差异均达到统计显著水平。

就不同文化圈的外籍人士对于中国书法艺术文化行为意向的评价差异看，如表9-17所示，汉字文化圈的外籍人士（M=2.90，SD=.878）和非汉字文化圈的外籍人士（M=3.00，SD=.914）对中国书法艺术文化的行为意向评价存在微弱差异，亦未达显著水平。但是，就总体而言，非汉字文化圈的外籍人士对于中国书法艺术文化的行为意向高于汉字文化圈。就行为意向的具体测量指标看，对于"在将来，我会尝试学习中国书法"而言，非汉语文化圈外籍人士的行为意向（M=3.25，SD=1.060）高于汉字文化圈（M=3.01，SD=1.055）。而对于"我会留意一切与中国书法艺术文化相关的事物"而言，非汉语文化圈外籍人士的行为意向（M=3.05，SD=.997）高于汉字文化圈（M=2.88，SD=1.012），且二者的差异都达到显著水平。那么，也就是说，非汉字文化圈的外籍人士书法学习和喜欢的行为意向高于汉字文化圈。除了"我会鼓励周围人接触中国书法艺术文化"的汉字文化圈外籍人士（M=3.03，SD=1.055）高于非汉字文化圈（M=3.01，SD=1.078）外，其他如"我目前已有学习中国书法的打算""我回国后也会向其他人推荐中国书法艺术文化"的选项，非汉字文化圈的外籍人士的行为意向皆高于汉字文化圈。

对此结论，究其原因，抑或是非汉字文化圈外籍人士对中国文化存在着"刻板印象"，基于各种知识的对于中国书法艺术文化的传播，这些印象建构了外籍人士对于中国书法艺术文化博大精深的形象。从本研究对于外籍人士感知价值的调查也可看出，外籍人士认同中国书法艺术的文化价值，因此即使不了解中国传统书法艺术文化，也会产生将来愿意尝试的意愿和推荐给周围人的意愿。反之，汉字文化圈国家可能本身也接触到书法艺术文化，对于他们而言，是否有学习的行为意向，主要还是基于个人对传统文化的喜爱和对传统文化的关注程度。

表9-17　汉字文化圈与非汉字文化圈外籍人士对于中国书法艺术文化行为意向的比较（*n*=584）

| 项目 | 汉字文化圈 均值（M） | 汉字文化圈 标准差（SD） | 非汉字文化圈 均值（M） | 非汉字文化圈 标准差（SD） | t检验 |
| --- | --- | --- | --- | --- | --- |
| 1. 我目前已有学习中国书法的打算。 | 2.62 | 1.070 | 2.67 | 1.149 | .551 |
| 2. 在将来，我会尝试学习中国书法。 | 3.01 | 1.055 | 3.25 | 1.060 | .006** |
| 3. 我会鼓励周围人接触中国书法艺术文化。 | 3.03 | 1.055 | 3.01 | 1.078 | .816 |
| 4. 我回国后也会向其他人推荐中国书法艺术文化。 | 2.97 | 1.022 | 3.03 | 1.077 | .478 |
| 5. 我会留意一切与中国书法艺术文化相关的事物。 | 2.88 | 1.012 | 3.05 | .997 | .048* |
| **行为意向评价** | **2.90** | **.878** | **3.00** | **.914** | **.178** |

*注：① 行为意向评价评分值（1=不认同，5=非常认同）。
② *p＜.05，**p＜.01，***p＜.001。

其四，外籍人士对于中国书法艺术文化的行为，如表9-18所示，就书法艺术文化行为层面而言，从总体均值来看，外籍人士的书法艺术文化行为偏向负面（M=2.46，SD=1.024），由此亦可知，对于外籍人士而言，虽然有行为意向，但真正要在实际行动中去从事书法的学习，尚有一定的难度。因为无论从其现实的应用性，还是学习掌握的难易度而言，中国书法学习有一定的门槛。具体来说，对于"我会参加中国书法展览"（M=2.51，SD=1.190）、"我会花时间和精力在中国书法艺术文化上"（M=2.49，SD=1.161）、"我会浏览书法字帖或者书籍"（M=2.48，SD=1.202）、"我会收藏中国书法作品，或者购买与中国书法相关的产品"（M=2.43，SD=1.189）、"空闲时我会练习中国书法"（M=2.38，SD=1.146）这些行为，外籍人士的认知评价都居于中间值以下，亦即对于这些书法行为的可能性较低。同时，本研究通过不同文化圈进行分类比较，考察不同文化背景的外籍人士对中国书法的行为评价是否有所异同。

表9-18 外籍人士对于中国书法艺术文化的行为评价（$n$=584）

| 项目 | 均值（M） | 标准差（SD） | 标准误差（SE） |
| --- | --- | --- | --- |
| 1. 我会参加中国书法展览。 | 2.51 | 1.190 | .049 |
| 2. 我会花时间和精力在中国书法艺术文化上。 | 2.49 | 1.161 | .048 |
| 3. 我会浏览书法字帖或者书籍。 | 2.48 | 1.202 | .050 |
| 4. 我会收藏中国书法作品，或者购买与中国书法相关的产品。 | 2.43 | 1.189 | .049 |
| 5. 空闲时我会练习中国书法。 | 2.38 | 1.146 | .047 |
| **行为总体评价** | **2.46** | **1.024** | **.049** |

*注：① 行为评价评分值（1=不认同，5=非常认同）。
② t检验显示，受访者对中国书法艺术文化的行为评价，各评价间均值差异均达到统计显著水平。

就不同文化圈的外籍人士对于中国书法艺术文化行为评价的差异看，如表9-19所示，汉字文化圈的外籍人士（M=2.57，SD=1.045）对中国书法艺术文化的行为评价高于非汉字文化圈的外籍人士（M=2.34，SD=.991），存在差异且达到显著水平。虽然总体评价并未达到中间值以上,但是汉字文化圈相较非汉字文化圈的外籍人士尚偏向于行为层面上的评价。就行为评价的具体测量指标看,对于"我会参加中国书法展览",汉字文化圈(M=2.56,SD=1.172)高于非汉字文化圈(M=2.45,SD=1.208);对于"空闲时我会练习中国书法",汉字文化圈(M=2.45,SD=1.119)高于非汉字文化圈(M=2.31,SD=1.170);且此两项未达显著水平。而对于"我会花时间和精力在中国书法艺术文化上",汉字文化圈(M=2.60,SD=1.164)高于非汉字文化圈(M=2.38,SD=1.150);"我会浏览书法字帖或者书籍",汉字文化圈(M=2.66,SD=1.226)高于非汉字文化圈(M=2.29,SD=1.148);"我会收藏中国书法作品,或者购买与中国书法相关的产品",汉字文化圈(M=2.60,SD=1.260)高于非汉字文化圈(M=2.27,SD=1.091);且此三项皆达到显著性水平。结合本研究访谈所得的结果,有来自印尼的留学生表示自己更喜欢与中国书法艺术文化相关的产品,例如带有书法字画的瓷器和扇子,这些文化产品比单纯的书法作品更具有收藏价值。

表9-19　汉字文化圈与非汉字文化圈外籍人士对于中国书法艺术文化行为的比较($n$=584)

| 项目 | 汉字文化圈 均值(M) | 汉字文化圈 标准差(SD) | 非汉字文化圈 均值(M) | 非汉字文化圈 标准差(SD) | t检验 |
| --- | --- | --- | --- | --- | --- |
| 1. 我会参加中国书法展览。 | 2.56 | 1.172 | 2.45 | 1.208 | .266 |
| 2. 我会花时间和精力在中国书法艺术文化上。 | 2.60 | 1.164 | 2.38 | 1.150 | .022* |
| 3. 我会浏览书法字帖或者书籍。 | 2.66 | 1.226 | 2.29 | 1.148 | .000*** |
| 4. 我会收藏中国书法作品,或者购买与中国书法相关的产品。 | 2.60 | 1.260 | 2.27 | 1.091 | .001*** |
| 5. 空闲时我会练习中国书法。 | 2.45 | 1.119 | 2.31 | 1.170 | .129 |
| 行为总体评价 | 2.57 | 1.045 | 2.34 | .991 | .006** |

*注:① 行为评价评分值(1=不认同,5=非常认同)。
　　② *$p$<.05, **$p$<.01, ***$p$<.001。

## （二）中国书法艺术文化传播的感知文化距离

如前所述，文化距离是跨文化传播研究中观察不同国家之间文化差异的指标，本研究调查发现，如表9-20所示，感知文化距离（M=3.59，SD=.701）的总体评价高出中间值以上，亦即说明，就外籍人士而言，所感受到的本国文化与中国文化之间存在着较大的差异性。其中"语言"（M=3.91，SD=1.187）是差异性最大的，接下来依次是"政治制度"（M=3.84，SD=1.271）、"宗教信仰"（M=3.68，SD=1.231）、"饮食种类和饮食习惯"（M=3.65，SD=1.065）、"经济发展水平"（M=3.61，SD=1.121）、"风俗习惯"（M=3.53，SD=1.059）、"生活节奏"（M=3.51，SD=1.053）、"社会规范"（M=3.49，SD=.971）、"核心价值观"（M=3.40，SD=1.001）、"娱乐和休闲方式"（M=3.26，SD=1.055）。可见，从文化距离差异看，差距最为明显的是精神文化，依次到物质层面，也就说明，跨文化传播中最易交流的是物质层面，以及最基本的价值观。但不同文化背景的外籍人士所感受到的文化距离各有不同，也应该对文化圈进行分类来具体说明。

表9-20　外籍人士感知文化距离评价的描述（*n*=584）

| 项目 | 均值（M） | 标准差（SD） | 标准误差（SE） |
| --- | --- | --- | --- |
| 1. 语言 | 3.91 | 1.187 | .049 |
| 2. 核心价值观 | 3.40 | 1.001 | .041 |
| 3. 娱乐和休闲方式 | 3.26 | 1.055 | .044 |
| 4. 宗教信仰 | 3.68 | 1.231 | .051 |
| 5. 生活节奏 | 3.51 | 1.053 | .044 |
| 6. 风俗习惯 | 3.53 | 1.059 | .044 |
| 7. 社会规范 | 3.49 | .971 | .040 |
| 8. 饮食种类和饮食习惯 | 3.65 | 1.065 | .044 |
| 9. 政治制度 | 3.84 | 1.271 | .053 |
| 10. 经济发展水平 | 3.61 | 1.121 | .046 |
| **感知文化距离** | **3.59** | **.701** | **.029** |

*注：①感知文化距离评价评分值（1=不认同，5=非常认同）。
②t检验显示，受访者对感知文化距离的评价，各评价间均值差异均达到统计显著水平。

总体来看，不同文化背景的外籍人士的感知文化距离的评价，如表9-21所示，外籍人士的感知文化距离评价，汉字文化圈（M=3.48，SD=.740）低于非汉字文化圈（M=3.70，SD=.640），且达到显著性水平，亦即与中国文化相比，非汉字文化圈明显感知到文化距离并偏高于汉字文化圈。此外，外籍人士对中国文化的差异的感知，"语言"方面汉字文化圈（M=3.41，SD=1.224）低于非汉字文化圈（M=4.42，SD=.875），"娱乐和休闲方式"方面汉字文化圈（M=3.16，SD=1.049）低于非汉字文化圈（M=3.36，SD=1.054），"宗教信仰"方面汉字文化圈（M=3.54，SD=1.247）低于非汉字文化圈（M=3.82，SD=1.200），"风俗习惯"方面汉字文化圈（M=3.41，SD=1.085）低于非汉字文化圈（M=3.65，SD=1.019），"饮食种类和饮食习惯"方面汉字文化圈（M=3.53，SD=1.063）低于非汉字文化圈（M=3.77，SD=1.055），并且这几项都达到显著水平。其他方面除"社会规范"外亦是汉字文化圈低于非汉字文化圈，无疑就感知文化距离而言，非汉字文化圈的外籍人士感知到中国文化的差异高于汉字文化圈的外籍人士。

表9-21 汉字文化圈与非汉字文化圈外籍人士感知文化距离评价的比较（n=584）

| 项目 | 汉字文化圈 均值（M） | 汉字文化圈 标准差（SD） | 非汉字文化圈 均值（M） | 非汉字文化圈 标准差（SD） | t检验 |
| --- | --- | --- | --- | --- | --- |
| 1. 语言 | 3.41 | 1.244 | 4.42 | .875 | .000*** |
| 2. 核心价值观 | 3.34 | .991 | 3.45 | 1.009 | .186 |
| 3. 娱乐和休闲方式 | 3.16 | 1.049 | 3.36 | 1.054 | .023* |
| 4. 宗教信仰 | 3.54 | 1.247 | 3.82 | 1.200 | .006** |
| 5. 生活节奏 | 3.47 | 1.003 | 3.55 | 1.100 | .388 |
| 6. 风俗习惯 | 3.41 | 1.085 | 3.65 | 1.019 | .006** |
| 7. 社会规范 | 3.53 | .975 | 3.45 | .967 | .349 |
| 8. 饮食种类和饮食习惯 | 3.53 | 1.063 | 3.77 | 1.055 | .006** |
| 9. 政治制度 | 3.81 | 1.333 | 3.88 | 1.206 | .515 |
| 10. 经济发展水平 | 3.55 | 1.049 | 3.66 | 1.186 | .209 |
| **感知文化距离** | **3.48** | **.740** | **3.70** | **.640** | **.000*** |

*注：① 感知文化距离评价评分值（1=不认同，5=非常认同）。
　　② *p<.05，**p<.01，***p<.001。

## （三）中国书法艺术文化传播的文化接触渠道

外籍人士在了解认知中国书法艺术文化的过程中，文化接触渠道是重要的影响因素。总体来看，如表9-22所示，外籍人士的文化接触渠道（M=3.33，SD=.717）居于中间值以上，这也说明外籍人士在中国容易接触到与中国文化元素相关的文化产品、文化知识和文化信息。根据调查，外籍人士最常接触到的文化传播渠道，首先是各类文化产品（M=3.71，SD=1.016），其次是电影电视等（M=3.50，SD=1.097），其他接触渠道依次是文化环境氛围（M=3.27，SD=1.028）、文化类课程（M=3.25，SD=1.006）、文化展示（M=3.23，SD=1.032），最后是网络文化信息（M=3.01，SD=1.096）。由此可见，网络等新媒体途径反而是外籍人士较少使用的文化接触渠道，可见外籍人士主要是通过日常生活氛围来体验和接受中国文化。

总体而言，外籍人士接触中国文化的传播渠道呈现多样化的特征，调查发现，对于文化传播渠道而言，除了大众媒介、新媒介传播渠道外，以人为媒介的物质传播，成为文化传播的重要方面。通过文化产品的消费，文化产品以及具有明显的文化内容的产品，成为外籍人士接触中国文化的重要途径，文化产品的消费则主要通过包括文化环境和文化产品的形式来实现。结合本研究的访谈，外籍人士对于文化环境的接触，主要包括购物场所等自然环境，以及节日氛围等人文环境。外籍人士通过居住的建筑、内部环境、装修风格，以及布置的装饰物品等有形的文化产品，可以充分感受到中国文化的物质文化。同时通过参与中国人的日常生活，如参与传统节日活动，感受剪贴窗花、收集福字、写对联等与春节有关联的节日氛围，以及通过其他的中国风俗活动，也直观感受到中国文化元素。此外，在中国产品的消费过程中，外籍人士会随时接触到具有中国文化元素的产品或者符号形态。因此，作为社会大众审美和社会时尚的文化产品消费场景，是形成大众社会观念潮流的外部环境，在这个消费环境中，各种产品都被赋予了文化符号的价值，包括消费动机、消费内容、消费方式和消费规则等都被符号化。显然，外籍人士在接触中国文化的过程中，除了会受到自身文化因素的影响外，他们所处的外部环境也是重要的因素。

就大众传媒而言,通过新媒体渠道,观看在线影视节目,借助网络信息搜索,也是外籍人士接触中国文化的主要传播渠道。随着经济实力的加强,中国也不断促进文化产业的发展。各类突出体现中国文化特点的娱乐性文化产品也发展迅速,主要体现在中国影视产业的快速发展。由此使得影视剧市场消费不断扩展,影视作品中所呈现的各类中国不同地区的历史文化、风俗人情等,可以给外籍人士提供了解中国人日常生活、文化情感和价值观念的重要途径。如李艳(2013)在跨文化传播的研究中发现,35.7%的外籍留学生观看国产电影的目的是了解中国文化。此外,在网络信息搜索方面,外籍人士也认为与中国文化有关的信息在网络上也很容易获得,基于对社会风俗的理解、对文化的热爱程度,或者对中国文化了解的需求,他们会主动去搜索与中国文化相关的信息。但是,如果没有对中国文化了解的需求,通过互联网能够接触到的中国文化信息相对也偏少。

表9–22　外籍人士文化接触渠道评价的描述（$n=584$）

| 项目 | 均值（M） | 标准差（SD） | 标准误差（SE） |
| --- | --- | --- | --- |
| 1. 我接触到具有中国文化元素的产品或者符号（礼服、礼品包装、餐具、福字、中国结、酒、茶）。 | 3.71 | 1.016 | .042 |
| 2. 我接触到具有中国文化韵味的环境（节日气氛、环境装修）。 | 3.27 | 1.028 | .043 |
| 3. 我接触到有关中国文化知识的课程（学校课程、机构培训）。 | 3.25 | 1.006 | .042 |
| 4. 我接触到有关中国文化的展示或展览（博物馆、广告牌）。 | 3.23 | 1.032 | .043 |
| 5. 我接触到关于中国文化元素的电影或电视。 | 3.50 | 1.097 | .045 |
| 6. 我在网上接触到中国文化的信息和资料。 | 3.01 | 1.096 | .045 |
| **文化接触渠道** | **3.33** | **.717** | **.030** |

*注：① 文化接触渠道评价评分值（1=完全没有,5=经常接触）。
② t检验显示,受访者对文化接触渠道的评价,各评价间均值差异均达到统计显著水平。

不同文化背景的外籍人士的文化接触渠道各有不同，如表9-23所示，不同文化背景的外籍人士文化接触渠道有差异，但未达到显著水平。就具体变量指标而言，其中就"我接触到具有中国文化元素的产品或者符号"（该表中简称"文化产品和符号"）指标看，汉字文化圈国家的外籍人士（M=3.59，SD=1.013）的评价明显低于非汉字文化圈的外籍人士（M=3.82，SD=1.006），且差异达到显著性水平。那么，造成这种差异的可能的解释是，中国与韩国、日本等汉字文化圈国家几乎接壤，并且古代中国是世界经济、文化中心，周边其他国家往来学习不曾间断，中国汉字、习俗等对东亚、东南亚等周边国家具有重要影响，加之人员往来、族群融合等使得周边国家的民众大多数有中国血缘，所以汉字文化圈国家对中国文化较为熟悉，不再具有足够的辨识度和新鲜感。相较而言，非汉字文化圈的外籍人士则对中国文化产品以及相关符号更容易产生浓厚的兴趣。朱俊华（2015）认为大部分韩国留学生来华的最主要目的是学习汉语，从而方便找到更好的工作，他们对中国文化不感兴趣，也不关心中国文化的现象和问题。韩国与中国具有相类似的中国节日与中国装饰环境，因此，他们看到这些节日文化时，并没有强烈感受到这是中国的传统文化。

对于外籍人士"我在网上接触到中国文化的信息和资料"（该表中简称"文化信息"）指标，基于汉字文化圈国家的外籍人士（M=3.14，SD=1.029）明显高于非汉字文化圈国家（M=2.87，SD=1.144），并且达到显著水平。那么，对于此差异，可以认为汉字文化圈国家的外籍人士汉语相对比较精通，在应用搜索引擎时，也容易用中文语言找寻到关于中国文化的信息。然而，高雅洁的研究发现，留学生在中国使用网络媒体时，搜索的非中文信息比中文信息要多，其中搜索最多的是英语信息。[1]网络媒介不同于电影电视等自主选择性较低的传统媒介，外籍人士在自主搜索信息时使用的语言不一定是中文，而英语中关于中国文化信息的内容也相对较少，在网络环境下所获取的中国文化信息规范性和准确性都不能得到保证。因此，非汉字文化圈国家在中国文化信息获取上会弱于汉字文化圈国家。

---

[1] 高雅洁：《留学生信息利用行为及其阻碍因素研究——以宁波大学为例》，天津师范大学硕士学位论文，2017年。

表9-23 汉字文化圈与非汉字文化圈外籍人士文化接触渠道的比较（*n*=584）

| 项目 | 汉字文化圈 均值（M） | 汉字文化圈 标准差（SD） | 非汉字文化圈 均值（M） | 非汉字文化圈 标准差（SD） | t检验 |
| --- | --- | --- | --- | --- | --- |
| 1. 文化产品和符号 | 3.59 | 1.013 | 3.82 | 1.006 | .005** |
| 2. 文化产品环境 | 3.32 | 1.015 | 3.23 | 1.041 | .260 |
| 3. 文化课程 | 3.32 | 1.001 | 3.18 | 1.006 | .084 |
| 4. 文化展示 | 3.26 | 1.022 | 3.21 | 1.042 | .521 |
| 5. 文化影视 | 3.59 | 1.006 | 3.42 | 1.177 | .059 |
| 6. 文化信息 | 3.14 | 1.029 | 2.87 | 1.144 | .002** |
| **文化接触渠道** | **3.37** | **.754** | **3.45** | **.967** | **.155** |

*注：① 文化传播渠道评分值（1=完全没有，5=经常接触）。
② *p＜.05，**p＜.01，***p＜.001。

## （四）中国书法艺术文化传播的文化共通性

如前所述，"文化共通性"主要指的是在世界各个不同的文化群体中共有的文化现象。本研究结果表明，如表9-24所示，外籍人士对于文化共通性（M=3.42，SD=.888）的评价居于较高水平，亦可说明外籍人士对于中国文化中可以共享的那部分内容，是可以理解和赞同的。本研究将中国传统文化的基本价值观中具有文化共通性的内容，即共享文化部分，从"语言共通性""共享价值观""审美共通性"三个方面进行考察。调查结果发现，语言共通性（M=3.26，SD=1.348）、共享价值观（M=3.58，SD=.730）、审美共通性（M=3.55，SD=.832）评价都居于中间值以上。这也就说明，外籍人士对于汉语的熟悉程度、审美接受，以及共享价值观方面都达到较高的水平。就语言共通性评价看，"我可以流利地在中国用汉语交流""我可以阅读汉字和书写汉字""我可以理解汉字的结构和书写规律"等具体指标看，都达到较高水平。就共享价值观评价看，"托物言志，借景抒情""外师造化，中得心源"等具体测量指标，以及审美共通性评价中的"节奏韵律""同自然之妙，提其神或形""留白"等都达到高的评价。但就标准差而言，可以看出差异性还是很大。从共享价值观看，各测量指标也达到了较高水平。

表9-24　外籍人士文化共通性评价的描述（$n$=584）

| 项目 | 均值（M） | 标准差（SD） | 标准误差（SE） |
| --- | --- | --- | --- |
| 1. 我可以流利地在中国用汉语交流 | 3.29 | 1.466 | .061 |
| 2. 我可以阅读汉字和书写汉字 | 3.27 | 1.465 | .061 |
| 3. 我可以理解汉字的结构和书写规律 | 3.28 | 1.390 | .058 |
| 4. 我可以理解汉字的词义和语义 | 3.21 | 1.378 | .057 |
| **语言共通性评价** | **3.26** | **1.348** | **.056** |
| 5. 达其性情，形其哀乐 | 3.51 | 1.100 | .046 |
| 6. 意在笔先 | 3.47 | .995 | .041 |
| 7. 托物言志，借景抒情 | 3.75 | .910 | .038 |
| 8. 外师造化，中得心源 | 3.70 | .987 | .041 |
| **共享价值观评价** | **3.58** | **.730** | **.030** |
| 9. 同自然之妙，提其神或形 | 3.55 | .923 | .038 |
| 10. 留白 | 3.41 | 1.005 | .042 |
| 11. 节奏韵律 | 3.66 | 1.004 | .042 |
| **审美共通性评价** | **3.55** | **.832** | **.034** |
| **文化共通性的总体评价** | **3.42** | **.888** | **.037** |

*注：① 文化共通性评价评分值（1=不认同，5=完全认同）。
② t检验显示，受访者对文化共通性的评价，各评价间均值差异均达到统计显著水平。

外籍人士文化背景的差异使得文化共通性的评价也有明显不同。如表9-25所示，汉字文化圈外籍人士的文化共通性的总体评价（M=3.73，SD=.788）高于非汉字文化圈（M=3.20，SD=.732），且达到显著性水平。就具体观察项目看，在语言共通性评价方面，汉字文化圈外籍人士的语言共通性评价（M=3.93，SD=1.072）远高于非汉字文化圈（M=2.59，SD=1.262），且达到显著性水平，并且测量的各具体指标之间的差异亦达到显著性水平。显然，语言是文化认同的基础要素，熟练的汉语使用是达到文化共通性的基础和条件，这也与前面汉语熟悉程度的结果相关联。从共享价值观来看，汉字文化圈（M=3.62，SD=.758）和非汉字文化圈（M=3.54，SD=.732）差异不大；同时，就审美共通性看，汉字文化圈（M=3.60，SD=.873）和非汉字文化圈（M=3.49，SD=.787）的差异也不大。这也就说明，语言交流能够完全实现的前提下，各国的文化差异并不会影响外籍人士对中国文化中共享价值观、审美共通性的理解程度，也就是在跨文化传播中，我们可以将中国传统文化的价值观中可以共享的部分，用通俗易懂的语言向外籍人士加以传播，获得接受和认同。总体来看，文化共通性中最为重要的因素还是语言共通性。

表9-25  汉字文化圈与非汉字文化圈外籍人士文化共通性评价的比较（n=584）

| 项目 | 汉字文化圈 均值（M） | 汉字文化圈 标准差（SD） | 非汉字文化圈 均值（M） | 非汉字文化圈 标准差（SD） | t检验 |
|---|---|---|---|---|---|
| 1. 我可以流利地在中国用汉语交流 | 4.00 | 1.172 | 2.59 | 1.391 | .000*** |
| 2. 我可以阅读汉字和书写汉字 | 3.99 | 1.166 | 2.55 | 1.382 | .000*** |
| 3. 我可以理解汉字的结构和书写规律 | 3.86 | 1.164 | 2.71 | 1.358 | .000*** |
| 4. 我可以理解汉字的词义和语义 | 3.88 | 1.097 | 2.53 | 1.296 | .000*** |
| **语言共通性评价** | **3.93** | **1.072** | **2.59** | **1.262** | **.000*** |
| 5. 达其性情，形其哀乐 | 3.65 | 1.039 | 3.38 | 1.144 | .003** |
| 6. 意在笔先 | 3.45 | .995 | 3.50 | .997 | .506 |
| 7. 托物言志，借景抒情 | 3.72 | .958 | 3.77 | .860 | .467 |
| 8. 外师造化，中得心源 | 3.71 | .945 | 3.68 | 1.028 | .675 |
| **共享价值观评价** | **3.62** | **.758** | **3.54** | **.732** | **.225** |
| 9. 同自然之妙，提其神或形 | 3.61 | .962 | 3.49 | .879 | .127 |
| 10. 留白 | 3.52 | 1.030 | 3.29 | .968 | .006** |
| 11. 节奏韵律 | 3.64 | 1.027 | 3.67 | .982 | .742 |
| **审美共通性评价** | **3.60** | **.873** | **3.49** | **.787** | **.131** |
| **文化共通性的总体评价** | **3.73** | **.788** | **3.20** | **.732** | **.000*** |

*注：① 文化共通性评价评分值（1=不认同，5=非常认同）。
② *p＜.05，**p＜.01，***p＜.001。

## 四、中国书法艺术文化的跨文化传播模型与检验

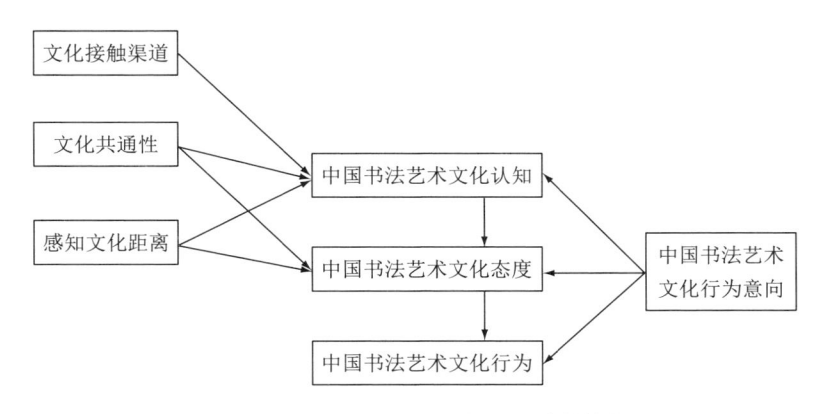

### （一）中国书法艺术文化的跨文化传播模型的建构

基于上述考察，本研究从外籍人士对于中国书法艺术文化的认知、态度和行为出发，进一步分析探究外籍人士对于中国文化的感知文化距离、文化接触渠道、文化共通性评价因素对于中国书法艺术文化认知、态度和行为的影响关系，从而建立中国书法艺术文化跨文化传播的模型。探究在此三种要素影响之下，中国书法艺术文化在跨文化传播过程中的认知、态度和行为的影响关系，以及文化行为意向对该过程的影响。因此，在跨文化传播的理论背景下，本研究以文化输出国与文化输入国之间的文化共通性为切入点，依托文化距离与文化冲突之间的关系，在文化维度、文化认知、感知价值等理论的支撑下探索中国书法艺术文化传播效果与文化共通性之间的关系。在传播效果研究中，不同文化背景的个体在认知、态度、行为三个层次上都存在差异。故此，将中国书法艺术文化传播效果研究分为跨文化认知、情感和行为三个层面，如图9-1所示，建立关系模型并进行系统性分析。

图9-1　中国书法艺术文化的跨文化传播模式

首先，就跨文化认知而言，文化认知理论认为，不同形态的文化之间，在交流和融合过程中会产生激烈的文化碰撞，但是，这种文化碰撞反之可以不

断拓展个体层面对不同形态文化的反思,并进而认知其他文化,同时也会对个体的文化态度和行为产生影响。因此,跨文化传播过程中,外籍人士对中国书法艺术文化的认知程度,是影响传播效果的重要因素。当外籍人士对中国书法艺术文化具有较强的认知时,往往会基于自身的理解水平和认知能力,建立起对彼此国家间文化差异的清晰的认识,并且在彼此尊重的基础上进行文化交往,相应地可以减弱由两国之间的文化差异导致的对书法态度和行为的影响。

外籍人士对于中国书法艺术文化的认知,最直接的表现可以用文化冲击(Culture Shock)与文化适应(Acculturation)理论来描述。显然外籍人士对于中国书法艺术文化的认知,也是文化冲击下的文化适应的过程。在跨文化传播中,当个体进入新的文化情景中时,首先面临的是他者文化的文化冲击,在文化冲击之下,个体会根据环境随时调适自身的观念和行为,以能够适应新的文化环境,这就是文化适应的过程。对于"文化适应"概念,最早由美国民族学家罗伯特·雷德菲尔德(Robert Redfield)、拉尔夫·林顿(Ralph Linton)和梅尔维尔·赫斯科维茨(Melville Herskovits)等人于1935年提出。他们认为:"文化适应是指一些具有不同文化的个体集团发生长期而直接的联系,因而一个或两个集团改变了原来的文化模式所产生的现象。根据该界定文化适应应当有别于文化变迁和同化,文化适应仅是文化变迁的一个方面,而同化有时是文化适应的一个阶段。"[①] 同时,文化适应需要跨越两种及以上的文化,是对新文化的思想、信仰和感情系统以及交际系统的理解过程,是文化的融入或顺应,也有学者将"文化适应"译为"涵化"。

根据李晶的总结,国外关于跨文化适应的研究主要是从个体和群体两个层面展开的。个体方面研究侧重的是在不同文化的接触过程中,个人在认同、价值、态度、行为等方面的变化。如格雷维斯(T. Graves)将文化融入看作是个体与其他文化群体的实际接触所导致的心理与行为上发生的变化。瑟尔(Searle)和沃德(Ward)认为,在跨文化转变以及调整过程中,存在着两种

---

① [美] R. 雷德菲尔德、[美] R. 林顿、[美] R. 赫斯科维茨:《文化适应研究备忘录》,《美国人类学家》,1936年第38期。参见曹云华:《变异与保持:东南亚华人的文化适应》,中国华侨出版社,2001年,第12页。

类型的适应,即心理适应和社会文化适应。前者以情感反应为基础,指向在跨文化适应中的心理健康和生活满意度,以心理健康为测量指标。后者则指的是旅居者如何适应当地社会,并与当地社会成员有效接触,以测量旅居者在当地社会体验到的困难为指标。[1]目前以加拿大学者约翰·贝里(J. W. Berry)提出的关于文化适应的"双维度理论模型"有较大影响。约翰·贝里认为"涵化"是文化接触而互动的结果,因此,应根据个体对自己所在群体文化和他者群体文化之喜好取向来对文化适应策略进行区分。他提出的两个维度,分别指的是保持传统文化和身份的倾向性,以及和其他文化群体交流的倾向性。并且他认为这两个维度是相互独立的。也就是说,对某种文化的高认同并不意味着对其他文化的认同就低。根据文化适应中的个体在这两个维度上的不同表现,区分出了四种不同的文化适应策略,具体包括整合(Integration)、同化(Assimilation)、分离(Separation)和边缘化(Marginalization)。[2]具体而言,当文化适应中的个体既重视保持原有文化,也注重与其他群体进行日常的交往时,他们所采用的策略就是"整合"。当个体不愿意保持他们原来的文化认同,却与其他文化群体有经常性的日常交流时,他们所使用的策略就被定义为"同化"。当这些个体重视自己的原有文化,却希望避免与其他群体进行交流时,就出现了"分离"。最后,当这些个体对保持原来文化,对和其他群体进行交流都没有什么很大可能性,也缺乏兴趣时,这时的文化适应策略就是"边缘化"。[3]显见的是,文化适应策略研究中的不同层面的表现,不仅涉及个体的认知层面,还包括情感与行为意向方面。

对于文化适应中的文化认知而言,伊戈尔斯勒德(Ingulsrud,2002)认为

---

[1] 参见叶海、吴荣先:《浅论提高跨文化适应能力的策略》,《沿海企业与科技》,2006年第2期。

[2] Berry, John W. "Acculturation: Living Successfully in Two Cultures". *International Journal of Interculture Relations*, 2005, Vol. 29(6), p. 698. 参见常永才:《民族村寨儿童进入中学心理适应研究新进展涵化视角》,收入《中青会第十六届学术年会交流论文》,2005年。

[3] 李晶:《逆向文化冲击中的文化适应:对上海市归国留学人员的实证研究》,复旦大学硕士学位论文,2008年。

文化认知是人们对不同文化之间异同点的了解程度。鲁（Rew，2003）认为文化认知是指人们对生活在不同国家的其他人的文化传统的所有信息的掌握程度。巴克利（Buckley，2006）将其定义为人们对在其他不同文化背景下生活的人的思维方式和行为逻辑的理解程度。本研究以相关学者的理论为基础，从认知作为出发点，进行合理的扩展和演绎，将"文化认知"界定为人们对另一种不同文化相关信息的认知和了解程度。

在文化认知构成中，文化距离是影响文化认知的一个重要因素。就文化传播的现实而言，文化传播最初发生于两个文化圈之间相互交界的地方。由此，与中国在地域上相邻近的越南、朝鲜、日本等亚洲国家对中国文化的认知和了解程度都要胜于其他西方国家，这也形成了独具东方特色的"汉字文化圈"。斯特劳哈尔（Straubhaar，1991）所提出的"文化接近论"（The Cultural Proximity Thesis）也证明了这一观点，他指出世界各地的文化用户更倾向于接受内容相近的文化。傅伟仁和戈文达拉朱（Fu & Govindaraju，2010）具体表示当文化输入国和文化输出国之间的文化距离比较相近时，文化输出国的跨文化产品就更容易被文化输入国所接受，从而更容易取得成功。就研究而言，文化距离的测量方法也发生了变化，从以往的宏观国家视角到现在的微观个人视角，进而从以往注重文化指数的测量方式转化为现在感知文化距离的测量方式。因此，本研究也使用感知文化距离进行测量。

基于此，本研究将文化认知理论应用于中国书法艺术文化传播效果的研究中，通过以文化接触渠道、文化共通性和感知文化距离作为自变量，与受众文化认知建立因果关系，从而建构影响中国书法艺术文化传播效果的文化认知模型。具体如图9-1所示，并形成如下研究假设：

$H_1$：文化接触渠道对中国书法艺术文化认知的正向影响达显著性水平。

$H_2$：文化共通性对中国书法艺术文化认知的正向影响达显著性水平。

$H_3$：感知文化距离对中国书法艺术文化认知的正向影响达显著性水平。

其次，就跨文化传播情感态度而言，文化态度偏向的形成有赖于对于不同文化的认同，文化情感态度的偏向建立在对于不同文化的接受和归属感之上的。从文化认同看，它是不同文化主体之间在文化上客观存在的相似性和趋同性，指向心理上和认知上的一致性和由此形成的社会关系。"文化认同"作为概念强调的是文化上所达成的认同共性。简言之，文化认同度高，表明产生了一种倾向接纳的情感，文化认同度低则是倾向不接纳的情感。过往的学者们将"认同"的概念纳入跨文化传播中不同文化主体交流的背景下，认为他国民众对异国文化也会产生"一致性""相似性"或"共享性"的感受，从而产生了对异国文化的认同感或归属感。汤林森（John Tomlinson）在《文化帝国主义》(*Cultural Imperialism: A Critical Introduction*，1999）一书中表示，所有的文化认同都是归属感的表征。在实践层面上，对于异国文化的文化情感就能够避免陌生与猜疑的负面情感，形成重要的文化凝聚力和文化认同。在形成文化归属感和文化认同的过程中，显然，文化共通性和感知文化距离是重要的影响因素。基于此，本研究将文化共通性和感知文化距离作为自变量，通过与受众文化态度建立因果关系，从而建构影响中国书法艺术文化传播效果的文化情感模型。具体如图9-1所示，并建立如下研究假设：

$H_4$：文化共通性对中国书法艺术文化态度的正向影响达显著性水平。

$H_5$：感知文化距离对中国书法艺术文化态度的正向影响达显著性水平。

再次，就跨文化行为而言，在跨文化传播中为了测量对受众书法艺术行为的传播效果，通过考察行为意向（Behavior Intention）与书法行为的影响程度进行考察。"行为意向"是指对个体最终采取某种决策概率的判断，它体现个人对某种行为的偏好以及采取行动的意愿。同时，反过来，行为意向亦对认知和态度（Attitude Toward）产生影响。在此基础上，认知、态度和行为构成书法艺术文化传播的基本效果模型。

基于此，本研究将行为意向与中国书法艺术文化的认知、态度和行为之间建立因果关系，并进而探讨认知、态度和行为之间的关联。具体如图9-1所示，并建立如下研究假设：

$H_6$：中国书法艺术文化行为意向对中国书法艺术文化认知、态度和行为的正向影响达显著水平。

$H_7$：中国书法艺术文化认知对中国书法艺术文化的态度、行为的正向影响达显著水平。

## (二)中国书法艺术文化的跨文化传播模型的检验

### 1. 中国书法艺术文化跨文化传播模式的相关性分析

本研究首先对中国书法艺术文化跨文化传播模式中的各个核心变量之间的相关关系进行分析,并探讨文化接触渠道、文化共通性和感知文化距离,以及行为意向变量与中国书法艺术文化认知、态度和行为变量之间的关系。如表9-26所示,研究发现:

(1)文化接触渠道对中国书法艺术文化认知呈显著正相关($r=.267$,$p<.01$)。也就是说,文化传播渠道对中国书法艺术文化认知之间具有正向影响关系,研究假设$H_1$成立。无疑,文化接触渠道是形成文化认知的重要影响因素。

(2)文化共通性对中国书法艺术文化认知呈显著正相关($r=.556$,$p<.01$)。这也说明,文化共通性与中国书法艺术文化认知具有正向影响关系,研究假设$H_2$成立。亦即文化共通性程度越高,对于中国书法艺术文化的认知程度越高。简言之,处于相同文化圈的受众具有更高程度的文化共通性,由此对于中国书法艺术文化也越加认同。

(3)感知文化距离对中国书法艺术文化认知呈显著正相关($r=.086$,$p<.05$)。结果表明,感知文化距离程度越高,相应地对于中国书法艺术文化认知的评价则越高,研究假设$H_3$成立。感知文化距离主要体现的是文化差异程度。因此,就不同文化主体之间的文化差异而言,文化差异越大,就越期望能够更多地了解对方的文化。由此推论,不同文化主体之间的感知文化距离越大,则对他者文化的认知程度越强烈。

(4)文化共通性对中国书法艺术文化态度呈显著正相关($r=.212$,$p<.01$)。结果表明,文化共通性程度越高,对中国书法艺术文化态度评价则越偏向正面,研究假设$H_4$成立。这也表明,不同文化之间的文化共通性程度,对于中国书法艺术文化态度评价具有重要的影响。

(5)感知文化距离对中国书法艺术文化态度呈负相关,但并未达到显著性水平($r=-.080$)。这也说明,感知文化距离的评价越高,对中国书法艺术文化的态度评价则越低，研究假设$H_5$不成立。感知文化距离主要体现的是文化差异，就此而言，不同文化主体之间的文化差异越大，则对中国书法艺术文化的态度评价则越低。

（6）中国书法艺术文化的行为意向对中国书法艺术文化认知（r=.257，p＜.01）、态度（r=.726，p＜.01）和行为（r=.678，p＜.01）的影响呈显著正相关。这也说明，书法艺术文化行为意向评价越高，对中国书法艺术文化的认知、态度和行为评价越高，研究假设$H_6$成立。

（7）中国书法艺术文化认知对中国书法艺术文化的态度（r=.346，p＜.01）、行为（r=.156，p＜.01）的影响呈显著正相关。也就是说，中国书法艺术文化认知度评价越高，相应的中国书法艺术文化的态度和行为评价也就越高，研究假设$H_7$成立。

表9-26 中国书法艺术文化跨文化传播模式的相关性检验（$n$=584）

| 项目 | 1 | 2 | 3 | 4 | 5 | 6 | 7 |
| --- | --- | --- | --- | --- | --- | --- | --- |
| 1. 文化接触渠道 | 1 | | | | | | |
| 2. 文化共通性 | .213** | 1 | | | | | |
| 3. 感知文化距离 | .084* | -.013 | 1 | | | | |
| 4. 中国书法艺术文化行为意向 | .313** | .124** | -.004 | 1 | | | |
| 5. 中国书法艺术文化认知 | .267** | .556** | .086* | .257** | 1 | | |
| 6. 中国书法艺术文化态度 | .287** | .212** | -.080 | .726** | .346** | 1 | |
| 7. 中国书法艺术文化行为 | .187** | .229** | -.058 | .678** | .156** | .615** | 1 |

*注：① 各变量评价评分分值（1=不认同，5=非常认同），感知文化距离平均分值（1=非常小，5=非常大）。
② *p＜.05，**p＜.01，***p＜.001。

### 2. 书法艺术文化跨文化传播模式的回归分析

通过相关性分析，明确中国书法艺术文化跨文化传播模式中各个变量之间存在的关系，可以进一步展开分层回归的方法进行分析，如表9-27所示，总体而言，在控制人口变量后探讨各测量变量的相关关系，分别从中国书法艺术文化认知、态度和行为三个方面进行考察。

表9-27 中国书法艺术文化跨文化传播模式的相关性检验（$n=584$）

| 项目 | 1 | 2 | 3 | 4 | 5 | 6 | 7 | 8 | 9 | 10 | 11 | 12 |
|---|---|---|---|---|---|---|---|---|---|---|---|---|
| 1. 性别 | 1 | | | | | | | | | | | |
| 2. 年龄 | .083* | 1 | | | | | | | | | | |
| 3. 来中国时长 | -.054 | -.094* | 1 | | | | | | | | | |
| 4. 汉语熟悉程度 | -.156** | -.241** | .456** | 1 | | | | | | | | |
| 5. 书法熟悉程度 | -.122** | -.161** | .329** | .665** | 1 | | | | | | | |
| 6. 文化接触渠道 | .005 | .009 | .096* | .089* | .155** | 1 | | | | | | |
| 7. 文化共通性 | -.142** | -.253** | .450** | .641** | .510** | .213** | 1 | | | | | |
| 8. 感知文化距离 | -.025 | -.040 | -.041 | -.093* | -.038 | .084* | -.013 | 1 | | | | |
| 9. 中国书法艺术文化行为意向 | -.029 | .059 | .010 | .130** | .271** | .313** | .124** | -.004 | 1 | | | |
| 10. 中国书法艺术文化认知 | -.143** | -.099* | .188** | .338** | .330** | .267** | .556** | .086* | .257** | 1 | | |
| 11. 中国书法艺术文化态度 | .019 | .051 | .121** | .163** | .263** | .287** | .212** | -.080 | .726** | .346** | 1 | |
| 12. 中国书法艺术文化行为 | -.045 | -.058 | .165** | .212** | .376** | .187** | .229** | -.058 | .678** | .156** | .615** | 1 |

注：① 性别（0=女性，1=男性），各变量评价评分分值（1=不认同，5=非常认同），感知文化距离平均分值（1=非常小，5=非常大）。
② $*p<.05$，$**p<.01$，$***p<.001$。

首先，就文化接触渠道、文化共通性、感知文化距离及中国书法艺术文化行为意向与中国书法艺术文化的认知评价而言，在控制人口变量后，可以考察这些变量之间的关系，如表9-28所示。

表9-28 中国书法艺术文化跨文化传播认知模式的回归分析（$n=584$）

| 预测变量 | 模型Ⅰ | 模型Ⅱ | 模型Ⅲ |
| --- | --- | --- | --- |
| 第一阶层 | | | |
| 性别 | -.089（.064）* | -.068（.056）* | -.066（.055）* |
| 年龄 | -.015（.050） | .044（.044） | .031（.044） |
| 来中国时长 | .039（.032） | -.078（.029）* | -.064（.028） |
| 汉语熟悉程度 | .180（.035）*** | -.035（.033） | -.032（.033） |
| 书法熟悉程度 | .184（.037） | .082（.032） | .039（.033） |
| 第二阶层 | | | |
| 文化接触渠道 | | .142（.039）*** | .101（.040）** |
| 文化共通性 | | .544（.042）*** | .545（.042）*** |
| 感知文化距离 | | .078（.039）* | .081（.038）* |
| 第三阶层 | | | |
| 中国书法艺术文化行为意向 | | | .149（.032）*** |
| $R^2$ | .143 | .353 | .371 |
| Adjust $R^2$ | .136*** | .344*** | .361*** |
| F | 19.302*** | 39.176*** | 37.668*** |

*注：① 性别（0=女性，1=男性），各程度变量评分值（1=不认同，5=非常认同），感知文化距离平均分值（1=非常小，5=非常大）。
② 因变量为中国书法艺术文化认知评价，表内数值为标准化回归系数β，括号内为标准误差S. E.。
③ *p＜.05，**p＜.01，***p＜.001。

就中国书法艺术文化跨文化传播中书法文化认知而言，结果表明，人口变量模型中，性别、汉语熟悉程度对书法艺术文化认知的影响达到显著性水平。如果性别（0=女性，1=男性）为虚拟变量，那么女性对于中国书法艺术文化的认知程度高于男性（β=-.089，p＜.05）。此外，汉语熟悉程度对于中国书法艺术文化的认知程度呈显著正相关（β=.180，p＜.001）。在自变量模型中，研究发现，文化接触渠道对书法艺术文化认知具有明确的正向影响（β=.142，p＜.001），亦可证明假设$H_1$成立。文化共通性对书法艺术文化认知具有明确的正向影响（β=.544，p＜.001），亦可证明假设$H_2$成立。感知文化距离对书法艺术文化认知具有明确的正向影响（β=.078，p＜.05），亦可证明假设$H_3$成立。同时，中国书法艺术文化行为意向对中国书法艺术文化认知具有明确的正向影响（β=.149，p＜.001），可证明假设$H_6$成立。也就是说，性别与汉语熟悉程度对于书法艺术文化传播的书法文化认知具有明确的影响。同时，文化接触渠道、文化共通性和感知文化距离以及行为意向都会对书法文化认知具有影响。

其次，就文化共通性、感知文化距离以及行为意向与书法艺术文化的态度而言，在控制人口变量后，可以考察这些变量之间的关系，如表9-29所示。

表9-29 中国书法艺术文化跨文化传播态度模式的回归分析（$n$=584）

| 预测变量 | 模型Ⅰ | 模型Ⅱ | 模型Ⅲ |
| --- | --- | --- | --- |
| 第一阶层 | | | |
| 性别 | .046（.075） | .050（.075） | .052（.053） |
| 年龄 | .093（.059）* | .107（.060）** | .033（.042） |
| 来中国时长 | .048（.038） | .014（.039） | .077（.027）* |
| 汉语熟悉程度 | -.013（.042） | -.096（.045） | -.052（.031） |
| 书法熟悉程度 | .276（.043）*** | .256（.043）*** | .025（.031） |
| 第二阶层 | | | |
| 文化共通性 | | .171（.056）*** | .125（.039）*** |
| 感知文化距离 | | -.071（.052） | -.074（.037）** |
| 第三阶层 | | | |

（续表）

| 预测变量 | 模型 I | 模型 II | 模型 III |
|---|---|---|---|
| 中国书法艺术文化行为意向 | | | .709（.030）*** |
| $R^2$ | .082 | .102 | .558 |
| Adjust $R^2$ | .074*** | .091*** | .552*** |
| F | 10.311*** | 9.301*** | 90.674*** |

*注：① 性别（0=女性，1=男性），各程度变量评分值（1=不认同，5=非常认同），感知文化距离平均分值（1=非常小，5=非常大）。
② 因变量为中国书法艺术文化态度评价，表内数值为标准化回归系数β，括号内为标准误差S. E.。
③ *p＜.05，**p＜.01，***p＜.001。

就中国书法艺术文化跨文化传播中书法文化态度而言，结果表明，人口变量模型中，年龄、书法熟悉程度对中国书法艺术文化态度的影响达到显著性水平。就年龄看，随着年龄的增长对于中国书法艺术文化态度的评价也随之趋于正面（β=.093，p＜.05）。此外，书法熟悉程度对于中国书法艺术文化的态度评价呈显著正相关（β=.276，p＜.001）。在自变量模型中，研究发现，文化共通性对书法艺术文化态度评价具有明确的正向影响（β=.171，p＜.001），亦可证明假设$H_4$成立。虽然感知文化距离对书法艺术文化态度评价具有负向影响（β=-.071），但是未达显著水平，证明假设$H_5$不成立，这与前面相关性检验的结论也相同。同时，中国书法艺术文化行为意向对中国书法艺术文化态度评价具有明确的正向影响（β=.709，p＜.001），可证明假设$H_6$成立。亦即年龄与书法熟悉程度对于中国书法艺术文化传播的态度评价具有明确的影响。文化共通性对于中国书法艺术文化态度具有正向影响，但是感知文化距离对中国书法艺术文化态度评价并未达到影响水平，中国书法艺术文化行为意向对中国书法艺术文化态度评价具有正向影响。

最后，就书法艺术文化认知、书法艺术文化态度，以及文化行为意向与中国书法艺术文化的认知而言，在控制人口变量后，可以考察这些变量之间的关系，如表9-30所示。

表9-30 中国书法艺术文化跨文化传播行为模式的回归分析（$n$=584）

| 预测变量 | 模型Ⅰ | 模型Ⅱ | 模型Ⅲ |
| --- | --- | --- | --- |
| 第一阶层 | | | |
| 性别 | -.005（.081） | -.045（.066） | -.027（.060） |
| 年龄 | -.008（.064） | -.066（.052）** | -.081（.047）** |
| 来中国时长 | .073（.041） | .050（.033） | .102（.030）*** |
| 汉语熟悉程度 | -.102（.045） | -.069（.036） | -.057（.033） |
| 书法熟悉程度 | .418（.047）*** | .278（.039）*** | .212（.035）*** |
| 第二阶层 | | | |
| 中国书法艺术文化认知 | | -.142（.045）*** | -.139（.040）*** |
| 中国书法艺术文化态度 | | .601（.038）*** | .265（.047）*** |
| 第三阶层 | | | |
| 中国书法艺术文化行为意向 | | | .474（.047）*** |
| $R^2$ | .148 | .452 | .553 |
| Adjust $R^2$ | .141*** | .445*** | .547*** |
| F | 20.100*** | 67.795*** | 88.930*** |

*注：① 性别（0=女性，1=男性），各程度变量评分值（1=不认同，5=非常认同），感知文化距离平均分值（1=非常小，5=非常大）。
② 因变量为中国书法艺术文化行为评价，表内数值为标准化回归系数β，括号内为标标准误差S.E.。
③ *$p$＜.05，**$p$＜.01，***$p$＜.001。

就中国书法艺术文化跨文化传播中中国书法文化行为而言，研究结果表明，人口变量模型中（模型Ⅰ），仅有书法熟悉程度对中国书法艺术文化行为的影响呈显著正相关（β=.418，$p$＜.001）。在自变量模型中（模型Ⅱ），研究发现，中国书法艺术文化认知对中国书法艺术文化行为评价的影响呈显著负相关（β=-.142，$p$＜.001），证明假设$H_7$部分不成立，但是中国书法艺术文化态度对中国书法艺术文化行为评价影响呈显著正相关（β=.601，$p$＜.001），证明假设$H_7$部分成立，这与前面相关性检验的结论也相同。同时，如模型Ⅲ所示，中国书法艺术文化行为意向对书法艺术文化态度评价具有明确的正向影响（β=.474，p＜.001），可证明假设$H_6$成立。

总之，通过对中国书法艺术文化传播效果的实证研究，可以发现，就个人因素而言，外籍人士的性别、年龄、在中国生活的时间、对中国书法的熟悉程度，是影响中国书法艺术文化跨文化传播效果的基础性因素。文化接触渠道对于外籍人士中国书法艺术文化的认知，以及文化共通性、感知文化距离对于外籍人士中国书法艺术文化认知和态度都产生重要影响。进而言之，外籍人士的中国书法艺术文化认知对于态度和行为都有直接影响。同时，本研究亦发现，外籍人士的中国书法艺术文化行为意向对于他们对中国书法艺术文化的认知、态度和行为都有直接影响和积极作用，这也充分验证了过往研究关于行为意向与行为的内在关联的重要观点。

本章内容有朱佳妮博士参与撰写

# 第十章

# 中国制造的品质

中国自近代学习西方，走工业化道路始，特别是改革开放四十年以来，中国融入全球化进程，不仅形成完整的制造业体系，而且"中国制造"已走向全球，中国产品已被国际社会所普遍接受。进而，与中国制造有关的各类产品在全球范围内已占据了十分重要的地位，外籍人士对中国制造的认知和评价也发生了很大的变化。本章内容采用实证研究方法，对299名外籍留学生进行了问卷调查，重点考察外籍留学生媒介使用行为、文化态度等变量与对中国制造评价的影响关系。研究发现：第一，外籍留学生对中国制造（价格、质量、技术、服务）的总体印象偏向正面，特别是对中国制造的价格低廉认同度较高。第二，分别来自发达国家和发展中国家的外籍留学生，对中国制造的评价程度差异显著。第三，外籍留学生的中国文化印象和中国文化态度偏向对中国制造评价的影响显著。第四，外籍留学生人口变量、媒介使用、文化态度与中国制造评价的回归分析表明，网络、手机和社交媒体对中国制造评价有所影响，文化印象和态度是影响中国制造评价的主要因素。

2019年，美国投资研究机构贝瑞研究（Stansberry Research）推出一部名为《新钱：历史上最伟大的财富创造事件》（*New Money: The Greatest Wealth Creation Event in History*，2019）的经济类纪录片，通过介绍中国改革开放以来的翻天覆地的变化，透视了中国社会经济的发展对于世界的意义。不同于有些西方媒体捕风捉影式的污名化中国产品，这部纪录片重点介绍了中国的互联网产品，其中不乏赞誉之词，并为中国发达的互联网产业所惊叹。

　　无疑，随着中国改革开放战略的实施，以及全球化进程的快速推进，中国社会经济得到全面发展，国家经济实力不断增强。近年来中国制造业的发展亦取得极大的成就，因此使得中国制造的海外形象问题成为关注的话题。据《新华每日电讯》报道，国外网站关于中国制造兵工铲的视频，引发了255万次的浏览观看，3000多条留言。该报道还写道，中国的无人机、手机等占据了很大的海外市场份额。① 此外，海外媒体同样对中国制造有很多的关注和评价。根据德国数据统计网站Statista的《2017版"MADE IN"商标排名》对52个国家近5万消费者进行的调查，中国制造给海外消费者的印象是"性价比高"，但是在"世界最受尊重的made in生产标签"中却位列第30名，落后于孟加拉国、越南等国家。② 无论是《新华每日电讯》报道所言，中国制造已经发展到让外国人"惊呼不敢相信"，还是该网站的排名，甚至很多海外媒体所形成的"中国制造"（Made in China）"廉价""山寨""价廉质低"等标签化刻板印象，

---

① 赵刚：《现在有哪些中国制造能让外国人直呼"简直不敢相信"？》，《新华每日电讯》，2017年7月15日。
② 参见《一声叹息，2017版"MADE IN"商标排名公布》，《华尔街见闻》，2017年10月26日。

其实都表明中国制造确实成为海内外媒体所关注的热点话题。特别是作为中国实施制造强国战略行动纲领的《中国制造2025》方案提出后，更是引发了国际社会对"中国制造"的全面关注。但是，真实的中国制造究竟如何，媒体如何影响中国制造等，尚是需要进一步探讨和研究的问题。

留学生群体是全球文化传播和交流中的重要载体，以外籍留学生为观察对象，探究其对中国制造以及中国产品的认知等问题，能够在一定程度上反映出中国制造在世界范围内的总体评价。同时，就留学生群体而言，观察和了解他们对中国产品的认知和评价以及媒介使用行为，更加有利于研究中国制造全球传播的重点，从而有效促进世界对中国制造的了解和认同。因此，探究外籍留学生媒介使用行为与对中国产品的认知和评价的内在关系，不仅有助于了解当前中国制造在全球传播视野中的形象，更为重要的是，留学生群体作为跨文化交流的重要的人际传播途径，对他们的研究则更具有理论价值和现实意义。由此，本研究以外籍留学生群体为研究对象，对外籍留学生的媒介使用行为、文化态度与对中国制造的认知和评价进行了解，并探究这些认知和评价背后所隐含的深层次的社会文化内容。

## 一、媒介与中国制造

伴随着中国积极融入全球化，中国与世界的交流愈加频繁和深广，中国成为世界的重要角色，大量的中国产品走向世界，中国制造也成为全球性的话题。由此，关于中国制造和中国产品的国际形象及传播的相关研究，也日渐丰富。综合起来看，这些研究主要从对中国制造的国际形象的基本描述与媒介如何报道、传播和建构中国制造话语两个方面展开。

首先，关于中国制造及中国产品的国际形象研究。随着中国对外开放，中国融入全球化产业链，中国制造业快速发展，中国产品走向全球，中国制造也成为世界范围内认知度很高的标签。作为重要的标志，中国制造不仅是物质层面的中国产品系列的代表，同时也是蕴含中国文化和人文内涵的表征符号。根据中国外文局对外传播研究中心与凯度华通明略、光速创投

（Lightspeed）等合作开展的第五次中国国家形象全球调查（2016—2017）的结果，中国近年来发展很快的如中国高铁、载人航天技术、超级计算机等中国制造普遍得到好评，特别是发展中国家对中国科技的认知度整体高于发达国家。[1]与此同时，关于中国制造和中国产品的总体认知和评价的研究也不断展开。关于中国制造的研究，研究者多基于消费者问卷调查，探究海外消费者对中国制造和中国产品的评价，以及由此形成的对中国制造的形象认知。对于中国制造的评价，房琳、侯立松、鲍林等探究了来源国刻板印象在中国制造海外形象中的嵌入效应及干预策略，认为影响海外消费者对中国制造形象感知的因素，主要是来源国刻板印象的"诚意"和"能力"两个维度的认知嵌入，由此可形成对中国制造的品牌营销策略。[2]米健、宋紫峰通过分析国外消费者对中国制造认同度的现状与存在问题，认为国外消费者对中国制造的认同度正在不断提高，但与中国产品的质量和水平还不相匹配。此外，不可忽视的是，国外消费者对中国制造的看法主要受当地媒体和其他用户口碑的影响。[3]何佳讯、朱良杰、黄海洋基于对英美消费者的调查探究国家形象如何影响中国制造的态度评价问题，结果表明英美消费者的国家认同会负向调节微观国家形象对中国制造的评价和购买意愿，而价值意识会正向调节中国制造评价对购买意愿的影响效应。[4]王海忠、李骅熹认为，中国国民生产总值位居全球第二，绝大多数中国制造的国际市场利润低且缺少话语权，因此有必要制定提升中国制造国际品牌形象的国家战略。中国制造国际品牌形

---

[1] 王洹星：《中国国家形象全球调查报告发布，中国整体形象好感度稳中有升》，《国际在线》（北京），2018年1月5日。

[2] 房琳、侯立松、鲍林：《来源国刻板印象在"中国制造"海外形象中的嵌入效应及干预策略》，《企业经济》，2020年第2期。

[3] 米健、宋紫峰：《国外消费者对"中国制造"的认同度：现状、问题与对策》，《江淮论坛》，2019年第2期。

[4] 何佳讯、朱良杰、黄海洋：《国家形象战略的有效性：国家形象如何影响"中国制造"的态度评价？——基于英美消费者的角度》，《华东师范大学学报》（哲学社会科学版），2017年第6期。

象是指中国作为国际市场产品或服务供给方,在满足人们物质需求和精神享乐需求方面的能力、品行等给人形成的认知、感觉等联想的总和,表现为一国经济及其产业,企业的国际知名度、美誉度、国际市场溢价。提升中国制造国际品牌形象的国家战略包括中国制造标准、国家质量氛围与国家质量奖、企业品牌国际声誉、产业全球典型性水平等。[1]郭政、林忠钦、邓绩、王金玉对中国制造品牌发展的问题、原因与提升进行研究,通过分析中国制造品牌的总体状况与问题,从宏观发展因素、企业经营因素、产品/服务质量因素以及舆论宣传因素等方面剖析了问题产生的原因,并针对政府和企业在中国制造品牌建设中的不同定位和作用提出相应的建议措施。[2]王珺针对"中国制造"的特征、影响与升级问题,通过区分两种进入全球化生产网络的路径,把"中国制造"概括为转包型路径,通过对这种路径安排的经济特征、影响与升级方式的分析,提出路径转换未必是提升中国制造的唯一方式,沿着进入国际市场的转包型路径依然可以找到可行的升级道路。[3]何小洲、刘姝、杨秀苔、黄礼民(Edy Wong)等通过对加拿大埃德蒙顿市消费者的问卷调查,研究影响消费者购买行为的主要因素以及消费者对中国制造的感知与评价,探究影响消费者购买中国制造产品的主要因素及存在的主要问题。[4]何小洲以加拿大消费者为调查对象,立足于消费者体验视角探究了国外消费者对中国制造的定型观念以及构成维度。[5]此外,研究者从品牌管理的角度,探究如何提升中国制造的品牌地位和影响。孔令丞、郁义鸿的研究基于经济全球化背景,分析中国制造在全球制造业中的地位,从价值链增值视角探究中国

---

[1] 王海忠、李骅熹:《提升"中国制造"国际品牌形象的国家战略》,《中山大学学报》(社会科学版),2017年第3期。

[2] 郭政、林忠钦、邓绩、王金玉:《中国制造品牌发展的问题、原因与提升研究》,《中国工程科学》,2015年第7期。

[3] 王珺:《"中国制造":特征、影响与升级》,《学术研究》,2007年第12期。

[4] 何小洲、刘姝、杨秀苔、Edy Wong:《国外消费者对"中国制造"的感知与评价及对中国企业的启示与建议——来自加拿大埃德蒙顿的调查》,《中国软科学》,2007年第1期。

[5] 何小洲:《国外消费者对"中国制造"的感知研究》,重庆大学博士学位论文,2009年。

制造如何实现在全球制造业价值链中的增值效应。①李秋杨、王国平的研究基于文化与话语的视角反思中国制造形象危机的产生根源，从跨文化角度探究中国制造的国际形象传播的文化话语路径。②陈晓一、迟晓明、李一行通过对商务部制作并在美国有线电视新闻网（CNN）等全球主流媒体上播出的以中国制造为主角的广告片的研究，提出国家形象修复理论视阈下的中国制造问题。③艾·里斯（Al Ries）认为在中国制造建立全球认知的过程中，针对中国制造的认知决定对中国的国家认知，因此，与其追问中国的国家认知对中国制造的认知有什么影响，不如反过来问中国制造对中国的国家认知有什么影响。事实上这是极其重要的问题。除非中国品牌被认知为世界级的品牌，否则中国永远无法成为世界级的生产国。④

其次，关于外籍人士的媒介使用行为与中国产品的认知和评价的研究也不断展开。就媒体本身而言，媒体报道也在不断关注有关中国制造及中国产品的相关内容。根据中国新华社报道，从基础建设到成套装备，从高精尖技术到制造服务，在迈向高质量发展的道路中，中国制造带来的发展红利日益为全球共享。⑤美国《纽约时报》报道认为，中国制造在一些人心中曾是廉价、粗糙的代名词。如今，当人们谈及中国制造，浮现更多的是敬畏与忧心。大至国家基础建设，小至电器零件，这个超级大国正在用中国制造改变世界。⑥显然，中美媒体不同报道的背后，体现的是两种不同的媒介议程设置和媒介报道框架的差异。

对于媒介和中国制造的研究，研究者也通过不同的研究方法，对媒体报

---

① 孔令丞、郁义鸿：《经济全球化与"中国制造"：一个基于价值链增值视角的研究》，《科技导报》，2005年第1期。
② 李秋杨、王国平：《文化与话语："中国制造"的国际形象传播》，《学术论坛》，2014年第2期。
③ 陈晓一、迟晓明、李一行：《国家形象修复理论视阈下的"中国制造"》，《新闻爱好者》，2010年第10期。
④ ［美］艾·里斯：《如何建立中国制造的全球认知》，《销售与市场》（管理版），2010年第2期。
⑤ 《中国制造：更开放 更强大》，新华社，2018年4月16日。
⑥ 《中国制造改变世界》，《纽约时报》（中文网），2018年11月23日。

道如何呈现中国制造进行了探究和分析。总体看来,通过这些研究结论可以看出,西方媒体基于西方中心主义的刻板印象,对于中国产品基本持有某种偏见,媒体中也常见对中国产品的污名化描述。这种倾向,一方面表明中国产品在进入世界的过程中,确实存在各类问题,亟待提高竞争力。另一方面,也折射出西方对于中国的发展所存在的刻板印象以及对中国产品所持有的偏见。刘晖、潘霁分析了《纽约时报》《华盛顿邮报》与《泰晤士报》等英美主流媒体报道中关于中国制造的报道框架等问题,研究发现美国媒体多将产品质量问题视为中国政经体系的整体性问题,而英国媒体更多从企业是否恪守道德或中国是否遵守国际产品标准的角度将该问题作为个别事件加以报道,认为不同框架方式反映出英美两国媒体在价值观和文化上的差异。显然,这种框架就包含有刻板印象的偏见。[1]田龙过认为应立足于国际传播视野探讨中国设计与中国制造的问题,中国产品设计应强调提取元素和组合逻辑的国际性与地方性的有机融合,强化国际传播意识,中国产品才能实现一品多重的叙事体系,才能成为国际贸易体系中自主讲述中国故事的国际媒体。[2]宋玉书、徐佳提出如何通过品牌传播,建立中国制造的新时代形象问题,该研究认为中国制造品牌传播应着力展示中国制造的技术创新和品质革命,讲好中国制造的精彩故事,重构中国制造的话语体系,改变关于中国制造的固有认知,引导国际社会重新认识新时代的中国制造、重新评估中国制造的价值和贡献。[3]闫隽、石静远通过内容分析方法,详细分析相关资料文献,从报道总量、报道重点、报道态度等维度,勾勒出了2007—2008年《华尔街日报》中有关中国制造和中国产品的媒介形象,这些形象基本趋于负面。[4]王秀丽、

---

[1] 刘晖、潘霁:《英美主流媒体报道中的"中国制造"》,《吉林大学社会科学学报》,2021年第4期。

[2] 田龙过:《国际传播视野中的中国设计与"中国制造"》,《包装工程》,2018年第20期。

[3] 宋玉书、徐佳:《品牌传播:重建中国制造的新时代形象》,《中国地质大学学报》(社会科学版),2018年第3期。

[4] 闫隽、石静远:《"中国制造"的西方媒介形象——对2007年、2008年〈华尔街日报〉的内容分析》,《河南社会科学》,2010年第1期。

韩纲通过对1979—2008年三十年间美国四家主流报纸有关中国制造的新闻报道进行内容分析,梳理了中国制造报道的相关特征及所呈现的新闻框架。研究发现,美国媒体呈现的中国制造的产品形象与中国的国家形象紧密相关、彼此影响,中国制造的形象变化受到产品质量、中美关系和大众传媒等因素的影响。[1]李彩霞通过对美国《纽约时报》和《时代》周刊的1991—2009年近二十年关于中国制造的报道做全面分析,发现这两种美国媒体建构的中国制造形象基本上都是负面的,这种建构包含从产品到产业、从产业到政府、从经济到政治的内在结构,同时以美国为中心,将国家利益和美国社会的意识形态、价值观作为先导,最终将中国制造因质量问题而产生的风险置换为中国政府制造的风险。[2]潘霁、刘晖考察了《纽约时报》与《华盛顿邮报》如何使用不同的框架报道中国产品质量问题及其成因的问题,讨论美国媒体报道中国制造的方式和框架理论的建构。[3]孙志祥选取2004—2013年英国《泰晤士报》对中国产品和品牌的新闻报道进行分析,该研究表明,《泰晤士报》在总体上构建了中国产品负面的品牌形象,如中国产品价廉物不美与盗版侵权严重、成本优势也在逐渐丧失等方面,认为该报以标签化中国产品品牌形象、弱化中国声音与强化西方声音三种方式建构中国产品品牌形象。[4]张敏、宜长春、林升栋基于Twitter用户的数据,探究了中国制造在国外社交媒体上的形象,认为国外社交媒体用户对中国产品的总体感知更趋于偏向负面。另外,从信息来源来看,消费者的主要信息来源还是传统大众媒体;从提及产品品类来看,仍以低技术产品为主,不过中高技术产品和文化产品有显著上升势头;从影响产品评价的因素来看,相较于外在线索,消费者更易受产品

---

[1] 王秀丽、韩纲:《"中国制造"与国家形象传播——美国主流媒体报道30年内容分析》,《国际新闻界》,2010年第9期。
[2] 李彩霞:《美国媒体对"中国制造"的建构与风险应对》,复旦大学博士学位论文,2010年。
[3] 潘霁、刘晖:《归罪政府与商家:美国主流报纸"中国制造"产品质量问题的报道新闻与传播研究》,《新闻与传播研究》,2013年第6期。
[4] 孙志祥:《英国媒体上的中国产品品牌形象——基于〈泰晤士报〉的十年内容分析》,华中科技大学硕士学位论文,2015年。

质量等内在线索的影响等。[1] 吴卫华的研究认为，中国品牌成为好莱坞电影新的中国元素，但是中国制造的好莱坞电影形象折射出浓厚的意识形态色彩。[2] 赵金红的研究认为美国媒体的偏见对于"中国制造"报道存在复杂性和不准确性。[3] 从这些研究可以看出，国外媒体，特别是英美等发达国家的媒体，对于中国制造和中国产品的建构还存在负面的评价，研究者也从政治意识形态、文化差异、产品认知和评价等各个方面探究了其中的原因。

值得一提的是，赵永亮、葛振宇通过实证研究方法，探讨汉语文化传播与中国制造的海外影响力，研究发现汉语文化传播对中国制造的海外贸易具有提升作用。研究认为汉语文化传播政策在短期作为信号机制具有宣传价值，长期而言，一方面会促进海外居民对中国制造的认知和认同度，另一方面会促进跨国人员交往，进而汉语文化传播可以扩大双边贸易的信息资本优势，间接通过增加"消费偏好效应"和"社会网络效应"，从而提升中国制造的贸易竞争力。汉语文化推广政策具有时滞性和国别差异性，对欠发达（或相对封闭）的非经合（OECD）国家的贸易影响更为显著。[4] 这些研究通过严谨的分析，探究汉语文化传播与中国制造之间的影响关系，为中国文化的全球传播提供了重要的研究视角。

由上述研究可以看出，外籍人士对于中国制造及中国产品的认知和评价的研究，主要是从产品感知和媒介建构视角来探究，多数研究立足于消费者问卷调查、媒介文本的内容分析来展开。相较而言，通过问卷调查等实证研究方法了解外籍人士的媒介使用、文化认知与中国制造的研究相对较少。由此，本研究以外籍留学生为研究对象，通过问卷调查方法，试图进一步了解他们的媒

---

[1] 张敏、宜长春、林升栋:《中国制造在海外社交媒体上的形象研究——基于Twitter上的数据》,《现代传播》(中国传媒大学学报),2016年第3期。

[2] 吴卫华:《"中国制造"的"罪与罚"——好莱坞电影里的"中国制造"形象》,《社会科学辑刊》,2016年第5期。

[3] 赵金红:《偏见下的美国媒体"中国制造"报道》,《中国记者》,2008年第11期。

[4] 赵永亮、葛振宇:《汉语文化传播与"中国制造"的海外影响力》,《南开经济研究》,2019年第3期。

介使用行为、文化态度偏向与对中国制造及中国产品的评价之间的影响关系，发现外籍留学生群体对于中国产品以及中国产品所传播的中国文化的内在特征的认知，从而为中国制造在全球传播中树立自身良好形象提出理论解释和现实策略。

## 二、中国制造研究的变量及调查

### （一）变量设定

#### 1. 人口变量

本研究人口变量包括性别、国家、以前是否来过中国、就读年级、专业、宗教信仰及家庭月收入等。性别分为（1）男，（2）女。专业分布包括（1）理科，（2）工科，（3）经贸/财会/企管，（4）艺术/外语/体育/传媒，（5）医药/卫生，（6）文史哲和教育。宗教信仰分为（1）佛教，（2）道教，（3）民间信仰，（4）伊斯兰教，（5）基督教/天主教，（6）无信仰。其他各项内容以实际填写为依据。

#### 2. 媒介使用

如前所述，媒介使用是观察媒介行为最常被采用的预测变量。媒介研究理论表明，媒介使用影响人们对事物的认知和评价。本章研究采用频率和时间两个维度来测量受访者的媒介使用行为，包括：（1）使用报纸、电视、网络、社交媒体、手机的频率；（2）平均每周使用报纸、电视、网络、社交媒体、手机的时间。

#### 3. 文化态度

态度是一种价值观的体现，如前所述，是人们对某种事物的总体评价。态度是后天习得的对某一特殊事物、情境、机构或人产生积极或消极反应的心理倾向。它由认知成分（知识的或智力的）、情感成分（情绪的或动机的）和外在表现（行为的或动作的）成分构成。态度是人们在自身道德观和价值观基础上对事物的评价和行为倾向，它使人们对某事物以一定的方式做出反应并付诸行动。对于文化的态度而言，亦是如此。在跨文化传播中，不同文化背景的受访者，基于对不同文化的认同度，会形成不同的文化态度，并进而影响对文化的评价。为了考察外籍留学生对中国文化的整体认同度，本研究设置了"你对中国文化的态度"问题，使用李克特5级量表进行测量，观察受访者的文化态度偏向。同时，设置了"来中国前（后），对中国及中国文化的印象"问题，考察受访者对于中国的整体印象，由此进一步探究关于中国文化的态度偏向。

### 4. 中国制造

中国制造就狭义而言，指的是中国的产品标签（Made in China或者Made in PRC），就广义而言，指的是全方位的商品，亦即是中国制造业生产方式和生产关系的代称。本研究这里所要探究的中国制造，主要是在狭义上针对外籍留学生对中国产品的认知和评价而展开的。以往研究表明，使用者关于产品的认知和评价主要指的是用户体验或刻板印象（Stereotype）。根据ISO9241-210标准，用户体验即用户在使用一个产品或系统之前、使用期间和使用之后的全部感受，包括情感、信仰、喜好、认知印象、生理和心理反应、行为和成就等各方面。[1]此外，卡纳克（Kaynak）和库卡米鲁格鲁（Kucukemiroglu）的研究报告提到中国产品在"合理的价格""吸引力"和"多样化选择"等属性上得到高的评价，而在"创新性"和"材料质量"上的评价最低。[2]可见，价格、吸引力、多样化等可以作为研究指标。科克萨尔（Koksal）和塔塔尔（Tatar）的研究提到国外消费者对中国产品在"价格""可靠性""耐用性"和"质量"

---

[1] Mirnig, Alexander; Meschtscherjakov, Alexander; Wurhofer, Daniela; Meneweger, Thomas; Tscheligi, Manfred. *A Formal Analysis of the ISO9241-210 Definition of User Experience*. Proceedings of the 33rd Annual ACM Conference Extended Abstracts on Human Factors in Computing Systems, 2015, pp. 437-450.

[2] Kaynak E.; Kucukemiroglu O. "Country-of-Origin Evaluations: Hong Kong Consumers' Perception of Foreign Products after the Chinese Takeover of 1997". *International Journal of Advertising*, 2001, Vol. 20(1), pp. 117-138.

方面的评价。① 综合各类关于中国产品研究的变量指标，本研究主要集中在"价格""质量""技术（水平）""（售后）服务"四个方面考察外籍留学生对中国产品的评价，具体测量采用李克特5级量表。通过克朗巴哈α信度检验，该量表的内部一致信度为α=.713，有高的信度水平。

## （二）样本及调查

本研究采取问卷调查法，于2018年10—12月，由上海交通大学43名本科同学组成的"外籍留学生与中国文化问卷调查"研究问卷调查组成员，分别在上海交通大学选修课教室、自习室、图书馆、留学生公寓等地点随机发放问卷共300份，回收问卷299份，其中有效问卷299份。由于客观条件所限，本研究无法对整个中国大陆外籍留学生群体进行全面抽样调查研究，因此，本研究不能确保统计结果全面反映外籍留学生的总体特征。

本研究的样本构成为外籍留学生，其中男性（156，52.2%）、女性（143，47.8%）。分别来自东方文化背景国家或地区（200，66.9%）、西方文化背景国家或地区（99，33.1%）。以前来过中国（164，54.8%）、以前未来过中国（135，45.2%）。来自发达国家或地区（160，53.5%）、来自发展中国家或地区（139，46.5%）。就读年级分布为大一（53，17.7%）、大二（108，36.1%）、大三（31，10.4%）、大四（22，7.4%）、硕士（67，22.4%）、博士（18，6.0%）。专业分布为理科（35，11.7%）、工科（108，36.1%）、经贸/财会/企管（64，21.4%）、艺术/外语/体育/传媒（63，22.1%）、医药/卫生（3，1.0%）、文史哲和教育（9，3.0%）。宗教信仰分布为佛教（39，13.0%）、道教（8，2.7%）、民间宗教信仰（4，1.3%）、伊斯兰教（48，16.1%）、基督教/天主教（53，17.7%）、无信仰（134，44.8%）、其他（13，4.3%）。

---

① Köksal, Yüksel; Tatar, Albana. "Foreign Product Perception in Albanian Market; an Analysis of Country Origin Image, Ethnocentrism and the Position of Turkish Products". *Ege Akademik Bakış*, Ege University Faculty of Economics and Administrative Sciences, 2014, Vol. 14(4), pp. 571-581.

## 三、媒介使用与中国制造的特征

### （一）外籍留学生媒介使用行为及对中国制造的总体认知和评价

本研究首先调查的问题是外籍留学生媒介使用行为的总体情况。第一，本研究对外籍留学生基本的媒介使用行为进行调查。结果表明（如表10-1所示），外籍留学生最常使用的媒体是"手机"（5.00，SD=.058），其次是"网络"（4.77，SD=.765）、"社交媒体"（4.41，SD=1.202），显然，"电视"（1.81，SD=1.213）、"报纸"（1.71，SD=1.152）等传统媒体，成为外籍留学生很少使用的媒体。无疑这和当代全球媒体发展的现状是一致的，手机、网络、社交媒体等新媒体占据了人们的主要媒介空间。第二，本研究还设置了"您通常更愿意通过哪种媒体获取有关中国及中国文化的信息"，以及"您更相信哪种媒体关于中国及中国文化的信息是准确的"两个问题，借以观察外籍留学生的媒介使用的选择和信任度的问题。结果表明，外籍留学生选择更愿意通过"网络"（160，53.5%）了解有关中国及中国文化的信息，也就是说，过半数的外籍留学生获取关于中国及中国文化的信息依赖于网络。对于信息可信度而言，外籍留学生也更加信任"网络"（90，30.1%）、"报纸"（85，28.4%）关于中国及中国文化的信息，也就是说，近三成的外籍留学生更偏向于信任网络、报纸关于中国及中国文化的报道信息。亦即外籍留学生对于网络等新媒体的依赖度亦较高，对于报纸等传统媒体的信任度则更高。这也体现了受众对于新媒体和传统媒体使用的普遍差异。

表10-1　外籍留学生的媒介使用行为（ *n*=299 ）

| 项目 | 均值（M） | 标准差（SD） | 标准误差（SE） |
| --- | --- | --- | --- |
| 报纸 | 1.71 | 1.152 | .067 |
| 电视 | 1.81 | 1.213 | .070 |
| 网络 | 4.77 | .765 | .044 |
| 社交媒体 | 4.41 | 1.202 | .070 |
| 手机 | 5.00 | .058 | .003 |

*注：① 使用程度评分值（1=不使用，5=经常使用）。
② t检验显示，受访者的媒介使用，各均值差异均达到统计显著水平。

其次，本研究探究了外籍留学生对中国制造的总体认知和评价。第一，为了全面了解外籍留学生对于中国制造的总体认知，本研究设置了开放式问题，即对中国文化的总体认知，其中包括对中国制造的认知，涉及问题有"经济繁荣的""科技进步的""食品危险的""产品山寨的"等。调查结果表明，外籍留学生对于中国制造的总体认知结果为"经济繁荣的"（171，57.2%）、"科技进步的"（147，49.2%）、"食品危险的"（67，22.4%）、"产品山寨的"（62，20.7%）。第二，对于中国制造具体评价而言，本研究重点针对中国产品的"价格""质量""技术""服务"进行信任评价调查，结果表明（如表10-2所示），外籍留学生对于中国产品的"价格"与"技术"评价得分最高，对于中国产品的评价均值为"价格"（3.62，SD=1.005）、"技术"（3.51，SD=.925）、"质量"（3.16，SD=.905）、"服务"（3.04，SD=1.100）。由此可见，"价格低廉"依然是外籍留学生对于中国产品的基本印象。

表10-2　外籍留学生对于中国制造的总体评价（$n=299$）

| 项目 | 均值（M） | 标准差（SD） | 标准误差（SE） |
| --- | --- | --- | --- |
| 价格 | 3.62 | 1.005 | .058 |
| 质量 | 3.16 | .905 | .052 |
| 技术 | 3.51 | .925 | .053 |
| 服务 | 3.04 | 1.100 | .064 |

*注：①评价程度评分值（1=不认同，5=非常认同）。
②t检验显示，受访者对中国制造的评价，各评价均值差异均达到统计显著水平。

## （二）来自不同发展水平国家或地区的外籍留学生对中国制造的评价差异

本研究还对来自不同发展水平国家或地区的外籍留学生对中国制造的评价差异进行考察。在本次调查中，外籍留学生来自美国、英国、德国、法国、意大利、加拿大、比利时、奥地利、新西兰、希腊、捷克、波兰、伊朗、科威特、阿尔巴尼亚、安提瓜和巴布达、保加利亚、澳大利亚、俄罗斯、日本、韩国、菲律宾、马来西亚、新加坡、越南、泰国、缅甸、老挝、印度、印度尼西亚、柬埔寨、巴基斯坦、哈萨克斯坦、孟加拉国、乌兹别克斯坦、约旦、尼日利亚、埃及、巴西、土耳其、埃塞俄比亚、巴拿马、秘鲁、加纳、阿根廷、南非、哥斯达黎加、委内瑞拉、乌干达、冈比亚、莫桑比克、毛里求斯、塞浦路斯等美洲、欧洲、大洋洲、非洲、亚洲不同的国家或地区。

为了便于观察不同发展水平国家或地区对产品评价影响的差异，本研究将外籍留学生来源国家或地区进行合并，即按照经济发展程度，将其分为发达国家或地区和发展中国家或地区两大类别，然后对此两组差异进行分析。通过对不同发展水平国家或地区的外籍留学生的中国制造评价进行方差检验，结果表明（如表10-3所示），对比外籍留学生对中国制造的评价，就"价格""质量""技术""服务"各项变量而言，来自发达国家或地区的外籍留学生比来自发展中国家或地区的外籍留学生对中国制造的评价偏低，在"质量""技术"与"服务"三项中，来自发达国家或地区和发展中国家或地区的外籍留学生对中国制造评价差异达到显著。可见，外籍留学生来自不同发展水平国家或地区是影响中国产品评价的重要因素。

表10-3　来自不同发展水平国家或地区的外籍留学生对于
中国制造评价的ANOVA分析（$n=299$）

| 项目 | 所来自的国家或地区 | 均值（M） | 标准差（SD） | 标准误差（SE） | 显著性（Sig） |
|---|---|---|---|---|---|
| 价格 | 发达 | 3.61 | 1.073 | .085 | .843 |
|  | 发展中 | 3.63 | .918 | .078 |  |
| 质量 | 发达 | 3.06 | .979 | .078 | .05* |
|  | 发展中 | 3.27 | .804 | .068 |  |
| 技术 | 发达 | 3.35 | .942 | .075 | .002*** |
|  | 发展中 | 3.68 | .878 | .074 |  |
| 服务 | 发达 | 2.76 | 1.070 | .085 | .000*** |
|  | 发展中 | 3.35 | 1.055 | .090 |  |

*注：① 变量编码：国家（1=发达国家或地区，2=发展中国家或地区），中国制造评价（1=不认同，5=非常认同）。

② *$p<.05$，**$p<.01$，***$p<.001$。

## (三)外籍留学生的中国文化印象和中国文化态度偏向对于中国制造评价的影响

本研究还探讨了外籍留学生的中国文化态度偏向对于中国制造评价的影响,本研究首先设置了"你对中国文化的态度"问题,同时,设置了"来中国前(后),对中国的印象"问题,考察受访者对于中国的整体印象,通过使用李克特5级量表进行测量,观察受访者的对于中国文化态度的偏向,进而探究对中国制造评价的影响。调查结果表明(如表10-4所示),无论是外籍留学生对于中国文化的态度偏向,还是来中国前或来中国后对于中国的总体印象,这两个变量与对中国制造的评价,都达到了显著水平。结果表明,无论是对于中国的文化态度还是印象,与对于中国制造的评价呈显著正相关。可见,外籍留学生的中国文化印象和中国文化态度也是影响中国产品评价的重要因素。

表10-4 外籍留学生中国文化印象、中国文化态度偏向与
对中国制造评价的相关性分析($n=299$)

| 项目 | 均值(M) | 标准差(SD) | 1 | 2 | 3 | 4 | 5 | 6 | 7 |
|---|---|---|---|---|---|---|---|---|---|
| 1. 中国文化态度 | 4.09 | .843 | 1 | | | | | | |
| 2. 来中国前中国文化印象 | 3.63 | 1.061 | .314** | 1 | | | | | |
| 3. 来中国后中国文化印象 | 4.12 | .804 | .559** | .443** | 1 | | | | |
| 4. 价格 | 3.62 | 1.005 | .123* | .122* | .113 | 1 | | | |
| 5. 质量 | 3.16 | .905 | .259** | .299** | .351** | .319** | 1 | | |
| 6. 技术 | 3.51 | .925 | .271** | .317** | .376** | .329** | .568** | 1 | |
| 7. 服务 | 3.04 | 1.100 | .250** | .276** | .219** | .222** | .449** | .467** | 1 |

*注:*$p<.05$,**$p<.01$,***$p<.001$。

## （四）人口变量、媒介使用、中国文化态度偏向与中国制造评价的回归分析

本研究通过阶层回归分析，还探讨了人口变量、中国文化态度偏向、媒介使用对于中国制造评价的预测力。在回归分析中，其中第一层输入性别、以前是否来过中国、年级、专业、宗教信仰等人口变量，第二层输入来中国前/来中国后对中国及中国文化的印象、中国文化态度偏向等有关变量，第三层输入媒介使用各变量，并得出结果（如表10-5所示）。

就外籍留学生对于中国制造的评价而言，在控制其他变量后，人口变量对中国制造评价没有影响。本研究结果表明，仅有专业对于中国产品评价中的"价格"（Beta=-.136，$p<.05$）达到显著水平，其他未见影响。总体而言，人口变量对中国制造评价的差异未达到显著水平。

从外籍留学生中国文化态度偏向对中国制造评价影响来看，本研究结果表明，来中国前对中国制造评价中，"质量"（Beta=.181，$p<.01$）、"技术"（Beta=.184，$p<.001$）、"服务"（Beta=.202，$p<.001$）达到显著水平。来中国后对中国制造评价中，"质量"（Beta=.240，$p<.01$）、"技术"（Beta=.269，$p<.001$）达到显著水平。就中国文化态度偏向而言，对中国制造评价，仅有"服务"（Beta=.180，$p<.001$）达到显著水平。总的来看，相较于中国文化态度偏向，中国及中国文化印象对于中国制造评价更具影响力。

就外籍留学生媒介使用对中国制造评价影响看，本研究考察了报纸、电视、网络、社交媒体、手机等媒体使用行为，结果表明，外籍留学生的媒介使用行为对于中国制造评价影响程度不同。就阅读报纸看，只有"价格"（Beta=.121，$p<.05$）达到显著水平。就看电视而言，皆未达显著水平。就网络使用而言，"价格"（Beta=.154，$p<.01$）、"质量"（Beta=-.107，$p<.05$）、"技术"（Beta=.115，$p<.05$）三个变量都达到显著水平。就社交媒体使用而言，仅有"技术"（Beta=.-111，$p<.05$）达到显著水平。就手机使用而言，也仅有"质量"（Beta=-.145，$p<.01$）达到显著水平。由此可见，外籍留学生的媒介使用与对中国制造评价，报纸、电视等传统媒体几乎没有影响力，而

网络依然发挥着重要的作用。但就对中国产品的质量评价看，网络使用与评价呈负向关系，亦即网络使用可能会强化中国产品的"质量负面"的评价。对于社交媒体使用而言，则强化了对于中国产品的"技术负面"的评价。这些差异，其实都是中国制造在现实传播实践中建构自身品牌时需要认真面对的问题。

表10-5　人口变量、中国文化态度偏向、媒介使用与中国制造评价的回归分析（$n=299$）

| 自变量/因变量 | | 中国制造评价 | | | |
|---|---|---|---|---|---|
| | | 价格 | 质量 | 技术 | 服务 |
| 第一阶层（人口变量） | 性别 | .027 | .009 | .025 | .041 |
| | 以前是否来过中国 | -.025 | .002 | .013 | .043 |
| | 年级 | .003 | .085 | .100 | -.012 |
| | 专业 | -.136* | -.094 | -.047 | -.112 |
| | 宗教信仰 | .095 | .020 | -.011 | -.094 |
| | Adjusted $R^2$ | .005 | .001 | .006 | .001 |
| 第二阶层（文化态度） | 来中国前中国文化印象 | .087 | .181** | .184*** | .202*** |
| | 来中国后中国文化印象 | .047 | .240** | .269*** | .056 |
| | 中国文化态度偏向 | .061 | .062 | .081 | .180*** |
| | Adjusted $R^2$ | .019 | .150 | .172 | .109 |
| 第三阶层（媒介使用） | 报纸 | .121* | .035 | .046 | .011 |
| | 电视 | .005 | -.043 | .069 | .099 |
| | 网络 | .154** | -.107* | .115* | -.015 |
| | 社交媒体 | -.061 | -.031 | -.111* | -.020 |
| | 手机 | -.073 | -.145** | .054 | -.099 |
| | Adjusted $R^2$ | .044 | .163 | .184 | .110 |

\*注：①表内数字为所有变量输入回归方程式后，最后的标准回归系数（Final Betas）。
②变量编码：性别（1=男，2=女），中国文化印象（1=非常差，5=非常好），中国文化态度偏向（1=不喜欢，5=非常喜欢），中国制造评价（1=不认同，5=非常认同）。
③\*p<.05，\*\*p<.01，\*\*\*p<.001。

## 四、本章总结与讨论

本研究的发现在一定程度上反映出外籍留学生的人口变量、媒介使用、中国印象和中国文化态度偏向对于中国制造评价的影响关系,研究结果表明,对于中国制造评价而言,受访者人口变量的差异并未对中国制造评价产生影响,媒介使用对于中国制造评价的影响则在不同层面上有所体现,对于中国及中国文化的印象以及文化态度偏向则是影响中国制造评价的重要因素,同时来自不同经济发展水平国家或地区的外籍留学生对于中国制造的评价也有差异。

第一,外籍留学生对于中国制造的总体评价偏向正面。从本研究的结论看,外籍留学生对中国制造的总体认知和评价,是建立在对中国社会的总体认识上而得出的,即外籍留学生总体认为中国是"经济繁荣的"和"科技进步的",对中国的总体认知偏向正面,反之,对于长期以来形成的中国"产品山寨的"刻板印象并不十分认同。对于中国制造具体评价而言,外籍留学生对于中国产品的"价格"与"技术"评价最高,但对"质量"和"服务"依然评价较低。也就是说,和以往的研究相似,"价格低廉"依然是外籍留学生对于中国产品的基本印象,这也是长期以来中国制造在国际社会留下的刻板印象。何小洲等人的研究表明,大多数消费者认为中国是制造大国,中国产品价格便宜,但有些质量非常好,有些质量很差。他们喜欢中国制造,但通常不熟悉中国品牌,认为中国是帮助外国公司制造产品,消费者购买产品的时候并不注意原产地。[1] 相较而言,近年来随着中国制造不断产生影响,中国产品已经全面融入世界,外籍留学生也不再刻板地感知中国产品,对中国制造的评价变得更加全面。这其中很重要的原因是中国国家形象的改变,朱艳慈等人的研究表明,国家形象、产品形象、品牌形象之间存在着互相影响的关系。[2] 由此,随

---

[1] 何小洲、刘姝、杨秀苔、Edy Wong:《国外消费者对"中国制造"的感知与评价及对中国企业的启示与建议——来自加拿大埃德蒙顿的调查》,《中国软科学》,2007年第1期。

[2] 朱艳慈、刘永新、侯立松:《"中国制造"海外形象结构层面的内在机理研究》,《中国集体经济》,2018年第4期。

着中国国家形象的不断提升，中国制造也不断得到正面评价。

第二，外籍留学生人口变量、媒介使用对中国制造评价的影响关系。对于消费者对产品评价的研究，以往的重点在于基于产品原产地效应理论，探讨消费者对于特定产品的评价。自斯科勒（Schooler）在1965年提出原产地效应理论以来，大多数学者通过对不同国家不同产品的调查，用实证分析证明原产地效应的普遍存在。[①]在这些研究中，通过结合消费者人口变量，探究对产品评价的影响的，如斯科勒以美国消费者为研究对象进行调查分析后发现，消费者的年龄、性别、文化程度、种族和肤色等消费者个人因素会影响原产地效应。格里尔（Greer）的研究结果进一步验证了斯科勒的结论，格里尔指出年龄会影响消费者对产品的评价。[②]但多诺夫（Dornoff）的研究结果部分否定了斯科勒的结论，多诺夫的研究表明，文化程度会影响消费者的原产地形象效应，但性别对原产地形象效应的影响并不显著。[③]但是，何小洲等人探究外国消费者对中国产品的原产地效应时发现，消费者的年龄、受教育程度、收入、文化背景，产品的价格、质量、原产地、品牌、式样，以及商店、包装等因素并不十分相关。[④]也就是说，对于中国产品的评价，人口变量并不是主要的影响因素。本研究通过阶层回归分析，探究性别、以前是否来过中国、年级、专业、宗教信仰等人口变量的影响，发现其对外籍留学生对于中国制造的评价几乎没有影响。

此外，很多的文献也探讨了刻板印象对消费者感知和购买行为的影响，

---

① Schooler, Robert D. "Product Bias in the Central American Common Market". *Journal of Marketing Research*, 1965, Vol. 2(4), pp. 394–397.
② Greer, Thomas V. "British Purchasing Agents and European Economic Community Some Empirical Evidence on International Industrial Perceptions". *Journal of Purchasing*, 1971, Vol. 7(2), pp. 56–63.
③ Dornoff, Donald J.; Tankersley, Clint B.; White, Gregory P. "Consumer's Perceptions of Imports". *Akron Business and Economic Review*, 1974, Vol. 5(2), pp. 26–29.
④ 何小洲、刘姝、杨秀苔、Edy Wong：《国外消费者对"中国制造"的感知与评价及对中国企业的启示与建议——来自加拿大埃德蒙顿的调查》，《中国软科学》，2007年第1期。

显然，大众传播媒介是消费者刻板印象形成的重要途径，对于产品的刻板印象评价，与媒介使用以及媒介议程设置有紧密关联。张敏、宜长春、林升栋等人的研究认为，对于产品评价而言，消费者的态度评价主要受大众媒体报道的影响，无论是哪种评价，大众媒体都是最主要的消息来源，大众媒体具有很强的议程设置作用。同时，消极评价中，消费者受人际传播或是消费体验影响的比例略高，这也说明网络使用者传播负面信息的偏好。[1]本研究通过对外籍留学生媒介使用行为的调查发现，外籍留学生最常使用的媒体是手机，其次是网络、社交媒体，电视、报纸等传统媒体则很少使用。同时，网络则是外籍留学生了解中国及中国文化信息的主要手段。但是，对于媒体信息的可信度而言，外籍留学生更偏向于信任网络、报纸关于中国及中国文化的报道信息。就媒介使用行为与中国制造评价关系而言，传统媒体如报纸、电视等几乎没有影响力，网络则是主要途径，但同时网络使用可能会强化中国产品质量负面的评价。对于社交媒体使用而言，则强化了中国产品的技术负面的评价，这一结论与张敏等人的研究亦有相同之处。

第三，外籍留学生来自不同发展水平的国家或地区，以及文化认同对中国制造评价的差异。以往关于外籍留学生对于中国文化认同的研究表明，外籍留学生关于中国印象的评价，受自身文化背景和历史经验的影响，东西方不同文化背景的外籍留学生建构中国文化的认知框架并不相同。[2]但是，本研究发现，对于中国制造的评价，东西方文化背景的差异却并未产生影响，反而是由于各自国家不同的经济发展水平，外籍留学生对于中国制造的评价有明显的差异。此外，外籍留学生对于中国文化的印象和态度也是影响中国制造评价的重要因素。由此可以推论，首先，外籍留学生对于中国产品的评价，应该存在着效用递减的认知特征。本研究结果表明，来自发达国家或地区的外籍留学生比

---

[1] 张敏、宜长春、林升栋：《中国制造在海外社交媒体上的形象研究——基于Twitter上的数据》，《现代传播》（中国传媒大学学报），2016年第3期。

[2] 任迪、姚君喜：《外籍留学生"中国及中国文化印象"认知和评价的实证研究》，《当代传播》，2018年第2期。

来自发展中国家或地区的外籍留学生对中国制造的评价普遍更低。就此结论，可接受的解释是，对于消费品而言，相较于发展中国家或地区的消费者，发达国家或地区的消费者对于产品消费的"边际效用"是递减的。对于中国制造的评价，亦是如此。从另一角度看，中国制造在虽然在发展中国家或地区获得了良好的声誉，但与发达国家或地区比较起来仍然有差距，这种"比上不足，比下有余"的状态，也是需要中国制造业注意的问题。其次，文化认同是影响外籍留学生对于中国制造的评价的主要因素，由于文化认同所形成的文化建构，在跨文化传播中对他者的文化产生所谓"晕轮效应"，即是指一个人对另一个人（或事物）的最初印象决定了他的总体看法，而看不准对方的真实品质，从而形成一种好的或坏的"成见"。本研究结果表明，外籍留学生对于中国及中国文化的印象，以及由此形成的中国文化态度偏向与中国制造评价之间呈显著正相关。也就是说，外籍留学生对于中国文化的强烈认同，导致了某种程度的"晕轮效应"，即对中国制造的评价由此也非常正面。可见，良好的文化形象以及国家形象是影响中国产品评价的重要因素。文化态度形成后，则具有一定程度的稳定性。有研究同时也表明，外籍留学生对于中国文化态度偏向评价在形成比较稳定的判断后，不会因为直接经验的影响而改变。[①]

总之，中国文化认同是中国产品乃至中国制造认同的基础性因素，中国制造不仅仅是向世界提供物质产品，同时也将中国的商业文明乃至中国文化传播到全世界。本章的研究对象是具有高等教育背景的外籍留学生，作为全球发展的未来中坚力量，他们对于中国制造以及中国文化的认知、评价和传播，在全球范围内具有极其重要的示范意义。外籍留学生作为传播主体，通过对中国及中国文化的认知，形成了良好的中国印象，同时，他们通过自己直观的经验感受，获得对于中国的正面印象和明晰认知，那么，他们便会有意识地把这种正面印象传播到他们自己生活的各个方面，从而促进世界对于中国及中国制造

---

① 朱佳妮、姚君喜：《外籍留学生对"中国文化"认知、态度和评价的实证研究》，《当代传播》，2019年第1期。

的了解和认可。所以，本研究对于如何在全球范围内提升中国制造影响力的重要启示，还在于对于中国产品的全球形象而言，除了提高自身质量等因素外，如何提升文化认同也是不可忽视的重要因素，并应努力实现由"中国制造"向"中国智造"的转变和提升，这也正是本研究的现实意义所在！

原载《当代传播》2020年第4期，本章有修改

# 第十一章

# 互联网使用与中国文化接受

媒介使用是建构文化认同的主要途径和手段，互联网成为当代受众的主要媒体接触形态。本章内容通过对北京、上海、广州1150名外籍留学生的问卷调查，试图观察和解释在华外籍留学生的人口变量、互联网使用与中国文化认同之间的内在关系，同时考察媒介信息源、媒介信任度、媒介依赖度的影响。研究发现：第一，外籍留学生中国文化认同的"认知—情感—行为"结构中，中国文化情感认同尤为明显。第二，外籍留学生的互联网使用与中国文化认同之间影响显著。第三，外籍留学生的互联网使用动机、使用内容对中国文化认同具有直接影响。第四，就媒介信息源、媒介信任度、媒介依赖度对外籍留学生的互联网使用行为与中国文化认同的影响看，媒介信息源的影响最为显著。

全球化背景下，世界范围内的人员、信息等流动加剧，世界各地的人们在全球范围内自由流动、定居，加之互联网等现代信息技术的发展，各类文化形态交汇融合变得更加便捷，文化多元化背景下的文化差异和文化认同成为全球化发展中的重要议题。文化是人类社会群体有意识地建构自我认同和他者认同的基本形式，认同是文化本身固有的基本属性，建构共有的价值系统、共享的文化形态，往往是民族、国家、社会建构认同的基本手段。随着中国文化全球传播的加强，在中国学习的外籍留学生数量不断增加，成为中国文化全球传播的重要途径。外籍留学生通过语言学习，接触中国文化，成为中国文化传播的重要中介。外籍留学生在学习中国文化的过程中，通过接触各类媒介形式，同时也对中国文化产生认同。那么，外籍留学生的互联网使用状况与中国文化认同之间的影响关系如何，这是本研究要观察和解释的主要问题。具体而言，本研究则通过外籍留学生互联网使用频率、使用时间、使用动机、使用内容等微观方面的观察，试图探究与中国文化符号、中国文化类型、中国文化情感、中国文化行为等方面的认同的内在关系，同时，也试图解释媒介信息源、媒介信任度、媒介依赖度等因素对互联网使用与中国文化认同的影响。

## 一、媒介使用与文化认同

### （一）文化认同

文化认同（Culture Identity）是对本国文化和他者文化的社会建构过程。

人们生活在意义世界之中,文化世界是人类社会建构意义的产物,是物质世界、认识世界之外的第三世界。文化认同主要表现为个人对社会的认同,它体现的是个人的社会化过程,即个人对社会所建构的文化的习得过程。社会对个人的认同,则体现在社会的基本文化规范在个人中的普及、推广和传播。"文化认同不仅仅是某个群体类别或标签,而涉及对一个或多个文化群体的归属感以及与群体成员相关的感觉。"[1]每个人身处自己的文化,潜移默化形成对自身文化不自觉的认同。而当他者进入不同于自身文化的异文化时,他们的文化认同就表现为不仅是对自己本国的原有文化的认同,还形成了对所在国的文化认同。文化认同不仅是自身对母国文化的认同,同时还包括对他者文化的认同。文化认同是文化与文化之间传播的结果。以往关于文化认同的研究在两个层面:一是国家内部的文化认同,二是外来移民的文化认同。[2]因此,文化认同就体现了文化的差异性和共通性的特征。黄葳葳就认为,文化认同就是人们"对文化的认识、学习与接纳程度"[3]。郑晓云也认为"文化认同是人类对于文化的倾向性共识与认可"[4]。可见,文化认同的核心是通过差异化而反观文化从而形成共享的文化价值。文化认同的内涵包括人的社会属性和文化属性,因此文化认同会随社会属性和文化属性的变化而变化,具有一定的可变性。但是,人们选择认同某种文化理念、思维方式、行为规范的同时也体现个人的价值取向和价值观。由此,文化认同的最为核心的是价值认同和价值观认同。[5]

文化认同表现在多个方面,如政治、语言、观念等,几乎与人的活动有关的领域都有可能存在文化认同的问题。就实践层面而言,文化认同主要表现为双方具有相同的文化背景或承认、接受对方的文化。就具体研究看,文化认

---

[1] Phinney, Jean S. "Ethnic Identity in Adolescents and Adults: Review of Research". *Psychological Bulletin*, 1990, Vol. 108(3), pp. 499-514.

[2] 张国良、陈青文、姚君喜:《媒介接触与文化认同——以外籍汉语学习者为对象的实证研究》,《西南民族大学学报》(人文社会科学版),2011年第5期。

[3] 黄葳葳:《文化传播》,正中书局,1999年,第306页。

[4] 郑晓云:《文化认同论》,中国社会科学出版社,1992年,第4页。

[5] 张云鹏:《文化权:自我认同与他者认同的向度》,社会科学文献出版社,2007年,第214页。

同分为四个层次：文化认同的最高层次是对文化本体的认同，即对本文化的认同；其次是对家庭、家族等血缘关系的认同；再者是对本文化包含的其他文化要素的认同，如对各种文化要素的认同或对文化各个方面的认同；最后是在文化交融过程中对异文化的认同。[1]文化认同建立在基本的身份认同之上，是不同的人们之间或个人同某个群体之间对于某种共有的文化认知的确认。人们之间在文化上的认同，主要表现为双方相同的文化背景、文化氛围，或对他者文化的承认与接受。具体则表现为，使用相同的文化符号、遵循共同的文化理念、秉承共有的思维模式和行为规范等。[2]

在具体的研究分析中，文化认同如何观察和测量，亦为研究者所面对的难题。为了便于研究和分析，研究者通过"认知—情感—行为"基本模式，从对具体的文化符号、文化观念、文化情感、文化行为等的认知评价层面观察文化认同。菲尼（Phinney，1989）提出了认同的四个维度即自我认同、认同的实现、行为和归属感，而且根据这四个维度编制的量表也有较好的信度和效度。后来理查德和柳哥哲（Richard M. Lee & Hyung Chol，2004）使用了菲尼的MEIM（Multigroup Ethnic Identity Measure）量表（1972）对亚裔的大学生进行测量，通过探索性因素分析抽取了认知分类、情感自豪和行为承诺三个维度，基本上验证了菲尼的量表的结构。而科旺和索多斯基（Kwan & Sodowsky，1997）认为认同包括认知、道德、情感和行为四个维度。[3]张国良、陈青文、姚君喜的研究提出，测量外国人的中国文化认同，可从"文化认知—文化情感—文化行为"展开，"文化认知"定义为基本了解对方的文化，"文化情感"定义为喜好对方的文化，"文化行为"定义为参与或模仿、学习对方的文化。[4]吴世文、石义彬认为，测量中国人的本国文化认同，则可将"文化认知"定义

---

[1] 郑晓云：《文化认同论》，第33—39页。
[2] 崔新建：《文化认同及其根源》，《北京师范大学学报》，2004年第4期。
[3] 王宁、原源、原一川：《二语习得中的文化认同研究综述》，《云南师范大学学报》（对外汉语教学与研究版），2014年第3期。
[4] 张国良、陈青文、姚君喜：《媒介接触与文化认同——以外籍汉语学习者为对象的实证研究》，《西南民族大学学报》（人文社会科学版），2011年第5期。

为对中华民族的历史传说、风俗习惯、语言文字以及传统文化（饮食、服饰等）等的认识与了解、传承文化的责任感和文化自豪感；将"文化情感"定义为对中国文化及中国人的归属倾向，以及对中国文化的喜好程度；将"文化行为"定义为按照中国文化的理念、规范等开展行为的意向，以及在日常生活中与其他中国人保持一致的意向。[①] 本研究对于中国文化认同的测量，依然是在"认知—情感—行为"的基本模式下展开。

## （二）互联网使用与中国文化认同

就媒介使用与文化认同的研究看，E.帕克（Robert E. Park，1922）在《移民报刊及其控制》中，以当时将同化作为基本的认同基础为理论背景，讨论移民报刊是族群认同的制动器还是加速器的问题，对移民报刊加强群体认同的功能做出了分析。帕克的研究是较早的关于媒介使用与文化认同之间的关系的研究文献。[②]凯尔纳（Douglas Kellner）也讨论了现代社会、后现代社会状况下的媒介使用与文化认同的问题。[③]卡茨（Elihu Katz）提出媒介研究的"使用与满足"理论（Uses and Gratification Theory），考察了受众使用媒介的主动性，即媒介使用的动机成为媒介使用行为研究的重点。"使用与满足"理论将受众与媒介的接触行为，概括为一个"（社会因素＋心理因素）—媒介期待—媒介接触—受众需求满足"的因果反应过程。[④]从深层次分析看，这个基本模式就包含着媒介使用与文化认同的内在的逻辑关系。

---

[①] 吴世文、石义彬：《我国受众的媒介接触与其中国文化认同——以武汉市为例的经验研究》，《新闻与传播研究》，2014年第1期。

[②] 陈静静：《互联网与少数民族多维文化认同的建构——以云南少数民族网络媒介为例》，《国际新闻界》，2010年第2期。

[③] Kellner, Douglas. *Media Culture: Cultural Studies, Identity and Politics between the Modern and the Post-modern*. Taylor and Francis, 2003.

[④] Katz, E.; Blumler, J. G.; Gurevitch, M. "Utilization of Mass Communication by the Individual". In J. G. Blumler & E. Katz, Eds. *The Uses of Mass Communications: Current Perspectives on Gratifications Research*. Beverly Hills, 1974, pp. 19-31.

对于互联网使用与文化认同的总体性研究而言，张珂文、郝晓鸣等学者的研究认为，互联网对传统媒介功能的补充和扩张，强化了成员与族群文化和社会的联系。[1]本迪斯·普什蒂纳（Pustina）的研究也表明互联网使用对于全球移民的文化认同具有重要的作用。[2]汉斯·伊博尔德（Hans Ibold）研究认为全球化背景下互联网使用使得身份认同呈现为中间状态，既保持原有的内容又增加新的因素。[3]黄卫星、张玉能的研究提出，在互联网语境下，丰富、多元、无边界的文化记忆，可以使得国家认同变得更加具有选择性、挑战性、复杂性；在互动性的互联网中，互补性、矛盾性、融合性的文化记忆，可以使得国家认同产生互助性、对立性、融通性；在多媒体互联网中，立体性、联觉性、逼真性的文化记忆，可以形成国家认同的多重性、情感性、理智性。[4]胡百精认为，互联网引发公共危机呈现为多元意见、利益和价值的博弈，以及各方对话语权、合法性的竞争，这种博弈和竞争一方面可能引发剧烈的社会冲突，另一方面也积蓄着强烈的协商、对话、重塑社会认同的潜能。[5]王文彬、吴海琳基于CGSS 2010数据的实证分析证明，互联网使用对当前网络化时代社会公平认同意识和社会冲突认同意识具有显著作用，互联网使用导致社会公平认同意识下降以及社会冲突认同意识加剧，并且是否使用互联网存在群体间基本特征的显著差异。[6]黄丽娜的研究也表明，互联网使用正向影响青年的阶层认同，并对其他社会因素与青年阶层认同之间的关系起调节作用，互联网在一

---

[1] Zhang, Kewen.; Hao, Xiaoming. "The Internet and the Ethnic Press: A Study of Electronic Chinese Publication". *The Information Society*, 1999, Vol. 19(1), p. 15.

[2] Pustina, Bendis. "Transmitting Albanian Cultural Identity in the Age of the Internet". *New Review of Information Networking*, 2016, Vol. 21(1), pp. 24–36.

[3] Ibold, Hans. "Disjuncture 2.0: Youth, Internet Use and Cultural Identity in Bishkek". *Central Asian Survey*, 2010, Vol. 29(4), pp. 521–535.

[4] 黄卫星、张玉能：《互联网语境下的文化记忆与国家认同》，《武汉理工大学学报》（社会科学版），2018年第2期。

[5] 胡百精：《互联网、公共危机与社会认同》，《山东社会科学》，2016年第4期。

[6] 王文彬、吴海琳：《互联网使用及其对社会认同的影响——基于CGSS 2010数据的实证分析》，《江海学刊》，2014年第5期。

定程度上促进并重塑了青年的主观社会分层。①

　　楚雪、张国良专门探究了在美大学就读的中国留学生互联网使用与文化认同的关系,发现不同语言的使用对文化认同的影响不同,英文互联网使用行为对美国文化认同产生显著正向影响,对中国文化认同产生显著的负向影响。同时,互联网使用动机、互联网自我效能以及通过互联网与家人联系的频率对文化认同有显著影响。②此外,中国学生与他国学生在美国和本国文化认同以及互联网使用方面存在若干差异,互联网使用对他们的文化认同具有不同影响。③郑雪、王磊对澳大利亚中国留学生的文化认同、社会取向及主观幸福感的研究发现,随着文化融入的进程,中国留学生对澳大利亚主流文化认同增强,对中国文化认同减弱;文化融入进程对个体取向没有显著影响,但通过主族和客族文化认同间接地减弱了集体取向。④金恒江、张国良以上海市五所高校的在华留学生为研究对象,探究微信使用对外籍留学生社会融入的影响,发现微信使用对提高在华留学生的中国社会认同感和强、弱社会关系具有较大正面作用,但对于社会参与的作用影响有限。⑤陈继静的研究表明,互联网的自由表达更能够展示社会群体层面更为真实的文化认同,认为基于文化认同的互联网表达与(往往不得不)囿于政治认同的传统媒体传播相比,有时显得更反映真实世界的状况,通过对法国《世界报》记者基于政治认同的对华报道的研究,说明即使新闻专业主义对客观、真实、平衡的追求能保证西方媒体尽量反映事实真相,但政治认同仍会妨碍它们对并不

---

① 黄丽娜:《分层与重塑:青年的互联网使用与阶层认同——基于 CGSS 2013 数据的实证研究》,《中国青年研究》,2016 年第 12 期。
② 楚雪、张国良:《互联网使用对留美中国学生文化认同的影响》,《新闻大学》,2019 年第 5 期。
③ 楚雪、张国良:《互联网使用对中国留学生文化认同的影响——基于留美中国与他国学生的比较研究》,《西南民族大学学报》(人文社科版),2020 年第 5 期。
④ 郑雪、王磊:《中国留学生的文化认同、社会取向与主观幸福感》,《心理发展与教育》,2005 年第 1 期。
⑤ 金恒江、张国良:《微信使用对在华留学生社会融入的影响——基于上海市五所高校的调查研究》,《现代传播》(中国传媒大学学报),2017 年第 1 期。

熟悉的他者（这里是非西方的中国）做出符合其想象的评价。[①]冉华、邓倩的研究借鉴社会认同理论并使用MEIM量表，通过问卷调查探讨大学生互联网使用行为的不同层面对大学生文化身份认同的影响，发现大学生在认知、情感两个维度表现出较高的文化身份认同，是一个从认知、情感向行为逐步递进的过程。[②]任迪、姚君喜的研究也认为，外籍留学生媒介接触呈现出以互联网、社会化媒体使用为主的显著特征，同时外籍留学生对中国文化的整体认同度高，互联网、社交媒体使用与中国文化认同显著相关。[③]

考察上述文献可以发现，虽然基于媒介使用与文化认同理论的相关研究已具备了较为丰富的研究基础，就互联网使用与文化认同的研究也多有展开，但是，专门针对互联网使用对于在华外籍留学生中国文化认同的研究，尚比较欠缺。由此，本研究参考过往研究，将互联网使用分为使用频率、使用时间、使用动机和使用内容四个方面的子变量，中国文化认同包括中国文化符号、中国文化类型、中国文化情感、中国文化行为四个方面的子变量，并结合上述文献研究，围绕"认知—情感—行为"的文化认同模式，由此本章研究提出：

研究假设$H_1$：互联网使用对外籍留学生中国文化认同具有显著影响。

研究假设$H_1a$：互联网使用对外籍留学生中国文化符号认同具有显著影响。

研究假设$H_1b$：互联网使用对外籍留学生中国文化类型认同具有显著影响。

研究假设$H_1c$：互联网使用对外籍留学生中国文化情感认同具有显著影响。

研究假设$H_1d$：互联网使用对外籍留学生中国文化行为认同具有显著影响。

---

① 陈继静：《国际冲突语境中的互联网传播（1999—2008）：多元表达的文化认同阐释》，《国际新闻界》，2008年第9期。

② 冉华、邓倩：《从互联网使用到文化身份认同：以大学生为例的定量研究》，《现代传播》（中国传媒大学学报），2012年第6期。

③ 任迪、姚君喜：《外籍留学生媒介使用与中国文化认同的实证研究》，《西南民族大学学报》（人文社科版），2019年第9期。

此外，也有文献研究认为，媒介信息源、媒介信任度、媒介依赖度会影响到文化认同，基于此，本研究进而提出：

研究假设 $H_2$：媒介信息源对外籍留学生的中国文化认同具有显著影响。

研究假设 $H_3$：媒介信任度对外籍留学生的中国文化认同具有显著影响。

研究假设 $H_4$：媒介依赖度对外籍留学生的中国文化认同具有显著影响。

## 二、互联网与中国文化认同研究方法与设计

### （一）研究过程与数据来源

本研究是作者主持的国家社科基金重大项目"汉语异域传播与中国文化影响模式研究"的内容之一，研究采用问卷调查法，于2019年10—12月，以北京、上海、广州三地的外籍留学生作为样本来源地，分别在大学选修课教室、自习室、图书馆、留学生公寓等地点通过滚雪球方式随机发放问卷。其中北京有北京外国语大学、北京航空航天大学、北京电影学院、北京交通大学，上海有上海交通大学、华东师范大学、上海财经大学，广州有广东外语外贸大学、中山大学、华南师范大学。

本研究按照留学生来源国的总体分布，如前第二章表2-1所示，根据2018年来自世界各地的留学生的总体分布比例，其中：亚洲占59.95%，欧洲占14.96%，非洲占16.57%，美洲占7.26%，大洋洲占1.27%，按照配额抽样的方式，确定样本量，确定样本总量为1150，样本分布情况，其中：亚洲678人，占59.0%，非洲195人，占17.0%，欧洲172人，占15.0%，美洲91人，占7.9%，大洋洲14人，占1.2%。本次调查共发放问卷1200份，最后回收并删除无效问卷，通过加权处理，完成样本1150份，作为本研究的分析样本，问卷有效率为96%。因本次调查的北京、上海、广州三城市，是来华外籍留学生比较集中的地区，由此可确定，本研究统计结果能够较为全面地反映中国大陆外籍留学生的总体特征。具体样本分布情况如表11-1所示。

表11-1 样本的基本情况表（n=1150）

| 类别 | 变量及编码 | 频数（N） | 百分比（%） |
| --- | --- | --- | --- |
| 性别 | 1=男性 | 696 | 60.5 |
|  | 2=女性 | 454 | 39.5 |
| 国别分布 | 1=亚洲 | 678 | 59.0 |
|  | 2=非洲 | 195 | 17.0 |
|  | 3=欧洲 | 172 | 15.0 |
|  | 4=美洲 | 91 | 7.9 |
|  | 5=大洋洲 | 14 | 1.2 |
| 就读专业 | 1=文科 | 134 | 11.7 |
|  | 2=理科 | 93 | 8.1 |
|  | 3=工科 | 293 | 25.5 |
|  | 4=医学 | 21 | 1.8 |
|  | 5=农业科学 | 8 | .7 |
|  | 6=商科 | 179 | 15.6 |
|  | 7=艺术 | 54 | 4.7 |
|  | 8=中国文化及汉语相关专业 | 279 | 24.3 |
|  | 9=其他 | 89 | 7.7 |
| 学历 | 1=本科 | 950 | 82.6 |
|  | 2=硕士研究生 | 139 | 12.1 |
|  | 3=博士研究生 | 61 | 5.3 |
| 宗教信仰 | 1=佛教 | 143 | 12.4 |
|  | 2=伊斯兰教 | 155 | 13.5 |
|  | 3=基督教/天主教 | 190 | 16.5 |
|  | 4=印度教 | 7 | .6 |
|  | 5=自由信仰 | 37 | 3.2 |
|  | 6=无神论 | 134 | 11.7 |
|  | 7=其他 | 484 | 42.1 |
| 以前是否来过中国 | 1=来过 | 665 | 57.8 |
|  | 2=未来过 | 485 | 42.2 |

## （二）变量设定与测量

### 1. 因变量

本研究的因变量是中国文化认同，借鉴过往文献研究，主要依据"认知—情感—行为"的认同模式，分别从四个方面界定了因变量，其中认知（包括中国文化符号认同、中国文化类型认同）、情感（中国文化情感认同）和行为（中国文化行为认同），各变量具体指标问题答案按照李克特5级量表从非常不认同到非常认同（1—5），具体包括：

（1）中国文化符号认同。本研究设计了包括"故宫""大熊猫""长城""中国功夫""中餐""儒家""北京大学""汉语""汉字""中国诗词""清华大学""孔子学院""外滩""敦煌""龙""书法""水墨画""京剧""青花瓷""园林""中医""丝绸""春节""道家""八卦"25项指标（α=.941）。通过因子分析，得到三组因子（因子解释力为56.2%，检验统计值KMO为.857），分别为因子一：自然符号；因子二：人文符号；因子三：生活符号。

（2）中国文化类型认同。本研究设计了包括"中国历史""中国哲学""中国宗教""中国文学""中国名胜古迹""中国建筑园林""中医""中国工艺品""中式服装""中餐""中国节日""中国功夫""中国影视明星""中国体育明星""中国电影""中国电视剧""中国戏剧""中国音乐""中国杂技""中国舞蹈""中国绘画""中国动漫""中国产品"23项指标（α=.939）。通过因子分析，得到四组因子（因子解释力为61.2%，检验统计值KMO为.948），分别为因子一：中国思想文化；因子二：中国工艺文化；因子三：中国影视文化；因子四：中国艺术文化。

（3）中国文化情感认同。本研究设计了包括"中国文化具有吸引力""中国文化有包容性""中国文化有活力""中国文化光辉灿烂""中国文化有多元性""中国文化爱好和平""中国文化有价值内涵""中国文化有创新性"8项指标（α=.911）。通过因子分析，得到两组因子（因子解释力为70.5%，检验统计值KMO为.917），分别为因子一：外在特征；因子二：内在价值。

（4）中国文化行为认同。本研究设计了包括"我想在中国工作""我想在中国学习""我想在中国做生意""我想在中国旅游""我愿意在中国生活""我想深入学习中国传统文化""我想深入学习掌握汉语表达""我愿意吃中餐""我想练习中国武术""我想阅读中国名著""我想践行中国价值观""我常探讨中国政治相关话题""我的生活方式很中国化""我的思维方式很中国化"14项指标（α=.883）。通过因子分析，得到三组因子（因子解释力为60.1%，检验统计值KMO为.881），分别为因子一：在中国工作；因子二：学习中国文化；因子三：接受中国价值观。

## 2. 自变量

本研究的自变量为互联网使用。综合过往学者的不同研究，选择包括使用频率、使用时间、使用动机、使用内容四个子变量，用来测量外籍留学生的互联网使用行为。其中使用动机包括"了解国际事件""了解中国社会""了解自己国家信息""获取生活信息""学习中国文化""促进专业学习""消遣娱乐""学习汉语"8项指标（α=.673）。通过因子分析，得到三组因子（因子解释力为57.8%，检验统计值KMO为.742），分别为因子一：专业学习需要；因子二：获取信息需要；因子三：生活娱乐需要。使用内容包括"搜索引擎""电子邮件""社交媒体""网络新闻""在线电视""在线广播""在线课程""游戏娱乐""购物/网上支付""在线聊天"10项指标（α=.616）。通过因子分析，得到三组因子（因子解释力为46.1%，检验统计值KMO为.726），分别为因子一：信息传播；因子二：在线学习；因子三：娱乐购物。

## 3. 控制变量

本研究的控制变量包括以往研究中习惯使用的人口特征，包括性别、国别、专业、学历等，同时还设置了宗教信仰、以前是否来过中国等指标。除学历为定序变量外，其他都设为虚拟变量。

## 三、互联网与中国文化认同的特征

### （一）主要研究变量的描述性统计

**1. 外籍留学生互联网使用状况**

本研究首先考察了外籍留学生的互联网使用状况，从表11-2可知，外籍留学生的互联网使用频率均值为4.32（SD=1.201），属于经常使用，使用时间每天也达到4.86小时。就使用动机看，"消遣娱乐"（61.7%）、"促进专业学习"（58.3%）、"了解国际事件"（56.2%）、"获取生活信息"（50.8%）达到了半数以上。"学习中国文化"（46.5%）、"学习汉语"（46.0%）、"了解自己国家信息"（43.2%）、"了解中国社会"（37.4%）等测量指标在半数以下。就使用内容看，主要在于"社交媒体"的使用，占到68.7%，次之是"在线聊天"（61.7%）、"购物/网上支付"（56.7%）、"搜索引擎"（55.9%）等指标在半数以上，"网络新闻"（49.1%）、"电子邮件"（44.3%）、"在线电视"（33.9%）、"游戏娱乐"（35.3%）、"在线课程"（29.5%）、"在线广播"（10.3%）等指标在半数以下。可见，外籍留学生的互联网使用动机主要是"消遣娱乐""促进专业学习""了解国际事件"等，而具体使用内容则以社交、购物、搜索信息等为主。

表11-2　2019年在华外籍留学生互联网使用状况（$n$=1150）

| 项目 | 频数（N） | 百分比（%） | 均值（M） | 标准差（SD） |
| --- | --- | --- | --- | --- |
| 使用频率 | — | — | 4.32 | 1.201 |
| 使用时间 | — | — | 4.86 | 3.848 |
| 使用动机 | | | | |
| 了解国际事件 | 646 | 56.2 | | |
| 了解中国社会 | 430 | 37.4 | | |
| 了解自己国家信息 | 497 | 43.2 | | |
| 获取生活信息 | 584 | 50.8 | | |

（续表）

| 项目 | 频数（N） | 百分比（%） | 均值（M） | 标准差（SD） |
|---|---|---|---|---|
| 学习中国文化 | 535 | 46.5 | | |
| 促进专业学习 | 671 | 58.3 | | |
| 消遣娱乐 | 710 | 61.7 | | |
| 学习汉语 | 529 | 46.0 | | |
| 使用内容 | | | | |
| 搜索引擎 | 643 | 55.9 | | |
| 电子邮件 | 509 | 44.3 | | |
| 社交媒体 | 790 | 68.7 | | |
| 网络新闻 | 565 | 49.1 | | |
| 在线电视 | 390 | 33.9 | | |
| 在线广播 | 118 | 10.3 | | |
| 在线课程 | 339 | 29.5 | | |
| 游戏娱乐 | 406 | 35.3 | | |
| 购物/网上支付 | 652 | 56.7 | | |
| 在线聊天 | 710 | 61.7 | | |

*注：① 使用频率测量为：1=从不使用；2=偶尔使用（每周1天以下）；3=有时使用（每周2—3天）；4=经常使用（每周4—5天）；5=几乎每天（每周6—7天）。

② 使用时间为实际上网时间均值，单位为小时/日。

③ 使用动机、使用内容为二分变量（1=是，0=否），采用多项选择进行测量。

**2. 外籍留学生中国文化认同状况**

就中国文化认同的四个子变量看，如表11-3所示，其中中国文化情感认同度最高（均值3.87，SD=.723），其次为中国文化类型认知（均值3.68，SD=.666）、中国文化符号（均值3.57，SD=.834）和中国文化行为（均值3.57，SD=.706）。可见，在认知、情感与行为文化认同的构成中，情感认同是中国文化认同中最为重要的因素。这无疑也为解释情感因素在跨文化传播中的作用提供了依据。

表11-3 外籍留学生中国文化认同状况（n=1150）

| 项目 | 均值（M） | 标准差（SD） | 标准误差（SE） |
| --- | --- | --- | --- |
| 中国文化符号 | 3.57 | .834 | .025 |
| 中国文化类型 | 3.68 | .666 | .020 |
| 中国文化情感 | 3.87 | .723 | .021 |
| 中国文化行为 | 3.57 | .706 | .020 |

*注：① 文化认同度测量：1=不认同，5=非常认同。
② t检验显示，受访者的文化认同各均值差异均达到统计显著水平。

## （二）外籍留学生互联网使用与中国文化认同的相关性检验

本研究通过对外籍留学生互联网使用行为与中国文化认同的相关性分析，结果如表11-4所示，可以看出，互联网使用频率与中国文化认同中的文化类型、文化情感、文化行为的认同显著相关，使用时间与文化行为认同显著相关，使用动机与文化符号、文化类型、文化情感、文化行为的认同显著相关，使用内容与文化符号、文化类型、文化情感、文化行为的认同显著相关。可见，在外籍留学生的互联网使用行为中，使用动机、使用内容与中国文化认同之间有重要的影响关系，是特别值得关注的影响因素。由此，本研究假设$H_1$得到大部分的验证。

表11-4 互联网使用与外籍留学生中国文化认同的相关分析（n=1150）

| 项目 | 1 | 2 | 3 | 4 | 5 | 6 | 7 | 8 |
| --- | --- | --- | --- | --- | --- | --- | --- | --- |
| 1.使用频率 | 1 | | | | | | | |
| 2.使用时间 | .286** | 1 | | | | | | |
| 3.使用动机 | .408** | .192** | 1 | | | | | |
| 4.使用内容 | .465** | .225** | .624** | 1 | | | | |
| 5.文化符号 | .038 | .056 | .088** | .076** | 1 | | | |
| 6.文化类型 | .084** | .017 | .186** | .134** | .621** | 1 | | |
| 7.文化情感 | .136** | .037 | .210** | .162** | .469** | .679** | 1 | |
| 8.文化行为 | .089** | .066* | .150** | .117** | .518** | .706** | .614** | 1 |

*注：*p＜.05，**p＜.01，***p＜.001。

## （三）外籍留学生互联网使用和媒介信息源、媒介信任度、媒介依赖度与中国文化认同的回归分析

为了进一步探究外籍留学生互联网使用与中国文化认同的影响关系的其他影响因素，本研究还基于媒介信息源、媒介信任度、媒介依赖度三个影响变量，考察互联网使用与中国文化认同四个子变量之间的影响关系，具体如表11-5所示。

通过回归分析，主要检验作为自变量的互联网使用，以及媒介信息源、媒介信任度、媒介依赖度与中国文化认同之间的关系。媒介使用包括媒介使用频率、使用时间、使用动机、使用内容四个因素，媒介信息源、媒介信任度和媒介依赖度是影响变量，控制变量是性别、国别、专业、学历、宗教信仰和以前是否来过中国。模型A1、B1、C1是仅包含控制变量的基础模型。模型A2、B2、C2是在基础变量上增加了媒介使用四个子变量，以检验媒介使用对四类中国文化认同的影响。模型A3、B3、C3是在基础模型上加入媒介使用四个子变量，以及媒介信息源、媒介信任度、媒介依赖度三个影响变量，以检验互联网使用，以及三个影响变量对四类中国文化认同的影响。研究结果发现：

（1）在控制变量中，如模型A1、B1、C1、D1所显示的，除中国文化情感认同之外，学历和宗教信仰对中国文化认同影响皆达显著水平，以前是否来过中国对中国文化类型、中国文化情感影响达显著水平，国别、专业对于中国文化情感影响显著。性别对于中国文化认同的影响未达显著。总体来看，控制变量中，这些因素影响较为有限，仅有学历和宗教信仰对中国文化认同的影响最为明显。

（2）就互联网使用与中国文化认同看，控制了其他变量后发现，如模型A2、B2、C2、D2所示，四类互联网使用行为（使用频率、使用时间、使用动机、使用内容）中，只有使用动机对于中国文化符号（β=.090*）、中国文化类型（β=.156***）、中国文化情感（β=.156***）和中国文化行为（β=.114***）达到显著，具有预测力。亦即外籍留学生互联网使用中的各类动机，对于中国文化的认同度具有预测解释力，其具体的影响过程尚需进一步探究。

表11-5 互联网使用与中国文化认同的回归分析（*n*=1150）

| 项目 | 中国文化符号 模型A1 | 模型A2 | 模型A3 | 中国文化类型 模型B1 | 模型B2 | 模型B3 | 中国文化情感 模型C1 | 模型C2 | 模型C3 | 中国文化行为 模型D1 | 模型D2 | 模型D3 |
|---|---|---|---|---|---|---|---|---|---|---|---|---|
| （常量） | 3.374*** | 3.239*** | 3.146*** | 3.333*** | 3.126*** | 3.435*** | 3.491*** | 3.210*** | 3.317*** | 3.458*** | 3.268*** | 3.364*** |
| 性别 | .050 | .046 | .030 | .059 | .055 | .035 | .036 | .030 | .012 | .009 | .003 | −.015 |
| 国别 | .018 | .008 | .017 | .039 | .027 | .038 | .099*** | .083*** | .089** | .022 | .009 | .017 |
| 专业 | −.040 | −.039 | −.031 | −.013 | −.009 | .001 | −.072* | −.067** | −.058* | −.019 | −.018 | −.009 |
| 学历 | *.175**** | *.176**** | *.190**** | *.092**** | *.097**** | *.117**** | *.098**** | *.103**** | *.119**** | *.068** | *.070** | *.088**** |
| 宗教信仰 | −*.177**** | −*.178**** | −*.177**** | −*.079**** | −*.084**** | −*.082**** | −.050 | −*.053** | −.046 | −*.058** | −*.058** | −*.053** |
| 以前是否来过中国 | .045 | .036 | .048 | *.074** | *.060** | *.076**** | *.075**** | *.061**** | *.070**** | .036 | .024 | .036 |
| 使用频率 | | −.014 | −.009 | | .016 | *.022**** | | .016 | .023 | | .000 | .007 |
| 使用时间 | | .020 | .024 | | −.035 | −.031 | | −.003 | .001 | | .035 | .038 |
| 使用动机 | | *.090** | −.004 | | *.156**** | *.102**** | | *.156**** | *.117**** | | *.114**** | .066 |
| 使用内容 | | .022 | .052 | | .046 | .011 | | .065 | .040 | | .044 | .014 |
| 媒介信息源 | | | *.139**** | | | *.90**** | | | *.137**** | | | *.166**** |
| 媒介信任度 | | | −.029 | | | −*.021** | | | −*.046** | | | −.034 |
| 媒介依赖度 | | | .000 | | | −.057 | | | −.073 | | | −*.083**** |
| R² | .079 | .090 | .107 | .025 | .060 | .094 | .034 | .077 | .103 | .012 | .036 | .070 |
| 调整后R² | .073 | .081 | .095 | .020 | .050 | .082 | .029 | .068 | .091 | .006 | .027 | .057 |
| F | 14.185*** | 9.819*** | 9.103*** | 4.341*** | 6.306*** | 7.894*** | 5.928*** | 8.243*** | 8.725*** | 1.986* | 3.732*** | 5.691*** |

*注：\*p＜.05，\*\*p＜.01，\*\*\*p＜.001。

（3）就媒介信息源、媒介信任度、媒介依赖度的影响作用看，控制了其他变量后可见，如模型A3、B3、C3、D3所示，媒介信息源与中国文化符号（β=.139***）、中国文化类型（β=.90***）、中国文化情感（β=.137***）和中国文化行为（β=.166***）达到显著，具有预测力。媒介信任度与中国文化类型（β=-.021*）、中国文化情感（β=-.046*）达到显著，媒介依赖度与中国文化行为（β=-.083**）达到显著。研究假设$H_2$得到全部验证，假设$H_3$、$H_4$部分得到验证。总之，媒介信息源是三个影响因素中最具解释力的因素，亦即外籍留学生的媒介信息源对于中国文化认同具有重要的影响作用。

## 四、本章总结与讨论

本研究通过对外籍留学生的互联网使用与中国文化认同的分析，明确了互联网使用，特别是互联网使用动机、使用内容对外籍留学生的中国文化认同的直接影响。同时，也探究了媒介信息源、媒介信任度、媒介依赖度对外籍留学生的互联网使用行为与中国文化认同的影响。通过实证研究，本研究进一步丰富了互联网使用与外籍留学生中国文化认同之间关系的具体认识，外籍留学生的情感认同、互联网使用动机和使用内容、媒介信息源等因素是外国留学生中国文化认同最为重要的影响因素。

第一，就外籍留学生中国文化认同的总体状况看，本研究发现，外籍留学生的情感认同，是四类中国文化认同中排名最高的因素。就媒介使用与文化认同的研究看，以往的研究也充分证明了情感认同在文化认同中的重要意义。楚雪、张国良（2019）等学者对于留美的中国学生的文化认同研究表明，留美中国学生获取信息动机越强，中国文化情感则越深，研究认为这一现象包括两个方面：一方面，对美国的信息获取越多，越能减少留美中国学生对美国的不确定性，从而对美国的认识越全面，在此基础上，反而能加深他们对中国文化的认同，尤其是情感认同；另一方面，对中国的信息获取越多，自然越能密切留学生与本国的联系，有助于加深对中国文化的情感认同。冉华、邓倩（2012）的研究也发现，大学生互联网使用者在认知、情感归属两个维度上表现出较高的文化身份认同，明显高于其在行为维度上的表现，可以推断大学生文化身份认同是一个从认知、情感向行为逐步递进的过程。本研究也充分说明，情感认同在文化认同中处于十分重要的位置。由此，在具体的文化传播实践中，如何通过强化情感因素，以提升外籍留学生的中国文化认同，是十分重要的课题。

第二，就外籍留学生互联网使用行为看，本研究发现，互联网使用动机、使用内容是影响外籍留学生中国文化认同的主要因素。媒介使用动机是研究媒介使用行为的基础性要素，鲁宾（Rubin）的研究就表明，媒介使用动机在影响人们如何选择、关注和解读媒体内容以及最终的媒介效果方面，起着重要的作用。[1]张国良、姚君喜、陈青文（2017，2019，2020）等学者的研究也充分证明了此观点，并且进一步阐明了不同的互联网使用动机下的文化认同的差异等问题。本研究的结果也说明，就外籍留学生的中国文化认同而言，"动机—内容—认同"模式依然是解释媒介使用与文化认同的基本路径，具体而言，"使用动机（包括信息接触和认知的强度）—使用内容（包括了解中国文化，接触有关中国文化信息的丰富度）—中国文化认同"模式中，强烈的媒介使用动机，是获取更为充分的媒介信息内容的基础，通过媒介内容的不断丰富，最大限度地降低信息不确定性，从而强化了文化认知，进而加强了中国文化认同。由此，媒介使用动机显然是建立文化认同的基础性因素。

第三，就其他影响因素来看，本研究考察媒介信息源、媒介信任度、媒介依赖度对中国文化认同的影响，结果发现，媒介信息源与中国文化认同中的四个子变量中国文化符号、中国文化类型、中国文化情感和中国文化行为都达到显著水平，媒介信息源是三个影响因素中最具解释力的因素，亦即外籍留学生的媒介信息源对于中国文化认同具有重要的影响关系。媒介效果研究表明，接触不同的媒介和信息来源，将导致受众对同一事件的认知判断产生截然不同的结果，进而可能导致他们采取不同的行为决策，亦即受众对信息内容的选择会受制于对于信息来源的依赖，进而影响他们的行为。有学者就借助于眼动追

---

[1] Rubin, A. M. "Media Uses and Effects: A Uses-and-Gratifications Perspective". In J. Bryant, and D. Zillman, Eds. *Media Effects: Advances in Theory and Research*. Lawrence Erlbaum, 1994.

踪技术，考察中国社交媒体用户在互联网上如何关注信息来源和信息内容。结果发现，不管浏览哪种类型的信息，中国公众都会优先关注信息来源，再浏览信息内容，并根据信息来源的身份进行可信度判断。换言之，在信息传播中，对于中国公众的信任判断和行为决策而言，"谁说的"比"说什么"更重要。①本研究的结论也强有力地解释和证明了这些研究观点，由此，在实践中，如何通过差异化、多元化的信息源，从而强化留学生的中国文化认同，则具有现实意义。

第四，就控制变量来看，本研究也发现，学历和宗教信仰对于外籍留学生的中国文化认同具有影响作用。如果从认同本身看，"认同"英文是"Identity"，包含两重意义，即"差别"（Difference）与"相似"（Similarity）。这如同硬币的正反面，因为"相似"意味着与他人的"差别"。因此，认同包含有两方面的意义，一个人的前后同一性或一个群体的成员之间的相似性，同时也构成与他人（"他人"或"他们"）的差别。②由此也可以认为，就外籍留学生个体而言，学历和宗教信仰的差异，是所有个人因素中最具多元化和差异性的特征，每个人由于学历不同，或是宗教信仰的差异，认知、情感偏向也会有差异，从而导致了中国文化认同的差异，但是，对于它们之间的内在关联性，尚需进一步证明。

总之，对于外籍留学生的中国文化认同而言，基于媒介使用的文化认同建构是基本的途径和模式，在此过程中，媒介使用动机影响下的媒介信息源、信息内容选择是其基本条件，同时，情感认同是最直接的认同路径，那么，如何将这几个因素结合起来，重点加以检视，是本研究发现而没有解决的问题，尚需进一步做专门探讨。

原载《西南民族大学学报》（人文社会科学版）2021年第4期，本章有修改

---

① 李晓静:《突发公共卫生事件的信息来源、媒介信任与防控研究——以新冠肺炎疫情为例》,《图书与情报》, 2020年第2期。
② 张向东:《认同的概念辨析》,《湖南社会科学》, 2006年第3期。

# 第十二章

# 汉语学习的动机与效果

语言交流承载着文化传播的功能，语言学习动机影响学习者的学习效果。汉语的传播也是中国文化的传播，外籍人士的汉语学习动机亦直接影响到汉语学习效果。汉语学习动机与汉语学习渠道的选择也有所关联，并影响到学习效果。本章内容通过实证研究方法，探讨汉语学习动机、学习渠道与学习效果之间的内在关联。研究通过对在北京、上海、广州就读的来自世界各地的1150名外籍留学生的问卷调查，试图解释在华外籍留学生的人口变量、汉语学习动机、汉语学习渠道与汉语学习效果之间的内在关系。研究发现：第一，外籍留学生的汉语学习动机与学习效果（HSK）之间呈负向显著相关，部分印证耶基斯-多德森定律的"倒U形曲线"模型。第二，外籍留学生的汉语学习动机对其汉语学习渠道的选择影响达显著水平。第三，外籍留学生人口变量与汉语学习动机、学习渠道和学习效果显著相关。

15世纪末达·伽马（Vasco da Gama）发现了通往东方印度的新航道，欧洲葡萄牙殖民者活动范围延伸到亚洲各国。随即16世纪开始，伴随着大航海而来的西方传教士，也试图向中国传播宗教，展开宗教活动，但是明王朝出于海防的需要，严禁中国人教授西方传教士汉语、汉字，反对自己的语言向外传播，语言禁止成为文化控制的首要手段。明代中叶，耶稣会传教士利玛窦从澳门到香山，曾看到盖有当时两广总督郭应聘大印的布告："现在澳门犯罪违法之事所在多有，皆系外国人雇用中国舌人（翻译）所致。此辈舌人教唆洋人，并泄漏我国百姓情况。尤为严重者，现已确悉彼辈竟教唆某些外国教士学习中国语言，研究中国文字。此类教士已要求在省城定居，俾得建立教堂与私宅。兹特公告，此举有害国家，接纳外国人绝非求福之道。上项舌人倘不立即停止所述诸端活动，将严刑处死不贷。"①可见，明代社会为了防范当时称之为"外夷"的外国人，首先就通过限制语言的学习，借以阻断和外国人之间的各类交流沟通。这种对于汉语语言学习的限制，无形也是文化保守主义的体现，通过以语言为手段的社会文化控制，从而防范外夷，达到政治控制的目的。但是，即便学习语言的风险如此之高，那些早期前往中国传教的教士们，在传播福音的动机驱使下，依然通过各种方式，千方百计去学习、掌握汉语，从而达到宗教传播的目的。

语言在文化传播中具有重要意义，语言和文化相辅相成，互为表里，语言传播文化，文化体现于语言之中。由此，本研究结合语言学习研究（Language Learning Research）中的语言学习动机理论（Language Learning Theory）与受

---

① ［意］利玛窦、［法］金尼阁：《利玛窦中国札记》，第156—157页。

众研究中的"使用与满足"理论等,探讨外籍留学生的汉语学习动机、汉语学习渠道因素与汉语学习效果的内在关系,从而重点解释外籍留学生汉语学习动机与学习效果之间的影响关系。

## 一、汉语文化传播与语言学习动机理论

现代哲学家们普遍认识到语言与文化世界有着密切的同构关系,不论是解释学、存在主义理论,还是分析哲学,都把语言作为其哲学思想的基础和对象。就语言与文化的关系而言,文化存在于语言世界,文化世界即是人的世界。伽达默尔说:"语言是我们在世存在的基本活动模式,也是包罗万象的世界构造形式。"①世界本身体现在语言之中,语言是人的存在形式,也是世界的构成形式。由此伽达默尔就将语言、人与世界联系在一起,他认为:"以语言作为基础,并在语言中得以表现的是,人拥有世界。"②那么,正是"语言"使"事物"在世界之中显现出来。在海德格尔的哲学思想中,立足于语言的言说,是存在者得以显现的方式,由此,他指出语言是存在的家园,人栖居在语言所筑之家中。③海德格尔这里的"家"当然指的是文化世界,但就此意义上看,有不同语言的人就有自己不同的家园。海德格尔曾非常明确地说:"我们欧洲人也许就栖居在与东亚人完全不同的一个家中。"④可见,不同的语言形式,为不同语言世界中的人们建构了不同的"文化框架",在这种文化框架下,语言与文化互为表里,构筑世界的存在。语言传播成为文化传播的推手,语言传播推动文化传播。那么,对于本研究而言,立足于语言文化传播的理论背景,探究语言学习动机背后隐藏着不同取向的学习目的,不仅与学习成就、学习持续

---

① [德]伽达默尔:《哲学解释学》,夏镇平、宋建平译,上海译文出版社,1994年,第3页。
② [德]伽达默尔:《真理与方法》(下卷),洪汉鼎译,上海译文出版社,1999年,第566页。
③ [德]海德格尔:《论人道主义的书信》,收入《海德格尔选集》(上卷),孙周兴译,上海三联书店,1996年,第377页。
④ [德]海德格尔:《在通向语言的途中》,孙周兴译,商务印书馆,1997年,第76页。

性紧密地关联在一起,同时更影响到学习方式的选择与安排,以及对学习过程的要求与评价,即学习满意度的评价。

就语言学习和文化传播而言,有关学习动机因素、学习策略与学业成就的关系研究,是语言学习和传播、教育心理学等研究的重要问题。学习动机是学习者进行学习活动的主观因素和驱动力,对学习者的学习行为和活动有引导、指引和激励的功能,对学习成绩也有重要的影响。影响学习效果的因素是多方面的,既包括主观因素,如学业自我效能感、成就目标定向、学业情绪、能力情绪、智力等;也包括客观因素,如教师、教育水平以及家庭经济状况等。客观的外在因素通过影响学习者的主观反应起作用。[1]各种动机因素对学习者的学习激励、学业成就,以及学习策略的选择具有重要影响。大量研究表明,学习动机因素、学习策略等与学习者的学业成就密切相关,各种学习动机因素、学习策略会对学生的学业成就产生直接或间接的影响。同时,学习动机因素与学生学习策略的运用也是相关的。那么,作为学习渠道的媒介使用如何选择,亦是学习策略的构成因素,由此,有必要对外籍留学生汉语学习中的学习动机、媒介渠道选择与学业成绩之间的关系进行考察。

动机是心理学研究的重要领域。所谓动机,即是对人们行为的解释,它是人们某种行为,即做某件事背后的理由。进而言之,动机是由一种目标或对象所引导的激发和维持个体活动的内在心理力量。它是大部分人类行为的基础,通过对人类动机的了解,人们可以对个体行为做出解释和预测。[2]动机被认为是导致人们行为的发生,并且是行为能否实现的决定性因素之一。戴维·奥苏贝尔(David P. Ausubel, 1968)认为动机包含五种需求:(1)探索的需求。渴望了解未知的事物。(2)操作的需求。操控环境以求有所改变。(3)

---

[1] 张霞:《学习动机与努力程度对学生学习成绩的影响研究》,《教育理论与实践》,2018年第15期。

[2] 池丽萍、辛自强:《大学生学习动机的测量及其与自我效能感的关系》,《心理发展与教育》,2006年第2期。

活动的需求。从事身体上或精神上的活动。(4)激励的需求。需要思想、感情、周遭人事及环境的激励。(5)知识的需求。对知识的渴望以及自我提升的需求。有研究者总结为动机是促使行为发生的力量，经过内在的心理历程，而成为一种需求，促使个体采取行动；而动机的强弱影响到持续该行动的时间长短，以及为了达成该行动而必须付出的努力程度。[1]就学习动机而言，动机的强弱就与学习者的努力程度、策略选择，以及学习效果、学习的满意度等正向相关。学习者的学习动机愈强烈，通常能得到较好的学习效果，并且能获得较高的学习满意度。

对于语言学习动机而言，经典的语言学习社会心理研究，最早是由加拿大学者罗伯特·加德纳（Robert C. Gardner, 1972）等人提出的"社会-教育理论模式"（Socio-educational Model）。加德纳和兰伯特（Gardner & Lambert, 1972）、加德纳（1985）等认为，学习动机或取向主要有两大类，包括"工具型动机"（Instrumental Motivation）和"融入型动机"（Integrative Motivation）。工具型动机即用语言作工具达到某个实际目的，如通过学习语言找到收入高的工作。融入型动机即了解和融入目的语的文化。同时，他们认为动机取向与智力因素一起影响学习的最后结果。此外，关于学习动机的另一对经典概念是"内在动机"和"外在动机"，主要是由阿特金森（Atkinson, 1953）、钱伯斯（Chambers, 1999）等人提出。前者是为了从语言学习活动本身获得愉快与满足，而后者则将此作为途径达到某一目标。这两个维度一般被认为是对应的，即融合型动机是内在动机，而工具型动机是外在动机。[2]社会教育理论模式还进一步提出第二语言学习成功的四个特征，包括社会与文化环境（Social and Cultural Milieu）、个体差异（Individual Learner Difference）、学习情境（the Setting or Context in which Learning Takes Place）、语言学习成果（Linguistics Outcome）因素，这些成功的要素都与学习者的学习动机有所联系。

---

[1] 参见陈青文：《语言、媒介与文化认同：汉语的全球传播研究》，第21页。
[2] 高一虹、程英、赵媛、周燕：《英语学习动机类型与动机强度的关系——对大学本科生的定量考察》，《外语研究》，2003年第1期。

加德纳的研究认为，语言学习动机依赖于语言习得的过程之中，对于该语言群体和设定目标所持有的态度，因此，可以把语言学习动机分为工具型动机与融入型动机两大类。工具型动机的目的性十分清楚，主要出于实际获益的考虑，例如更好的工作前景、增加晋级加薪的机会等等。而融入型动机涉及语言学习的情感因素，包括对目的语的文化与社群抱持正面的态度和相当程度的兴趣，并且希望与使用该语言的社群进行互动和交流，甚至是从中寻求认同，展现出对语言所代表的文化的认同。加德纳的研究发现，融入型动机比工具型动机在第二语言的习得上更为长久，但多数人的第二语言习得动机是属于工具型动机。加德纳和兰伯特虽然将语言学习动机概分为融入型动机与工具型动机两类，但并未断然地预设两者之间的关系为一种对立的形态，而且彼此之间也不具有排他的特性。加德纳（1985）曾提及融入型动机与工具型动机实际上并不互斥，反而时常伴随出现；外语的学习很少单独靠工具型动机，大部分的情境都是两种动机的混合。[①]

　　高一虹（2003）、秦晓晴（2003）等的研究提出，对于学习动机理论的研究，20世纪90年代以来，奥克斯福德和希林（Oxford & Shearin，1994）等学者广泛地借鉴如马斯洛（A. H. Maslow）的需要层次论、管理心理学等心理学理论有关工作满足状况的研究成果，进而扩展加德纳（1985）的经典动机模式。这些扩展模式包括"学习情境"（Dörnyei，1994）、"自信"（Clément, Dörnyei & Noels，1994）、"目标显著性"、"效价"、"自我效能"（Tremblay & Gardner，1995）等新的因素。有关语言学习动机的研究都将关注点集中于语言学习效果（具体化为学习成绩），即什么样的动机导致更好的学习成绩；动机与其他学习者的因素，如学能、焦虑、学习策略、认知风格、自我评价、对环境的态度等，如何整体地影响学习成绩，各影响因素之间又是什么关系（Gardner, Day & MacIntyre，1992；Gardner, Tremblay & Masgoret，1997）。由于在语言学习过程中学习者的因素越来越引起人们的重视，有关语言学习的研

---

① 参见陈青文：《语言、媒介与文化认同：汉语的全球传播研究》，第10页。

究也越来越关注学习者的个人特征差异，如年龄、性别、学习策略等，认为语言教学应为不同个人特征的学习者"量体裁衣"（Nunan，2001；Cohen & Dörnyei，2002）。[1]

对于外籍留学生的汉语学习动机、学习态度和学习效果的研究，国内学者也多有展开。原一川等的研究认为留学生汉语学习态度和动机的类型包括教学因素动机、合作/竞争学习动机、家长支持动机、融入型动机、对外国语言/文化的态度、社会责任动机和学习愿望。[2] 俞玮奇探究了来华留学生的汉语学习动机减退情况，发现其中"对汉语学习的负面态度""教学环境""自信心减退""教材及学习内容"和"教师"是主要因素。[3] 丁安琪的研究认为外籍留学生汉语学习努力程度的变化，与机遇动机和内在兴趣动机水平的变化有关。留学生的汉语学习动机受攻读学位，以及对汉字及中国影视、书籍等文化产品的兴趣影响较大。[4] 李向农、魏敏的研究认为留学生汉语学习的动机类型有内—外混合型动机、个人发展动机、教师因素动机、社会因素动机、学习情境动机、移民动机和考试动机。[5] 这些研究针对在华外籍留学生汉语学习的不同方面展开研究，系统分析了汉语学习动机的类型，以及其他因素对汉语学习动机的影响。综合上述研究，本研究针对来自全球五大洲的外籍留学生展开调查，考察其汉语学习动机类型、学习渠道，以及人口变量等对于学习效果的影响。

---

[1] 参见高一虹、赵媛、程英、周燕:《中国大学本科生英语学习动机类型》，《现代外语》，2003年第1期。

[2] 原一川、尚云、袁焱、袁开春:《东南亚留学生汉语学习态度和动机实证研究》，《云南师范大学学报》（对外汉语教学与研究版），2008年第3期。

[3] 俞玮奇:《来华留学生汉语学习动机减退的影响因素研究》，《语言教学与研究》，2013年第3期。

[4] 丁安琪:《来华留学生汉语学习动机强度变化分析》，《语言教学与研究》，2014年第5期。丁安琪:《留学生来华前汉语学习动机强度分析》，《华文教学与研究》，2014年第3期。

[5] 李向农、魏敏:《来华留学生预科汉语学习动机类型研究》，《教育研究与实验》，2015年第4期。

## 二、外籍留学生汉语学习动机与效果的研究实施

### （一）研究过程与数据来源

本研究是作者主持的国家社科基金重大项目"汉语异域传播与中国文化影响模式研究"的阶段性成果之一，具体抽样方法及样本构成参见本书第十一章内容，样本构成的详细情况如本书第十一章表11-1所示。

### （二）变量与测量

本研究使用问卷调查方法。本部分内容研究问卷包括：汉语学习动机类型、汉语学习渠道和汉语学习效果。对于汉语学习动机类型、汉语学习渠道的问卷编制，首先从探索式问题搜集开始，通过开放式问题"你为什么学习汉语""通过什么渠道学习汉语"，征集北京、上海、广州几所高校的外籍留学生的调查问卷，以这些问卷获得的问题为基础，通过焦点小组讨论的方式，总结归纳出相应的问题选项。此外，本研究还参照以往文献而加入了其他问题。问题的编制力求能够涵盖各种可能的汉语学习动机和学习渠道，在对数据进行处理之前，没有进行明确的分类和归纳。随后在上海的高校进行了多次问卷前测，根据调查结果和反馈建议，对问卷的问题进行修改和调整。最终问卷信度达到较高的标准要求，其中：汉语学习动机 α=.94，汉语学习渠道 α=.89。

汉语学习动机具体包括：Q1.专业需要；Q2.生活需要；Q3.工作需要；Q4.阅读汉语资料；Q5.去更多地方旅游；Q6.喜欢学习不同的语言；Q7.对汉语非常感兴趣；Q8.对中国传统文化或艺术（武术、中医、戏曲、书画等）感兴趣；Q9.对中国现代文化或艺术（当代艺术、电影、流行音乐等）感兴趣；Q10.对中国文学、历史、地理感兴趣；Q11.对中国感兴趣；Q12.对中国美食感兴趣；Q13.对中国品牌感兴趣；Q14.充实自己的生活；Q15.提升工作或就业能力；Q16.做更多工作，增加收入来源；Q17.参加汉语水平考试；Q18.参加中文资格证考试；Q19.中国国际地位提升，汉语成为重要语言；Q20.中国

经济发展快，有很多工作机会；Q21.中国国际化程度高，有很多外国人在这里工作生活；Q22.推动自己国家同中国的交往与合作；Q23.受别人都在学汉语的影响；Q24.会说汉语很时尚；Q25.受到媒体报道"汉语热"的影响；Q26.增添生活乐趣；Q27.拒绝自己不想做的事情；Q28.帮助别人；Q29.符合亲朋好友的期望；Q30.符合学校的要求；Q31.拓展人际关系；Q32.谈恋爱；Q33.与中国朋友交往；Q34.认识来自各国的同学；Q35.别人会觉得我很有文化；共35项测量指标。

汉语学习渠道含有12项问题，具体包括：Q1.学校汉语课；Q2.培训机构汉语课；Q3.汉语私教；Q4.中国朋友；Q5.收看中文电视；Q6.收听中文广播；Q7.汉语教学网站；Q8.社交软件及其公众号；Q9.孔子学院；Q10.中文电影/音乐；Q11.中文报刊/书籍；Q12.其他。

汉语学习效果具体包括两个方面：（1）使用汉语的频率。具体测量指标按照李克特5级量表从不使用到经常使用（1—5）。（2）汉语水平考试（HSK）。

本研究对问卷结果所获得的数据，使用SPSS26.0统计软件对数据进行因子分析、相关性、多元方差分析和回归分析，目的是探索汉语学习动机的类型、汉语学习渠道，以及个人背景因素对汉语学习结果的影响。

## 三、外籍留学生汉语学习动机、渠道与效果

### （一）汉语学习动机类型的因子分析

首先，就外籍留学生汉语学习动机的基本状况而言，如表12-1所示，其中"生活需要"（4.13）、"工作需要"（4.07）、"提升工作或就业能力"（4.07）、"中国国际地位提升，汉语成为重要语言"（4.05）、"对汉语非常感兴趣"（4.02）等个人实际需求方面的动机居于前列，均值在4分以上，可见，工具型动机依然是汉语学习的主要动机。其他如"中国经济发展快，有很多工作机会"（3.99）、"推动自己国家同中国的交往与合作"（3.93）、"喜欢学习不同的语言"（3.92）、"对中国感兴趣"（3.91）、"去更多地方旅游"（3.90）等动

机接近4分，多为生活交流方面的动机。由此可见，外籍留学生汉语学习的主要动机集中在有利于自己的工作和生活以及个人兴趣等方面。

表12-1 外籍留学生汉语学习动机的基本情况（$n$=1150）

| 项目 | 均值（M） | 标准差（SD） | 标准误差（SE） |
| --- | --- | --- | --- |
| Q1. 专业需要 | 3.71 | 1.226 | .036 |
| Q2. 生活需要 | 4.13 | .960 | .028 |
| Q3. 工作需要 | 4.07 | 1.009 | .030 |
| Q4. 阅读汉语资料 | 3.84 | 1.056 | .031 |
| Q5. 去更多地方旅游 | 3.90 | 1.096 | .032 |
| Q6. 喜欢学习不同的语言 | 3.92 | 1.131 | .033 |
| Q7. 对汉语非常感兴趣 | 4.02 | 1.034 | .030 |
| Q8. 对中国传统文化或艺术（武术、中医、戏曲、书画等）感兴趣 | 3.57 | 1.141 | .034 |
| Q9. 对中国现代文化或艺术（当代艺术、电影、流行音乐等）感兴趣 | 3.43 | 1.101 | .032 |
| Q10. 对中国文学、历史、地理感兴趣 | 3.48 | 1.095 | .032 |
| Q11. 对中国感兴趣 | 3.91 | 1.001 | .030 |
| Q12. 对中国美食感兴趣 | 3.53 | 1.213 | .036 |
| Q13. 对中国品牌感兴趣 | 3.34 | 1.126 | .033 |
| Q14. 充实自己的生活 | 3.87 | .995 | .029 |
| Q15. 提升工作或就业能力 | 4.07 | .937 | .028 |
| Q16. 做更多工作，增加收入来源 | 3.50 | 1.204 | .036 |
| Q17. 参加汉语水平考试 | 3.74 | 1.241 | .037 |
| Q18. 参加中文资格证考试 | 3.50 | 1.242 | .037 |
| Q19. 中国国际地位提升，汉语成为重要语言 | 4.05 | 1.029 | .030 |
| Q20. 中国经济发展快，有很多工作机会 | 3.99 | 1.052 | .031 |
| Q21. 中国国际化程度高，有很多外国人在这里工作生活 | 3.67 | 1.075 | .032 |
| Q22. 推动自己国家同中国的交往与合作 | 3.93 | 1.054 | .031 |
| Q23. 受别人都在学汉语的影响 | 3.41 | 1.206 | .036 |
| Q24. 会说汉语很时尚 | 3.16 | 1.182 | .035 |

(续表)

| 项目 | 均值（M） | 标准差（SD） | 标准误差（SE） |
|---|---|---|---|
| Q25. 受到媒体报道"汉语热"的影响 | 2.96 | 1.152 | .034 |
| Q26. 增添生活乐趣 | 3.46 | 1.118 | .033 |
| Q27. 拒绝自己不想做的事情 | 3.06 | 1.180 | .035 |
| Q28. 帮助别人 | 3.37 | 1.190 | .035 |
| Q29. 符合亲朋好友的期望 | 3.20 | 1.255 | .037 |
| Q30. 符合学校的要求 | 3.43 | 1.217 | .036 |
| Q31. 拓展人际关系 | 3.76 | 1.085 | .032 |
| Q32. 谈恋爱 | 2.88 | 1.108 | .033 |
| Q33. 与中国朋友交往 | 3.87 | 1.058 | .031 |
| Q34. 认识来自各国的同学 | 3.76 | 1.094 | .032 |
| Q35. 别人会觉得我很有文化 | 3.32 | 1.261 | .037 |

*注：① 汉语学习动机认同度的测量：1=不认同，5=非常认同。
② t检验显示，受访者的学习动机各均值差异均达到统计显著水平。

其次，本研究对汉语学习动机的分析显示，数据可以进行因子分析（KMO=.94；Bartlett's球型检验结果显著）；并采用最大方差法归类得出7个因子，如表12-2所示，累积解释总变差的59.5%。各题在因子上的负载量及因子命名如表12-3所示。

表12-2　外籍留学生汉语学习动机的因子特征值及方差百分比（$n$=1150）

| 因子 | 特征值 | 方差百分比 | 累积百分比 |
|---|---|---|---|
| 1 | 3.984 | 11.382 | 11.382 |
| 2 | 3.659 | 10.454 | 21.836 |
| 3 | 3.181 | 9.088 | 30.924 |
| 4 | 2.915 | 8.329 | 39.253 |
| 5 | 2.739 | 7.826 | 47.080 |
| 6 | 2.608 | 7.451 | 54.530 |
| 7 | 1.740 | 4.970 | 59.500 |

因子1：社会实现动机。该因子的前三项是由于社会环境影响而学习汉语，包括他人、周围环境和媒体等。后四项是为了满足别人的期待。总体而言都体现的是社会环境因素对汉语学习的影响，这种影响明显是来自外在环境，比如"会说汉语很时尚""别人觉得我很有文化""符合亲朋好友的期望"等。因此，它具有非常明显的外在动机的特征，这与加德纳和兰伯特（1972）提出的经典模式中的"融合型动机"相近，也就是说学习汉语是为了学习者具有较强的社会实现感。由此，本研究将该因子命名为"社会实现动机"。

因子2：个人兴趣动机。该因子前四项动机与对中国艺术文化等的兴趣直接相关，后三项对中国及中国品牌、饮食等的兴趣有关。这些都体现为出于对中国及中国文化的兴趣而学习汉语，也是以个人兴趣为主的内在动机的体现，因此，本研究将该因子命名为"个人兴趣动机"。

因子3：文化认同动机。该因子前面一项动机表现为对不同语言的偏向，后面三项动机则是对汉语、中国，以及推动所在国的交往合作的关注，可以看作是对汉语及中国的认同，因此，本研究将该因子命名为"文化认同动机"。

因子4：社会交往动机。该因子以日常社会交往为主，后四项都是以拓展人际关系，与男女朋友、同学交往等社会活动为主，都体现了语言学习在社会生活交往中的意义。因此，本研究将该因子命名为"社会交往动机"。

因子5：提升工作动机。该因子以帮助提升生活、工作和就业能力，以及增加收入，获得更多的工作机会等工具型动机为主，都体现了汉语学习作为提升生活、就业能力的工具性目的。因此，本研究将该因子命名为"提升工作动机"。

因子6：方便生活动机。该因子以方便专业、生活、工作、阅读、旅游等为主，学习汉语的动机是使得生活更加方便。因此，本研究将该因子命名为"方便生活动机"。

因子7：考试成绩动机。该因子以参加汉语水平考试、中文资格证考试为主要动机，主要是为了获得相应的汉语水平证书，这些证书的获得与就业、升学也有关联，这也与以往研究中的"证书型动机"或"外部要求动机"相类似。因此，本研究将该因子命名为"考试成绩动机"。

表12-3　外籍留学生汉语学习动机的因子分析（*n*=1150）

| 项目 | 因子1 社会实现 | 因子2 个人兴趣 | 因子3 文化认同 | 因子4 社会交往 | 因子5 提升工作 | 因子6 方便生活 | 因子7 考试成绩 |
|---|---|---|---|---|---|---|---|
| Q23. 受别人都在学汉语的影响 | .583 | | | | | | |
| Q24. 会说汉语很时尚 | .717 | | | | | | |
| Q25. 受到媒体报道"汉语热"的影响 | .771 | | | | | | |
| Q27. 拒绝自己不想做的事情 | .677 | | | | | | |
| Q28. 帮助别人 | .625 | | | | | | |
| Q29. 符合亲朋好友的期望 | .559 | | | | | | |
| Q35. 别人会觉得我很有文化 | .523 | | | | | | |
| Q8. 对中国传统文化或艺术（武术、中医、戏曲、书画等）感兴趣 | | .731 | | | | | |
| Q9. 对中国现代文化或艺术（当代艺术、电影、流行音乐等）感兴趣 | | .748 | | | | | |
| Q10. 对中国文学、历史、地理感兴趣 | | .701 | | | | | |
| Q11. 对中国感兴趣 | | .581 | | | | | |
| Q12. 对中国美食感兴趣 | | .622 | | | | | |
| Q13. 对中国品牌感兴趣 | | .501 | | | | | |
| Q6. 喜欢学习不同的语言 | | | .633 | | | | |
| Q7. 对汉语非常感兴趣 | | | .661 | | | | |
| Q19. 中国国际地位提升，汉语成为重要语言 | | | .601 | | | | |
| Q22. 推动自己国家同中国的交往与合作 | | | .536 | | | | |
| Q26. 增添生活乐趣 | | | | .402 | | | |
| Q30. 符合学校的要求 | | | | .510 | | | |
| Q31. 拓展人际关系 | | | | .635 | | | |
| Q32. 谈恋爱 | | | | .490 | | | |
| Q33. 与中国朋友交往 | | | | .700 | | | |

（续表）

| 项目 | 因子1 社会实现 | 因子2 个人兴趣 | 因子3 文化认同 | 因子4 社会交往 | 因子5 提升工作 | 因子6 方便生活 | 因子7 考试成绩 |
|---|---|---|---|---|---|---|---|
| Q34. 认识来自各国的同学 |  |  |  | .601 |  |  |  |
| Q14. 充实自己的生活 |  |  |  |  | .438 |  |  |
| Q15. 提升工作或就业能力 |  |  |  |  | .578 |  |  |
| Q16. 做更多工作，增加收入来源 |  |  |  |  | .640 |  |  |
| Q20. 中国经济发展快，有很多工作机会 |  |  |  |  | .607 |  |  |
| Q21. 中国国际化程度高，有很多外国人在这里工作生活 |  |  |  |  | .676 |  |  |
| Q1. 专业需要 |  |  |  |  |  | .683 |  |
| Q2. 生活需要 |  |  |  |  |  | .595 |  |
| Q3. 工作需要 |  |  |  |  |  | .637 |  |
| Q4. 阅读汉语资料 |  |  |  |  |  | .664 |  |
| Q5. 去更多地方旅游 |  |  |  |  |  | .501 |  |
| Q17. 参加汉语水平考试 |  |  |  |  |  |  | .815 |
| Q18. 参加中文资格证考试 |  |  |  |  |  |  | .759 |

*注：① 提取方法：主成分分析法。
② 旋转方法：凯撒正态化最大方差法。
③ a. 旋转在14次迭代后已收敛。

综而言之，因为动机类型本身的关联性，上述7种动机类型还可以进一步合并归类，以便更加简要明晰。借鉴经典的语言学习动机类型以及后续的扩展模式的研究，可以把这些动机类型划分为工具型动机、融入型动机和成就型动机。"工具型动机"指的是通过语言学习而达到特定的目的，这里的提升工作动机、方便生活动机、考试成绩动机都属于这类型的动机，这些动机都把汉语学习作为工作、生活等的改善手段和途径。"融入型动机"指的是通过语言学习进而融入所学习的语言的社会文化之中。这里的文化认同动机、社会交往动机都属于融入型动机。"成就型动机"主要指的是通过语言学习以实现个人的兴趣和提升社会能力,以实现自我的内在兴趣和外在的社会影响,从而达到自我的兴趣满足和社会实现。这里的个人兴趣动机和社会实现动机都属于成就型动机。成就型动机是个人兴趣(内在动机)和社会实现(外在动机)的相互整合。

### (二)汉语学习的渠道与效果

就外籍留学生汉语学习渠道的满意度的基本状况而言,本研究对12个渠道进行考察,研究结果表明,如表12-4所示,外籍留学生汉语学习渠道的满意度,均值在3以上的项目,依次是"学校汉语课"(3.65,SD=1.409)、"中国朋友"(3.55,SD=1.493)、"中文电影/音乐"(3.25,SD=1.680)、"汉语私教"(3.03,SD=1.747)、"收看中文电视"(3.01,SD=1.564),其他为"培训机构汉语课"(2.98,SD=1.621)、"中文报刊/书籍"(2.95,SD=1.685)、"社交软件及其公众号"(2.81,SD=1.641)、"汉语教学网站"(2.70,SD=1.685)、"孔子学院"(2.64,SD=1.720)、"收听中文广播"(2.42,SD=1.632)。可见,通过所在学校的汉语课程学习汉语是外籍留学生汉语学习的最主要的渠道,其次是通过人际交往(中国朋友)、中文电影/音乐、学习汉语等。此外,还有通过汉语私教、中文电视等。那么,本研究同时也发现,通过社交媒体、汉语教学网站等新媒体学习汉语的满意度较低。其中的原因,可能是该类型的社交媒体或网站所提供的学习资源和方便程度较低。

此外,对于外籍留学生汉语水平的效果测量,本研究通过"汉语使用频率"和"汉语水平考试(HSK)"等级进行考察,结果发现,受访者的"汉语使用频率"均值为中上水平(3.60,SD=1.115)。就"汉语水平考试"等级看,其中:一级(266,23.1%)、二级(74,6.4%)、三级(135,11.7%)、四级(239,20.8%)、五级(224,19.5%)、六级(173,15.0%),以一级、四级、五级为主。也就是说,外籍留学生的汉语水平集中于初中级水平。

表12-4　外籍留学生汉语学习渠道的满意度（$n=1150$）

| 项目 | 均值（M） | 标准差（SD） | 标准误差（SE） |
| --- | --- | --- | --- |
| 1. 学校汉语课 | 3.65 | 1.409 | .042 |
| 2. 培训机构汉语课 | 2.98 | 1.621 | .048 |
| 3. 汉语私教 | 3.03 | 1.747 | .052 |
| 4. 中国朋友 | 3.55 | 1.493 | .044 |
| 5. 收看中文电视 | 3.01 | 1.564 | .046 |
| 6. 收听中文广播 | 2.42 | 1.632 | .048 |
| 7. 汉语教学网站 | 2.70 | 1.685 | .050 |
| 8. 社交软件及其公众号 | 2.81 | 1.641 | .048 |
| 9. 孔子学院 | 2.64 | 1.720 | .051 |
| 10. 中文电影/音乐 | 3.25 | 1.680 | .050 |
| 11. 中文报刊/书籍 | 2.95 | 1.685 | .050 |
| 12. 其他 | .00 | .000 | .000 |

*注：① 汉语学习渠道满意度测量：1=不认同，5=非常认同。
② t检验显示，受访者的学习满意度各均值差异均达到统计显著水平。

## （三）汉语学习动机、渠道与效果的相关性分析

就外籍留学生汉语学习渠道的满意度的基本状况而言，本研究通过对12个渠道的考察，结果表明，如表12-4所示，各类汉语学习动机与汉语学习渠道呈正向显著水平，亦即动机驱使选择汉语学习的方式。但是与汉语使用频率未呈现显著相关。就汉语水平考试等级而言，除提升工作动机之外，其他各类动机皆与汉语水平考试等级呈负向显著相关，亦即动机的强烈程度与汉语水平考试等级之间呈现的是反向影响关系。进而言之，动机强烈程度并未提升汉语水平考试等级，反而，就外籍留学生汉语学习而言，一方面是强烈的汉语学习动机，而另一方面，却是较低的汉语水平考试等级，也就是说：强动机—低成绩，弱动机—高成绩。显然，这与人们的经验感知到的常识，同时也与以往语言学习动机的大部分结果有所背离，为什么会出现这样的结论呢？这也是十分有意义的问题。

表12-5 外籍留学生汉语学习动机、渠道与效果的相关性分析（n=1150）

| 项目 | 均值 | 标准差 | 1 | 2 | 3 | 4 | 5 | 6 | 7 | 8 | 9 | 10 |
|---|---|---|---|---|---|---|---|---|---|---|---|---|
| 1.社会实现动机 | 3.21 | .868 | 1 | | | | | | | | | |
| 2.个人兴趣动机 | 3.54 | .829 | .538** | 1 | | | | | | | | |
| 3.文化认同动机 | 3.98 | .803 | .486** | .585** | 1 | | | | | | | |
| 4.社交往动机 | 3.53 | .776 | .703** | .590** | .510** | 1 | | | | | | |
| 5.提升工作动机 | 3.82 | .768 | .509** | .518** | .580** | .552** | 1 | | | | | |
| 6.方便生活动机 | 3.93 | .767 | .462** | .481** | .557** | .491** | .530** | 1 | | | | |
| 7.考试成绩动机 | 3.62 | 1.152 | .488** | .350** | .435** | .442** | .489** | .423** | 1 | | | |
| 8.汉语学习渠道 | 2.75 | 1.050 | .253** | .191** | .210** | .152** | .149** | .193** | .175** | 1 | | |
| 9.汉语使用频率 | 3.60 | 1.115 | −.090** | .053 | −.006 | .020 | .036 | .032 | .001 | .075* | 1 | |
| 10.汉语水平考试 | 3.42 | 1.861 | −.150** | −.112** | −.129** | −.073* | .003 | −.080** | −.074* | .068* | .392** | 1 |

注：*p＜.05，**p＜.01，***p＜.001。

进而言之，对于外籍留学生汉语学习而言，本研究所体现出的外籍留学生汉语学习动机的强度与学习效果之间所呈现的显著负相关的结论，显然也验证了"耶基斯-多德森定律"（Yerkes-Dodson Law）关于动机与效果的解释。[①] 耶基斯-多德森定律，或称为"倒U形假说"，是1908年由心理学家耶基斯（Robert M. Yerkes）和多德森（John Dillingham Dodson）通过实验研究归纳出的对人的学习动机与行为效率的解释原则，是反映动机水平与工作效率关系的定律，揭示了心理压力、工作难度与工作业绩三者之间的关系。在此之前的理论认为，人们的动机越强，工作积极性会越高，工作效果就会越好。反之，动机强度越低，效果会越差，动机和效果之间呈现的是正相关。但是，耶基斯和多德森的研究却发现，动机强度与工作效果之间并非完全的线性关系，而是呈现为"倒U形曲线"关系。动机强度所表现出来的工作压力并不完全能提升工作效率，只有适度的动机压力水平能够促使效率达到最佳水平，过小或过强的动机压力都会使工作效率降低。[②] 显然，该定律证明，在一定范围内，动机强度和效果呈正相关，但是当动机强度太高，工作效率反而下降。其他此类研究也表明，在最佳动机压力水平下，可以获得最佳表现或最佳效率（Goleman，2006）。当超过最佳动机压力水平时，随着动机压力水平的增加而效率会下降（Abercrombie et al., 2003）。[③] 陈佳蕾和潘星（Jialei Chen & Xing Pan）通过模拟实验也发现，工作动机与人为误差概率（HEP）的关系也呈现为U形曲线，困难任务的最佳工作动机低于简单任务。[④] 可见，自20世纪初耶基斯-多德森

---

[①] Westerman, Steve J.; Davies, D. Roy; Matthews, Gerald; Stammers, Rob B. *Human Performance: Cognition, Stress and Individual Differences*. Taylor and Francis, 2013.

[②] Hanoch, Yaniv; Vitouch, Oliver. "When Less is More: Information, Emotional Arousal and the Ecological Reframing of the Yerkes-Dodson Law". *Theory & Psychology Copyright*, Sage Publications, 2004, Vol. 14 (4), pp. 427-452.

[③] Kesti, Marko; Syväjärvi, Antti. "Human Tacit Signals at Organization Performance Development". *Industrial Management & Data Systems*, 2010, Vol. 110, Iss. 2, pp. 211-229.

[④] Chen, Jialei; Pan, Xing. "Relativity Modeling of Work Motivation and Human Error Probability Based on Neural Network". IEEE, 2016 Prognostics and System Health Management Conference, 2016. 10, pp. 1-6.

定律提出至今，对于动机与效率的内在关系问题，研究者不断引入其他的影响因素，或引入不同领域，从不同的视角多有推进，但其基本的逻辑关系依然是有效的。

本研究结果表明，如图12-1所示，就外籍留学生的汉语学习动机与学习效果而言，克朗巴赫可信度检验表明，各个动机强度间α值高达.939。若将动机强度分为低、中、高三个维度，方差检验显示，在低、中、高三个动机强度下，低动机（4.12，SD=1.975）、中动机（3.42，SD=1.842）、高动机（3.07，SD=1.744），外籍留学生汉语学习效果等级变化显著，$F（2，1146）=18.057$，$p=.000<.001$。这说明外籍留学生汉语学习动机强度与学习效果具有负向影响，学习动机强度越高，学习效果越差，反之亦然。大量的研究也发现，动机强度处于一定的范围内，过弱或过强的动机，都会影响学习效果。其中主要的解释原因是，动机强度与压力关联，压力过大或过小，从而都会影响学习效果。特别是图12-1上图中的文化认同动机和提升工作动机两项，完全证明了耶基斯-多德森定律的"倒U形曲线"，都表现为低动机强度和高动机强度与汉语学习效果呈负向显著相关，而只有在中动机强度时汉语学习效果达到最佳状态。图12-1下图是将各类动机合并为融入型动机、工具型动机和成就型动机，结果也说明，不管是哪种类型的动机，对汉语学习的效果都呈负向显著相关，这也为各类不同汉语学习动机强度与学习效果的解释提供了关系模式。

### （四）汉语学习动机、渠道与效果的回归分析

本研究还对外籍留学生汉语学习动机、渠道与效果（HSK）进行回归分析，考察这些因素之间的影响关系。为了更为明确地分析，根据前述检验，本研究将汉语学习动机变量合并为融入型、工具型和成就型三类动机，人口统计因素作为控制变量，汉语学习渠道为调节变量，考察这些因素对于汉语学习效果的影响。本研究结果表明，除性别、宗教信仰外，外籍留学生的人口变量皆达显著，自变量和调节变量因素亦达到显著水平，具体分析如表12-6所示。

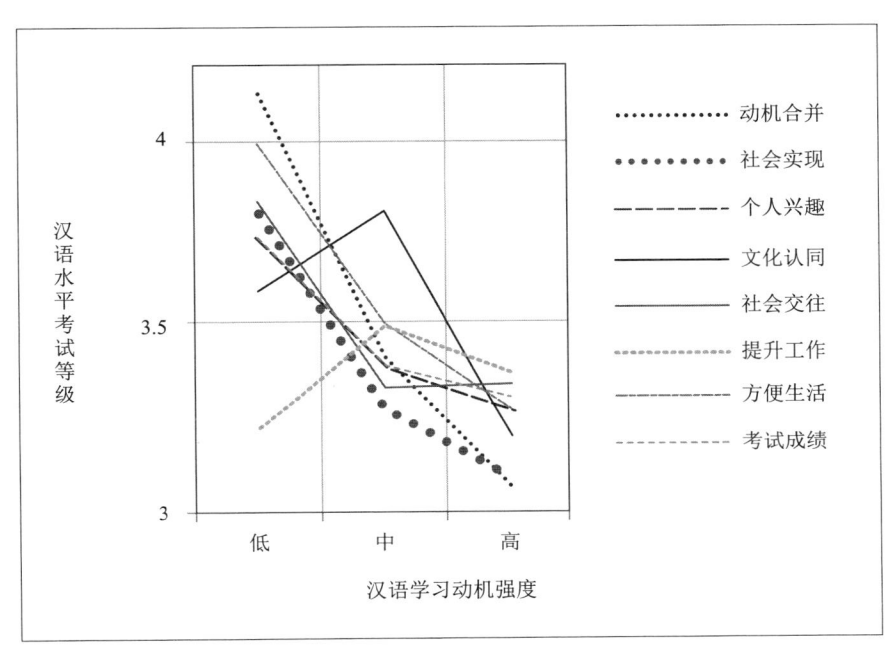

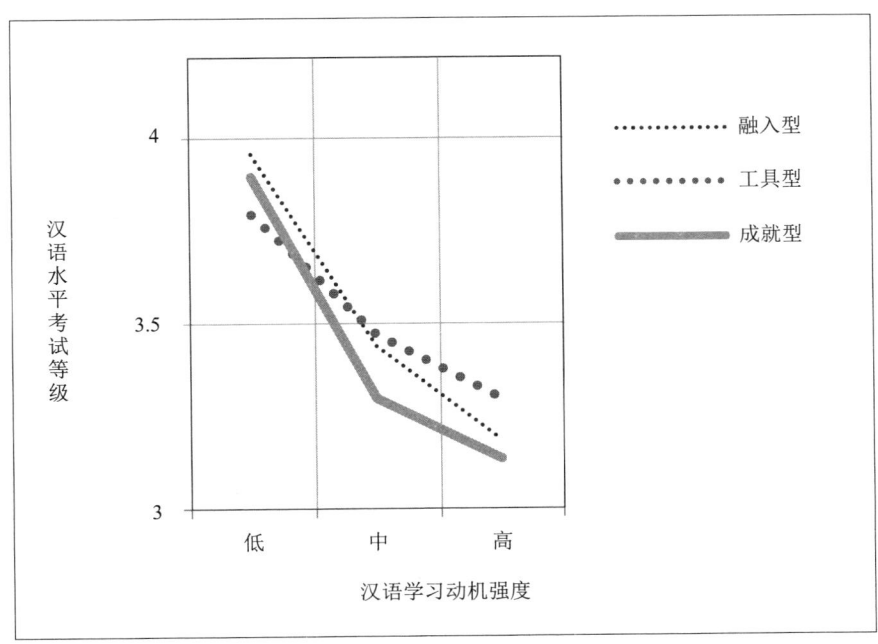

图12-1　外籍留学生汉语学习动机与学习效果（HSK）

表12-6　外籍留学生汉语学习动机、渠道与效果（HSK）的回归分析（n=1150）

| 预测变量 | | 模型 I | 模型 II | 模型 III |
|---|---|---|---|---|
| 第一阶层 | 性别 | .040（.108） | .032（.108） | .025（.108） |
| | 年龄 | −.191（.067）*** | −.190（.067）*** | −.191（.067）*** |
| | 国别 | −.123（.050）*** | −.130（.050）*** | −.121（.050）*** |
| | 学历 | −.093（.111）** | −.075（.110）* | −.076（.110）* |
| | 是否华裔 | −.159（.132）*** | −.163（.132）*** | −.158（.132）*** |
| | 宗教信仰 | .050（.023） | .049（.022） | .043（.022） |
| 第二阶层 | 融入型动机 | | −.028（.115） | −.030（.115） |
| | 工具型动机 | | .096（.111）* | .088（.111）* |
| | 成就型动机 | | −.166（.102）*** | −.180（.103）*** |
| 第三阶层 | 汉语学习渠道 | | | .088（.051）*** |
| | $R^2$ | .119 | .138 | .145 |
| | Adjust $R^2$ | .114*** | .131*** | .137*** |
| | F | 25.619*** | 20.221*** | 19.268*** |

注：① 性别（1=男性，2=女性），是否华裔（1=是，2=否），各程度变量评分值（1=不认同，5=非常认同）。
② 因变量为汉语学习效果（HSK），表内数值为标准化回归系数β，括号内为标准误差S.E.。
③ *p＜.05，**p＜.01，***p＜.001。

（1）在控制变量中，如模型 I 所显示的，除性别和宗教信仰外，其他因素如年龄、国别、学历、是否华裔与汉语学习效果皆达显著水平。

（2）就汉语学习动机与学习效果看，控制了其他变量后发现，如模型 II 所示，三类动机中，除融入型动机外，工具型动机（β=.096*）和成就型动机（β=−.166***）达到显著水平，其中成就型动机呈现为负向相关。

（3）就汉语学习渠道看，如模型 III 所示，汉语学习渠道与学习效果达显著正相关（β=.088***）。在三类动机中，除融入型动机外，工具型动机（β=.088*）和成就型动机（β=−.180***）达到显著水平，其中成就型动机呈现为负向相关。就动机分类看，与上述方差检验有所不同，也就进一步解释了不同的学习动机类型强度与学习效果的影响关系在强度和方向上也有所差异。

## 四、本章总结与讨论

本章研究重点讨论了外籍留学生汉语学习动机、汉语学习渠道与汉语学习效果的内在关系，也在部分程度上证明了过往研究关于学习动机与效率的关系模式，对于耶基斯-多德森定律的"倒U形曲线"模型也有所补正。总体而言，本研究尚有一定的发现。

其一，外籍留学生汉语学习的融入型动机、工具型动机、成就型动机同时并存。就因子分析结果而言，外籍留学生的汉语学习动机主要可归纳为7种类型，包括社会实现动机、个人兴趣动机、文化认同动机、社会交往动机、提升工作动机、方便生活动机、考试成绩动机等。其中个人兴趣动机、文化认同动机是融入型动机，提升工作动机、方便生活动机、考试成绩动机是工具型动机，社会实现动机则属于成就型动机。作为来华的外籍留学生，借助于汉语学习而快速融入中国社会，则是汉语学习的首要目的，因此，基于个人兴趣以及对中国文化的认同的汉语学习，是融入中国社会的主要途径。那么，从汉语学习渠道的选择看，"学校汉语课"和"中国朋友"是外籍留学生汉语学习的主要渠道，这也印证了文化融入和语言学习是相辅相成的过程。就工具型动机而言，学习汉语是为了更方便生活、工作，同时也是为了参加汉语水平考试，那么，参加汉语水平考试虽然也属于成就型动机，但是，如果就其汉语水平考试的真正意图看，还是为了获得更好的工作和更加方便地生活。作为成就型动机，则主要体现为社会实现，这和过往研究中的"情境性动机"相类似，即汉语学习的目的受周围情境的影响，比如媒体、朋友、学校、家人等都营造了汉语学习的氛围或情境，或者是为了社交而学习汉语，这些都能够获得高的社会实现感，因此，不同于考试成绩动机获得的是功利性的实现感，成就型动机主要在于基于周围情境的影响而获得的社会性评价。总体而言，这些不同的动机类型是并存的。

其二，就外籍留学生汉语学习动机强度和汉语学习效果看，各类型动机与学习效果呈显著负相关，亦即汉语学习动机的强度与作为汉语水平考试等级的学习效果测量之间呈现为负向影响关系，具体表现为学习动机强度低，学习效果好；反之，学习动机强度高，学习效果差。这也部分印证了耶基斯-多德森定律对学习动机与效率关系模式的描述，即该定律所解释的学习动机和效率之间的"倒U形曲线"模型，在本研究中，特别是"文化认同"和"提升工作"两项动机，明显呈现为"倒U形曲线"模式。这也说明，当外籍留学生的汉语学习动机强度处于适度状态时，学习效果亦为最佳状态，过高或过低的学习动机强度都会减弱学习效果。当然，就此问题而言，一方面反映的是动机与效率的基本影响关系，另一方面，也与本研究调查对象的构成有关。本研究的调查访问对象包括有汉语学习和无汉语学习基础的留学生，如成长于华裔家庭的外籍留学生，就已经具有良好的汉语学习基础，那么，他们的汉语学习动机强度可能较低，但基于以前的学习，相对而言学习效果较好，这与他们已具备的语言基础有关。当然，对此问题，还需要进一步分析。对于语言学习动机和效果的经典模式，还有研究者通过对认知过程的影响加以解释，这也是本研究需要进一步拓展的研究领域。

其三，外籍留学生的汉语学习渠道以学校汉语教学课程和依赖中国朋友的人际传播为主，还有通过中文电影、音乐、电视、私人汉语辅导教师等，也就是说，外籍留学生的汉语学习主要通过汉语教学、人际交往和日常生活使用中展开的。这也体现了语言学习的特征，即在使用中学习语言，应该是掌握汉语或其他语言的较好的途径。其他如利用各类媒体间接学习的方式，虽然为语言学习提供了很多方便条件，但未必有较好的效果，因此，寓教于乐、贴近生活依然是语言学习和文化传播的重要方式。

其四，就人口变量而言，除性别和宗教信仰外，年龄、国别、学历、是否华裔等因素，对外籍留学生汉语学习动机、渠道及效果的影响，都达到显著水平。就个体差异的影响看，除年龄外，其他因素如国家、学历、族裔等都属于社会性因素，由此可见，语言学习中个体的社会性因素是主要的影响因素。当然，对于此结论尚需进一步分析和讨论。

总之，对于外籍留学生汉语学习动机、渠道和效果的研究是非常复杂的问题，本研究作为探索性研究，其目的重点在于考察和归纳外籍留学生汉语学习动机、学习渠道和学习效果之间的关系，因此，所获得的仅仅是描述性的结论。特别是基于因果分析的视角，对于汉语学习动机、渠道和效果的内在影响关系的动态变化的解释性研究，本研究并未完全展开。因此对于动机、渠道和效果之间的内在影响的解释不足。此外，对于不同文化背景下的外籍留学生的汉语学习动机、渠道和效果之间的关系的探讨，亦未能展开。这都是需要进一步追问和讨论的问题，尚有赖于后续的分析和解释。

# 第十三章

# 汉语学习与中国文化认同

语言传播是建构文化认同的重要途径和手段，在跨文化传播中，人们通过语言学习，获得所学国家的知识，同时也了解其文化，进而建构起文化认同。语言学习动机影响学习者的媒介使用，也会影响其文化认同。本章内容通过实证研究方法，探讨汉语学习动机、媒介使用与中国文化认同之间的关系。研究通过对北京、上海、广州1150名外籍留学生的问卷调查，试图解释在华外籍留学生的人口变量、汉语学习动机、媒介使用与中国文化认同之间的内在关系。研究发现：第一，外籍留学生的汉语学习动机（融入型动机、工具型动机、成就型动机）与中国文化认同（中国文化符号、中国文化类型、中国文化情感、中国文化行为）之间影响显著。第二，外籍留学生的汉语学习动机对其媒介使用行为（媒介使用频率、媒介信息源、媒介信任度、媒介依赖度）的影响部分达到显著。第三，外籍留学生的媒介使用行为对汉语学习动机和中国文化认同的影响起到中介作用。第四，外籍留学生人口变量与中国文化认同部分达到显著相关。

语言传播是建构文化认同的重要途径和手段，随着全球化发展，国家、社会群体乃至个体之间的交往日趋频繁，各个不同的文化主体都面临自我文化认同和他者文化认同的问题。国家经济的发展，势必会带来本国语言的传播与学习，并由此进一步影响对于本国的文化认同，所谓语言得道，文化升天。第二语言学习理论研究也表明，语言传播与文化认同之间具有深刻的影响关系。随着中国经济社会的全面发展，中国在全球的影响力亦不断提升，如何加强文化传播影响力也愈显迫切。因此，如何通过汉语传播加强中国文化认同，不仅是中国文化全球传播的重要内容，也是提高中国文化全球影响力的重要途径。对于外籍留学生而言，汉语学习是否会影响到他们的文化认同，具体而言，就汉语学习动机看，是否会影响对于中国文化的认同，这是本研究要讨论的基本问题。

文化是人类社会有意识地建构认同的基本手段，认同也是文化本身固有的基本功能之一。基于共有价值，建立共同的文化，往往是国家认同、民族认同、社会认同的基础。文化认同建立在人们基本的身份认同之上，是不同的人群之间或个人同群体之间对于某种共有文化的认知和确认。文化认同是文化与文化之间传播的结果，以往文化认同的研究，多关注两个层面：一是国家内部的文化认同，二是外来移民的文化认同。[①]然而，随着中国文化全球传播的加强，来中国学习的外籍留学生数量不断增加，他们作为汉语学习者，也是来自外国（外籍）的移居者。外籍留学生通过语言学习，开始与中国文化沟通，成为文化传播的中介，在此过程中，对所学习的中国文化也产生认同。那么，作

---

① 张国良、陈青文、姚君喜：《媒介接触与文化认同——以外籍汉语学习者为对象的实证研究》，《西南民族大学学报》（人文社会科学版），2011年第5期。

为汉语学习者的外籍留学生，他们不同的汉语学习动机确否对中国文化认同产生影响？本研究则通过汉语学习动机的三个层面，即融入型动机、工具型动机和成就型动机，观察其与中国文化认同的四个层面，即中国文化符号、中国文化类型、中国文化情感和中国文化行为的关系，从而阐明外籍留学生的汉语学习动机与中国文化认同之间的深层次影响关系。

外籍留学生的语言学习动机，影响其媒介使用行为，通过媒介使用获得信息，从而强化外籍留学生的语言学习效果，进而影响中国文化认同。那么，外籍留学生的汉语学习动机与媒介使用状况之间的影响关系如何；媒介使用与中国文化认同之间的影响关系又如何；汉语学习者的学习动机，是否影响到了媒介使用，进而媒介使用与中国文化认同是否相关，媒介使用行为是否在汉语学习动机与中国文化认同之间具有中介效应，这也是本研究需要进一步观察和解释的问题。本研究将从外籍留学生的媒介使用，具体包括媒介使用频率、媒介信息源、媒介信任度、媒介依赖度四个要素出发，考察媒介使用行为作为中介变量时，外籍留学生的汉语学习动机与中国文化认同的影响关系。

## 一、汉语学习、媒介使用与中国文化认同

### （一）汉语学习动机与中国文化认同

语言与文化之间存在内在的影响关系，文化通过语言影响人们的观念，语言结构影响人们的思维和行为方式，语言学习影响人们的文化认同。语言学上著名的"萨丕尔-沃尔夫假说"就认为，人们使用的语言在一定程度上决定人们的思维方式，不同的语言学习可能会衍生不同的概念和意识形态，而且学习一门新的语言极有可能改变人们如何看待自己，如何观察、理解、认同我们所处的世界。[1]社会语言学家甘伯兹（John Gumperz, 1982）在社会语

---

[1] 刘倩：《针对语言、文化和二语学习者身份认同研究的回顾和展望》，《海外英语》，2019年第3期。

言学传统中开辟了"语言与社会认同"的研究,认为民族认同和社会认同在很大程度上是通过语言建立和维持的,具体如性别、阶级等社会范畴,它们不是可以默认的不变事物,而是在交际中产生的,说话本身就构成着社会现实。[1]可见,语言对于国家、民族、社会,特别是文化层面的认同有非常重要的影响。

随着对语言与文化关系研究的深入,第二语言学习理论也发展起来。该理论认为,语言学习是一个从模仿到逐步学会运用的过程,学习者需要在头脑中储存大量信息。语言对置身于异国文化和思想环境中并与之沟通交流的学习者而言,不仅是一个交流的工具,更是目的语文化的载体,通过学习语言,学习者能够不断地接触目的语文化,从而产生对目的语文化的态度,甚至对目的语文化产生认同。在第二语言学习理论的研究中,由于意识到学习动机的重要性,有关文化认同因素的研究从学习动机研究开始,从20世纪70年代初到80年代末,不断有学者提出文化因素在二语学习中的重要性,也从理论上强调了对目的语的文化融入与习得结果的密切关系。[2]

20世纪50年代末,加拿大学者加德纳和兰伯特最初对第二语言学习动机进行深入研究,构建了"第二语言学习的社会心理学"理论,并提出两种不同类型的学习动机,即工具型动机和融入型动机。[3]该理论模型在外语学习动机研究领域一直被视为经典,居于主导地位,同时也是在大量研究中运用最多的理论模式。80年代后期,二语学习理论进入多元化发展。90年代则有德尔尼(Dörnyei)的外语学习动机三层次说,[4]特伦布和加德纳(Trembly &

---

[1] 高一虹、李玉霞、边永卫:《从结构观到建构观:语言与认同研究综观》,《语言教学与研究》,2008年第1期。

[2] 王宁、原源、原一川:《二语习得中的文化认同研究综述》,《云南师范大学学报》(对外汉语教学与研究版),2014年第3期。

[3] Gardner, R. C. "Social Psychology and Second Language Learning: The Role of Attitudes and Motivation". *Social Psychology of Language*, Vol. 4, Edward Arnold, 1986, pp. 183−185.

[4] Dörnyei, Zoltan. "Motivation and Motivating in the Foreign Language Classroom". *The Modern Language Journal* (Boulder, Colo.), 1994, Vol. 78(3), pp. 273−284.

Gardner）的扩展动机理论，[1]舒曼（Schumann）的神经生物学模式，[2]等等，各类不同的动机研究模型相继出现。国内学者基于汉语学习的动机研究也比较丰富，如钱秋月（2020）的东南亚国家非学历留学生汉语学习动机及教学策略研究，温晓虹（2013）的汉语为外语的学习情感态度、动机研究，郭亚萍（2009）的印尼留学生汉语学习动机调查研究，沈亚丽（2008）的外籍留学生汉语学习动机与学习策略及其相关性研究，原一川等（2008）的东南亚留学生汉语学习态度和动机实证研究，孟伟（2007）的外国留学生汉语学习动机及与成绩间关系的研究，龚莺（2004）的日本学生汉语学习动机研究，王爱平（2000）的东南亚华裔学生的文化认同与汉语学习动机研究，冯小钉（2003）通过调查发现短期留学生的学习动机以工具型动机为主，徐子亮（2000）对外籍人士学习汉语的动机和目的分别进行了分类，高海洋（2000）讨论了动机与态度、策略之间的关系，发现学习者对目的语及社团的态度与学习结果密切相关，等等。在这些汉语学习动机研究中，综合起来看，研究方法比较集中地使用实证方法。汉语学习动机研究的重点，集中于经典的融入型动机、工具型动机和成就型动机。

　　文化世界是人类社会的意义建构，文化认同主要表现为个人对社会的认同，它体现的是个人的社会化过程，即个人对社会所建构的文化的习得过程。社会对个人的认同，则体现在社会的基本文化规范在个人中的普及、推广和传播。人们之间在文化上的认同，主要表现为双方相同的文化背景、文化氛围，或对他者文化的承认与接受。具体则表现为使用相同的文化符号、遵循共同的文化理念、秉承共有的思维模式和行为规范等。[3]显然，"认同"作为社会建构意义上的宏观的抽象概念，首先就具体表现形态看，则包括种族认同、民族

---

[1] Trembley, P. F.; Gardner, R. C. "Expanding the Motivation Construct in Language Learning". *The Modern Language Journal* (Boulder, Colo.), 1995, Vol. 79(4), pp .505-518.

[2] Schumann, John. H. "The Neurobiology of Affect in Language". *Language Learning*, 1998, Vol. 48(1), p. 337.

[3] 崔新建:《文化认同及其根源》，《北京师范大学学报》，2004年第4期。

认同、社会群体认同、自我认同、文化认同等等。在这些认同理论中，文化认同则是认同的核心层面。但是，在具体的研究分析中，或是在实践层面上，文化认同如何观察和测量，亦为研究者所面对的难题。为了方便研究和分析，研究者设计了"认知—情感—行为"基本模式，从具体的文化符号、文化类型、文化情感、文化行为等层面观察文化认同。如前第十一章所述菲尼（1989）认为认同一直被看作是多维度的结构，不同的学者从不同的理论和实证研究出发得出了不同的维度。菲尼自己也提出自我认同、认同的实现、行为和归属感四个认同维度，并依据这四个维度编制出MEIM量表，成为族群认同研究的基础性量表。就中国文化认同研究而言，多数研究集中于海外华人的文化身份认同问题。王赓武提出东南亚华人多重身份认同的理论，认为常见的多重认同有国家认同、文化认同、种族认同和阶级认同四类。其中，国家认同、种族认同和文化认同与华裔学生汉语学习明显有关。[①]可见，文化认同理论虽然宽泛，但依然可以进行具体观察和分析。

结合上述文献研究，本研究依然围绕"认知—情感—行为"的文化认同模式，主要从中国文化符号、中国文化类型、中国文化情感、中国文化行为四个方面，对中国文化认同问题加以考察。由上述文献可以发现，基于语言学习与文化认同的相关研究已具备了丰富的研究基础，但是，就汉语学习动机与中国文化认同的研究，还比较欠缺。本研究将汉语学习动机分为融入型动机、工具型动机和成就型动机，将中国文化认同分为中国文化符号、中国文化类型、中国文化情感、中国文化行为四个方面，由此本研究提出：

研究假设$H_1$：外籍留学生的汉语学习动机对中国文化符号认同具有显著影响。

$H_1a$：外籍留学生的融入性动机对中国文化符号认同呈显著影响。

$H_1b$：外籍留学生的工具型动机对中国文化符号认同呈显著影响。

$H_1c$：外籍留学生的成就型动机对中国文化符号认同呈显著影响。

---

① Wang, Gengwu. "The Study of Chinese Identities in Southeast Asia". In Jennifer Cushman & Wang Gengwu, Eds. *Changing Identities of the Southeast Asia Chinese since World War II*, Hong Kong University Press, 1988.

研究假设 $H_2$：外籍留学生的汉语学习动机对中国文化类型认同呈显著影响。

$H_2a$：外籍留学生的融入型动机对中国文化类型认同呈显著影响。

$H_2b$：外籍留学生的工具型动机对中国文化类型认同呈显著影响。

$H_2c$：外籍留学生的成就型动机对中国文化类型认同呈显著影响。

研究假设 $H_3$：外籍留学生的汉语学习动机对中国文化情感认同呈显著影响。

$H_3a$：外籍留学生的融入型动机对中国文化情感认同呈显著影响。

$H_3b$：外籍留学生的工具型动机对中国文化情感认同呈显著影响。

$H_3c$：外籍留学生的成就型动机对中国文化情感认同呈显著影响。

研究假设 $H_4$：外籍留学生的汉语学习动机对中国文化行为认同呈显著影响。

$H_4a$：外籍留学生的融入型动机对中国文化行为认同呈显著影响。

$H_4b$：外籍留学生的工具型动机对中国文化行为认同呈显著影响。

$H_4c$：外籍留学生的成就型动机对中国文化行为认同呈显著影响。

## （二）作为汉语学习动机与中国文化认同中介变量的媒介使用行为

就媒介使用行为理论看，研究者更多地集中在媒介受众效果研究，媒介受众效果研究主要从两种路径展开，一是直接效果理论；二是间接效果理论，包括第三人效果、假定影响模型等。[1]但是，如第十一章所述，卡茨（1974）提出媒介研究的"使用与满足"理论，则更多地考察了受众使用媒介的主动性，即媒介使用的动机成为媒介使用行为研究的重点。"受众是主动的"观点是"使用与满足"理论的核心，强调受众寻求媒介信息与资讯的主动性，并以寻求自身需求的满足为目的性。换言之，个人对媒介的接触、接受及使用，均基于每个人的不同需要和特别动机而产生的。因此"使用与满足"研究的主要

---

[1] Dohle, M.; Bernhard, U. "Presumed Online Media Influence and Support for Censorship: Results from a Survey among German Parliamentarians". *International Journal of Public Opinion Research*, 2014, Vol. 26(2), pp. 256–268.

目标是"解释人们如何使用媒介以满足他们的需求"、"了解人们媒介使用行为背后的动机",以及"确认基于各种需求、动机和行为而满足的功能或产生的后果"等问题。[1]

卡茨的"使用与满足"理论通过对媒介使用动机的观察,从而了解和解释人们使用媒介的内容和效果的探究。媒介使用者的动机是媒介研究的基础性问题。也就是说,卡茨等提出的受众理论的重点,强调了"受众通过媒体做着什么",而不是"媒体对受众做了什么",研究者的基本思路,是受众对媒体的使用显然包含着特定的需求或动机。[2]就此而言,语言学习动机是否为媒介使用行为发生的影响因素呢?这是需要进一步观察的。反之,就语言学习与传播而言,二语习得理论(Second Language Acquisition,SLA)也表明,环境因素显然影响到了语言学习的效果。这些包括社会环境、语言环境、学习环境。如斯特恩(Stern,1983)就认为,社会环境包括社会语言学、社会文化、社会经济因素。加德纳(1985)的语言学习模式中的社会环境主要指文化观念,此外,接触和学习目的语的机会、地理位置、语言政策等作为外在环境因素都会影响外语学习的结果。语言环境是指单语或双语社会环境,它对接触二语的量、学习态度和动机、语言实践的机会等都产生显著的影响。[3]由此可知,语言的学习和传播与社会环境有明确互动作用,媒介使用作为文化传播的重要途径和手段,与语言学习关系密切。基于此,本研究提出:

研究假设$H_5$:外籍留学生的汉语学习动机对媒介使用具有显著预测作用。

研究假设$H_6$:媒介使用行为在外籍留学生汉语学习动机对中国文化认同的影响中具有中介作用。

---

[1] Katz, E.; Blumler, J. G.; Gurevitch, M. "Utilization of Mass Communication by the Individual". In J. G. Blumler & E. Katz, Eds. *The Uses of Mass Communications: Current Perspectives on Gratifications Research*. pp. 19–31.
[2] [英]丹尼斯·麦奎尔、[瑞典]斯文·温德尔:《大众传播模式论》(第二版),第116页。
[3] 戴运财、王同顺:《基于动态系统理论的二语习得模式研究——环境、学习者与语言的互动》,《山东外语教学》,2012年第5期。

## 二、外籍留学生汉语学习动机与中国文化认同的研究方法

### （一）研究过程与数据来源

本研究是作者主持的国家社科基金重大项目"汉语异域传播与中国文化影响模式研究"的阶段性成果之一，具体抽样方法及样本构成参见本书第十一章内容，样本构成的详细情况如第十一章表11-1所示。

### （二）变量设定与测量

#### 1. 因变量

本研究的因变量为中国文化认同，主要借鉴菲尼关于认同研究的四个维度MEIM量表，理查德和柳哥哲（2004）的认知分类、情感自豪和行为承诺量表，以及科旺和索多斯基（1997）的认知、道德、情感和行为四个维度量表的思路，结合国内研究者关于认同研究的认知、评价、情感和行为四个维度量表，[1]分别设计了四个因变量，每项问题使用李克特5级量表进行测量，从完全不认同到非常认同（1—5）。因变量有四个子变量，它们分别是（每个子变量的具体测量项目在本书第十一章已有列举，并有因子分析结果，这里不再一一罗列）：

（1）中国文化符号。
（2）中国文化类型。
（3）中国文化情感。
（4）中国文化行为。

#### 2. 自变量

本研究研究的自变量为汉语学习动机。参照国内研究者王志刚[2]、王爱平[3]

---

[1] 秦向荣：《中国11至20岁青少年的民族认同及其发展》，华中师范大学硕士学位论文，2005年。

[2] 王志刚等：《外国留学生汉语学习目的研究》，《世界汉语教学》，2004年第3期。

[3] 王爱平：《东南亚华裔学生的文化认同与汉语学习动机》，《华侨大学学报》（人文社会科学版），2000年第3期。

等学者关于汉语学习动机的研究，设计了35个问题来测量外籍留学生的汉语学习动机，问题答案按照李克特5级量表，从非常不认同到非常认同（1—5）。结果表明，这35个题项的α=.939，表明其有很高的内在一致性。随后用主成分分析法进行因子分析，使用最大方差法旋转，显示KMO值达到.940，Bartlett的球型检验近似卡方值为18551.674（自由度df=595，p=.000***），达到显著水平，适合做因子分析。由此，提出融入型动机因子、工具型动机因子和成就型动机因子三个因子，该三个因子的累计解释方差百分比为45.471%。各因子项目、特征值、解释方差，结果如表13-1所示。

表13-1 外籍留学生汉语学习动机的因子分析（$n$=1150）

| 项目 | 因子1 融入型动机 | 因子2 工具型动机 | 因子3 成就型动机 | 均值 | 标准差 |
| --- | --- | --- | --- | --- | --- |
| Q6. 喜欢学习不同的语言 | .472 | | | 3.92 | 1.131 |
| Q7. 对汉语非常感兴趣 | .688 | | | 4.02 | 1.034 |
| Q8. 对中国传统文化或艺术（武术、中医、戏曲、书画等）感兴趣 | .744 | | | 3.57 | 1.141 |
| Q9. 对中国现代文化或艺术（当代艺术、电影、流行音乐等）感兴趣 | .706 | | | 3.43 | 1.101 |
| Q10. 对中国文学、历史、地理感兴趣 | .731 | | | 3.48 | 1.095 |
| Q11. 对中国感兴趣 | .739 | | | 3.91 | 1.001 |
| Q12. 对中国美食感兴趣 | .479 | | | 3.53 | 1.213 |
| Q13. 对中国品牌感兴趣 | .508 | | | 3.34 | 1.126 |
| Q31. 拓展人际关系 | .406 | | | 3.76 | 1.085 |
| Q33. 与中国朋友交往 | .454 | | | 3.87 | 1.058 |
| Q1. 专业需要 | | .465 | | 3.71 | 1.226 |
| Q2. 生活需要 | | .526 | | 4.13 | .960 |
| Q3. 工作需要 | | .682 | | 4.07 | 1.009 |
| Q4. 阅读汉语资料 | | .439 | | 3.84 | 1.056 |
| Q5. 去更多地方旅游 | | .522 | | 3.90 | 1.096 |

（续表）

| 项目 | 因子1<br>融入型动机 | 因子2<br>工具型动机 | 因子3<br>成就型动机 | 均值 | 标准差 |
| --- | --- | --- | --- | --- | --- |
| Q14. 充实自己的生活 | | .456 | | 3.87 | .995 |
| Q15. 提升工作或就业能力 | | .695 | | 4.07 | .937 |
| Q16. 做更多工作，增加收入来源 | | .415 | | 3.50 | 1.204 |
| Q17. 参加汉语水平考试 | | .570 | | 3.74 | 1.241 |
| Q18. 参加中文资格证考试 | | .517 | | 3.50 | 1.242 |
| Q19. 中国国际地位提升，汉语成为重要语言 | | .604 | | 4.05 | 1.029 |
| Q20. 中国经济发展快，有很多工作机会 | | .673 | | 3.99 | 1.052 |
| Q21. 中国国际化程度高，有很多外国人在这里工作生活 | | .470 | | 3.67 | 1.075 |
| Q22. 推动自己国家同中国的交往与合作 | | .446 | | 3.93 | 1.054 |
| Q23. 受别人都在学汉语的影响 | | | .509 | 3.41 | 1.206 |
| Q24. 会说汉语很时尚 | | | .682 | 3.16 | 1.182 |
| Q25. 受到媒体报道"汉语热"的影响 | | | .725 | 2.96 | 1.152 |
| Q26. 增添生活乐趣 | | | .505 | 3.46 | 1.118 |
| Q27. 拒绝自己不想做的事情 | | | .651 | 3.06 | 1.180 |
| Q28. 帮助别人 | | | .531 | 3.37 | 1.190 |
| Q29. 符合亲朋好友的期望 | | | .692 | 3.20 | 1.255 |
| Q30. 符合学校的要求 | | | .595 | 3.43 | 1.217 |
| Q32. 谈恋爱 | | | .489 | 2.88 | 1.108 |
| Q34. 认识来自各国的同学 | | | .521 | 3.76 | 1.094 |
| Q35. 别人会觉得我很有文化 | | | .613 | 3.32 | 1.261 |
| 特征值 | 5.507 | 5.308 | 5.100 | | |
| 解释方差（%） | 15.734 | 15.165 | 14.572 | | |

*注：① 提取方法：主成分分析法。
② 旋转方法：凯撒正态化最大方差法。
③ a.旋转在14次迭代后已收敛。

### 3. 中介变量

本研究的中介变量是媒介使用行为。媒介使用是观察媒介行为最常被采用的预测变量。本研究中媒介使用行为变量包括：（1）媒介使用频率。包括报纸、电视、互联网、手机四个类型，并测量其使用频率。（2）媒介信息源。包括自己国家媒体、中国大陆媒体、中国港澳台媒体、其他国家媒体、自己国家朋友、中国朋友、在中国旅游、中国商品、观看中国电影、在中国观看演出、吃中餐等项目。（3）媒介信任度。考察对各类型媒体的信任程度。（4）媒介依赖度。考察信息来源的主要媒体。以上问题测量均采用李克特5级量表，由非常不认同到非常认同（1—5）。

### 4. 控制变量

本研究的控制变量包括以往研究中使用的人口变量，包括性别、国别、专业、学历等外，此外，还设置了宗教信仰、以前是否来过中国等指标。除学历为定序变量外，其他都设为虚拟变量。

## 三、外籍留学生汉语学习动机、媒介使用与中国文化认同的特征

### （一）媒介使用的影响因素

媒介使用行为作为本研究的中介变量，本研究则首先考察影响媒介使用行为的因素，因此，在这里媒介使用行为是因变量，具体包括：（1）媒介使用频率、媒介信息源、媒介信任度、媒介依赖度。自变量是汉语学习动机，如前所述，分为融入型动机、工具型动机、成就型动机三个子变量。性别、国别、专业、学历、宗教信仰、以前是否来过中国是控制变量。在对媒介使用影响因素的多元回归分析中，本研究首先分析控制变量对媒介使用的影响作用，分别为模型A1、A2、A3、A4，然后加入汉语学习动机的三个子变量（融入型动机、工具型动机、成就型动机），分别为模型B1、B2、B3、B4。结果如表13-2所示。

表13-2　媒介使用行为因变量的回归分析（$n$=1150）

| 类别 | 媒介使用频率 模型A1 | 模型B1 | 媒介信息源 模型A2 | 模型B2 | 媒介信任度 模型A3 | 模型B3 | 媒介依赖度 模型A4 | 模型B4 |
| --- | --- | --- | --- | --- | --- | --- | --- | --- |
| 常量 | 2.121*** | 2.219*** | .387*** | .422*** | 4.514*** | 4.623*** | 4.848*** | 4.825*** |
| 性别 | .088*** | .063* | .112*** | .092*** | −.054 | −.059* | .010 | .007 |
| 国别 | −.010 | −.039 | −.040 | −.061* | −.021 | −.026 | −.030 | −.033 |
| 专业 | −.040 | −.045 | −.058* | −.064* | .038 | .035 | −.010 | −.011 |
| 学历 | .021 | .012 | −.113*** | −.128*** | .020 | .013 | .019 | .025 |
| 宗教信仰 | −.035 | −.036 | .025 | .023 | .094*** | .094*** | .064* | .064* |
| 以前是否来过中国 | −.045 | −.052 | −.064* | −.076** | −.037 | −.043 | −.028 | −.023 |
| 融入型动机 |  | .154*** |  | .142*** |  | .042 |  | −.017 |
| 工具型动机 |  | .071*** |  | .069* |  | .023 |  | .010 |
| 成就型动机 |  | −.089*** |  | −.014 |  | .017 |  | −.045 |
| $R^2$ | .013 | .048 | .038 | .062 | .014 | .016 | .005 | .008 |
| 调整后$R^2$ | .007 | .040 | .032 | .053 | .008 | .007 | −.001 | −.001 |
| F | 2.233* | 5.593*** | 6.510*** | 7.251*** | 2.301* | 1.809* | .898 | .859 |

*注：*p＜.05，**p＜.01，***p＜.001。

首先，就自变量汉语学习动机对媒介使用行为的影响看，汉语学习动机对媒介使用频率、媒介信息源影响显著，而对媒介信任度、媒介依赖度没有影响。可以发现，就模型B1、B2看，调整后的$R^2$比只有控制变量的A1、A2模型调整后的$R^2$分别增加3.3%（p＜.001）、2.1%（p＜.001，p＜.05）。其中融入型动机对媒介使用频率（beta=.154，p＜.001）、媒介信息源（beta=.142，p＜.001），工具型动机对媒介使用频率（beta=.071，p＜.001）、媒介信息源（beta=.069，p＜.05），成就型动机对媒介使用频率（beta=−.089，p＜.001）达显著水平，而媒介信息源（beta=−.014）未达显著。亦即三类动机对于媒介使用频率、媒介信息源有明显的影响，且成就型动机对媒介使用频率呈负相关，即成就型动机越强烈，对于媒介使用的频率和信息来源的选择越低。三类动机对于媒介信任度和媒介依赖度未达显著。因此，研究假设$H_5$，即外籍留学生的汉语学习动机对媒介使用具有显著预测作用得到部分检验，外籍留学生的汉语学习动机对媒介使用频率、媒介信息源具有显著影响，而对媒介信任度、媒介依赖度的影响未达到显著性水平。

其次，就控制变量看，性别对于媒介使用频率、媒介信息源、媒介信任度影响达显著水平，且与媒介信任度呈现负相关。国别、专业、学历与媒介信息源呈显著相关。而宗教信仰则与媒介信任度、媒介依赖度呈显著相关。

## （二）汉语学习动机与中国文化认同：媒介使用行为的中介作用

本研究考察媒介使用行为在汉语学习动机与中国文化认同之间是否具有中介效应。本研究参照王菁等学者的研究思路，[1]遵循温忠麟等学者关于中介作用检验的基本方法，[2]依据他们的研究检验中介变量的步骤，考察外籍留学生的媒介使用行为在汉语学习动机和中国文化认同之间是否具有中介效应。具体过程包括：（1）检验汉语学习动机对中国文化认同是否具有显著影响，得到回归系数c；（2）检验汉语学习动机对媒介使用行为是否具有显著影响，得到回归系数a；（3）检验汉语学习动机、媒介使用行为影响同时进入回归方程时对中国文化认同是否具有显著影响，得到回归系数c'和b，此时如果a、b、c都显著，c'不显著，说明媒介使用行为存在完全中介效应；如果a、b、c、c'都显著，说明媒介使用行为起部分中介效应。

在本研究中，中国文化认同包括中国文化符号、中国文化类型、中国文化情感和中国文化行为四类，因此，本研究将分别探究外籍留学生的媒介使用行为在汉语学习动机与这四个层面的中国文化认同的中介效应。具体如表13-3所示。如前所述，在表13-2中已经分析并可以看出，汉语学习动机对媒介使用频

---

[1] 王菁：《媒介使用与民众政治支持：面向中美贸易摩擦的实证分析》，《现代传播》，2020年第2期。
[2] 温忠麟等：《中介效应检验程序及其应用》，《心理学报》，2004年第5期。

率和媒介信息源而言，具有显著影响。在表13-3中，则主要检验上述中介效应步骤1和3。作为自变量的汉语学习动机，分为融入型动机、工具型动机和成就型动机三个子变量，媒介使用行为包括媒介使用频率、媒介信息源、媒介信任度和媒介依赖度四个子变量，控制变量是性别、国别、专业、学历、宗教信仰和以前是否来过中国。模型C1、D1、E1、F1是仅包含控制变量的基础模型。模型C2、D2、E2、F2是在控制变量上增加了汉语学习动机三个子变量，以检验汉语学习动机对四类中国文化认同的影响。模型C3、D3、E3、F3是在基础模型上加入媒介使用行为四个子变量，以检验媒介使用行为对四类中国文化认同的影响。模型C4、D4、E4、F4在C2、D2、E2、F2的基础上，增加了媒介使用行为四个子变量，以检验媒介使用行为在汉语学习动机和中国文化认同之间的中介作用。研究结果发现：

（1）在控制变量中，学历和宗教信仰对中国文化认同影响达显著水平，仅有宗教信仰对中国文化情感认同未见显著。国别、专业对于中国文化情感影响显著，以前是否来过中国对于中国文化类型、中国文化情感影响显著。由此可见，控制变量中，学历和宗教信仰对中国文化认同影响显著。

（2）就汉语学习动机对中国文化认同看，控制了其他变量后发现，三类汉语学习动机（融入型、工具型、成就型）都达到显著（均为$p<.001$），假设$H_1$（a、b、c）、$H_2$（a、b、c）、$H_3$（a、b、c）、$H_4$（a、b、c）都得到验证。亦即三类汉语学习动机对于四种中国文化认同（中国文化符号、中国文化类型、中国文化情感、中国文化行为）都具有显著正向影响。可见，汉语学习动机越强烈，对于各类中国文化的认同度则越高。

（3）就媒介使用行为对中国文化认同影响看，控制了其他变量后可见，媒介使用行为中的子变量媒介使用频率、媒介信息源对中国文化认同影响显著。其中媒介使用频率对中国文化符号（beta=.094，$p<.001$）、中国文化类型（beta=.111，$p<.001$）、中国文化情感（beta=.064，$p<.05$）、中国文化行为（beta=.120，$p<.001$），媒介信息源对中国文化符号（beta=.144，$p<.001$）、中国文化类型（beta=.218，$p<.001$）、中国文化情感（beta=.190，$p<.001$）、中国文化行为（beta=.183，$p<.001$）影响都达到显著水平。而相

应地，除媒介信任度对中国文化情感、媒介依赖度对中国文化行为影响达显著水平外，媒介信任度、媒介依赖度对中国文化认同的影响未达到显著水平。可见，媒介使用行为中，媒介使用频率、媒介信息源对中国文化认同具有重要的影响作用。

（4）媒介使用行为的中介效应得到部分检验。首先，就中国文化符号认同看，对比模型C4、C2、C3的回归结果可见，将汉语学习动机、媒介使用行为同时引入中国文化符号认同回归模型时，媒介使用行为的作用依然显著，而学习动机的回归系数也依然稳定。依据前述中介效应的检验方法，显而易见，媒介使用行为在汉语学习动机和中国文化符号认同之间起着部分中介作用。其次，就中国文化类型认同看，对比模型D4、D2、D3的回归结果亦可以发现，将汉语学习动机、媒介使用行为同时引入中国文化类型认同回归模型时，媒介使用行为的作用依然显著，根据中介效应的检验方法，媒介使用行为在汉语学习动机和中国文化类型认同之间起着部分中介作用。再次，就中国文化情感、中国文化行为而言，对比模型E4、E2、E3和模型F4、F2、F3，也可以看出，媒介使用行为在汉语学习动机和中国文化情感认同、中国文化行为认同之间起着部分中介作用。由此，假设$H_5$、$H_6$得到检验。综上所述可知，汉语学习动机对中国文化认同的影响，部分通过中介变量媒介使用行为起作用。亦即媒介使用行为在汉语学习动机和中国文化认同中起到强化作用。

## 四、本章总结与讨论

首先，本研究通过对汉语学习动机和中国文化认同的多种回归检验，明确了汉语学习动机与中国文化认同之间具有明显的影响作用。本研究所考察的三类学习动机（融入型、工具型、成就型）与四种中国文化认同（中国文化符号、中国文化类型、中国文化情感、中国文化行为）之间有明确的影响关系。对此，以往的学者的研究已经充分证明，语言学习动机与文化认同之间具有强大的影响关系，如加德纲和兰伯特的"第二语言学习的社会心理学"

表13-3 媒介使用作为中介变量的作用检验（$n=1150$）

| 类别 | 中国文化符号 模型C1 | 模型C2 | 模型C3 | 模型C4 | 中国文化 模型D1 | 模型D2 | 模型 |
|---|---|---|---|---|---|---|---|
| （常量） | 3.374*** | 3.684*** | 2.861*** | 3.280*** | 3.333*** | 3.678*** | 2.91 |
| 性别 | .050 | .031 | .024 | .013 | .059 | .025 | .0 |
| 国别 | .018 | .002 | .024 | .011 | .039 | .007 | .0 |
| 专业 | -.040 | -.049 | -.027 | -.037 | -.013 | -.020 | .0 |
| 学历 | .175*** | .125*** | .190*** | .138*** | .092*** | .022*** | .116 |
| 宗教信仰 | -.177*** | -.179*** | -.175*** | -.176*** | -.079*** | -.081** | -.07 |
| 以前是否来过中国 | .045 | .001 | .057* | .012 | .074* | .012 | .09 |
| 融入型动机 |  | .293*** |  | .269*** |  | .493*** |  |
| 工具型动机 |  | .069** |  | .057* |  | .071** |  |
| 成就型动机 |  | .196*** |  | .206*** |  | .220*** |  |
| 媒介使用频率 |  |  | .094*** | .074** |  |  | .111 |
| 媒介信息源 |  |  | .144*** | .107*** |  |  | .218 |
| 媒介信任度 |  |  | -.026 | -.051 |  |  | -.0 |
| 媒介依赖度 |  |  | .004 | .023 |  |  | -.0 |
| $R^2$ | .079 | .203 | .113 | .224 | .025 | .312 | .0 |
| 调整后$R^2$ | .073 | .196 | .104 | .214 | .020 | .306 | .08 |
| F | 14.185*** | 28.124*** | 12.587*** | 21.946*** | 4.341*** | 50.031*** | 10.44 |

*注：*$p<.05$，**$p<.01$，***$p<.001$。

|  | 中国文化情感 |  |  |  | 中国文化行为 |  |  |  |
| --- | --- | --- | --- | --- | --- | --- | --- | --- |
| D4 | 模型E1 | 模型E2 | 模型E3 | 模型E4 | 模型F1 | 模型F2 | 模型F3 | 模型F4 |
| *** | 3.491*** | 3.844*** | 3.272*** | 3.824*** | 3.458*** | 3.864*** | 3.129*** | 3.721*** |
| 3 | .036 | −.002 | .006 | −.021 | .009 | −.029 | −.022 | −.048 |
| 7 | .099*** | .062* | .105*** | .067** | .022 | −.012 | .027 | −.005 |
| 06 | −.072* | −.088*** | −.056* | −.075*** | −.019 | −.037 | −.003 | −.024 |
| 2 | .098*** | .042*** | .120*** | .061* | .068* | −.009 | .088*** | .008 |
| 5** | −.050 | −.054* | −.044 | −.046*** | −.058* | −.062* | −.051 | −.053* |
| 4 | .075** | .027 | .086** | .034 | .036 | −.031 | .050 | −.022 |
| *** |  | .390*** |  | .372*** |  | .479*** |  | .452*** |
| 7* |  | .144** |  | .136*** |  | .145*** |  | .134*** |
| *** |  | .137*** |  | .141*** |  | .266*** |  | .273*** |
| ** |  |  | .064* | .019 |  |  | .120*** | .077*** |
| *** |  |  | .190*** | .135*** |  |  | .183*** | .118*** |
| 3* |  |  | −.064* | −.096*** |  |  | −.027 | −.068*** |
| 26 |  |  | −.044 | −.027 |  |  | −.078** | −.051*** |
| 34 | .034 | .219 | .087 | .250 | .012 | .320 | .076 | .353*** |
| 39 | .029 | .211 | .078 | .240 | .006 | .314 | .066 | .345** |
| 6*** | 5.928*** | 30.856*** | 9.471*** | 25.393*** | 1.986* | 52.031*** | 8.132*** | 41.547* |

理论[1]中语言学习的融入型动机,就是对目的语文化或使用目的语的群体产生好感、兴趣,希望成为该群体的潜在成员而学习的动机。贾尔斯(Giles H.,1982)和舒曼(Schumann J.,1978)等人的研究也表明,语言学习的动机与文化认同之间有密切的关联。王爱平(2000)的研究也证明了东南亚华人通过学习汉语进而认同中国文化的关系问题。王志刚(2004)对外籍留学生的汉语学习动机研究发现,融入型动机是影响中国文化认同的主要因素。本研究通过实证研究方法,分别考察了三类汉语学习动机与四类中国文化认同之间的关系,这进一步丰富了以往关于汉语学习动机与中国文化认同的关系的研究。但是以往的研究不够具体,也没有将媒介使用行为作为中介加以分析。本研究则发现,融入型、成就型动机对于中国文化认同的各个类型的影响更为明显,而三类动机对于中国文化行为认同的影响更为明显。

其次,本研究引入媒介使用行为影响变量,验证了媒介使用行为对汉语学习动机和中国文化认同的中介作用。尽管这种中介作用因为汉语学习动机、中国文化认同的不同层面而表现得比较复杂,但研究结果表明,媒介使用频率、媒介信息源两个要素,在媒介使用行为的四个检测变量中起到了非常重要的影响作用。也就是不同的媒介使用频率,以及各类不同的信息渠道,是影响汉语学习动机和中国文化认同的主要因素。本研究作者的早期研究也表明,就文化认同、媒介接触与语言学习三者关系看,文化认同仅与媒介接触达到显著相关,而与语言学习未达到显著相关,但是媒介接触与文化认同、语言学习二者皆达到显著相关。[2]更多研究表明,中国人的媒介接触内容与其对中国文化认同呈正相关,受众媒介接触越多,对中国文化认同度则越高。[3]可见,媒介

---

[1] Lambert, Wallace E. "Psychological Approaches to the Study of Language: Part II: On Second-Language Learning and Bilingualism". *The Modern Language Journal* (Boulder, Colo.), 1963, Vol. 47(3), pp. 114-121.

[2] 张国良、陈青文、姚君喜:《媒介接触与文化认同——以外籍汉语学习者为对象的实证研究》,《西南民族大学学报》(人文社会科学版),2011年第5期。

[3] 吴世文、石义彬:《我国受众的媒介接触与其中国文化认同——以武汉市为例的经验研究》,《新闻与传播研究》,2014年第1期。

使用行为对于文化认同有显著的影响。但是，这种影响效果具体层面的表现，尚需要进一步观察和探究。

本研究发现，媒介使用频率、媒介信息源两个要素在中国文化认同中起到了非常重要的影响作用，那么，如何利用各类不同的媒介形态，以提高、强化汉语学习动机，并进一步强化中国文化认同，这应该是实践层面上非常值得关注的问题。同时，就理论研究而言，如何立足于各类不同媒介、不同信息来源以及不同媒介信息内容，条分缕析地探究各类不同学习动机下，各类媒介使用行为的状况与中国文化认同之间的深层次影响关系，依然是需要深入研究的问题。

# 结　语

## 守望文化，传播中国

布罗代尔在《地中海与菲利普二世时代的地中海世界》(*La Méditerranée et le monde méditerranéen à lépoque de Philippe II*)中提出,地中海共同的人文特征表现为道路纵横和城市林立。有城市就必有道路,有道路就必有城市:城市和道路是人所创造的唯一的和相同的地域设施。地中海的城市,不管其形状和建筑如何,不管它受什么文明的培育,都既是道路的创造者,又同时被道路所创造。布罗代尔也就此提出,现代世界是一个由不同国家、民族,不同力量在不同领域相互创造生成的系统,离开了这个系统,任何所谓的普遍的有效性的假设,诸如理性或进步、自由,都不足以成为历史的尺度。[①]与此类似,在古代中国,四通八达的道路和城镇、乡村,也建构和联系起了中华文明,以及进一步强化了中华文明和世界其他文明的关联。早在公元前139年张骞出使西域的"凿空"之举,其重要意义不仅在于道路的连通,更为重要的是通过"丝绸之路"的开通,使得中国文明和欧洲文明紧密联系在一起。以"丝绸之路"为纽带,使得文明之间的传播和交流更为便捷,欧亚大陆几大文明之间互相影响、互为借鉴,"丝绸之路"成为亚欧文明和其他文明连结的象征。直至今日,人类文明高度发展的21世纪,在技术文明发展的推动下,把世界联系起来的不仅仅是这些地理空间上的道路、河流、城市等,还有虚拟空间中的网络和节点。互联网技术推动下的全球化,使得世界的联系更加紧密,也日趋复杂。人类文明之间的交流更加广泛和深入,伴随着人类文明的碰撞、冲突和对立,人类文明更需要理性、包容、融合和相互认同。

---

[①] [法]费尔南·布罗代尔:《地中海与菲利普二世时代的地中海世界》,唐家龙、曾培耿等译,商务印书馆,2017年,第414页。

在人类文明变迁的历史长河中，各类文明之间互相影响，各取所长，共同促进了人类文明的发展。作为人类文明传播的基本手段，语言因其所承载的文化，直接影响到国家文化的影响力，乃至国力的强弱，在全球化的今天无可避免地呈现出强者愈强的现实。以英语为主要语言的发达国家，很早就体认到这个事实，无不积极推广自己的语言，借助语言传播文化，把自己的文化推广给世界，以达到彼此认同的目的。因此，探究中国文化全球传播的途径、手段和模式等，不仅对于中国的发展，同时对于全球文明的推进，都具有重要的现实意义。

全球化的发展迫切要求加强中国文化的全球跨文化传播研究，这不仅对提升中国文化的影响力，同时也对世界文明发展具有重要意义。随着中国政府实施的以孔子学院、"讲好中国故事"、"媒介走出去"等为代表的中国文化"走出去"战略，中国的汉语教育、文化演艺、新闻出版、电影电视、网络视频等各领域的国际传播都取得成效，中国文化的国际影响力逐步增强，世界范围内对中国文化的兴趣日益提高。"汉语热"伴随着"中国热"蔓延开来，世界各地出现学习汉语的热潮，愈来愈多的外籍人士到中国学习汉语，接受中国文化，有些国家甚至将汉语学习列入本国教育政策之中，对于中国文化传播的研究，也不断展开。

但现实的情况是，中国文化传播在传播渠道、产品内容、传播手段、媒介形式、传播形态等方面依然存在明显不足。外籍人士对于学习中国文化的强烈需求，普遍得不到满足，远未达到理想状态。从学术层面看，以往国内外有关"中国文化传播"的研究，多从"文化交流"的视角出发，重点关注单向"推广"层面的传播。相比之下，从传播学视角出发，对中国文化传播在中外文化交流中的传播路径，如人际传播、教育传播、旅游传播、大众传播等渠道，传播形式，如面对面交流、文化贸易、文化产品、大众媒介、新媒体等载体的探索，似乎鲜有关注。尤其是立足于当前全球化、数字化、媒介融合的社会文化背景，对当代中国文化传播的有效传播模式，进行全方位、多学科、立体式、纵深化研究的成果，也较为欠缺。特别是有关各类新媒体与中国文化传播的理论与实践研究，更是鲜见。

中国文化因其源远流长的历史，博大精深的内涵，独有的文化特性，在数千年的历史发展中，不断向周边以及远方异域传播。因此，在今天更加开放的全球化时代，中国文化如何突破历史、地域、族群的限制，向更加广阔的异域展开跨文化传播，依然是当代中国文化传播面临的首要问题！如何探索新的传播模式，全面推进中国文化传播，在全球文化领域提升"中国文化影响力"，进而提升"中国文化话语权"的问题，却仍然是目前中国文化传播研究亟待探索的理论和现实问题。可见，如何有效传播中国文化，依然是需要从理论和现实层面厘清的问题。那么，中国文化传播的核心问题是什么？显见的是，何为中国文化、如何传播、传播给谁等问题，则是需要回答的首要问题。

首先，中国文化传播的核心问题在于回答什么是"中国文化"的问题，也就是说，中国文化传播究竟要传播什么，亦即世界会接受什么样的中国文化。无疑，就"中国文化"的概念内涵而言，它不仅是历史概念，也是当代概念。此外，不仅是区域性概念，同时也是全球性概念。因此，对于中国文化内涵的考察，不但要进行全面的历史梳理和资料考证，同时还要结合当代文化发展变迁来界定。不但要进行立足中国的区域性特征的描述，还要结合全球视野去探究。基于此，对于中国文化内涵的界定，应该立足于多元文化、全球传播、文化融合的视角做出讨论。特别需要注意的是，避免文化传播中的"西方主义"和"东方主义"倾向，即片面地立足于西方视角或单一的东方立场。对于中国文化内涵的探讨，尽可能全面客观地寻找其内在的真实本质。

对于中国文化内涵的界定，如前所述，可从四个方面展开。其一是历史内涵。就其形成来看，"中国文化"首先是一个历史概念，在历史发展演变中，中国文化逐渐形成并确立自己的基本内涵和特征。其二是地域内涵。就地域层面来看，中国文化源于中国本土，但不限于中国，中国文化不仅是属于中国的文化，而且是在东亚产生广泛影响的文化形态，是"东亚文化圈"的基础。其三是当代发展内涵。就其基本形态来看，中国文化还表现为以当代中国社会现实发展为基础的文化形态，并由此形成了中国文化的各种现实存在形式。近世以降，中国文化发生的巨变，就是不断地与各类现代文明元素融合发展的结果。其四是全球内涵。中国文化不仅有自身发展的逻辑，但同时也受到其他各种文化和文明的影响,并广泛吸收各类先进文明的精髓,从而形成了自身文明的特征。诸如历史上的佛教传播,近代的西方科技文明的影响等,都是中国文化得以不断革新和充实的外在因素。简言之,中国文化的内涵主要指的是:在历史和现实发展中,由中国原创并属中国所独有、具有中国传统元素且不断吸收世界先进文明形态,并被当代中国及世界人民所认同和乐于接受、以物质形态和非物质形态存在的价值观念、行为方式、生活习惯和特质形态。

就具体形态而言,葛兆光分别从文化的形态载体到观念形态将中国文化概括为五个特点。其一是汉字。汉字是世界上唯一至今通行而且有数以亿计的人在使用的、以象形文字为基础的文字。汉字使用者的一些思维和表达习惯,是使用其他文字的人所没有的。中国周边的国家,比如日本、韩国、越南等,虽然曾经使用汉字,但后来发明出假名、谚文,甚至"去汉字化",汉语特色就不再明显。其二是从"家庭""家族"放大至"家国"而构成的社会形态,以及由此发展出来的儒家伦理、国家制度和意识形态,是中国独有的制度结构模式。虽然周边也有一些国家接受过这样的制度与文化,但不像中国这样强烈。其三是儒释道的"三教合一"现象。世界上其他宗教往往有绝对性和唯一性倾向,但在中国,不同的宗教却能够在政治力量下彼此共处,或者混融。孔子、老子和佛陀可以坐在一起,信仰可以交叉。其四是中国文化有一套以阴阳五行为基础衍生出来的观念、技术和信仰,并渗透到各个领域,这是其他文化圈所没有的。其五是古代中国人的"天下观"。中国人以自我为中心想象世界,在政治上形成了朝贡体制,在观念上铸造了天朝想象。这一直影响到现代中国人对于世界的看法。[①]这五个方面的概括,可以说将中国文化中的本质精神总结出来,这些都是中国文化的核心要素。当然,随着现代社会的发展,中国文化也在不断吸收世界先进文明,发展产生了新的变化。

其次,中国文化如何传播?文化传播的核心是传播路径、模式和形态。就中国文化传播的历史看,中国文化的传播形成"汉字文化圈""东亚文化圈"直至"全球传播"的基本路径,在此基础上,基本形成文化传播的"单向主

---

① 葛兆光:《中国文化的五个特征》,《解放日报》,2011年11月8日。

动""单向被动""双向互动"三种模式。同时，经济发展、政治需要、战争冲突、宗教信仰、商业贸易、传播媒介等是影响中国文化传播的主要因素。通过分析历史传播模式，总结中国文化传播的历史经验，以期为中国当下文化传播提供借鉴。那么，就目前发展现状而言，中国文化传播主要包括政府主导层面、教育传播层面和市场主导层面等形态和模式，这些不同层面的形态和模式之间互相推动，互为补充，从而形成了中国文化传播的整体场域，特别是随着媒介技术的发展影响而形成的新媒体传播模式，对这些形态也起到重新整合的推动作用。由于新媒体的介入，这种传播场域发生了巨大的变化。

通过历史和现实考察就会发现，政治稳定、经济繁荣、社会开放是构成中国文化传播的基本条件。举凡政治昌明、民间贸易繁荣的时代，也是中国文化传播最为发达的时期。民间商业贸易自由程度越高，文化传播则越加繁荣。因此，中国文化传播的繁荣与民间贸易的发展推动息息相关，可见，民间自由贸易是促进文化传播的核心要素。文化产品和其他物品的传播相同，都遵循自由市场原则。相反，借助于军事、政治或其他强制性力量，单向地强行输出文化，虽然可能一时有效，但长远地看，或不能持久，或弊大于利，或适得其反。中国文化传播的历史经验表明，单向度的文化输出，总的来说，不仅不能促进文化传播，反而会阻碍文化传播。就文化传播的路径而言，历史发展中形成的路径在当代的作用也各有差异。战争、宗主国影响等手段已经悄然隐退，宗教方式需结合政治、经济、文化等具体条件加以具体分析，商业贸易和传播媒介则继续发挥着重要作用。就文化传播的形式而言，双向互动沟通传播模式成为当代社会的基本模式。单向主动或单向被动形式，因缺乏对他者文化的认同，在当代不再具有生命力。因此，中国文化传播的历史路径、形态和模式的核心要义，依然还是"各美其美，美人之美，美美与共，天下大同"，这也是今天中国文化传播应该秉持的基本精神。

最后，中国文化传播给谁？亦即谁在主动接受中国文化，这也是文化传播的终极指向。文化传播不能无的放矢，没有明确的受众，文化传播无法展开。就历史发展看，中国文化因其发展水平高出于周边文明，因此，形成了中央帝国影响周边的文化输出模式，并由此形成了"汉字文化圈""东亚文化圈"

等文化圈群。显然，这是一种单向度的由中心到边缘的文化输出传播模式。在这种传播模式下，文化传播的对象或受众也非常明确，就是那些意图积极接受和融入中心文化的文化主体，比如历史上东亚、东南亚等地的国家对中国文化的学习和接受就属于此类。但随着欧洲大航海的开启，近代欧洲的宗教改革、思想解放运动以及科学革命的发展，西方不断发展从而进入现代工业文明主导的社会。在此背景下，传统的中国文化对于周边的吸引力则逐渐式微。特别是近代以来，中国为了富国图强而必须要学习西方先进的技术文明，中国文化的传播本身也遭遇到瓶颈。时至今天，全球化的发展为中国文化的传播无疑带来了新的机遇，这就是中国在积极融入全球世界的同时，全球也在积极接纳中国文明，这样中国文化传播的目标受众就不再是单向的中心—边缘的模式，而是全球化背景下你中有我、我中有你的共融模式，这就是当代中国文化传播的重要支点！在此背景下，中国文化传播必须要立足全球，守望文化，传播中国，让中国真正融入世界，让世界真正了解中国，这是当代中国文化传播的使命和目标！

# 参考文献

## 中文及中译文书目

《马克思恩格斯全集》(第29卷)，人民出版社，1972年。

《马克思恩格斯全集》(第3卷)，人民出版社，1995年。

［美］阿瑟·O.洛夫乔伊：《存在巨链——对一个观念的历史的研究》，张传有、高秉江译，商务印书馆，2015年。

［美］爱德华·C.斯图尔特、［美］密尔顿·J.贝内特：《美国文化模式——跨文化视野中的分析》，卫景宜译，百花文艺出版社，2000年。

［美］本尼迪克特·安德森：《想象的共同体：民族主义的起源与散布》，吴叡人译，上海人民出版社，2003年。

［美］布里奇特·罗宾逊-瑞格勒、［美］格雷戈里·罗宾逊-瑞格勒：《认知心理学》，凌春秀译，人民邮电出版社，2020年。

蔡俊生：《文化模式解——西方文化模式、俄罗斯文化模式和伊斯兰文化模式》，中国社会科学出版社，2020年。

曹云华：《变异与保持：东南亚华人的文化适应》，中国华侨出版社，2001年。

陈佳荣：《中外交通史》，学津书店，1987年。

陈青文：《语言、媒介与文化认同：汉语的全球传播研究》，上海交通大学出版社，

2013年。

陈阳:《全球传播》,北京大学出版社,2009年。

[英]戴维·赫尔德等:《全球大变革:全球化时代的政治、经济与文化》,杨雪冬等译,社会科学文献出版社,2001年。

[英]丹尼·卡瓦拉罗:《文化理论关键词》,张卫东、张生、赵顺宏译,江苏人民出版社,2013年。

[英]丹尼斯·麦奎尔、[瑞典]斯文·温德尔:《大众传播模式论》(第二版),祝建华译,上海译文出版社,2008年。

范进:《康德文化哲学》,社会科学文献出版社,1996年。

方豪:《中西交通史》,上海人民出版社,2008年。

[美]菲利普·津巴多、[美]迈克尔·利佩:《态度改变与社会影响》,邓羽、肖莉、唐小艳译,人民邮电出版社,2016年。

[法]费尔南·布罗代尔:《地中海与菲利普二世时代的地中海世界》,唐家龙、曾培耿等译,商务印书馆,2017年。

费赖之:《在华耶稣会士列传及数目》,中华书局,1995年。

冯承钧:《中国南洋交通史》,上海古籍出版社,2005年。

冯天瑜、杨华、任放:《中国文化史》,高等教育出版社,2005年。

[美]弗朗西斯·福山:《历史的终结与最后的人》,陈高华译,广西师范大学出版社,2014年。

[美]弗朗西斯·福山:《政治秩序与政治衰败:从工业革命到民主全球化》,毛俊杰译,广西师范大学出版社,2015年。

傅申、中田勇次郎编:《欧美收藏中国法书名迹集》,日本中央公论社,1981年。

[英]贡布里希:《艺术发展史》,范景中译,天津人民美术出版社,1991年。

关世杰:《中国文化国际影响力调查研究》,北京大学出版社,2016年。

[德]哈贝马斯:《现代性的地平线——哈贝马斯访谈录》,李安东、段怀清译,上海人民出版社,1997年。

[德]哈贝马斯:《现代性的哲学话语》,曹卫东译,译林出版社,2011年。

[德]海德格尔:《海德格尔选集》(上、下),孙周兴译,上海三联书店,1996年。

[德]海德格尔:《在通向语言的途中》,孙周兴译,商务印书馆,1997年。

韩昇:《遣唐使和学问僧》,中国书局、上海古籍出版社,2010年。

何芳川主编:《中外文化交流史》,国际文化出版公司,2008年。

何兆武:《中西文化交流史论》,湖北人民出版社,2007年。

［英］赫德森:《欧洲与中国》,王遵仲、李申、张毅译,中华书局,2004年。
［德］洪堡特:《论语言结构的差异及其对人类精神发展的影响》,姚小平译,商务印书馆,1999年。
黄淑娉、龚佩华:《文化人类学理论方法研究》,广东高等教育出版社,1996年。
季美林:《中印文化关系史论丛》,人民出版社,1983年。
［德］伽达默尔:《哲学解释学》,夏镇平、宋建平译,上海译文出版社,1994年。
［德］伽达默尔:《真理与方法》,洪汉鼎译,上海译文出版社,1999年。
［德］卡尔·曼海姆:《意识形态与乌托邦》,黎鸣、李书崇译,商务印书馆,2000年。
［德］康德:《历史理性批判文集》,何兆武译,商务印书馆,1997年。
［德］康德:《判断力批判》,邓晓芒译,人民出版社,2002年。
［德］康德:《实用人类学》,李秋零译,中国人民大学出版社,2013年。
［美］李普曼:《公众舆论》,阎克文、江红译,上海人民出版社,2006年。
李幼蒸:《理论符号学导论》,社会科学文献出版社,1999年。
李泽厚:《美的历程》,文物出版社,1989年。
［意］利玛窦:《中国传教史》,光启社,1986年。
［意］利玛窦、［法］金尼阁:《利玛窦中国札记》,何高济、王遵仲、李申译,中华书局,2010年。
［清］梁启超:《梁启超全集》(第二集),汤志均、汤仁泽编,中国人民大学出版社,2018年。
［清］梁启超:《梁启超全集》(第三集),汤志均、汤仁泽编,中国人民大学出版社,2018年。
林存光:《历史上的中国形象:政治与文化语境下的孔子和儒学》,齐鲁书社,2004年。
刘润清:《西方语言学流派》,外语教学与研究出版社,1995年。
刘润清、吴一安:《中国英语教育研究》,外语教学与研究出版社,2000年。
［美］刘易斯·艾肯:《心理测量与评估》,张厚粲、黎坚译,北京师范大学出版社,2006年。
［美］露丝·本尼迪克特:《文化模式》,王炜等译,社会科学文献出版社,2009年。
［法］罗兰·巴尔特:《符号学原理》,王东亮译,生活·读书·新知三联书店,1999年。
［美］罗兰·罗伯森:《全球化:社会理论和全球文化》,梁光严译,上海人民出版社,2000年。
［美］曼弗雷德·B.斯蒂格:《全球化面面观》,丁兆国译,译林出版社,2009年。
［美］梅天穆:《世界历史上的蒙古征服》,马晓林、求芝蓉译,民主与建设出版社,

2017年。

［美］明恩溥:《中国人的素质》,董秀菊译,北京出版社,2018年。

［美］倪培民:《孔子:人能弘道》,李子华译,世界读书出版公司,2021年。

钱林森:《光自东方来:法国作家与中国文化》,宁夏人民出版社,2004年。

钱锺书:《谈艺录》,生活·读书·新知三联书店,2007年。

［法］萨特:《存在与虚无》,陈宣良等译,生活·读书·新知三联书店,1987年。

［美］塞缪尔·亨廷顿:《文明的冲突与世界秩序的重建》,周琪译,新华出版社,2010年。

沈定平:《明清之际中西文化交流史:趋同与辨异》(上下卷),商务印书馆,2012年。

沈福伟:《中西文化交流史》(第二版),上海人民出版社,2006年。

司马迁:《史记·大宛列传》(卷一二三),中华书局,2013年。

［美］斯科特·佩奇:《模型思维》,贾拥民译,浙江人民出版社,2019年。

苏国勋等:《全球化:文化冲突与共生》,社会科学文献出版社,2006年。

孙周兴:《说不可说之神秘》,上海三联书店,1994年。

［瑞士］索绪尔:《普通语言学教程》,高名凯译,商务印书馆,1980年。

王廷信主编:《中国艺术海外认知研究》,中国文联出版社,2016年。

王晓路等:《文化批评关键词研究》,北京大学出版社,2007年。

［美］威廉·B.古狄昆斯特、［美］贝拉·莫迪主编:《国际传播与文化间传播研究手册》(第二版),陈纳等译,复旦大学出版社,2016年。

文化部外联局编:《联合国教科文组织保护世界文化公约选编》,法律出版社,2006年。

武斌:《中华文化海外传播史》,陕西人民出版社,1998年。

向达:《唐代长安与西域文明》,商务印书馆,2015年。

向达:《中西交通史》,岳麓书社,2012年。

许宏:《最早的中国:二里头文明的崛起》,生活·读书·新知三联书店,2021年。

严绍璗:《中日文化交流史大系》,浙江人民出版社,1996年。

阎莉:《整体论视域中的科学模型观》,科学出版社,2008年。

［美］叶海亚·R.伽摩利珀编著:《全球传播》,清华大学出版社,2003年。

［美］伊曼纽尔·沃勒斯坦:《现代世界体系》,罗荣渠译,高等教育出版社,1998年。

衣俊卿:《文化哲学十五讲》(第二版),北京大学出版社,2015年。

［以色列］尤瓦尔·赫拉利:《人类简史:从动物到上帝》,林俊宏译,中信出版社,2015年。

［英］约翰·费斯克等:《关键概念:传播与文化研究辞典》,李彬译,新华出版社,

2004年。
[美]约瑟夫·奈:《美国霸权的困惑——为什么美国不能独断专行》,郑志国等译,世界知识出版社,2002年。
[美]约瑟夫·奈:《软力量:世界政坛成功之道》,吴晓辉、钱程译,东方出版社,2004年。
[葡]曾德昭:《大中国志》,何高济译,上海古籍出版社,1999年。
[美]詹启华:《制造儒家:中国传统与全球文明》,徐思源译,北京大学出版社,2019年。
张广达、王小甫:《天涯若比邻》,中华书局(香港)有限公司,1988年。
张国刚:《中西文化关系通史》,北京大学出版社,2019年。
张涛:《孔子在美国:1849年以来孔子在美国报纸上的形象变迁》,北京大学出版社,2011年。
张西平:《东亚与欧洲文化的早期相遇:东西文化交流史论》,华东师范大学出版社,2012年。
张西平:《欧洲早期汉学史:中西文化交流与西方汉学的兴起》,中华书局,2009年。
张星烺:《欧化东渐史》,商务印书馆,2015年。
张星烺:《中西交通史料汇编》,中华书局,2003年。
郑晓云:《文化认同论》,中国社会科学出版社,1992年。
周宁:《世界是一座桥:中西文化的交流与建构》,广西师范大学出版社,2007年。
周宁:《天朝遥远:西方的中国形象研究》,北京大学出版社,2006年。
周宁:《中国形象:西方的学说与传说》,学苑出版社,2004年。
周宁编:《世界之中国:域外中国形象研究》,南京大学出版社,2007年。
朱谦之:《中国哲学对欧洲的影响》,河北人民出版社,1999年。

## 中文及中译文论文

[美]艾·里斯:《如何建立中国制造的全球认知》,《销售与市场》(管理版),2010年第2期。
安然、张仕海:《亚洲外籍留学生教育需求调查分析》,《高教探索》,2008年第3期。
白谦慎:《中国书法在西方》,《中华读书报》,2012年9月。
边玉芳:《人际互动中的"首因效应"——洛钦斯的"第一印象"效应实验》,《中小学心理健康教育》,2012年第24期。
[美]布兰德利·沃麦克:《"软权力"评析》,宋鸥译,《吉林大学社会科学学报》,

2006年第5期。

蔡馥谣:《西方新闻周刊镜像下的中国形象——基于1949—2013年德国〈明镜〉周刊封面的中国符号分析》,《兰州大学学报》(社会科学版),2014年第4期。

曹景年:《周予同孔子观新探——兼论孔子形象的现代转型》,《济宁学院学报》,2020年第6期。

常江、石谷岩:《傅满洲的幽灵:好莱坞电影里中国人形象的百年变迁》,《当代电影》,2019年第2期。

陈继静:《国际冲突语境中的互联网传播(1999—2008):多元表达的文化认同阐释》,《国际新闻界》,2008年第9期。

陈静静:《互联网与少数民族多维文化认同的建构——以云南少数民族网络媒介为例》,《国际新闻界》,2010年第2期。

陈丽萍、刘招成:《从神话走向现实:西方早期的中国印象》,《怀化学院学报》,2007年第9期。

陈婷婷:《跨文化视角下外国在华留学生对中国文化的认同研究》,《新西部》,2018年第8期。

陈晓一、迟晓明、李一行:《国家形象修复理论视阈下的"中国制造"》,《新闻爱好者》,2010年第10期。

池丽萍、辛自强:《大学生学习动机的测量及其与自我效能感的关系》,《心理发展与教育》,2006年第2期。

楚雪、张国良:《互联网使用对留美中国学生文化认同的影响》,《新闻大学》,2019年第5期。

楚雪、张国良:《互联网使用对中国留学生文化认同的影响——基于留美中国与他国学生的比较研究》,《西南民族大学学报》(人文社科版),2020年第5期。

崔新建:《文化认同及其根源》,《北京师范大学学报》,2004年第4期。

戴运财、王同顺:《基于动态系统理论的二语习得模式研究——环境、学习者与语言的互动》,《山东外语教学》,2012年第5期。

邱永君:《汉语"中国"一词的由来》,《中国地名》,2006年第4期。

丁安琪:《来华留学生汉语学习动机强度变化分析》,《语言教学与研究》,2014年第5期。

丁安琪:《留学生来华前汉语学习动机强度分析》,《华文教学与研究》,2014年第3期。

方国清、骆红斌:《中国符号:武术文化传播与国家形象的建构》,《首都体育学院学报》,2012年第1期。

方厚升:《20世纪初西方文化危机中的孔子形象——以德国为例》,《国外社会科学》,2017年第4期。

房琳、侯立松、鲍林:《来源国刻板印象在"中国制造"海外形象中的嵌入效应及干预策略》,《企业经济》,2020年第2期。

盖志平:《马克思的"中国印象"》,《社科纵横》,2009年第6期。

高新林:《影像与国家形象的表征——对电影〈2012〉中国符号的解读》,《新闻爱好者》,2010年第12期。

高雅洁:《留学生信息利用行为及其阻碍因素研究——以宁波大学为例》,天津师范大学硕士学位论文,2017年。

高一虹、程英、赵媛、周燕:《英语学习动机类型与动机强度的关系——对大学本科生的定量考察》,《外语研究》,2003年第1期。

高一虹、李玉霞、边永卫:《从结构观到建构观:语言与认同研究综观》,《语言教学与研究》,2008年第1期。

高一虹、赵媛、程英、周燕:《大学本科生英语学习动机类型与自我认同变化的关系》,《国外外语教学》,2002年第4期。

高一虹、赵媛、程英、周燕:《中国大学本科生英语学习动机类型》,《现代外语》,2003年第1期。

葛岩、秦裕林、徐剑:《作为图式的地域形象:结构、功能和测量》,《新闻与传播研究》,2019年第2期。

葛兆光:《道统、系谱与历史——关于中国思想史脉络的来源与确立》,《文史哲》,2006年第3期。

葛兆光:《"唐宋"抑或"宋明"?——文化史和思想史研究中"视域"变化的意义》,《历史研究》,2004年第1期。

关世杰:《美、德、俄、印民众眼中的中国国家形象问卷调查分析》,《对外传播》,2012年第12期。

关世杰:《五年间美国民众对中国文化符号喜爱度大幅提升——中华文化国际影响力问卷调查之一》,《对外传播》,2018年第2期。

郭衎、曹一鸣:《学习动机对学习效果影响的深度解析——基于大规模学生调查的实证研究》,《教育科学研究》,2019年第3期。

郭洪纪:《儒家的身份伦理与中国社会的准身份化》,《学术月刊》,1997年第7期。

郭英剑:《全球化语境中的中西文化比较研究》,《江苏行政学院学报》,2002年第1期。

郭政、林忠钦、邓绩、王金玉:《中国制造品牌发展的问题、原因与提升研究》,《中国工程科学》，2015年第7期。

何爱伦：《中国文化符号在突尼斯传播状况的调查与分析》，扬州大学硕士学位论文，2015年。

何辉：《明恩溥塑造的中国人形象》，《国际公关》，2018年第1期。

何佳讯、朱良杰、黄海洋：《国家形象战略的有效性：国家形象如何影响"中国制造"的态度评价？——基于英美消费者的角度》，《华东师范大学学报》（哲学社会科学版），2017年第6期。

何小洲：《国外消费者对"中国制造"的感知研究》，重庆大学博士学位论文，2009年。

何小洲、刘姝、杨秀苔、Edy Wong：《国外消费者对"中国制造"的感知与评价及对中国企业的启示与建议——来自加拿大埃德蒙顿的调查》，《中国软科学》，2007年第1期。

何晓菲、王凤丽：《来华留学生对中国文化认同感的研究》，《产业与科技论坛》，2018年第17期。

何新：《艺术系统分析导论》，《学习与探索》，1985年第5期。

侯芃：《美国新闻周刊中的中国女性形象研究（1990—2006）》，上海大学硕士学位论文，2008年

胡百精：《互联网、公共危机与社会认同》，《山东社会科学》，2016年第4期。

胡伟：《中国人的国际形象之"道"》，《公共外交季刊》，2012年春季号。

胡亚敏、肖祥：《"他者"的多副面孔》，《文艺理论研究》，2013年第4期。

华惠芳：《试论英语学习动机与策略的研究》，《外语界》，2000年第3期。

黄金辉、丁忠毅：《中国国家软实力研究述评》，《社会科学》，2010年第5期。

黄丽娜：《分层与重塑：青年的互联网使用与阶层认同——基于CGSS 2013数据的实证研究》，《中国青年研究》，2016年第12期。

黄三生：《约瑟夫·奈中国软实力研究评析》，《国外社会科学》，2016年第2期。

黄伟林、张俊显、彭鹏、唐迎欣、李逊：《广西文化符号影响力调查报告》，《广西师范大学学报》（哲学社会科学版），2012年第4期。

黄卫星、张玉能：《互联网语境下的文化记忆与国家认同》，《武汉理工大学学报》（社会科学版），2018年第2期。

江森：《网络舆论中的网民心理因素探究——以"马里兰大学中国留学生毕业演讲事件"为例》，《新媒体研究》，2017年第13期。

姜欣：《论〈时代〉封面上的"中国符号"》，华中师范大学硕士学位论文，2007年。

姜智芹：《欲望化他者：西方文学中的中国形象》，《国外文学》，2004年第1期。

金恒江、张国良:《微信使用对在华留学生社会融入的影响——基于上海市五所高校的调查研究》,《现代传播》(中国传媒大学学报),2017年第1期。

柯惠新、赵静、邹玲、陈锐:《奥运背景下的中国人形象研究》,《对外传播》,2009年第4期。

孔令丞、郁义鸿:《经济全球化与"中国制造":一个基于价值链增值视角的研究》,《科技导报》,2005年第1期。

孔梓、宁继鸣:《跨文化语境下文化符号的意义建构》,《烟台大学学报》(哲学社会科学版),2014年第2期。

李宝俊、李存娜:《美国公众对中国的印象:1989—2001》,《太平洋学报》,2002年第4期。

李彩霞:《美国媒体对"中国制造"的建构与风险应对》,复旦大学博士学位论文,2010年。

李晶:《逆向文化冲击中的文化适应:对上海市归国留学人员的实证研究》,复旦大学硕士学位论文,2008年。

李琳:《文明古国与新兴帝国的碰撞——18、19世纪西欧对中国印象的变化及其原因》,《语文学刊》,2015年第4期。

李秋杨、王国平:《文化与话语:"中国制造"的国际形象传播》,《学术论坛》,2014年第2期。

李玮、熊悠竹:《中华文化符号更受俄罗斯精英群体喜爱——中华文化国际影响力问卷调查之三》,《对外传播》,2018年第4期。

李文勇、张汉鹏:《本真视角的少数民族旅游文化符号舞台化研究》,《人文地理》,2012年第3期。

李向农、魏敏:《来华留学生预科汉语学习动机类型研究》,《教育研究与实验》,2015年第4期。

李晓静:《突发公共卫生事件的信息来源、媒介信任与防控研究——以新冠肺炎疫情为例》,《图书与情报》,2020年第2期。

[美]里克·屈尔:《上海"手势":好莱坞全球市场输出与"扭曲"的中国形象》,《上海大学学报》(社科版),2008年第2期。

梁海等:《基于刻板思维的国家形象符号认知——以〈纽约时报〉的"西藏事件"报道为例》,《新闻与传播研究》,2009年第1期。

刘波等:《跨文化交际背景下留学生中国文化适应性的研究》,齐齐哈尔医学院科技成果,2018年。

刘超:《孔子形象:历史知识与社会意识——以清末民国时期中学历史教科书中的孔子叙述为中心》,《安徽大学学报》(哲学社会科学版),2009年第5期。

刘广灵:《"第一印象"的信息机制及其激励效应分析》,《中国软科学》,2008年第12期。

刘晖、潘霁:《英美主流媒体报道中的"中国制造"》,《吉林大学社会科学学报》,2021年第4期。

刘倩:《针对语言、文化和二语学习者身份认同研究的回顾和展望》,《海外英语》,2019年第3期。

刘天路:《美国传教士明恩溥的中国观》,《文史哲》,1996年第1期。

陆伟芳:《新闻媒体中的华人移民形象——20世纪上半叶的英国华人》,《华侨华人历史研究》,2002年第6期。

路旭斌:《两汉时期欧洲人的中国印象及其成因探析——基于马克思交往理论的视角》,《学理论》,2015年第23期。

蒙象飞:《文化符号在中国国家形象建构中的有效运用》,《社会科学论坛》,2014年第6期。

米健、宋紫峰:《国外消费者对"中国制造"的认同度:现状、问题与对策》,《江淮论坛》,2019年第2期。

潘霁、刘晖:《归罪政府与商家:美国主流报纸"中国制造"产品质量问题的报道新闻与传播研究》,《新闻与传播研究》,2013年第6期。

秦向荣:《中国11至20岁青少年的民族认同及其发展》,华中师范大学硕士学位论文,2005年。

秦晓晴:《第二语言学习动机研究及其存在的问题》,《外语教学》,2003年第3期。

秦晓晴、文秋芳:《非英语专业大学生学习动机的内在结构》,《外语教学与研究》,2002年第1期。

冉华、邓倩:《从互联网使用到文化身份认同:以大学生为例的定量研究》,《现代传播》(中国传媒大学学报),2012年第6期。

任迪、姚君喜:《外籍留学生媒介使用与中国文化认同的实证研究》,《西南民族大学学报》(人文社科版),2019年第9期。

任迪、姚君喜:《外籍留学生"中国及中国文化印象"认知和评价的实证研究》,《当代传播》,2018年第2期。

邵培仁:《传播模式论》,《杭州大学学报》,1996年第2期。

石永珍:《大学生英语学习动机调查报告》,《国外外语教学》,2000年第4期。

宋海燕:《中国国家形象的"他者"传播:来华留学生的中介机制》,《新闻爱好者》,2021年第8期。

宋奕勤、张媛、范蓓:《中国符号在国家形象传播中的创新与应用研究》,《2011国际创新设计与管理高峰论坛暨第二届世界华人设计学术研讨会会议论文集》,天津市设计学学会,2011年。

宋玉书、徐佳:《品牌传播:重建中国制造的新时代形象》,《中国地质大学学报》(社会科学版),2018年第3期。

苏博:《论美国来华留学生对中国文化的刻板印象及其影响》,《智库时代》,2018年第29期。

孙向晨:《"汉语哲学"论纲:本源思想、论域与方法》,《中国社会科学》,2021年第12期。

孙志祥:《英国媒体上的中国产品品牌形象——基于〈泰晤士报〉的十年内容分析》,华中科技大学硕士学位论文,2015年。

汤晓山、罗奕、雷盛廷:《东盟国家青年留学生对中国文化的认同探析》,《新闻研究导刊》,2018年第17期。

陶宇坤:《留学生汉语学习动机及其与中国文化认同关系研究》,广西大学硕士学位论文,2014年。

藤依舒、杨越明、袁媛、李晗:《"一带一路"相关国家青年对中国文化的认知调查与中国文化传播策略研究》,《中国青年研究》,2017年第10期。

田龙过:《国际传播视野中的中国设计与"中国制造"》,《包装工程》,2018年第20期。

王爱平:《东南亚华裔学生的文化认同与汉语学习动机》,《华侨大学学报》(人文社会科学版),2000年第3期。

王瑛珲:《留学生对中国文化知识的态度与需求——以北京大学为例》,北京大学硕士学位论文,2012年。

王斌、刘宏宇:《哈萨克斯坦华裔留学生"中国印象"实证研究》,《新疆教育学院学报》,2016年第2期。

王秉铎:《社会心理学对第一印象的一些研究》,《福建师范大学学报》(哲学社会科学版),1987年第4期。

王海忠、李骅真:《提升"中国制造"国际品牌形象的国家战略》,《中山大学学报》(社会科学版),2017年第3期。

王洹星:《中国国家形象全球调查报告发布,中国整体形象好感度稳中有升》,《国际在线》(北京),2018年1月5日。

王慧莉:《一份关于外国学生对英语的教和学的态度的问卷调查报告》,《国外外语教学》,2000年第4期。

王杰:《中国传统文化在国外的传播和影响》,《学习时报》,2007年7月。

王菁:《媒介使用与民众政治支持:面向中美贸易摩擦的实证分析》,《现代传播》,2020年第2期。

王晶、武和平、刘显翠:《华裔学习者汉语认同结构模型与形成路径研究》,《语言文字应用》,2021年第4期。

王珺:《"中国制造":特征、影响与升级》,《学术研究》,2007年第12期。

王锟:《17、18世纪欧洲文化视野中的孔子》,《孔子研究》,2001年第4期。

王丽雅:《中国文化符号在海外传播现状初探》,《国际新闻界》,2013年第5期。

王美娟:《留学生的中国文化身份认同调查与分析:以兰州高校留学生为例》,兰州理工大学硕士学位论文,2018年。

王宁、原源、原一川:《二语习得中的文化认同研究综述》,《云南师范大学学报》(对外汉语教学与研究版),2014年第3期。

王强:《外国人对中国文化的认知情况:一项基于留学生群体的调查》,《西安外国语大学学报》,2015年第2期。

王文彬、吴海琳:《互联网使用及其对社会认同的影响——基于CGSS 2010数据的实证分析》,《江海学刊》,2014年第5期。

王湘玲、刘晓玲:《影响理工科学生英语阅读效率的学生因素调查》,《外语教学》,2002年第1期。

王晓旻、张文忠:《国内外语学习动机研究现状分析》,《外语界》,2005年第4期。

王秀丽、韩纲:《"中国制造"与国家形象传播——美国主流媒体报道30年内容分析》,《国际新闻界》,2010年第9期。

王秀丽、梁云祥:《日本人眼中的中国文化》,《中国文化研究》,2019年第3期。

王一川:《北京文化符号与世界城市软实力建设》,《北京社会科学》,2011年第2期。

王一川、张洪忠、林玮:《我国大学生中外文化符号观调查》,《当代文坛》,2010年第6期。

王振宏、刘萍:《动机因素、学习策略、智力水平对学生学业成就的影响》,《心理学报》,2000年第1期。

王志刚等:《外国留学生汉语学习目的研究》,《世界汉语教学》,2004年第3期。

韦路、谢点:《全球中国形象研究的知识版图——基于SSCI期刊论文(1998—2015)的文本挖掘》,《浙大学学报》(人文社会科学版),2017年第1期。

温忠麟等:《中介效应检验程序及其应用》,《心理学报》,2004年第5期。

文春英、吴莹莹:《国家形象的维度及其互向异构性》,《现代传播》(中国传媒大学学报),2021年第1期。

文秋芳:《英语学习者动机、观念、策略的变化规律与特点》,《外语教学与研究》,2001年第2期。

文秋芳、王海啸:《学习者因素与大学英语四级考试成绩的关系》,《外语教学与研究》,1996年第4期。

文祥、曹志平、易显飞:《科学模型的演进及其认识论特征》,《湖南工业大学学报》(社会科学版),2011年第4期。

吴庆、张洋、孙婧:《基于多元统计分析的中国文化符号研究》,《中国传媒大学学报》(自然科学版),2015年第8期。

吴世文、石义彬:《我国受众的媒介接触与其中国文化认同——以武汉市为例的经验研究》,《新闻与传播研究》,2014年第1期。

吴卫华:《"中国制造"的"罪与罚"——好莱坞电影里的"中国制造"形象》,《社会科学辑刊》,2016年第5期。

吴一安、刘润清、Jeffrey等:《中国英语本科学生素质调查报告》,《外语教学与研究》,1993年第1期。

伍巧芳:《论西方电影语境下的中国人形象》,《时代文学》(下半月),2009年第12期。

武斌:《中华文化海外传播的历史规律》,《光明日报》,2008年8月21日。

向凌铁、夏洋、刘思汝:《挖掘文化符号推动产业发展——以符号论分析张家界文化符号的建设和文化相关产业的发展》,《科技资讯》,2014年第5期。

徐明华、王中宇:《西方媒介话语中中国形象的"变"与"不变"——以〈纽约时报〉十年涉华报道为例》,《现代传播》(中国传媒大学学报),2016年第12期。

徐颖果:《中国文化符号与美国的亚洲化》,《国外文学》,2006年第3期。

许静:《浅论政治传播中的符号化过程》,《国际政治研究》,2004年第1期。

许诺:《他者视角建构新中国观——纪录片〈即将到来的对华战争〉探析》,《对外传播》,2017年第2期。

薛媛:《外国留学生对中国文化关注情况分析——以河北大学留学生为例》,河北大学硕士学位论文,2014年。

闫隽、石静远《"中国制造"的西方媒介形象——对2007年、2008年〈华尔街日报〉的内容分析》,《河南社会科学》,2010年第1期。

杨国俊:《论大学英语学习动机的强化策略》,《外语界》,2002年第3期。

杨家忠、黄希庭:《印象形成的理论模型述评》,《心理学动态》,1998年第1期。
杨明晨、刘洪涛:《中国文化欧洲传播研究:历史嬗变与范式转型》,《北京第二外国语学院学报》,2015年第6期。
杨赛:《中国符号的困境与突围——对中国古代符号理论的整体考察》,《中国文学研究》,2006年第1期。
杨越明、藤依舒:《十国民众对中国文化符号的认知与偏好研究——〈外国人对中国文化认知与意愿〉年度大型跨国调查系列报告之一》,《对外传播》,2018年第8期。
姚欣延:《孔子像的载体与传播》,《新闻世界》,2014年第9期。
叶海、吴荣先:《浅论提高跨文化适应能力的策略》,《沿海企业与科技》,2006年第2期。
游国龙、林伦敏:《近五年印度受访者对中国文化符号喜爱度大幅攀升——中华文化国际影响力问卷调查之六》,《对外传播》,2018年第7期。
俞玮奇:《来华留学生汉语学习动机减退的影响因素研究》,《语言教学与研究》,2013年第3期。
元青、岳婷婷:《留学生与中国文化的海外传播——以20世纪上半期为中心的考察》,《史学集刊》,2014年第6期。
原一川、尚云、袁焱、袁开春:《东南亚留学生汉语学习态度和动机实证研究》,《云南师范大学学报》(对外汉语教学与研究版),2008年第3期。
张国良、陈青文、姚君喜:《媒介接触与文化认同——以外籍汉语学习者为对象的实证研究》,《西南民族大学学报》(人文社会科学版),2011年第5期。
张晗:《言说"自我"和言说"他者"——1860—1914美国文学中的中国人研究》,兰州大学硕士学位论文,2007年。
张宏如、沈烈敏:《学习动机、元认知对学业成就的影响》,《心理学报》,2008年第1期。
张结海、曲玉萍、吴瑛、康岚:《西方视野下的中国人形象测量研究——基于词汇联想法的发现》,《现代传播》,2012年第2期。
张林、张向葵:《态度研究的新进展——双重态度模型心理科学进展》,《心理科学进展》,2003年第2期。
张敏、宜长春、林升栋:《中国制造在海外社交媒体上的形象研究——基于Twitter上的数据》,《现代传播》(中国传媒大学学报),2016年第3期。
张庆艳:《新世纪以来美国电影中的中国符号》,《电影文学》,2017年第15期。
张蕊:《〈神话〉与〈龙帝之墓〉中国印象之比较》,《电影文学》,2015年第4期。

张瑞:《来华中亚留学生对中国文化需求分析研究》,《新疆社会科学》,2013年第5期。

张涛:《早期美国教育书籍中的孔子形象》,《社会科学辑刊》,2015年第4期。

张文鹏:《外语学习动力与策略运用之关系》,《外语与外语教学》,1998年第3期。

张霞:《国家形象构建中的跨文化传播路径选择》,《传媒》,2017年第16期。

张霞:《学习动机与努力程度对学生学习成绩的影响研究》,《教育理论与实践》,2018年第15期。

张向东:《认同的概念辨析》,《湖南社会科学》,2006年第3期。

张云鹏:《文化权:自我认同与他者认同的向度》,社会科学文献出版社,2007年。

赵刚:《现在有哪些中国制造能让外国人直呼"简直不敢相信"?》,《新华每日电讯》,2017年7月15日。

赵金红:《偏见下的美国媒体"中国制造"报道》,《中国记者》,2008年第11期。

赵永亮、葛振宇:《汉语文化传播与"中国制造"的海外影响力》,《南开经济研究》,2019年第3期。

郑雪、王磊:《中国留学生的文化认同、社会取向与主观幸福感》,《心理发展与教育》,2005年第1期。

郑永年、张弛:《国际政治中的软力量以及对中国软力量的观察》,《世界经济与政治》,2007年第7期。

周炽诚:《论孔子成为圣人及其他》,《孔子研究》,2010年第4期。

周宁:《跨文化形象学:思路、出路或末路》,《东南学术》,2014年第1期。

周宁:《西方的中国形象史研究:问题与领域》,《学术中华》,2004年第12期。

周宁:《探寻世界文明的中华文化资源》,《东南学术》,2003年第3期。

周琪、李楠:《约瑟夫·奈的软权力理论及其启示》,《世界经济与政治》,2010年第4期。

朱伏娇:《美国文学中的中国人形象综述与对比分析——从西方对东方的他者化到自我同胞的他者化》,《湖北经济学院学报》(人文社会科学版),2008年第1期。

朱佳妮、姚君喜:《外籍留学生对"中国文化"认知、态度和评价的实证研究》,《当代传播》,2019年第1期。

朱静:《孟德斯鸠的"中国印象"之印象》,《复旦学报》(社会科学版),2002年第4期。

朱琳:《1949—1999年美国〈时代〉周刊上的中国形象研究》,华东师范大学硕士学位论文,2007年5月。

朱艳慈、刘永新、侯立松:《"中国制造"海外形象结构层面的内在机理研究》,《中国集体经济》,2018年第4期。

# 英文文献

Althusser, Louis. "Ideology and Ideological State Apparatuses". In *Lenin and Philosophy and Other Essays*. New Left Books, 1971.

BAI, T. "What to Do in an Unjust State? On Confucius's and Socrates's Views on Political Duty". *Dao: A Journal of Comparative Philosophy*, Vol. 9(4), 2010.

Barrett, T. H. "The Chinese for 'Confucius' Confirmed". *Bulletin of the School of Oriental and African Studies*, Cambridge University Press, Vol. 63(3), 2000.

Ben-Porath, Eran N.; Shaker, Lee K. "News Images, Race, and Attribution in the Wake of Hurricane Katrina". *Journal of Communication*, Vol. 60(3), 2010.

Berry. John W. "Acculturation: Living Successfully in Two Cultures". *International Journal of Interculture Relations*. Vol. 29(6), 2005.

Buckley, P. J.; Clegg, J.; Tan, H. "Cultural Awareness in Knowledge Transfer to China—The Role of Guanxi and Mianzi". *Journal of World Business*, Vol. 41(3), 2006.

Bueno, André. "Confucius for Brazilians". *International Journal of Latin American Religions*, Springer International Publishing, Vol. 2(1), 2018.

Chambers, Gary. N. *Motivating Language Learners*. Multilingual Matters Ltd., 1999.

Chen, Jialei; Pan, Xing. "Relativity Modeling of Work Motivation and Human Error Probability Based on Neural Network". 2016 Prognostics and System Health Management Conference (PHM-Chengdu), 2016.

Clément, Richard; Dörnyei, Zoltán; Noels, Kimberly A. "Motivation, Self-confidence, and Group Cohesion in the Foreign Language Classroom". *Language Learning*, Vol. 44(3), 1994.

Cohen, Andrew D.; Henry, Alastair. "Focus on the Language Learner: Motivation, Styles and Strategies". In Norbert Schmitt and Michael P. H. Rodgers, Eds. *An Introduction to Applied Linguistics*, Routledge, 2020.

Coleman, James; Katz, Elihu; Menzel, Herbert. "The Diffusion of an Innovation Among Physicians". Albany, N. Y., etc, *Sociometry,* American Sociological Association, Vol. 20(4), 1957.

Dirlik, A. "Chinese History and the Question of Orientalism". *History & Theory*, Vol. 35(4), 1996.

Dohle, M.; Bernhard, U. "Presumed Online Media Influence and Support for Censorship:

Results from a Survey among German Parliamentarians". *International Journal of Public Opinion Research*, Vol. 26(2), 2014.

Dornoff, Donald J.; Tankersley, Clint B.; White, Gregory P. "Consumer's Perceptions of Imports". *Akron Business and Economic Review*, Vol. 5(2), 1974.

Dornyei, Zoltan. "Motivation and Motivating in the Foreign Language Classroom". *The Modern Language Journal* (Boulder, Colo.), Vol. 78(3), 1994.

Dubs, Homer H. "Confucius: His Life and Teaching". *Philosophy* (London), Cambridge University Press, Vol. 26(96), 1951.

Fiske, Susan T.; Lin, Monica; Neuberg, Steven L. "The Continuum Model: Ten Years Later". *Social Cognition*, Vol. 1, 2018.

Fiske, Susan T.; Neuberg, Steven L. "A Continuum of Impression Formation, from Category-Based to Individuating Processes: Influences of Information and Motivation on Attention and Interpretation". *Advances in Experimental Social Psychology*, Vol. 23, 1990.

Frazier, Stefan; Brown, H. Douglas. "Teaching by Principles: An Interactive Approach to Language Pedagogy". *Tesol Quarterly*, Vol. 35(2), 2001.

Frederic, Howard H. *Global Communication and International Relations*. Wadsworth Publishing, 1993.

Fukuyama, Francis. *Political Order and Political Decay: From the Industrial Revolution to the Globalization of Democracy*. Farrar, Straus and Giroux, 2014.

Gardner, R. C. "Social Psychology and Second Language Learning: The Role of Attitudes and Motivation". *Social Psychology of Language*, Vol. 4, Edward Arnold, 1986.

Gardner, R. C.; Day, J. B.; MacIntyre, P. D. "Integrative Motivation, Induced Anxiety, and Language Learning in a Controlled Environment". *Studies in Second Language Acquisition*, Vol. 14(2), 1992.

Gardner, R. C.; Lambert, W. *Attitudes and Motivation in Second Language Learning*. Rowley, Mass.: Newbury House, 1972.

Gardner, R. C.; Tremblay, P. F.; Masgoret, A. M. "Towards a Full Model of Second Language Learning: An Empirical Investigation". *The Modern Language Journal* (Boulder, Colo.), Vol. 81(3), 1997.

Giddens, Anthony. *The Consequence of Modernity*. Wiley, 2013.

Greenwald, Anthony G.; Banaji, Mahzarin R. "Implicit Social Cognition: Attitudes, Self-Esteem, and Stereotypes". *Psychological Review*, Vol. 102(1), 1995.

Greer, Thomas V. "British Purchasing Agents and the European Economic Community: Some Empirical Evidence on International Industrial Perceptions". *Journal of Purchasing*, Vol. 7(2), 1971.

Hall, Stuart. *Introduction: Who Needs "Identity"?* Questions of Cultural Identity, 2011.

Hall, Stuart. *Representation: Cultural Representations and Signifying Practices.* Sage Publications in Association with the Open University, 1997.

Hall, Stuart; Gay, Paul D. *Questions of Cultural Identity.* Sage Publications Ltd., 1996.

Hannerz, Ulf. *Transnational Connections: Culture, People, Places.* Routledge, 1996.

Hanoch, Yaniv; Vitouch, Oliver. "When Less is More: Information, Emotional Arousal and the Ecological Reframing of the Yerkes-Dodson Law". *Theory & Psychology*, Vol. 14(4), 2004.

Howard, Smith D. "The Significance of Confucius for Religion". *History of Religions*, Vol. 2(2), 1963.

Ibold, Hans. "Disjuncture 2.0: Youth, Internet Use and Cultural Identity in Bishkek". *Central Asian Survey*, Vol. 29(4), 2010.

Ingulsrud, John E.; Kai, Kimiko; Kadowaki, Seiko; Kurobane, Shigeko; Shiobara, Mari. "The Assessment of Cross-cultural Experience: Measuring Awareness through Critical Text Analysis". *International Journal of Intercultural Relations*, Vol. 26(5), 2002.

Jandt, Fred E. *An Introduction to Intercultural Communication: Identities in a Global Community.* Sage Publication, 2012.

Katz E.; Blumler J. G.; Gurevitch M. "Utilization of Mass Communication by the Individual". In Jay G. Blumler & Katz, Eds. *The Uses of Mass Communications: Current Perspectives on Gratifications Research.* Beverly Hills, CA: Sage, 1974.

Kaynak, E.; Kucukemiroglu, O. "Country-of-Origin Evaluations: Hong Kong Consumers' Perception of Foreign Products after the Chinese Takeover of 1997". *International Journal of Advertising*, Vol. 20(1), 2001.

Kellner, Douglas. *Media Culture: Cultural Studies, Identity and Politics between the Modern and the Post-modern.* Taylor and Francis, 2003.

Kesti, Marko; Syväjärvi, Antti. "Human Tacit Signals at Organization Performance Development". *Industrial Management & Data Systems*, Vol. 110(2), 2010.

Köksal, Yüksel; Tatar, Albana. "Foreign Product Perception in Albanian Market: an Analysis of Country Origin Image, Ethnocentrism and the Position of Turkish Products". *Ege*

*Akademik Bakış*, Ege University Faculty of Economics and Administrative Sciences, Vol. 14(4), 2014.

Lambert, Wallace E. "A Social Psychology of Bilingualism". *Journal of Social Issues*, Vol. 23(2), 1967.

Lambert, Wallace E. "Psychological Approaches to the Study of Language: Part II: On Second-Language Learning and Bilingualism". *The Modern Language Journal* (Boulder, Colo.), Vol. 47(3), 1963.

Lee, Sue-Hyun; Kravitz, Dwight J.; Baker, Chris I. "Disentangling Visual Imagery and Perception of Real-World Objects". *Neuro Image* (Orlando, Fla.), Vol. 59(4), 2012.

Levie, W. Howard; Lentz, Richard. "Effects of Text Illustrations: A Review of Research". *Educational Communication and Technology*, Vol. 30(4), 1982.

Martin, J. N. "Understanding Whiteness in the United States". In L. A. Samovar & R. E. Porter Eds. *Intercultural Communication: A Reader.* Wadsworth, 1997.

Martin, Judith; Nakayama, Thomas K. *Intercultural Communication in Contexts*. McGraw-Hill US Higher Ed USE, 2017.

Mayer, Richard E.; Gallini, Joan K. "When Is an Illustration Worth Ten Thousand Words?" *Journal of Educational Psychology*, Vol. 82(4), 1990.

McClelland, David C. *The Achievement Motive*. Barakaldo Books, 2020.

Mirnig, Alexander; Meschtscherjakov, Alexander; Wurhofer, Daniela; Meneweger, Thomas; Tscheligi, Manfred. *A Formal Analysis of the ISO 9241-210 Definition of User Experience*. Proceedings of the 33rd Annual ACM Conference Extended Abstracts on Human Factors in Computing Systems, 2015.

Nunan, D. *Second Language Teaching and Learning*. Foreign Language Teaching and Research Press, 2001.

Nye, Joseph S. Jr. *Bound to Lead: The Changing Nature of American Power*. Basic Books, 1990.

Nye, Joseph S. Jr. "Soft Power, Foreign Policy". *Political Science Quarterly*, Vol. 119(2), 2004.

Olberding, Amy. "Confucius' Complaints and the Analects' Account of the Good Life". *Dao*, Vol. 12(4), 2013.

Oxford, R.; Shearin, J. "Language Learning Motivation: Expanding the Theoretical Framework". *The Modern Language Journal* (Boulder, Colo.), Vol. 78(1), 1994.

Pan B.; Li, X. R. "The Long Tail of Destination Image and Online Marketing". *Annals of Tourism Research*, Vol. 38(1), 2011.

Payne, B. "Prejudice and Perception: The Role of Automatic and Controlled Processes in Misperceiving a Weapon". *Journal of Personality and Social Psychology*, Vol. 81(2), 2001.

Pearson, Joel; Naselaris, Thomas; Holmes, Emily A.; Kosslyn, Stephen M. "Mental Imagery: Functional Mechanisms and Clinical Applications". *Trends in Cognitive Sciences*, Vol. 19(10), 2015.

Peirce, B. Norton. "Social Identity, Investment, and Language Learning". *TESOL Quarterly*, Teachers of English to Speakers of Other Languages, Inc., Vol. 29(1), 1995.

Phinney, Jean S. "Ethnic Identity in Adolescents and Adults: Review of Research". *Psychological Bulletin*, Vol. 108(3), 1990.

Pustina, Bendis. "Transmitting Albanian Cultural Identity in the Age of the Internet". *New Review of Information Networking*, Vol. 21(1), 2016.

Rempel, John K.; Holmes, John G.; Zanna, Mark P. "Trust in Close Relationships". *Journal of Personality and Social Psychology*, Vol. 49(1), 1985.

Rowbotham, Arnold H. "The Impact of Confucianism on Seventeenth Century Europe". *Far Eastern Quarterly*, Vol.4(3), 1945.

Rubin, A. M. "Media Uses and Effects: A Uses-and-Gratifications Perspective". In J. Bryant and D. Zillman, Eds. *Media Effects: Advances in Theory and Research*. Lawrence Erlbaum, 1994.

Rumelhart, D.; Ortony, A. "The Representation of Knowledge in Memory". In R. Anderson, R. Spiro & W. Montague, Eds. *Schooling and the Acquisition of Knowledge*, Erlbaum, 1977.

Said, Edward W. *Orientalism: Western Conceptions of the Orient*. Penguin Classics, 2007.

Scheibe, Karl E. *The Social Psychology of Knowledge*. The Psychological Record, 1989.

Schooler, Robert D. "Product Bias in the Central American Common Market". *Journal of Marketing Research*, Vol. 2(4), 1965.

Schumann, J. H. "The Neurobiology of Affect in Language". *Language Learning*, Vol. 48(1), 1998.

Snow, Nancy E.; Taylor, Philip M. *Routledge Handbook of Public Diplomacy*. Taylor and Francis, 2008.

Soler, Eva Alcón; Jordà, Maria Pilar Safont. "Intercultural Language Use and Language

Learning". *International Journal of Applied Linguistics*, Vol. 18(1), 2008.

Spence, Jonathan D. "Confucius". *The Wilson Quarterly*, Vol. 17(4), 1993.

Stangor, Charles; Lange, James E. "Mental Representations of Social Groups: Advances in Understanding Stereotypes and Stereotyping". *Advances in Experimental Social Psychology*, Vol. 26, 1994.

Stumpfeldt, Hans. "Thinking Beyond the 'Sayings': Comments about Sources Concerning the Life and Teachings of Confucius (551–479)". *Oriens Extremus*, Vol. 49, 2010.

Thompson, John B. *The Media and Modernity: A Social Theory of Media*. Polity Press, 2013.

Ting-Toomey, Stella; Yee-Jung, Kimberlie K.; Shapiro, Robin B.; Garcia, Wintilo; Wright, Trina J.; Oetzel, John G. "Ethnic/cultural Identity Salience and Conflict Styles in Four US Ethnic Groups". *International Journal of Intercultural Relations*, Vol. 24(1), 2000.

Tremblay, P. F.; Gardner, R. C. "Expanding the Motivation Construct in Language Learning". *The Modern Language Journal* (Boulder, Colo.), Vol. 79(4), 1995.

Tylor, Edward Burnett. *Primitive Culture: Researches into the Development of Mythology, Philosophy, Religion, Art, and Custom*. Cambridge University Press, 2010.

Wang, Gengwu. "The Study of Chinese Identities in Southeast Asia". In Jennifer Cushman & Wang Gengwu, Eds. *Changing Identities of the Southeast Asia Chinese since World War II*. Hong Kong University Press, 1988.

Warden, Clyde A.; Lin, Hsiu Ju. "Existence of Integrative Motivation in an Asian EFL Setting". *Foreign Language Annals*, Vol. 33(5), 2000.

Waters, Malcolm. *Globalization*. Routledge, 2013.

Westerman, Steve J.; Davies, D. Roy; Matthews, Gerald; Stammers, Rob B. *Human Performance: Cognition, Stress and Individual Differences*. Taylor and Francis, 2013.

Wilson, Timothy D.; Lindsey, Samuel; Schooler, Tonya Y. "A Model of Dual Attitudes". *Psychological Review*, Vol. 107(1), 2000.

Zanna, M. P.; Rempel, J. K. "Attitudes: A New Look at an Old Concept". In D. Bar-Tal & A. W. Kruglanski, Eds. *The Social Psychology of Knowledge*. Cambridge University Press, 1988.

Zhang, Kewen; Hao, Xiaoming. "The Internet and the Ethnic Press: A Study of Electronic Chinese Publications". *The Information Society*, Vol. 15(1), 1999.

Zhou, Yan. "Social-psychological Factors and Language Learning". In G. Xu, Ed. *ELT in China*. Foreign Language Teaching and Research Press, 1996.

# 后记

　　本书是我主持的国家社科基金重大项目"汉语异域传播与中国文化影响模式研究"（项目编号：17ZDA273）的阶段性成果。在项目申请的前期准备阶段，项目研究团队就已经开始试图对中国文化的传播问题进行全面探讨。2009年9月开始，由我主持在上海交通大学面向全校同学开设"中国文化的全球传播"通识课程，该课程内容主要是对中国文化传播的历史梳理和现实逻辑思考，对中国文化传播的问题展开理论思考。此外，也针对当代中国文化传播问题，通过对外籍人士、来华外籍留学生等群体进行问卷调查、深度访谈等，完成了2015—2019连续五年的中国文化传播的调查问卷数据资料。通过积累大量的前期研究资料及研究成果，为重大项目申报打下基础。因此，本书中部分内容是项目申报前期准备阶段已经完成的成果。

　　2017年11月本项目正式立项，项目的研究工作也随之全面展开。因此，不论是前期还是立项后的研究成果，本书中大部分内容都是围绕中国文化传播问题展开的。基于多年来对中国文化及其传播、当代发展的研读、教学和思考，如何立足传播学理论、跨文化传播、文化间传播以及全球传播等理论视野，对中国文化的传播和影响诸问题做出解释，探绎其中的传播规律，以及有效地解释传播模式和路径，从而建构完善的中国文化传播理论，依然是我多年来萦绕心怀、反复思考和试图回答的问题。

早在2001年6月,我在复旦大学中文系师从朱立元先生学习文艺美学获得博士学位后,随即申请进入复旦大学新闻学院博士后流动站工作,跟随张国良教授从事传播学研究。当时,由张老师担纲的国家教育部重点项目"中国发展传播学(CDC)"课题正好获得立项,项目主旨是关于"大众媒介与国家发展"的整体性研究,课题随即在全国东、中、西部9省(自治区、直辖市)展开问卷调查等研究。以其作为博士后选题,我亦参与该项目研究之中,并独立负责西部甘肃省的问卷调查、媒介内容分析、媒介从业人员访谈等内容,自此也开启了我的传播学探究之路。亦在当年底,中国也顺利加入世贸组织。不言而喻,这对全球社会和文化的影响是巨大的。自此开始,由中国参与的全球化浪潮席卷而来,中国也快速融入全球信息化革命的进程之中。

自此开始,伴随着全球化的快速推进,全球信息化革命也深刻改变了中国。以互联网为主的新媒体在全球普及,媒介及其媒介化等开始全面而深入地影响中国社会,由此引发了中国社会的巨大变革。今天成为人们日常生活的一部分的"社交媒体""文化圈群""媒介化社会""二次元文化"等概念,已然成为传播学研究的主要领域。在此基础上,基于全球化、信息化的中国文化的全球化、全球传播等问题,也成为文化研究、传播学研究乃至众多学科关注的对象。

2007年7月,江南黄梅雨,由我牵头申报的国家社科基金项目"汉语全球传播的渠道与策略研究"获得立项。该项目从汉语传播入手,系统探究以汉语为载体的中国文化传播,同时也结合媒介研究,试图解释语言、传播与文化的内在关系问题。该研究项目的完成,可以说是本研究团队进行中国文化传播的开始。

2017年11月,零落清秋节,由我牵头申报的国家社科基金重大项目"汉语异域传播与中国文化影响模式研究"获得立项。由此,基于语言、传播与文化的中国文化传播的问题,得以全面展开。课题成果包括课题申报前完成的2015—2019年五年间的中国文化传播调查问卷数据、访谈等资料,同时,还完成了有关孔夫子形象、中国书法艺术文化、汉语文化等的跨文化传播研究。此外,还完成了来自全球五大洲的外籍留学生问卷调查,这些成果都会陆续成章,不久亦会完成并面世。

# 后 记

今年初，春天如约而至，但因为疫情影响，自3月中旬开始居家上课写作，虽有很多不便，但是居家的好处是摆脱了日常杂事烦扰，无丝竹乱耳，无案牍劳形，从而避免了大部分无谓的俗务，可以安静下来，集中精力阅读和写作。这本书也正是在封闭期间最后完成修改订正的，也算是防疫写作两不误。书稿完成当天，突然传来消息，疫情防控已然告一段落，经此一疫，感慨良多，这也是值得铭记的时刻。

在本课题研究完成的过程中，有无数的同事、同仁、团队成员以及受访对象等，最大限度地给予无私帮助和关心，在此致以真挚的感谢！首先感谢上海交通大学文科处、媒体与传播学院各位领导、同仁的无私关怀、厚爱和不断激励，他们给予了各种方便和支持，使得课题研究能够顺利进行下去。作为课题研究团队成员，我的博士研究生刘展、任迪、朱佳妮、綦天哲、樊晨、郭闪闪等同学也直接参与了课题研究，并完成了其中大量的工作，在此也表示感谢！本书的出版得到了商务印书馆上海分馆鲍静静女士、陈雯女士的大力支持，没有她们两位精心的安排和认真的工作，本书也不会这么快面世，在此特别致以诚挚的谢意！

回望去路，苍山遥远，白驹过隙，春秋代序。乐以忘忧，不知何年！

是为记。

通渭　姚君喜
2022年5月30日
于上海交通大学

图书在版编目（CIP）数据

他者的镜像：外籍留学生媒介使用与中国文化 / 姚君喜著.
—北京：商务印书馆，2022
（"语言·传播·文化"研究丛书）
ISBN 978 – 7 – 100 – 21666 – 1

Ⅰ.①他… Ⅱ.①姚… Ⅲ.①留学生 — 传播媒介 — 信息素养 — 研究 ②中华文化 — 文化传播 — 研究 Ⅳ.①G219.2 ②K203

中国版本图书馆CIP数据核字（2022）第165647号

权利保留，侵权必究。

## 他者的镜像
### 外籍留学生媒介使用与中国文化
姚君喜　著

商　务　印　书　馆　出　版
（北京王府井大街36号　邮政编码100710）
商　务　印　书　馆　发　行
苏州市越洋印刷有限公司印刷
ISBN 978 – 7 – 100 – 21666 – 1

2022年11月第1版　　开本 670×970　1/16
2022年11月第1次印刷　印张 27　字数 412千
定价：138.00元